Das materielle Abweichungsrecht der Länder

Verfassungs- und Verwaltungsrecht unter dem Grundgesetz

Herausgegeben von
Paul Kirchhof, Edzard Schmidt-Jortzig, Rainer Wahl

Band 39

PETER LANG
Frankfurt am Main · Berlin · Bern · Bruxelles · New York · Oxford · Wien

Caroline Schulze Harling

Das materielle Abweichungsrecht der Länder

Art. 72 Abs. 3 GG

PETER LANG
Internationaler Verlag der Wissenschaften

Bibliografische Information der Deutschen Nationalbibliothek
Die Deutsche Nationalbibliothek verzeichnet diese Publikation in der Deutschen Nationalbibliografie; detaillierte bibliografische Daten sind im Internet über http://dnb.d-nb.de abrufbar.

Die vorliegende Arbeit ist an der Bucerius Law School – Hochschule für Rechtswissenschaft als Dissertation angenommen worden.
Erst- und Zweitgutachter waren Prof. Dr. Jörn Axel Kämmerer und Prof. Dr. Christian Bumke.
Tag der mündlichen Prüfung: 22.10.2010.

Gedruckt mit Unterstützung des Bundesministerium des Innern.

Umschlaggestaltung:
Atelier Platen, Friedberg

Gedruckt auf alterungsbeständigem, säurefreiem Papier.

H 360
ISSN 0175-1425
ISBN 978-3-631-61846-2

www.peterlang.de

Meiner Mutter

Vorwort

Die vorliegende Arbeit wurde im Sommertrimester 2010 von der Bucerius Law School in Hamburg als Dissertation angenommen.

Mit der am 1. September 2006 in Kraft getretenen Einführung des Art. 72 Abs. 3 GG n. F. erhalten die deutschen Bundesländer erstmals die Befugnis von Regelungen des Bundes im Bereich der konkurrierenden Gesetzgebung abzuweichen. Die neu gefasste Vorschrift wirft dabei vielgestaltige Anwendungs- und Auslegungsprobleme auf, denen im Rahmen dieser Untersuchung nachgegangen wird.

Die Anregung, mich mit diesen Fragen vertraut zu machen, verdanke ich meinem Doktorvater, Herrn Prof. Dr. Jörn Axel Kämmerer, der mir bei der Erstellung dieser Untersuchung sowohl wissenschaftlichen als auch zeitlichen Freiraum neben meiner Arbeit als wissenschaftliche Mitarbeiterin an seinem Lehrstuhl beließ. Hierfür sowie auch für seine ständige Gesprächsbereitschaft gebührt ihm mein herzlicher Dank. Weiterhin danke ich Herrn Prof. Dr. Christian Bumke für die rasche Erstellung des Zweitvotums.

Schließlich haben auch meine wissenschaftlichen Kollegen, Herr Dr. Christian Ernst sowie Frau Katharina Koch, durch ihre konstruktive Kritik und so manche weiterführende Anregung zum Gelingen des Promotionsvorhabens beigetragen. Ebenso Herr Martin Sauter, der mir nicht zuletzt auch bei der Erstellung des Layouts zur Seite gestanden hat. Den Mitarbeitern der Hengeler Mueller-Bibliothek der Bucerius Law School sowie Herrn Bert Stoll sei für ihre Mithilfe bei der Beschaffung von nicht immer leicht zugänglicher Literatur gedankt.

Hamburg, im Januar 2011

Caroline Schulze Harling

Inhaltsverzeichnis

Einleitung

1. Kapitel
Deutschland vor der Föderalismusreform

2. Kapitel
Der Ursprung des Abweichungsgedankens und seine Durchsetzung im Reformprozess

3. Kapitel
Die Bestimmungen des Art. 72 Abs. 3 GG im Einzelnen

Einleitung

A. Ausgangspunkt und Ziel der Untersuchung

Am 1. September 2006 ist mit dem 52. Gesetz zur Änderung des Grundgesetzes[1] die bislang umfangreichste[2] Verfassungsänderung seit Bestehen des Grundgesetzes in Kraft getreten. Einen Schwerpunkt der Reform bildet die Neuordnung der Gesetzgebungskompetenzen: Die Rahmengesetzgebung ist abgeschafft und die ihr bislang unterfallenden Materien überwiegend in die konkurrierende Gesetzgebungskompetenz überführt worden. Das Erforderlichkeitskriterium beschränkt den Bundesgesetzgeber nach der Neufassung nur noch im Falle der in Art. 72 Abs. 2 GG n.F abschließend genannten Materien, im Übrigen bedarf es einer Prüfung der Erforderlichkeit nicht mehr. Mit der Einführung der Abweichungsgesetzgebung durch Art. 72 Abs. 3 GG n.F. haben die Länder erstmals die Befugnis, von Regelungen des Bundes im Bereich der konkurrierenden Gesetzgebung abzuweichen. Bundesgesetze auf den benannten Gebieten treten frühestens sechs Monate nach Verkündung in Kraft, soweit nicht mit Zustimmung des Bundesrates etwas anderes geregelt ist (Art. 72 Abs. 3 S. 2 GG n.F.). Das Verhältnis von Bundes- und Landesrecht auf Abweichungsgebieten bestimmt sich nach dem lex-posterior-Grundsatz (Art. 72 Abs. 3 S. 3 GG n.F.). Die ausschließliche Gesetzgebungskompetenz ist durch weitere Materien angereichert, in ihrem Wesen jedoch unverändert geblieben.

Dem Anliegen der Reform, die Zahl der zustimmungsbedürftigen Bundesgesetze zu begrenzen, soll Art. 84 Abs. 1 GG n.F. Rechnung tragen, indem nunmehr der Bund die Einrichtung der Behörden und das Verwaltungsverfahren ohne Zustimmung des Bundesrates anders regeln kann und die Länder hiervon wiederum abweichen dürfen (Art. 84 Abs. 1 S. 2 GG n.F.). Weitere bedeutende Änderungen, auf die im Rahmen dieser Arbeit nicht eingegangen werden soll, betreffen neben einer Vielzahl weiterer Neuerungen unter anderem die Unzulässigkeit des sog. Bundesdurchgriffs auf Gemeinden und deren Verbände sowie die Reduzierung der Gemeinschaftsaufgaben.

Ziel dieser Arbeit ist es, die auch als materielles[3] Abweichungsrecht bezeichnete Regelung des Art. 72 Abs. 3 GG n.F. näher zu beleuchten, in der Anwendung handhabbarer zu machen und einer Bewertung im Hinblick auf ihren föderalen Nutzen zu unterziehen.

---

1 BGBl. 2006 I, S. 2034 ff.

2 *Papier*, NJW 2007, 2145, 2146; *Meyer,* Die Föderalismusreform 2006, S. 17; *Hofmann*, DÖV 2008, 833, 834.

3 Im Unterschied zum sog. formellen oder verfahrensrechtlichen Abweichungsrecht in Art. 84 Abs. 1 S. 2 GG n.F.; hierzu auch die einleitenden Ausführungen zum 2. Kapitel.

B. Gang der Untersuchung

Welche Auswirkungen sind von der Neuregelung zu erwarten? Bereitet sie dem Föderalismus in Deutschland tatsächlich den Weg „zurück zur Kleinstaaterei“[4] oder leistet sie einen Beitrag zur Stärkung des föderalen Systems? Ist das viel beschworene „Ping-Pong-Dilemma“[5] also nicht mehr als ein „Phantomrisiko“?[6] Die bisherigen Einschätzungen zum Abweichungsrecht sind breit gefächert: Auf der einen Seite finden sich die Verfechter der Vorteile der neuen Kompetenz, die mehr Wettbewerb ermögliche und damit bessere Gesetze hervorbringe.[7] Ihre Gegner dagegen sehen den Bund in eine „Lückenbüßerfunktion“ gedrängt;[8] zudem beschwöre die Abweichungskompetenz eine neue Art der Verflechtung sowie „sechzehnfache Rechtszersplitterung“ herauf.[9] *Stock* sieht in der Einführung des Abweichungsrechts sogar ein Lehrstück „partout schlechter Gesetzgebung“.[10] Dazwischen liegen diejenigen, die das Ergebnis künftiger Entwicklungen erst noch abwarten wollen.[11]

Ausgangspunkt von Begeisterung oder Kritik im Hinblick auf das Abweichungsrecht ist vielfach ein grundlegend verschiedenes Verständnis von Tatbestand, Rechtsfolgen und möglichen Auswirkungen des Abweichungsrechts. Welchem der Meinungslager letztlich beizupflichten ist oder welchem getrost eine Absage erteilt werden kann, hängt daher maßgeblich von der Bestimmung der genannten Faktoren ab. Bevor also abgeschätzt werden kann, welche Bedeutung dem Abweichungsrecht im Bundesstaat zukommt, sind die Voraussetzungen für das Bestehen der Abweichungskompetenz (3. Kapitel, B.) sowie deren Rechtsfolgen (3. Kap., F.) und die möglichen praktischen Abweichungsfolgen (4. Kap.) zu untersuchen. Hierzu werden die auf Tatbestands- und Rechtsfolgenseite für das Verständnis der Norm notwendigen Begrifflichkeiten, denen keineswegs dieselbe Bedeutung wie in anderen Vorschriften des Grundgesetzes zukommen muss, anhand der anerkannten Auslegungsmethoden näher konkretisiert. Auftretende Problemfragen werden stets mit Blick auf die neue Kompe-

---

4 *Knopp*, NVwZ 2006, 1216; hierzu unten im 4. Kap., D.

5 Hierzu unten 4. Kap., E.

6 *Hoppe*, DVBl. 2007, 144, 145; *Klein/Schneider*, DVBl. 2006, 1549, 1553.

7 *Kahl*, NVwZ 2008, 710, 713; *Mammen*, DÖV 2007, 376, 379; *Schulze-Fielitz*, NVwZ 2007, 249, 251; *Huber*, 3. Sitzung der Kommission am 12.12.2003, Stenografischer Bericht, S. 55, in: CD-ROM „Zur Sache 1/2005“.

8 *Stock*, ZG 2006, 226, 237: „quasi-sozialstaatliche Auffanggesetzgebung“; *F. Kirchhof*, ZG 2004, 209, 217.

9 *Dietsche/Hinterseh*, in: Borchard/Margedant, Föderalismusreform – erste Bilanz, S. 28; *F. Kirchhof*, Bundesstaatskommission, Kommissionsdrucksache 0011, S. 6 f., in: CD-ROM „Zur Sache 1/2005“.

10 *Stock*, ZG 2006, 226, 247.

11 *Ipsen*, Staatsrecht I, Rn. 587; *Glaser*, NuR 2007, 439, 445.

tenz betrachtet und im Übrigen auf den bisherigen Stand der juristischen Diskussion verwiesen.

Da die Änderung des Grundgesetzes vor dem Hintergrund der allseits konstatierten Fehlentwicklungen innerhalb des bundesstaatlichen Kompetenzgefüges (1. Kap., C., I.) erfolgte, jene für das Verständnis der Beweggründe daher von Bedeutung sind, werden sie ausgehend von den historischen Wurzeln der grundgesetzlichen Kompetenzverteilung (1. Kap., A., B.) zunächst aufgezeigt sowie deren Erscheinungsformen (1. Kap., C., II.) und mögliche Ursachen (1. Kap., C., III.) herausgearbeitet, die schließlich in den entscheidenden Reformprozess mündeten. Dessen anschließende Schilderung (2. Kap.) beschränkt sich nicht auf die Darstellung des jüngeren Reformgeschehens, sondern begibt sich auch auf die Suche nach dem Ursprung der Abweichungsidee als solcher (insbes. 2. Kap., D.) und verfolgt ihre Durchsetzung innerhalb des Reformprozesses, insbesondere in den Beratungen der Gemeinsamen Kommission von Bundestag und Bundesrat zur Modernisierung der bundesstaatlichen Ordnung (2. Kap., E.). Ein umfassender Überblick über die nahezu unüberschaubaren Reformansätze und weiteren Reformgegenstände soll dabei aber nicht gegeben werden; hierzu sind umfassende Dokumentationen bereits erschienen.[12] Vielmehr soll der Blick stets auf das Abweichungsrecht und die damit spezifisch zusammenhängenden Fragen gerichtet bleiben.

Die systematische Stellung des Abweichungsrechts im verfassungsrechtlichen Kompetenzgefüge wird wegen ihrer grundlegenden Bedeutung für die weitere Untersuchung dieser vorangestellt (3. Kap., A.) und sodann die Voraussetzungen für den Bestand des Abweichungsrechts (3. Kap., B.) sowie formelle und inhaltliche Anforderungen an abweichende Gesetze (3. Kap., C.) beleuchtet. Fragen des zeitlichen Anwendungsbereichs des Abweichungsrechts sind in der Übergangsvorschrift des Art. 125b Abs. 1 GG geregelt (3. Kap., D.). Zwar kommt der Vorschrift nach Ablauf der dort genannten Fristen keine praktische Bedeutung mehr zu, gleichwohl ist sie nach wie vor von Interesse für das Gesamtverständnis des Abweichungsrechts.

Besonderes Augenmerk gilt auch der Regelung des Art. 72 Abs. 3 S. 2 GG (3. Kap., E.), die das Inkrafttreten von Bundesgesetzen in der Verfassung bisher unbekannter Form hinausschiebt und sich daher im Hinblick auf ihre Verfassungsmäßigkeit jedenfalls nicht als unproblematisch erweist (hierzu 3. Kap., F., II.). In diesem Zusammenhang wird auch auf den Vorschlag für eine entsprechende Regelung für die Landesgesetzgebung eingegangen, der sich im Reformprozess jedoch nicht durchgesetzt und daher keine Berücksichtigung im Grundgesetz gefunden hat. De lege ferenda denkbare Gestaltungen für einen solchen Vorschlag werden daraufhin untersucht, ob ihre Aufnahme in das

12 Insbesondere die Dokumentation von *Holtschneider/Schön*, Die Reform des Bundesstaates, mit beiliegender CD-ROM „Zur Sache 1/2005".

Grundgesetz sinnvoll gewesen wäre oder sie zu Recht unterblieben sind (3. Kap., F., III.).

Das Verhältnis von Bundes- und Landesrecht auf Abweichungsgebieten bemisst sich nach Art. 72 Abs. 3 S. 3 GG (3. Kap., F.), dessen systematisches Verhältnis zu Art. 31 GG und dessen Anwendungsbereich nicht unumstritten sind und hier daher im 3. Kapitel unter F., I– III. behandelt werden. Mit Fragen nach zeitlichen oder inhaltlichen Einschränkungen des Bundes- und Landesgesetzgebers aus dem Grundsatz der Bundestreue befassen sich die Ausführungen im 3. Kapitel unter G.

Da das Abweichungsrecht den Erlass von Landesgesetzen ermöglicht, bleibt es zwangsläufig nicht ohne Folgen für die Verwaltungskompetenzen, die hier im 4. Kapitel (dort unter A.) angesprochen werden. Aufschluss über die möglichen Auswirkungen der neuen Kompetenz kann auch die bisherige Resonanz von Bund und Ländern hierauf geben (4. Kap., B.). Im Anschluss daran werden die zu erwartenden Wirkungen des Abweichungsrechts mit Blick auf die einstigen Reformziele untersucht und die neue Kompetenz abschließend bewertet.

Hingewiesen sei in Anbetracht der Ratifizierung des Vertrages von Lissabon noch auf eine Veränderung der Terminologie. War bisher stets vom Gemeinschaftsrecht die Rede, wird nunmehr nicht mehr von Gemeinschaftsrecht, sondern von Unionsrecht gesprochen (vgl. Art. 6 Abs. 3, 17 Abs. 1, 19 Abs. 1, Abs. 3 EUV, Art. 16 Abs. 2, 64 Abs. 3, 197 Abs. 1-3, usw. des Vertrages über die Arbeitsweise der Europäischen Union - AEUV). Soweit bisher von Gemeinschaftsrecht die Rede war, nimmt diese Arbeit die neue Terminologie auf, und zwar auch soweit im Schrifttum, auf das verwiesen wird, noch vom Gemeinschaftsrecht die Rede ist bzw. war.

1. Kapitel – Deutschland vor der Föderalismusreform

A. Von der Verfassung des Deutschen Reiches von 1871 bis zum Grundgesetz

An die Stelle der zwischen dem Norddeutschen Bund und den Großherzogtümern Baden und Hessen vereinbarten Verfassung des Deutschen Bundes sowie der Beitrittsverträge Bayerns und Württembergs zu dieser, trat mit Gesetz vom 16. April 1871 die Verfassung des Deutschen Reichs[13]. Die Verfassung sah die Errichtung eines Bundesstaates vor, in welchem dem Reich das Recht zur Gesetzgebung nur insoweit zustand, als es ihm durch die Verfassung im Wege der Einzelermächtigung übertragen war (Art. 4 der Reichsverfassung). Im Übrigen blieb es bei der Gesetzgebungskompetenz der als „Staaten" bezeichneten Bundesländer. Ausgeübt wurde die Reichsgesetzgebung durch den „Bundesrath" und den Reichstag (Art. 5 Reichsverfassung).

Die Verfassung des Deutschen Reiches vom 11. August 1919 (Weimarer Reichsverfassung, WRV) unterschied ausschließliche Gesetzgebungskompetenzen (Art. 6 WRV), – nicht als solche bezeichnete, aber mit Blick auf Art. 12 Abs. 1 S. 2 WRV als solche zu qualifizierende – konkurrierende (Art. 7 f. WRV) Kompetenzen sowie Bedürfnis- und Grundsatzgesetzgebung. Solange und soweit das Reich von seiner Kompetenz keinen Gebrauch gemacht hat, stand das Recht zur Gesetzgebung den Ländern zu (Art. 12 Abs. 1 S. 1 WRV).

Zu einer Abkehr von der föderalen Ordnung hin zu einem Einheitsstaat führte die Machtergreifung der Nationalsozialisten im Jahre 1933 sowie das Gesetz über den Neuaufbau des Reiches vom 30. Januar 1934[14], mit dem die bestehenden Länderparlamente aufgelöst (Art. 1) sowie die Hoheitsrechte der Länder auf das Reich übertragen wurden (Art. 2). Erst im Zuge der Neustrukturierung Deutschlands nach dem Ersten Weltkrieg stellten die Alliierten die bundesstaatliche Ordnung wieder her. Hierbei sprach sich insbesondere die US-amerikanische Seite für eine föderalistische Ordnung aus, um einem Neuaufflammen der Zentralgewalt entgegen zu wirken[15].

13 BGBl. des Deutschen Bundes 1871, S. 63.

14 Reichsgesetzblatt 1934 I, S. 75.

15 *Murswiek*, in: BK, GG, Bd. I, Präambel, Rn. 149 (Stand Sept. 2005) sowie das Frankfurter Dokument Nr. I vom 1.7.1948, ebd.

B. Die Gesetzgebungskompetenzen des Grundgesetzes

Die Verteilung der Gesetzgebungskompetenzen vor der sog. Föderalismusreform I soll in ihren Grundzügen und nur der Vollständigkeit halber kurz in Erinnerung gerufen werden.

Wie auch heute stand vor der Reform das Gesetzgebungsrecht den Ländern zu, soweit das Grundgesetz nicht dem Bund die Befugnis hierzu verlieh. Ein solches Recht des Bundes konnte sich aus einer ausschließlichen oder konkurrierenden Kompetenz, aus der Rahmengesetzgebung, der Grundsatzgesetzgebung, aus einer Kompetenz kraft Sachzusammenhangs oder aus der Natur der Sache ergeben. Die Einordnung der sog. Annexkompetenz – sofern man sie überhaupt anerkennt – als eigenständige Kompetenzart oder als Unterfall der Kompetenz kraft Sachzusammenhangs kann in diesem Zusammenhang offen bleiben.[16]

Auf dem Gebiet der konkurrierenden Gesetzgebung stand den Ländern das Gesetzgebungsrecht nur zu, solange und soweit der Bund von seiner Zuständigkeit nicht durch Gesetz Gebrauch gemacht hat. Gesetze des Bundes im Bereich konkurrierender Gesetzgebung mussten ferner dem Gebot der Erforderlichkeit standhalten. Die Gegenstände der konkurrierenden Gesetzgebung legten Art. 74 Abs. 1 GG a.F. und Art. 74a GG a.F. enumerativ fest. Wollte der Bund ein Gesetzesvorhaben auf eine konkurrierende Gesetzgebungskompetenz stützen, war er damit gehalten die Einschlägigkeit der jeweiligen Sachmaterien sowie die Erforderlichkeit der geplanten Regelung zu überprüfen. Regelungswillige Länder hingegen hatten das Vorliegen einer bundesgesetzlichen Regelung und deren Reichweite zu untersuchen, bevor sie Gesetze auf den Gebieten der konkurrierenden Gesetzgebung erlassen konnten. Im Streitfalle war nach Erlass des betreffenden Gesetzes die Entscheidung des Bundesverfassungsgerichts herbeizuführen.

Im Bereich der Rahmengesetzgebung hatte de constitutione lata der Bund darauf zu achten, dass Rahmenvorschriften noch ausfüllungsfähig und ausfüllungsbedürftig blieben; nur in Ausnahmefällen gestattete Art. 75 Abs. 2 GG a.F. in Einzelheiten gehende oder unmittelbar geltende Regelungen in Rahmengesetzen.

Eine der Rahmengesetzgebung ähnliche Grundsatzgesetzgebung sah das Grundgesetz in Art. 109 Abs. 3 GG und Art 91a Abs. 2 S. 2 GG vor, bei welcher der Bund auf eine im Vergleich zur Rahmengesetzgebung geringere Regelungsdichte beschränkt war.

16 Zum Meinungsstand vgl. *Degenhart*, in: Sachs, GG, Art. 70, Rn. 43.

C. Fehlentwicklungen seit 1994

I. Arten von Fehlentwicklungen

Sanden bezeichnet das Verhältnis des Bundes zu seinen Gliedstaaten als seit jeher ungeklärtes Jahrhundertthema und -problem, dessen Schwierigkeiten sich nicht erst innerhalb der letzten Jahre gehäuft hätten.[17] In der Tat klaffen die Verfassungswirklichkeit vor der Föderalismusreform 2006 und die ursprüngliche Konzeption des Grundgesetzes weit auseinander;[18] für den Bereich der Gesetzgebung kann folgende Entwicklung konstatiert werden:

1. Kompetenzzuwachs des Bundes

Das Grundgesetz in seiner Urfassung dachte den Ländern eine starke Position im Verfassungsgefüge zu. Obwohl Art. 70 Abs. 1 GG mit seiner grundsätzlichen Zuweisung des Gesetzgebungsrechts an die Länder von Reformen verschont geblieben ist, verloren die Länder und dabei insbesondere die Landesparlamente im Laufe der Zeit merklich an Bedeutung. Im Zuge von Verfassungsänderungen sind dem Bund sukzessive weitere Kompetenzen übertragen, namentlich die Kataloge der ausschließlichen und der konkurrierenden Gesetzgebung erweitert, Gemeinschaftsaufgaben eingeführt sowie dem Bund das ausnahmsweise Recht zu Detailregelungen in Rahmengesetzen zugestanden worden.[19] Der Bund hat von seinen neuen wie bisherigen Kompetenzen regen Gebrauch gemacht und dabei vor allem im Bereich der konkurrierenden Gesetzgebung seine Kompeten-

---

17 *Sanden*, Die Weiterentwicklung der föderalen Strukturen in der Bundesrepublik Deutschland, S. 129, 182.

18 Hierzu auch *Scholz*, in: FS Badura, S. 491 ff.

19 Einfügung Art. 74 Nr. 11a GG (Nutzung der Atomenergie), BGBl. 1959 I S. 813; Einfügung Art. 74 Nr. 10a GG (Kriegsopferfürsorge), BGBl. 1965 I S. 513; Einfügung Art. 91a, 91b GG (Gemeinschaftsaufgaben), BGBl. 1969 I S. 359; Änderung Art. 74 Nr. 13 (Ausbildungsbeihilfen) und Nr. 22 (Erhebung und Verteilung von Gebühren für Benutzung öffentlicher Straßen mit Fahrzeugen), Einfügung Nr. 19a (wirtschaftliche Sicherung der Krankenhäuser und Krankenhauspflegesätze), Einfügung Art. 75 Abs. 1 Nr. 1a GG (allgemeine Grundsätze des Hochschulwesens), BGBl. 1969 I S. 363; Einfügung Art. 74a GG (Besoldung und Versorgung der Angehörigen des öffentlichen Dienstes des Bundes sowie der Landesrichter), BGBl. 1971 I S. 206; Änderung Art. 74 Nr. 20 GG (Tierschutz), BGBl. 1971 I S. 207; Einfügung Art. 74 Nr. 24 GG (Abfallbeseitigung, Luftreinhaltung, Lärmbekämpfung), BGBl. 1972 I S. 593; Einfügung Art. 74 Nr. 4a GG (Waffenrecht), BGBl. 1972 I S. 1305; Änderung Art. 74 Nr.4a GG (Sprengstoffrecht), BGBl. 1976 I S. 2383; Einfügung Art. 74 Nr. 25 und 26 GG (Staatshaftung, künstliche Befruchtung, Untersuchung und künstliche Veränderung von Erbinformationen; Organ- und Gewebetransplantation), Einfügung Art. 75 Abs. 2 GG (Zulassung von Detailregelungen oder unmittelbar geltenden Regelungen in Ausnahmefällen), BGBl. 1994 I S. 3146 f.

zen nahezu vollständig ausgeschöpft und damit die „Hochzonung“[20] staatlicher Aufgaben weiter voran getrieben.[21]

2. Rahmengesetzgebung

Im Bereich der Rahmengesetzgebung erließ der Bund nicht – wie seit 1994 eigentlich vorgesehen – nur in Ausnahmefällen detaillierte oder unmittelbar geltende Vorschriften, sondern kehrte das Regel-Ausnahme-Prinzip nahezu um, wodurch er den Ländern weitgehend den Raum für eigenständige Regelungen versperrte.[22] Der damalige Bundespräsident *Rau* stellte hierzu bildhaft fest, dass man bei der Rahmengesetzgebung gelegentlich vor lauter Rahmen die Bilder nicht mehr gesehen habe.[23] Hinsichtlich der den Ländern noch verbliebenen Gesetzgebungskompetenzen, waren sie von einer „leeren Hülse“[24] nicht weit entfernt.[25]

Die Rahmengesetzgebung erwies sich darüber hinaus auch unter einem weiteren Blickwinkel als problematisch. In Zeiten wachsender Europäisierung führte ihr zweistufiges Gesetzgebungsverfahren bisweilen dazu, dass europarechtliche Vorgaben nicht in der vorgesehenen Zeit umgesetzt werden konnten – unter anderem ein Umstand, der das Grundgesetz dem Vorwurf mangelnder Europatauglichkeit aussetzte.[26] Andere, ebenfalls föderal organisierte Mitgliedstaaten wiesen dagegen geringere Umsetzungsdefizite auf.[27]

---

20 *Papier*, in: Merten, Die Zukunft des Föderalismus, S. 124.

21 *Rauber*, in: Holtschneider/Schön, Die Reform des Bundesstaates, S. 39.

22 *Scholz*, 3. Sitzung der Kommission am 12.12.2003, Stenografischer Bericht, S. 69, in: CD-ROM „Zur Sache 1/2005“: „verkappte Vollgesetzgebung“.

23 *Rau*, Rede beim Föderalismuskonvent der deutschen Landesparlamente am 31.03.2003 in Lübeck, abrufbar im Internet unter: www.bundespraesident.de/dokumente/-,2.91858/Rede/dokument.htm (gelesen am 17.01.2010).

24 *BVerfGE* 34, 9, 19 f.

25 *Röttgen*, 2. Sitzung der Kommission am 28.11.2003, Stenografischer Bericht, S. 32, in: CD-ROM „Zur Sache 1/2005“.

26 *Huber*, Stellungnahme v. 15.05.2006, S. 11, Rechtsausschussprotokoll 12, Anlage 2; *ders.*, in: Henneke, Föderalismusreform, S. 93; *Waldhoff*, ebd., S. 71 f.; *Lehmann-Brauns*, Zustimmungsbedürftigkeit, S. 162; für eine ausführliche Problembeschreibung vgl. den Bericht zur innerstaatlichen Kompetenzverteilung der Arbeitsgruppe 1 der Gemeinsamen Kommission von Bundestag und Bundesrat zur Modernisierung der Bundesstaatlichen Ordnung, AU 0002, S. 159 ff., in: CD-ROM „Zur Sache 1/2005“.

27 Vgl. den Bericht der Bund/Länder Arbeitsgruppe „Innerstaatliche Kompetenzordnung“ v. 17. Dezember 2002, Arbeitsunterlage 0002, S. 160 f., in: CD-ROM „Zur Sache 1/2005“.

3. Exekutivföderalismus und Verlust beiderseitiger Handlungsfähigkeit

Während einerseits die Länder – genau genommen die Landesparlamente – Gestaltungsmöglichkeiten verloren, büßte andererseits auch der Bundesgesetzgeber Handlungsfähigkeit ein, indem er sich seinen Kompetenzzuwachs mit der Einräumung von neuen Beteiligungsrechten für die Landesregierungen an der Bundesgesetzgebung erkaufte.[28] Hinzu kam eine wachsende Tendenz des Bundes in seinen Gesetzen zugleich verfahrens- oder organisationsrechtliche Fragen zu regeln, die die Zustimmungspflicht des Bundesrates nach Art. 84 Abs. 1 GG a.F. auslösten.[29] Ein Ansteigen der Zustimmungsgesetze von ca. 30 Prozent im Jahre 1979 auf gut 60 Prozent in 2003 soll die Folge gewesen sein.[30]

Ebenfalls zu verzeichnen war ein Anstieg der Verfahren des Vermittlungsausschusses; allein in der um ein Jahr verkürzten 15. Wahlperiode wurde das Gremium bei jedem vierten vom Bundestag beschlossenen Gesetz, insgesamt 102 mal, angerufen.[31] Dem Bundesrat wurde dadurch gleichsam die Rolle eines Ersatzparlaments zuteil, in dem hinter verschlossenen Türen die Gesetzesentwürfe auf den kleinsten gemeinsamen Nenner entsprechend den vorherrschenden parteipolitischen Mehrheitsverhältnissen zu Recht gestutzt wurden.[32] Nicht selten resultieren hieraus komplizierte Regelungen mit detaillierten Ausnahmetatbeständen.[33] Darin begründete Demokratiedefizite sind unübersehbar: Die Landtage waren an Vermittlungsverfahren gar nicht erst beteiligt. Stattdessen verhandelten die Landesregierungen über Materien, die weder einer Gesetzgebungskompetenz der Länder unterliegen mussten, noch für sich genommen das Zustimmungsrecht des Bundesrates auslösten. Den Länderexekutiven verfügten damit über erhebliches Blockadepotenzial und Verhandlungsgewicht gegenüber dem Bund.

---

28 Vgl. Art. 75 Abs. 2 und 3 GG in der Fassung des zweiundzwanzigsten Gesetzes zur Änderung des Grundgesetzes v. 12.05.1969, BGBl. I S. 363; Art. 74a Abs. 2 - 4 GG, BGBl. 1971 I S. 206; Art. 74 Abs. 2 GG, BGBl. 1994 I S. 3145; nach Einschätzung der Bertelsmann-Kommission habe der vorgefundene Verflechtungsgrad dem Prinzip eigenverantwortlichen Handelns von Bund und Ländern als einem tragenden Grundgedanken des Föderalismus widersprochen, *Arndt/Benda/Dohnanyi* (u.a.), Bertelsmann-Kommission, Entflechtung 2005, S. 9; zum Prinzip eigenverantwortlicher Aufgabenwahrnehmung *Nettesheim*, in: FS Badura, S. 363, 372 ff.

29 Allein Art. 84 Abs. 1 GG a.F. wird für über 50 Prozent aller Zustimmungsgesetze verantwortlich gemacht, vgl. Dästner, ZParl 2001, 296, 306 ff.

30 *Scholz*, in: FS Badura, S. 491, 504; weniger drastisch dagegen die differenzierte Aufstellung bei *Georgii/Borhanian*, Zustimmungsgesetze nach der Föderalismusreform, S. 8 sowie *Schmidt-Jortzig*, ZG 2005, 16, 19.

31 Vgl. *Ziller*, in: Das Parlament (4) vom 23.01.2006.

32 *Röttgen/Boehl*, in: Holtschneider/Schön, Die Reform des Bundesstaates, S. 19 f.; *Michael*, JZ 2006, 884, 889.

33 *Stüwe*, APuZ 50-51 (2004),S. 25, 30.; *Schmidt-Jortzig*, ZG 2005, 16, 20.

4. Entparlamentarisierung durch Selbstkoordination

Während die gesetzgeberische Rolle der Landesparlamente weitgehend auf eine bloße Beteiligung an der Gesetzgebung des Bundes beschränkt blieb und auch die Handlungsfähigkeit des Bundesgesetzgebers beeinträchtigt war, versuchten die Landesregierungen im Wege von Ministerpräsidentenkonferenzen, Fachministerkonferenzen, Arbeitskreisen, Kommissionen und anderen kooperativen Ausgleichsformen bundesweit gleichwertige Standards abseits der demokratisch legitimierten Landesparlamente herzustellen.[34] Speziell im Hinblick auf das Verwaltungsverfahren führte die regelmäßige Vorbereitung der Gesetzesinitiativen des Bundes in Zusammenarbeit mit den Landesministerien und den betroffenen Verbänden („Fachbruderschaften") nicht selten zu einem fachlichen Konsens dahingehend, dass auch dieses einer bundeseinheitlichen Regelung bedürfe.[35]

Solche vom „Bund im Bund"[36] getroffenen Entscheidungen entzogen sich nicht nur der Kontrolle durch die Landtage, auch für die Bürger waren die Entscheidungsprozesse kaum nachvollziehbar – ein Zustand, der bisweilen auch als „Exekutivföderalismus"[37] oder „Verbundföderalismus"[38] in der politischen Diskussion auftauchte. „Kommissionitis"[39] oder „Konsens-Fetischismus"[40] dürften den pathologischen Zustand des föderalen Systems noch deutlicher erscheinen lassen. Ein Gestaltungswettbewerb um die besten Lösungen wurde so verhindert; eine klare Zuordnung der politischen Verantwortlichkeiten für die letztendlich getroffenen Entscheidungen erschwert. Insoweit interessant ist, dass die beschriebene Selbstkoordinierung insbesondere auch auf solchen Gebieten stattfand, für die der Bund noch nicht einmal zuständig war.[41]

5. Mangelnde Zurechenbarkeit von Verantwortung

Mangelnde Transparenz politischer Entscheidungsfindung und unklare Kompetenzzuweisungen erschweren die Zurechnung von Verantwortlichkeiten zu be-

---

34 *Oberreuter*, in: Borchard/Margedant, Der deutsche Föderalismus im Reformprozess, S. 123: politische Steuerung wird „entparlamentarisiert"; *Nettesheim*, in: FS Badura, S. 363.

35 *Röttgen/Boehl*, in: Holtschneider/Schön, Die Reform des Bundesstaates, S. 18 f.

36 *Dichgans*, Vom Grundgesetz zur Verfassung, 1970, S. 129; zur gleichwohl noch zu bejahenden Verfassungsmäßigkeit solcher Formen horizontaler Koordination: *Nettesheim*, in: FS Badura, S. 363, 380 ff., 383.

37 *Oberreuter*, in: Borchard/Margedant, Der deutsche Föderalismus im Reformprozess, S. 123.

38 *Papier*, in: Merten, Die Zukunft des Föderalismus, S. 125

39 *Bosbach*, BT-Plenarprotokoll 15/66, S. 5600; *Bartels*, Berliner Republik 2005, 9, 10: „föderale Fachbeamtenbeteiligungsmaschinerie".

40 *Arndt/Benda/Dohnanyi* (u.a.), Bertelsmann-Kommission, Entflechtung 2005, S. 15.

41 *Papier*, in: Merten, Die Zukunft des Föderalismus, S. 125; *Oberreuter*, in: Borchard/Margedant, Der deutsche Föderalismus im Reformprozess, S. 121.

stimmten politischen Akteuren. Da verwundert es nicht, dass im Falle von Misserfolgen die Akteure jeglicher Couleur der Verlockung nicht widerstehen, auch den politischen Gegner mit in die Haftung zu nehmen.[42] In einem solchen „System organisierter Unverantwortlichkeit“[43] ist der Wähler kaum mehr in der Lage, den politisch Verantwortlichen auszumachen und seine Wahlentscheidung danach auszurichten. Wenn aber die „Rückkopplungskette vom Wähler zu den Verantwortungsträgern“[44] nicht mehr besteht, verliert die Wahl ihre Wirkung als politisches Steuerungsmittel und droht zum inhaltslosen Ritual zu verkommen.[45]

Betroffen hiervon ist auch die politische Opposition, die den Regierungsfraktionen im Einzelfall zur Zustimmung im Bundesrat verhilft. Zwar übernimmt sie hierdurch politische Verantwortung und kann insoweit auch einen Machtzuwachs verzeichnen; ihre Stellung als politische Alternative gibt sie indes auf.[46]

II. Symptome

Soweit sich die genannten Entwicklungen dem geneigten Betrachter und politisch Interessierten nicht schon ohne weiteres und von selbst offenbaren, können ihre mittelbaren Folgen auch im gesellschaftlichen Bereich beobachtet werden:

Entparlamentarisierung, vor allem aber die schwindende Zurechenbarkeit politischer Verantwortlichkeiten werden mitverantwortlich für sinkende Wahlbeteiligung und zunehmende Politikverdrossenheit gemacht.[47] Der Verlust der Handlungsfähigkeit führt trotz anhaltender Reformdiskussionen zum Stillstand in wesentlichen Reformfragen; notwendige Neuerungen unterbleiben.[48] Daneben ist eine Tendenz zur Einigung auf den kleinsten gemeinsamen Nenner sowie eine zunehmende Kompliziertheit der kompromisshaften Regelungen zu beobach-

---

42 *Froese*, Die Entfesselung des Staates, S. 24; *Scharpf* (PVS 26 (1985), 320, 336) bezeichnet dies als „Diffusion der politischen Verantwortung für Fehlschläge und für unpopuläre Entscheidungen“ und sieht darin den „politisch-bürokratischen Nutzen der Politikverflechtung“.

43 *Rüttgers*, 2. Sitzung der Kommission am 28.11.2003, Stenografischer Bericht, S. 38, in: CD-ROM „Zur Sache 1/2005“; *Brenner*, in: Borchard/Margedant, Der deutsche Föderalismus im Reformprozess, S. 202;

44 *F. Kirchhof*, 3. Sitzung der Kommission am 12.12.2003, Stenografischer Bericht, S. 58, in: CD-ROM „Zur Sache 1/2005“.

45 *Huber*, 3. Sitzung der Kommission am 12.12.2003, Stenografischer Bericht, S. 54, in: CD-ROM „Zur Sache 1/2005“.

46 *Stüwe*, APuZ 50-51 (2004), 25, 31: „informelle Große Koalition“; *Röttgen/Boehl*, in: Holtschneider/Schön, Die Reform des Bundesstaates, S. 19 f.: „informeller Juniorpartner ohne Regierungsbeteiligung“.

47 *Röttgen/Boehl*, in: Holtschneider/Schön, Die Reform des Bundesstaates, S. 20; *Schmidt-Jortzig*, ZG 2005, 16, 19; *Hill*, FS Helmrich, S. 513 f., 516, 520; *Vogel*, in: FS v. Arnim, S. 505 f.

48 *Stüwe*, APuZ, Nr. 50-51 (2004), S. 25, 30; *Papier*, in: Merten, Die Zukunft des Föderalismus, S. 123, 127 f.

ten.[49] Das Blockadepotenzial scheint für die politischen Akteure nur durch eine Änderung der Machtverhältnisse auflösbar zu sein; Dauerwahlkampf der Parteien und die Neigung zu am nächsten Wahltermin ausgerichteter Politik sind die Folge.[50] Einen Bedeutungsverlust erleiden dabei insbesondere die Landtagswahlen, die vermehrt zu Testwahlen und Stimmungsbarometern für die Bundestagswahl geraten.[51]

III. Ursachen und Verantwortlichkeiten

Die möglichen Gründe für die konstatierten Entwicklungen sind vielfältig. Eine Trennung potenzieller Gründe oder auch nur Mitursachen voneinander ist kaum möglich, da erst ihr Zusammenspiel zu dem vorgefundenen Grad an Verflechtung und Intransparenz geführt hat. Eine klare Trennung soll hier daher auch nicht geleistet werden. Es ist eben jenes Zusammenwirken, welches von einigen Autoren als „Verfassungswirklichkeit" beschrieben und für die negativen Veränderungen des Föderalismus verantwortlich gemacht wird.[52]

1. Grundgesetzliche Rahmenbedingungen

Ursachen der Krise[53] des Bundesstaats werden z.T. in den Bestimmungen des Grundgesetzes selbst ausgemacht. So sei das Potenzial zu gegenseitiger Blockade von Bund und Ländern im Verbundsystem des Grundgesetzes geradezu angelegt und letztlich nur durch Verfassungsänderung zu beheben.[54] In diese Richtung weist auch die von *Scharpf* begründete These der sog. Politikverflechtung.[55] Der Begriff der Politikverflechtung kennzeichnet danach Entscheidungsstrukturen, die nicht die effektivste Problemlösung, sondern die „Interaktion zwischen dezentralen und zentralen Entscheidungseinheiten selbst in den Mittelpunkt" rücken.[56] Beispiele für bestehende Verflechtungen sind das Ineinandergreifen von Bundesgesetzgebung und Länderverwaltung, die Gemeinschafts-

---

49 *Stüwe*, APuZ 50-51 (2004),S. 25, 30.

50 *Stüwe*, APuZ, Nr. 50-51 (2004), S. 25, 32; Arndt/Benda/Dohnanyi (u.a.), Bertelsmann-Kommission, Entflechtung 2005, S. 13.

51 *Stüwe*, APuZ, Nr. 50-51 (2004), S. 25, 26; hierzu auch unten II., 6.; jedoch zähle nach Einschätzung der Bertelsmann-Kommission die einzelne Stimme bei Kommunal- und Landtagswahlen rein anteilig mehr als bei Bundestagswahlen, *Arndt/Benda/Dohnanyi* (u.a.), Bertelsmann-Kommission, Entflechtung 2005, S. 9.

52 *Böhmer*, BR-Plenarprotokoll 792, S. 356.

53 *Scholz*, in: FS Badura, S. 491; *Nettesheim*, ebd., S. 363 m.w.N.

54 *Arndt/Benda/Dohnanyi* (u.a.), Bertelsmann-Kommission, Entflechtung 2005, S. 13, 21; *Reutter*, APuZ 50 (2006), 12, 15; *Huber*, Stellungnahme v. 15.05.2006, S. 1 f., Rechtsausschussprotokoll 12, Anlage 2; *Grimm*, 2. Sitzung der Kommission am 28.11.2003, Stenografischer Bericht, S. 42, in: CD-ROM „Zur Sache 1/2005".

55 *Scharpf*, in: Scharpf/Reissert/Schnabel, Politikverflechtung, S. 28; ähnlich *Papier*, in: Merten, Die Zukunft des Föderalismus, S. 125: „Verklammerung".

56 *Scharpf*, in: Scharpf/Reissert/Schnabel, Politikverflechtung, S. 28.

aufgaben sowie die Mitwirkungsbefugnisse des Bundesrates und den damit verbundenen Vetopositionen.[57] Infolge der Verflechtung bestehende Konsenszwänge führten zu ineffizienten Lösungen und zur Lähmung des politischen Systems, weshalb auch von der sog. Politikverflechtungsfalle gesprochen wird.[58]

Auch soweit z.B. die Rahmengesetzgebung zu einem Anwachsen von Bundeskompetenzen geführt hat, seien nach einigen Stimmen im Schrifttum die Probleme vom verfassungsändernden Gesetzgeber hausgemacht. Dieser habe die Rahmenkompetenz entgegen ihrer ursprünglichen Stoßrichtung zu einer de facto Vollkompetenz des Bundes herausgebildet.[59] War nach der Urfassung des Grundgesetzes dem Bund lediglich der Erlass von Rahmenvorschriften erlaubt, so gestattete ihm der verfassungsändernde Gesetzgeber im Jahre 1994 in Ausnahmefällen auch in Einzelheiten gehende oder unmittelbar anwendbare Regelungen in Rahmengesetzen zu treffen.[60] Doch liegt hierin keine Verursachung der Misere durch den verfassungsändernden Gesetzgeber, denn bereits das Grundgesetz in seiner Urfassung ließ – jedenfalls nach der bis dato herrschenden Rechtsprechung des Bundesverfassungsgerichts – einen nahezu ausschöpfenden Gebrauch der Rahmenkompetenz zu. So entschied das Gericht bereits in seinem Urteil vom 1. Dezember 1954 zum Besoldungsgesetz des Landes Nordrhein-Westfalen – also noch unter Geltung der ursprünglichen Fassung des Art. 72 GG –, dass Rahmengesetze „wenn auch nicht in allen einzelnen Bestimmungen, so doch als Ganzes durch die Landesgesetzgebung ausfüllungsfähig und ausfüllungsbedürftig“ sein müssen.[61] Dem Bund musste ein extensiver Erlass detaillierter, erschöpfender oder unmittelbar geltender Regelungen daher jedenfalls nicht kompetenzwidrig erscheinen. Die „Verfassungsrevision“[62] von 1994[63] hat lediglich versucht, dieser ausgesprochen bundesfreundlichen Auslegung der Rahmenkompetenz durch eine stärkere Konturierung der Voraussetzungen für solche sog. „Nicht-Rahmenregelungen“ zu begegnen und damit den Rahmencharakter dieser Kompetenzart insgesamt zu sichern bzw. – sofern man wie das Bundesverfassungsgericht das Erfordernis der Ausfüllungsfähigkeit und Ausfüllungsbedürftigkeit auf das Rahmengesetz als Ganzes bezieht – überhaupt erst herzustellen.[64] Nunmehr ging auch das Bundesverfassungsgericht davon aus, dass Detail- und Durchgriffsregelungen grundsätzlich nicht mehr von der Rah-

---

57 *Scharpf*, in: Scharpf/Reissert/Schnabel, Politikverflechtung, S. 29.

58 *Scharpf*, PVS 26 (1985), 323, 346; ähnlich *Michael*, JZ 2006, 884, 889: „Föderalismusfalle“.

59 *Battis/Kersten*, DVBl. 2007, 152, 155.

60 BGBl. I 1994, S. 3147.

61 *BVerfGE* 4, 115, 129; fortgeführt in *BVerfGE* 7, 29, 41; 43, 291, 343; 51, 43, 54; 67, 382, 387.

62 *Papier*, NJW 2007, 2145, 2146; *Ipsen*, NJW 2006, 2801; *Degenhart*, NVwZ 2006, 1209.

63 BGBl. I 1994, S. 3146.

64 BT-Drs. 12/6633, S. 9 f.; vgl. auch *Stettner*, in: Dreier, Art. 75, Rn. 10.

menkompetenz umfasst, sondern nach der Neufassung nur noch in besonders begründeten Ausnahmefällen zulässig sein sollten.[65]

Die faktisch herausgehobene Stellung der Länderexekutiven gegenüber den Landesparlamenten und der bei ersteren zu verzeichnende Machtzuwachs wird von der grundgesetzlichen Konzeption zwar nicht intendiert, jedoch von dieser auch nicht nachhaltig bekämpft. Art. 79 Abs. 3 GG erklärt die grundsätzliche Mitwirkung der Länder an der Bundesgesetzgebung zu den unabänderlichen Verfassungsprinzipien. Zwar ist die konkrete Ausgestaltung in Form der Mitwirkung durch den Bundesrat einer Verfassungsänderung nicht entzogen,[66] doch vollzieht sich die Mitwirkung nach dem Grundgesetz gerade durch den Bundesrat und nicht etwa durch die Legislative. Der Beteiligungszweck, den Ländern Mitsprachemöglichkeiten von substantiellem Gewicht und damit gestalterischen Einfluss auf die Bundesgesetzgebung einzuräumen, der über eine bloße formale Beteiligung hinausreicht,[67] erfordert die derzeitige Ausgestaltung in Form eines reinen Exekutivföderalismus dagegen nicht. Eine stärkere demokratische Legitimation der Mitwirkung böte sich z.B. in Angelegenheiten an, welche die Gesetzgebung oder Verwaltung der Länder betreffen.[68] Beteiligungsrechte können eigene Gestaltungsrechte jedoch nicht ersetzen; das Grundgesetz garantiert den Ländern hingegen nicht mehr als einen Kernbestand eigener Gesetzgebungskompetenzen.[69]

2. Gegenläufige Eigeninteressen und Interessenkonflikte

Das auf Konsens angelegte Kooperationsmodell des deutschen Föderalismus gerät zunehmend in Konflikt mit der auf Konkurrenz angelegten Parteienlandschaft[70]. Einst konzipiert als Organ zur Wahrung der Länderinteressen, in dem Bund und Länder eine Einigung im Wege des politischen Konsenses herbeizuführen haben, wird der Bundesrat zunehmend zur Arena des Parteienwettbe-

65 *BVerfGE* 111, 226, 251.

66 *Dreier*, in: Dreier, GG, Art. 79 III, Rn. 24; im Übrigen konkretisiert sich die Mitwirkung in der Ausübung des Initiativrechts (Art. 76 Abs. 1 GG), durch Stellungnahme zu den Vorlagen der Bundesregierung im ersten Durchgang (Art. 76 Abs. 2 GG), durch Anrufung des Vermittlungsausschusses (Art. 77 Abs. 2 GG), durch Einlegung des Einspruchs gegen ein vom Bundestag beschlossenes Gesetz sowie durch Erteilung oder Verweigerung der Zustimmung (Art. 77 Abs. 3 GG); *Hesse*, AöR 98 (1973), 1, 18.

67 *Hesse*, AöR 98 (1973), 1, 18 f; *Dreier*, in: Dreier, GG, Art. 79 III, Rn. 24; *Herdegen*, in: Maunz/Dürig, GG (Lfg. 52 Mai 2008), Art. 79, Rn. 98.

68 *Herdegen*, in: Maunz/Dürig, GG (Lfg. 52 Mai 2008), Art. 79, Rn. 101.

69 *BVerfGE* 34, 9, 19 f.; 87, 181, 196 f.; *Hesse*, AöR 98 (1973), 1, 18; *Wieland*, Stellungnahme v. 08.05.2006, S. 2, Rechtsausschussprotokoll 12, Anlage 2.

70 *Froese*, Die Entfesselung des Staates, S. 38 ff. *Leunig*, APuZ 50-51 (2004), 33 ff.

werbs,[71] so dass bisweilen schon von einem „parteipolitisierten Föderalismus" gesprochen wird.[72] Insbesondere die politische Opposition nutzt ihr Blockadepotenzial aufgrund unterschiedlicher Mehrheitsverhältnisse in Bundesrat und Bundestag zur Verhinderung oder inhaltlichen Umgestaltung unliebsamer Entscheidungen, denen sie im Bundestag nicht die erforderliche Mehrheit entgegensetzen konnte.[73] Wenn die Zahl der wegen verweigerter Zustimmung im Bundesrat gescheiterten Gesetze zwischen 1949 und 2005 dennoch nur bei 71 liegt,[74] so sei der Grund dafür vorrangig darin zu suchen, dass häufig doch noch inhaltliche Einigungen erzielt, Gesetze in zustimmungspflichtige und –freie Teile aufgespaltet sowie finanzielle Zusagen an bestimmte Länder gemacht wurden.[75]

Anders als das föderale Konzept des Grundgesetzes, folgen Parteien nicht dem Konsens-, sondern dem Konkurrenzprinzip,[76] das gegenüber dem Wähler zudem noch stärker betont wird, als mit anderen Parteien gemeinsam gefundene Problemlösungen.[77] Erhöhte Konsensanforderungen führen nicht selten dazu, dass umstrittene Reformen erst gar nicht angegangen werden.[78] Wer darin jedoch einen Fremdkörper im föderalen System erblickt oder hieraus gar die Unvereinbarkeit von Bundesstaat und Parteienwettbewerb ableiten will,[79] verkennt Existenz und Bedeutung der Parteien im bestehenden System.[80] Ob den Vätern der Verfassung die Bedeutung der politischen Parteien aber wirklich bewusst war und er gleichwohl auf die machtbalancierende Wirkung des föderalistischen Prinzips an Stelle eines Trennsystems vertraute,[81] muss angesichts der Betonung

---

71 Vgl. *Oberreuter*, in: Borchard/Margedant, Der deutsche Föderalismus im Reformprozess, S. 118 ff.; *Huber*, Stellungnahme v. 15.05.2006, S. 2, Rechtsausschussprotokoll 12, Anlage 2.

72 *Burkhart/Manow*, ZPol 2006, 807.

73 Vgl. *Schmidt*, 2. Sitzung der Kommission am 28.11.2003, Stenografischer Bericht, S. 29, in: CD-ROM „Zur Sache 1/2005"; *Huber*, Stellungnahme v. 15.05.2006, S. 2, Rechtsausschussprotokoll 12, Anlage 2.

74 *Ziller*; in: Das Parlament (4) vom 23.01.2006, wobei aber von vornherein für nicht mehrheitsfähig gehaltene Vorhaben nicht berücksichtigt sind; nach der Statistik der *Bund/Länder Arbeitsgruppe „Innerstaatliche Kompetenzordnung"* vom 17.12.2002 sind dagegen allein zwischen 1949 und September 2001 139 Gesetze an der fehlenden Zustimmung gescheitert, vgl. AU 0002, S. 54, in: CD-ROM „Zur Sache 1/2005".

75 *Stüwe*, APuZ 50-51 (2004), 25, 29.

76 Vgl. *Oberreuter*, in: Borchard/Margedant, Der deutsche Föderalismus im Reformprozess, S. 118; ebenso *Benz*, 3. Sitzung der Kommission am 12.12.2003, Stenografischer Bericht, S. 51, in: CD-ROM „Zur Sache 1/2005".

77 *Stüwe*, APuZ 50-51 (2004), 25, 32.

78 *Stüwe*, APuZ 50-51 (2004), 25, 30.

79 Vgl. nur *Lehmbruch*, Parteienwettbewerb im Bundesstaat, 1998, S. 170 ff.

80 Vgl. *Borchardt*, Die Zulässigkeit parteipolitischen Verhaltens im Bundesrat, S. 128.

81 So *Oberreuter*, in: Borchard/Margedant, Der deutsche Föderalismus im Reformprozess, S. 119.

ihrer Gemeinwohlverpflichtung im Zuge der Beratungen des Parlamentarischen Rates jedoch eher bezweifelt werden.[82]

Richtig ist, dass eine Unzulässigkeit parteipolitischen Verhaltens im Bundesrat kaum begründet werden kann. Da der Bundesrat grundsätzlich als politisches Gremium angelegt ist,[83] muss ein parteipolitischer Hintergrund eben nicht „an der Garderobe abgegeben“ werden.[84] Ob man hierfür allerdings eine Ausstrahlungswirkung von Art. 21 GG bemühen muss,[85] erscheint fraglich. Inwiefern die Blockadeanfälligkeit des Bundesrates aber tatsächlich vorrangig oder zumindest ebenso[86] als Verhaltens- wie als Strukturproblem[87] eines kooperativen Föderalismus anzusehen ist und nicht vordergründig in einer Fehlinterpretation der Reichweite von Mitbestimmungsrechten der Länder begründet liegt, wird im Rahmen dieser Untersuchung zumindest für einen Teilbereich von Zustimmungsrechten (vgl. Art. 72 Abs. 3 S. 2 HS. 2 GG) noch zu erörtern sein.[88]

Wenn vielfach kritisiert wird, die Länder hätten sich Mitbestimmungsrechte durch die Hingabe von Gesetzgebungskompetenzen erkauft[89] und so das Anwachsen der Zustimmungsgesetze maßgeblich mitverursacht,[90] so bedarf dies der Präzisierung: Mitwirkungsrechte in Form von Zustimmungserfordernissen sind nicht gleichsam als Äquivalent für die Aufgabe von Regelungskompetenzen den Ländern als solchen zugeflossen, profitiert haben hiervon in erster Linie die Landesregierungen.[91] Dagegen konnten die Länderparlamente, die einen Verlust an Gestaltungsmöglichkeiten überhaupt erlitten haben, eine Kompensation für ihren Kompetenzverlust in der Regel nicht verzeichnen.[92]

Maßgebliche Beteiligung am Ausverkauf von Gestaltungsmöglichkeiten wird nicht zuletzt auch den Ministerpräsidenten zugeschrieben. Sie seien vielfach nicht daran interessiert, politisch weniger bedeutsam auf landespolitischer

---

82 So sollten nach den Vorstellungen der Parteien selbst, diese „als Sachwalter der Wähler das Wohl der Gesamtheit über ihre parteipolitischen Belange stellen“ bzw. „Vertreter“ oder „Diener“ des ganzen Volkes und „nicht nur einer Partei“ sein; vgl. *Morlok*, in: Dreier, GG, Art. 21, Rn. 8.

83 *Hermes*, in: Dreier, GG, Art. 84, Rn. 50.

84 *Borchardt*, Die Zulässigkeit parteipolitischen Verhaltens im Bundesrat, S. 129; *Leunig*, APuZ 50-51 (2004) , 33 , 36; *Papier*, in: Merten, Die Zukunft des Föderalismus, S. 127.

85 *Borchardt*, Die Zulässigkeit parteipolitischen Verhaltens im Bundesrat, S. 129.

86 *Oberreuter*, in: Borchard/Margedant, Der deutsche Föderalismus im Reformprozess, S. 119.

87 *Stern*, in: Merten, Die Zukunft des Föderalismus, S. 25; vgl. auch unten 4. Kap., K.

88 Unten 3. Kap., E., VII., 2. und 3.

89 Beispiele oben I., 1.

90 *Oberreuter*, in: Borchard/Margedant, Der deutsche Föderalismus im Reformprozess, S. 121 f.

91 *Oberreuter*, in: Borchard/Margedant, Der deutsche Föderalismus im Reformprozess, S. 121 ff.

92 Ebenso *Rauber*, in: Holtschneider/Schön, Die Reform des Bundesstaates, S. 39.

Ebene in Erscheinung zu treten und ihre dortigen „Besitzstände“ aufzugeben.[93] Nicht selten werde der Bundesrat auch als Forum zur politischen Profilierung und der so gewonnene bundespolitische Einfluss als Wegbereiter ins Kanzleramt genutzt.[94]

Die Landtage – zumindest die Mehrheit der hinter der Regierung stehenden Parlamentarier – standen dieser Entwicklung keinesfalls ohnmächtig gegenüber;[95] entsprechende politische Spielräume auf Landesebene haben sie aus welchen Gründen auch immer jedoch nicht genutzt.[96]

3. Unitarische Tendenz

Der ausuferndere Gebrauch des Bundes von seinen konkurrierenden Kompetenzen, sein stetiger Kompetenzzuwachs und die schleichende Entmachtung der Länderparlamente sind Ausdruck eines Zentralisierungs- und Vereinheitlichungstrends, der die Verfassungswirklichkeit bereits von Beginn an und bis heute kennzeichnete.[97] Schon 1962 bescheinigte *Hesse* dem deutschen Föderalismus, dass dieser sich nicht in Länderkompetenzen verwirkliche, sondern in ihrer Beteiligung an den Angelegenheiten des Bundes.[98] *Abromeit*, geht noch weiter, indem er auch noch dreißig Jahre nach *Hesse* die Bundesrepublik nicht wie dieser lediglich als unitarischen Bundesstaat, sondern als „verkappten Einheitsstaat“ charakterisierte.[99]

In der Tat ist in der Bevölkerung ein weit verbreitetes Unbehagen, wenngleich nicht – wie gerne betont wird am Föderalismus an sich,[100] so doch an seinen alltäglichen Erscheinungsformen anzutreffen.[101] Obwohl einheitliche und gleichwertige Lebensverhältnisse verfassungsrechtlich nicht zwingend geboten sind,[102] so scheint eine entsprechende Erwartungshaltung der Bevölkerung

---

93 *Wieland*, Manuskript „Deutschlands Zukunft als Bundesstaat“, S. 2, Rechtsausschussprotokoll 12, Anlage 2; *Kloepfer*, Stellungnahme v. 3.5.2006, S. 13, Rechtsausschussprotokoll 15, Anlage 2; *Röttgen*, 3. Sitzung der Kommission am 12.12.2003, Stenografischer Bericht, S. 78, in: CD-ROM „Zur Sache 1/2005“.

94 *Huber*, Stellungnahme v. 15.05.2006, S. 2, Rechtsausschussprotokoll 12, Anlage 2; ebenso *Henneke*, in: ders., Föderalismusreform, S. 20.

95 Ähnlich *Henneke*, in: ders., Föderalismusreform, S. 20.

96 Deutliche Kritik hieran übt *Schmidt*, 2. Sitzung der Kommission am 28.11.2003, Stenografischer Bericht, S. 30, in: CD-ROM „Zur Sache 1/2005“.

97 *Koch/Krohn*, NuR 2006, 673, 674; *Scholz*, in FS Badura, S. 491, 492.

98 *Hesse*, Der unitarische Bundesstaat, S. 14; vgl. auch *Oberreuter*, in: Borchard/Margedant, Der deutsche Föderalismus im Reformprozess, S. 122.

99 *Abromeit*, Der verkappte Einheitsstaat, 1992.

100 So aber *Haug*, DÖV 2008, 851, 856.

101 *Huber* spricht vom „kollektiven Gedächtnis der Deutschen“, vgl. *Brink*, ZRP 2005, 60, 62.

102 Dies betonen zu Recht *Hebeler*, ZG 2006, 301, 319; *Burgbacher*, BT-Plenarprotokoll 15/66, S. 5611; ebenso *Arndt/Benda/Dohnanyi* (u.a.), Bertelsmann-Kommission, Entflechtung 2005, S. 15 f; *Selmer*, ZG 2009, 33, 42.

gleichwohl zu bestehen.[103] Obwohl die Länder über ein nicht unerhebliches Integrationspotenzial verfügen,[104] ist die Toleranz der Deutschen beim Ertragen regionaler Unterschiede äußerst gering.[105] Als Beleg für den „Föderalismus ohne Föderalisten“[106] kann insbesondere die intensiv betriebene Selbstkoordination der Länder auf Ebene ihrer Regierungen herangezogen werden, die Einheitlichkeit und Gleichmäßigkeit gleichsam zum Strukturgesetz des Bundesstaates erhebt.[107] Nur ein Beispiel von vielen bildet in diesem Zusammenhang die um die Einführung einheitlicher Nichtraucherschutzgesetze in den Ländern geführte Diskussion. Halten es die einen für „nicht vermittelbar, wenn in einer Kneipe in Kassel das Rauchen verboten, und im wenige Kilometer entfernten Göttingen wieder erlaubt wäre“[108], erkennen andere, dass „wenn man den Föderalismus will, [...] man auch mit verschiedenen Regelungen in verschiedenen Bundesländern leben [muss]“[109].

Aber auch die für einheitliche Regelungen Streitenden bekunden, den Föderalismus zu wollen,[110] da er sich als Strukturprinzip bewährt habe.[111] Wenn aber bereits diese – zweifelsohne besonders emotionsgeladene – Materie für derart überregional bedeutsam gehalten wird, wie muss es erst mit wesentlich weniger profanen Materien aussehen? Die Nivellierungswut im vorauseilenden Gehorsam gegenüber dem mobilen Wähler scheint keine Grenzen, insbesondere keine Landesgrenzen zu kennen. Worin werden die Vorteile des Föderalismus – außer im Bestehen von 16 weiteren zu besetzenden Machtzentralen – dann letztlich überhaupt noch gesehen?

---

103 *Decker*, in: Palermo/Hrebek/Zwilling/Alber (Hrsg.), Auf dem Weg zu asymmetrischem Föderalismus? S. 144, 148.

104 *Wieland*, Manuskript „Deutschlands Zukunft als Bundesstaat“, S. 10, Rechtsausschussprotokoll 12, Anlage 2.

105 *Oschatz*, Stellungnahme, S. 3, Rechtsausschussprotokoll 12, Anlage 2.

106 Der Ausdruck geht zurück auf *Schmidt-Jortzig*; vgl. *Henneke*, in: ders., Föderalismusreform, S. 156.

107 *Arndt/Benda/Dohnanyi* (u.a.), Bertelsmann-Kommission, Entflechtung 2005, S. 18.

108 *Lothar Binding* (SPD), in: Spiegel Online v. 22.03.2007 (http://www.spiegel.de/politik/deutschland/0,1518,473117,00.html), (gelesen am 17.01.2010).

109 *Brigitte Zypries* (SPD), in: Spiegel Online v. 22.03.2007 (http://www.spiegel.de/politik/deutschland/0,1518,473340,00.html), (gelesen am 17.01.2010).

110 *Wieland* (vgl. Henneke, in: ders., Föderalismusreform, S. 157) konstatiert lediglich ein „abstraktes Bekenntnis“ zum Föderalismus, das mit einer starken Unitarisierungstendenz einhergehe.

111 *Arndt/Benda/Dohnanyi* (u.a.), Bertelsmann-Kommission, Entflechtung 2005, S. 15: „ein ungewöhnlich erfolgreiches Modell“; *Müntefering*, 1. Sitzung der Kommission am 7.11.2003, Stenografischer Bericht, S. 4, in: CD-ROM „Zur Sache 1/2005“; *Schäuble*, in: Jahrbuch des Föderalismus 2007, S. 15, 17 f., der sogar davon ausgeht, der deutsche Föderalismus sei als unitarischer Bundesstaat „konstruiert“ (ebd., 15).

Nach ihrer verfassungsrechtlichen Konzeption sollen Gleichwertigkeit und Einheitlichkeit der Lebensverhältnisse Bundeskompetenzen begrenzen und dadurch die Autonomie der Länder bewahren.[112] Doch zunehmend geraten diese Faktoren zum Problem für die Funktionsfähigkeit der Länder, da sie umso stärker ins Bewusstsein der Bevölkerung rücken, je mehr der Staat als Garant sozialer Gerechtigkeit auftritt.[113] Bereits 1938 konstatierte *Forsthoff* einen Wandel der Staatsaufgaben vom bloßen Verwaltungshandeln hin zu einer zunehmenden Leistungsverwaltung, die dem Einzelnen auch Leistungen zuteil werden lässt und zugleich soziale Chancen zuweist.[114] Unterschiedliche Leistungs- und Chancenverteilungen innerhalb des Bundesgebiets werden offenbar in noch geringerem Maße toleriert als unterschiedliche Eingriffsschwellen und Verwaltungspraktiken. Die Wiedervereinigung,[115] die gewachsene Mobilität der Bevölkerung, nicht zuletzt im Zusammenhang mit Veränderungen am Arbeitsmarkt, haben den Unitarisierungsdruck noch weiter verstärkt.[116]

Schwierig gestaltet sich damit die Gratwanderung zwischen gerade noch gemeinwohlverträglicher Ungleichheit und gerade noch föderalismusverträglicher Gleichheit. Zweifelhaft ist auch, ob die Bevölkerung überhaupt bereit wäre, sich auf mehr Länderautonomie einzulassen.[117] *Wieland* geht davon aus, dass Einheitlichkeit im Zweifel der bundesstaatlicher Vielfalt vorgezogen und Vielfalt eher als drohende Kleinstaaterei denn als Chance empfunden wird.[118] Insbesondere die Wirtschaft dränge auf eine einheitliche Rechtsordnung in einem einheitlichen Markt.[119] Rege Lobbytätigkeit trage das ihrige dazu bei, schon um

---

112 Vgl. *Oberreuter*, in: Borchard/Margedant, Der deutsche Föderalismus im Reformprozess, S. 120.

113 Vgl. *Oberreuter*, in: Borchard/Margedant, Der deutsche Föderalismus im Reformprozess, S. 121; so auch *Wieland*, Manuskript „Deutschlands Zukunft als Bundesstaat“, S. 2, Rechtsausschussprotokoll 12, Anlage 2.

114 *Forsthoff*, Die Verwaltung als Leistungsträger; auch *Nettesheim* (in: FS Badura, S. 363) sieht einen wesentlichen Anstoß für den Unitarisierungstrend in den Angleichungstendenzen des modernen Sozialstaats.

115 Hierzu *Henneke*, in: ders., Föderalismusreform, S. 17.

116 *Oberreuter*, in: Borchard/Margedant, Der deutsche Föderalismus im Reformprozess, S. 119 f.; hierauf weist auch *Wieland* hin, Manuskript „Deutschlands Zukunft als Bundesstaat“, S. 2, Rechtsausschussprotokoll 12, Anlage 2.

117 *Dietsche/Hinterseh*, in: Borchard/Margedant, Der deutsche Föderalismus im Reformprozess, S. 34 f.

118 *Wieland*, Stellungnahme v. 08.05.2006, S. 1, Rechtsausschussprotokoll 12, Anlage 2; *Knopp*, NVwZ 2006, 1216; ähnlich *Henneke*, in: ders., Föderalismusreform, S. 17 f.

119 *Wieland*, Manuskript „Deutschlands Zukunft als Bundesstaat“, S. 2, Rechtsausschussprotokoll 12, Anlage 2, vgl. auch *Henneke*, in: ders., Föderalismusreform, S. 157.

einen Ansprechpartner in Berlin zu behalten, statt sich in 16 Landeshauptstädten engagieren zu müssen.[120]

Aber auch die Länder müssen sich die Frage gefallen lassen, ob sie künftig mit mehr Eigenständigkeit an die Aufgabenerfüllung herangehen und in Wettbewerb miteinander treten wollen oder ob sie sich wie gewohnt in Konferenzen und Arbeitsgruppen auf bundeseinheitliche Lösungen verständigen werden.[121] Insbesondere kleine und finanziell schwache Länder seien an einer Stärkung ihrer legislativen Kompetenzen kaum interessiert.[122] Im Kern bedeutet dies und so bringt es auch die Bertelsmann-Kommission „Verfassungspolitik & Regierungsfähigkeit“ auf den Punkt: „Insofern die politische Kultur in Deutschland selbst ein Hindernis ist, kann dieses weder durch strukturelle noch durch institutionelle Änderungen aus dem Weg geräumt werden“[123]. *Wieland* weist in diesem Zusammenhang schließlich noch auf die historisch gewachsene, „spezifisch deutsche Prägung“ des Bundesstaates hin.[124] Vereinheitlichungstendenzen bedeuteten nach seiner Auffassung grundsätzlich keinen Fremdkörper im bundesstaatlichen System, die es um einer Annäherung an verfassungstheoretische Idealvorstellungen Willen auszumerzen gelte. Reformvorhaben müssten die historisch gewachsene und im Bewusstsein der Deutschen vorherrschende Diskrepanz von Idealvorstellung und vorgefundener Ausgestaltung des Bundesstaates als Ausgangslage annehmen und allenfalls im Detail korrigieren.[125]

Als mögliche Ursache des ausgeprägten Hanges der Deutschen zur Vereinheitlichung wird die Entstehungsgeschichte des deutschen Föderalismus genannt. Die föderale Struktur, die nicht das Ergebnis eines langwierigen Entwicklungsprozesses, sondern von den Siegermächten zur Schwächung der Zentral-

---

120 *Wieland*, Manuskript „ Deutschlands Zukunft als Bundesstaat“, S. 2, Rechtsausschussprotokoll 12, Anlage 2; zustimmend *Meyer*, Die Föderalismusreform 2006, S. 173.

121 Zweifel hegt insoweit *Oebbecke* (vgl. Henneke, in: ders., Föderalismusreform, S. 157); Laut *Schmidt-Jortzig* hätten sich insbesondere die kommunalen Selbstverwaltungen und hier vor allem die Großstädte vor einem Zuwachs an Eigenverantwortung „geradezu weggeduckt“ (vgl. *Henneke*, in: ders., Föderalismusreform, S. 159); *Steinbeiß-Winkelmann* vermutet sogar, die Länder haben sich hinter Zugriffsrechten verstecken wollen und sich daher nicht auf die von der Bundesregierung angebotene Kompetenztrennung einigen können (vgl. *Henneke*, in: ders., Föderalismusreform, S. 161).

122 *Stüwe*, APuZ 50-51 (2004), S. 25, 32.

123 *Arndt/Benda/Dohnanyi* (u.a.), Bertelsmann-Kommission, Entflechtung 2005, S. 39.

124 *Wieland*, Manuskript „ Deutschlands Zukunft als Bundesstaat“, S. 8 ff., Rechtsausschussprotokoll 12, Anlage 2; vgl. auch *Lehmbruch*, Der unitarische Bundesstaat in Deutschland: Pfadabhängigkeit und Wandel, MPIfG Working Paper, S. 10, 68; dazu auch *Sanden*, Die Weiterentwicklung der föderalen Strukturen in der Bundesrepublik Deutschland, S. 1064.

125 *Wieland*, Manuskript „ Deutschlands Zukunft als Bundesstaat“, S. 8 ff., Rechtsausschussprotokoll 12, Anlage 2; *Lehmbruch*, Der unitarische Bundesstaat in Deutschland: Pfadabhängigkeit und Wandel, MPIfG Working Paper, S. 68.

staatlichkeit diktiert worden sei, habe in den Anfangsjahren der Bundesrepublik breite Ablehnung gefunden.[126] So habe ein stillschweigender Konsens der Beteiligten in Bund, Ländern und Verfassungsgericht bestanden, den verordneten Föderalismus in der Verfassungswirklichkeit zu korrigieren.[127]

Ob diese Umstände aber auch noch für den gegenwärtigen Vereinheitlichungstrend ursächlich sind, darf bezweifelt werden. So wird ein Paradigmenwechsel mit einem gewachsenen Bewusstsein für die Bedeutung der Landesparlamente denn auch für die Konsolidierungsphase der Bundesrepublik konstatiert.[128]

4. Rechtsprechung

Ein weiterer, der Mithilfe an der schleichenden Entmachtung der Länder Verdächtiger ist schnell ausgemacht: Insbesondere die große Zahl von Zustimmungsgesetzen, sei nicht im Grundgesetz selbst angelegt, sondern auch und vor allem durch die verfassungsgerichtliche Rechtsprechung seit Bestehen des Grundgesetzes begünstigt worden.[129] Sofern durch die verfassungsgerichtliche Rechtsprechung Länderkompetenzen zugunsten des Bundes zurück gedrängt werden, könnte man mit *Hendler* auch von „Unitarisierung durch Verfassungsauslegung" sprechen.[130]

a) Zustimmungsgesetze

aa) Doppelgesichtige Normen

Der Zuwachs an Zustimmungsgesetzen setzte nicht erst bei der wohl geläufigeren Problematik ein, ob der Bundesrat einem Gesetz als Ganzes zustimmen muss, sondern findet seine Ursache bereits auf Tatbestandsebene bei der Bestimmung des Begriffs der Verwaltungsverfahrensregelung und der Behördeneinrichtung. Das Bundesverfassungsgericht vertrat – hieran wird sich auch in absehbarer Zukunft wohl nichts ändern – einen recht großzügigen Standpunkt,

---

126 *Wieland*, Manuskript „ Deutschlands Zukunft als Bundesstaat", S. 7 f., Rechtsausschussprotokoll 12, Anlage 2

127 *Röttgen/Boehl*, in: Holtschneider/Schön, Die Reform des Bundesstaates, S. 21.

128 *Waldhoff*, in: Henneke, Föderalismusreform, S. 59; *Röttgen/Boehl*, in: Holtschneider/Schön, Die Reform des Bundesstaates, S. 21.

129 *Zypries*, BT-Plenarprotokoll 15/66, S. 5605 f.; *Schmidt*, 2. Sitzung der Kommission am 28.11.2003, Stenografischer Bericht, S. 28, in: CD-ROM „Zur Sache 1/2005"; ebenso *Meyer*, 3. Sitzung der Kommission am 12.12.2003, Stenografischer Bericht, S. 61, in: CD-ROM „Zur Sache 1/2005"; *F. Kirchhof*, ebd., S. 76: Das BVerfG habe die Erforderlichkeitsklausel nicht ausgelegt, sondern „verengend nachgewertet"; *Scholz*, ebd., S. 70; *ders.*, in: FS Badura, S. 491, 504; *Koch/Krohn*, NuR 2006, 673, 674; kritisch auch *Rauber*, in: Holtschneider/Schön, Die Reform des Bundesstaates, S. 39 f.; weniger drastisch *Hermes*, in: Dreier, GG, Art. 84, Rn. 48.

130 *Hendler*, ZG 1987, 210, 213, 221, im Unterschied zu „Unitarisierung durch Verfassungsänderung".

indem es auch solche Regelungen genügen lässt, die zwar rein materiell-rechtlicher Natur sind, die aber die Art und Weise des Verwaltungshandelns verfahrensmäßig bindend festlegen.[131] Solche unter Umständen auch verdeckten Regelungen des Verwaltungsverfahrens lägen dann vor, „wenn die den Bürger betreffende materiell-rechtliche Vorschrift zugleich die zwangsläufige Festlegung eines korrespondierenden verfahrensmäßigen Verhaltens der Verwaltung bewirke".[132] Dies festzustellen sei ungeachtet der materiell-rechtlichen Qualität der Norm allein eine Frage ihres jeweiligen Inhalts. Die Einbeziehung solcher „doppelgesichtigen" Normen resultiere daraus, dass die Abgrenzung von Verwaltungsverfahrensrecht und materiellem Verwaltungsrecht seit jeher Wandlungen unterliege, denen auch die Auslegung von Art. 84 Abs. 1 GG (a.F.) Rechnung tragen müsse.[133] Die Vorschrift sei insofern entwicklungsoffen, als sie nicht auf einen zeitlich fixierten Stand staatsrechtlicher Praxis und dogmatischer Erkenntnisse abhebe, sondern das ständige Wechselspiel der föderalen Kräfte in den grundgesetzlichen Schranken halten wolle.[134] Einfachgesetzliche Positivierungen der tragenden Begriffsmerkmale in den Verwaltungsverfahrensgesetzen sowie in speziellen Verfahrensordnungen dürften bei der Auslegung von Art. 84 Abs. 1 GG (a.F.) daher nicht außer Betracht bleiben.[135]

Die abweichenden Meinungen kritisieren, dass nach der Definition der Senatsmehrheit zustimmungsfreie Gesetze kaum noch denkbar wären und das Regel-Ausnahme-Verhältnis des Grundgesetzes eine Umkehrung erführe.[136] Tatsächlich konstatiert selbst die Senatsmehrheit, dass Vorschriften mit materiellrechtlichem Inhalt und zugleich verfahrensrechtlicher Bedeutung häufig zu finden seien".[137] Eine Wandlungsoffenheit von Art. 84 Abs. 1 GG, wie sie die Senatsmehrheit annimmt, können die abweichenden Voten dagegen nicht erkennen. Sie argumentieren vielmehr, das Grundgesetz verwende mit den „materiellen Normen" sowie den „Verfahrensnormen" idealtypische Begrifflichkeiten, die auch Art. 84 Abs. 1 GG zugrunde zu legen seien.[138] Dass materiell-rechtliche Normen häufig mehr oder weniger weitreichende Auswirkungen auch auf das Verwaltungsverfahren hätten, könne die Zustimmungspflicht nicht begründen. Ob lediglich verfahrensrelevante Normen über Art. 84 Abs. 1 GG zur Zustimmungsbedürftigkeit führen sollen, sei eine höchst verfassungspolitische Frage, die keinem einfachgesetzlichen Wandel unterliege, sondern deren Beantwortung

---

131 *BVerfGE* 37, 363, 385 u. 394; 55, 274, 321; 75, 108, 152.
132 *BVerfGE* 75, 108, 152.
133 *BVerfGE* 55, 274, 320.
134 *BVerfGE* 55, 274, 320.
135 *BVerfGE* 55, 274, 320.
136 Sondervotum der Richter *Rottmann* und *Hirsch*, BVerfGE 55, 274, 335.
137 *BVerfGE* 55, 274, 321.
138 Sondervotum der Richter *Rottmann* und *Hirsch*, BVerfGE 55, 274, 336.

ausschließlich dem Grundgesetz selbst gebühre.[139] Nur solche Vorschriften, die die Art und Weise der Ausführung der Bundesgesetze durch Landesbehörden rechtlich unmittelbar bestimmen, seien daher zur Auslösung der Zustimmungsbedürftigkeit geeignet.[140] Die bloße verfahrensrechtliche Relevanz einer Vorschrift genüge demzufolge nicht.

bb) Umfang der Zustimmungsbedürftigkeit

Die Ausweitung zustimmungspflichtiger Gesetze setzt sich auf Rechtsfolgenseite der grundgesetzlichen Zustimmungstatbestände fort, indem das Bundesverfassungsgericht die Zustimmungsbedürftigkeit nicht auf die sie auslösende Einzelnorm beschränkt, sondern auf das gesamte Gesetzeswerk erstreckt. Nach Ansicht der dissentierenden Richter handele es sich bei der Deutung durch das Gericht nicht um eine an Wortlaut, Zweck und Systematik orientierte Auslegung des Grundgesetzes, sondern um „ein Stück Verfassungskonkretisierung durch Richterspruch", die allein mit praktischen Erwägungen begründet werde.[141]

Zusätzlich erhöht wird die Zahl der Zustimmungsgesetze im Zusammenspiel mit einem ausgeprägten Regelungsperfektionismus der Ministerien, die ihre detaillierten Vorstellungen bis in die Ausführungsbestimmungen hinein durchzusetzen versuchen.[142]

(1) Einheitsthese

Das Bundesverfassungsgericht verwendet den Begriff der Einheitsthese bzw. Einheitstheorie zwar selbst nicht, vertrat aber in ständiger Rechtsprechung zu Art. 84 Abs. 1 GG a.F., dass mit zustimmungsbedürftigen Bundesgesetzen im Sinne dieser Norm nicht einzelne Vorschriften, sondern Gesetze als gesetzgebungstechnische Einheiten gemeint seien.[143] Diese Annahme wird vor allem auf Art. 78 GG gestützt, wonach vom Bundestage beschlossene Gesetze, d.h. die durch Gesetzesbeschluss des Bundestages zu einer Einheit zusammengefassten Gesetze, zustande kommen, wenn der Bundesrat zustimmt.[144] Da es bei der Zustimmung folglich um den Vorgang der Entstehung von Gesetzen gehe, könnten diese nur als Einheit behandelt werden. Gegenteiliges führe zu kaum überwind-

---

139 Sondervotum der Richter *Rottmann* und *Hirsch*, BVerfGE 55, 274, 336 f.

140 Sondervotum der Richter *Rottmann* und *Hirsch*, BVerfGE 55, 274, 337.

141 So das Sondervotum der Richter *Rottmann* und *Hirsch*, BVerfGE 55, 274, 333.

142 So bereits *Dichgans*, Vom Grundgesetz zur Verfassung, 1970, S. 85; *Röttgen*, 8. Sitzung der Kommission am 8.07.2003, Stenografischer Bericht, S. 178, in: CD-ROM „Zur Sache 1/2005"; *Rauber*, in: Holtschneider/Schön, Die Reform des Bundesstaates, S. 39; z.B. *Rüttgers* (2. Sitzung der Kommission am 28.11.2003, Stenografischer Bericht, S. 39, in: CD-ROM „Zur Sache 1/2005") bestätigt eine solche Tendenz in den Ministerien des Bundes und sieht dort den Schlüssel zur Entflechtung.

143 *BVerfGE* 8, 274, 294 f.; 24, 184, 194 f., 197 f.; 37, 363, 381; 48, 127, 177 f.; 55, 274, 327.

144 *BVerfGE* 8, 274, 295.

baren Schwierigkeiten im Hinblick auf das Gesetzgebungsverfahren und die Verkündung und widerspreche nicht zuletzt auch einer ständigen Übung der beteiligten Verfassungsorgane das ganze Gesetz als zustimmungsbedürftig anzusehen.[145]

Über Art. 80 Abs. 2 GG erstreckt das Gericht die Zustimmungsbedürftigkeit von Gesetzen auf hierauf gestützte Rechtsverordnungen. Da zustimmungsbedürftige Bundesgesetze, die Rechtsverordnungen zugrunde liegen, ebenfalls im Sinne gesetzgebungstechnischer Einheiten zu verstehen seien, bedürften auch solche Verordnungen der Zustimmung, deren im Zustimmungsgesetz enthaltene Ermächtigung für sich genommen nicht zustimmungsbedürftig wäre.[146] Art. 80 Abs. 2 GG knüpfe bei unbefangenem Verständnis an das Zustandekommen der betreffenden Bundesgesetze an, weshalb der insoweit bestehende Systemzusammenhang mit Art. 78 GG sowie mit den Vorschriften über die Zustimmungsbedürftigkeit der Einzelnorm, die Zustimmungsbedürftigkeit des Gesetzes als Ganzes auslöse.[147] Die Zustimmung zum ermächtigenden Gesetz setze sich gleichsam in der Zustimmung zur Rechtsverordnung fort.[148] Obwohl das Gericht stets betont hat, die Voraussetzungen der Zustimmungsbedürftigkeit im Interesse der Ausgewogenheit der bundesstaatlichen Ordnung weder erweiternd noch einengend auslegen zu wollen,[149] hat die Einräumung weitreichender Mitwirkungsbefugnisse an den Bundesrat letztlich zu einer Schwächung der Länderparlamente gegenüber ihren Exekutiven geführt.[150]

Eine einschränkende Linie verfolgt das Gericht wenigstens im Hinblick auf Änderungsgesetze zu Zustimmungsgesetzen. Da die grundgesetzlichen Zustimmungsvorbehalte dem Schutz der Länder vor Systemverschiebungen im föderalistischen Gefüge im Wege einfacher Gesetzgebung dienten, sei hier entscheidend, ob Änderungen von Zustimmungsgesetzen ihrerseits einen Einbruch in „Landesreservate" darstellen.[151] Dem Grundgesetz lasse sich insoweit gerade keine Fern- oder Dauerwirkung der Zustimmungsbedürftigkeit des Ausgangsgesetzes entnehmen.[152] Diese Auffassung ist vor dem Hintergrund der sog. Mitverantwortungstheorie (dazu sogleich) eigentlich inkonsequent[153] und offenbart die

---

145 *BVerfGE* 8, 274, 295.

146 *BVerfGE* 24, 184, 197 f.

147 *BVerfGE* 24, 184, 197.

148 *BVerfGE* 24, 184, 198, im Anschluss an die Antragsbegründung des Bundesrates, *BVerfGE* 24, 184, 189.

149 *BVerfGE* 55, 274, 319 f.

150 Ebenso Sondervotum der Richter *Rottmann* und *Hirsch* BVerfGE 55, 274, 345; sowie *Hermes*, in: Dreier, GG, Art. 84, Rn. 48; *Scholz*, in: FS Badura, S. 491, 504.

151 *BVerfGE* 37, 363, 380; 48, 127, 178 ; 55, 274, 319; 75, 108, 151 f.

152 *BVerfGE* 37, 363, 382.

153 Dies meinen in ihren Sondervoten auch die Richter *v. Schlabrendorf*, *Geiger* und *Rinck*, BVerfGE 37, 363, 410; vgl. auch die Antragsbegründung des Bundesrates in BVerfGE 24, 184, 187 ff. und BVerfGE 37, 363, 373 ff.

Schwäche dieser Theorie. Die abweichenden Meinungen rügen im Wesentlichen nur, dass im konkreten Verfahren die Senatsmehrheit aus der fehlenden Zustimmung zu dem Gesetz als Ganzes auch dessen Gesamtnichtigkeit gefolgert hat. Richtigerweise stehe die Entstehung eines Gesetzes als Ganzes einer Teilnichtigkeitserklärung nicht entgegen.[154] Anderenfalls erhielte im schlimmsten Fall der Bundesrat allein aufgrund nebensächlicher Verfahrensvorschriften ein umfassendes Vetorecht gegen umfangreiche materiell-rechtliche Regelungen.[155] Solle es zu einer solch entscheidenden Verschiebung der verfassungsmäßigen Gewaltenteilung nicht kommen, müssten die Zustimmungstatbestände eng ausgelegt werden.[156]

(2) Mitverantwortungstheorie

In engem Zusammenhang mit der Einheitsthese steht der vor allem vom Bundesrat[157] vorgebrachte und vom Bundesverfassungsgericht nahezu unverändert aufgegriffene Gedanke einer umfassenden Mitverantwortung des Bundesrates für das Gesetz.[158] Während die Einheitsthese dazu dient, die nach einzelnen Vorschriften des Grundgesetzes bestehende Zustimmungsbedürftigkeit von Einzelregelungen lediglich auf das Gesetzesvorhaben als Ganzes zu erstrecken, ohne zugleich eine Feststellung dahingehend zu treffen, worauf genau die Zustimmung sich eigentlich beziehen muss, stellt die sog. Mitverantwortungstheorie einen Begründungsansatz zur Bestimmung gerade des Gegenstandes der Zustimmung dar. Mit seiner Zustimmung übernehme der Bundesrat die Mitverantwortung für das Gesetz als Ganzes, weshalb sich die Zustimmung auch auf sämtliche Normen des Gesetzes und nicht lediglich auf diejenigen Teilregelungen beziehe, die für sich genommen die Zustimmungsbedürftigkeit ausgelöst haben.[159] Habe sich der Bundesgesetzgeber zur Zusammenfassung von Normen

154 Sondervotum der Richter *Rottmann* und *Hirsch*, BVerfGE 55, 274, 334 f., 341 f., 343 ff.; hieran anschließend auch *Lehmann-Brauns*, Zustimmungsbedürftigkeit, S. 216.

155 Sondervotum der Richter *Rottmann* und *Hirsch*, BVerfGE 55, 274, 335.

156 Sondervotum der Richter *Rottmann* und *Hirsch*, BVerfGE 55, 274, 335 f.

157 Vgl. die Antragsbegründung des Bundesrates in BVerfGE 24, 184, 187 ff. und 37, 363, 373 ff.

158 *Lehmann-Brauns* (Zustimmungsbedürftigkeit, S. 203), geht davon aus, die Mitverantwortungstheorie sei aus der Einheitsthese abgeleitet; richtigerweise dürfte es sich aber um eine Argumentationshilfe zur Begründung der Einheitsthese handeln; so wohl auch *Ossenbühl*, in: FS Jahrreiß, 1974, S. 171.

159 Nach Ansicht des Bundesrates ergebe sich dies weniger aus der gesetzgeberischen Einheit, sondern vorrangig daraus, dass jedes Gesetz eine zweckbezogene und zweckgerichtete Einheit bilde, zwischen dessen einzelnen Vorschriften ein enger innerer Zusammenhang bestehe; dies gelte auch für das Verhältnis der materiell-rechtlichen Regelungen eines Gesetzes zu den Verfahrens- und Organisationsvorschriften, die sich gegenseitig bedingten („Interdependenz von materiellem und formellem Recht"), Bundesrat in BVerfGE 37, 363, 375.

in einem Gesetz entschieden und gerade keinen Gebrauch von der grundsätzlich gegebenen Möglichkeit einer Ausgliederung der zustimmungsbedürftigen Teile gemacht,[160] habe er damit zugleich über die Zustimmungsbedürftigkeit aller in diesem Gesetz enthaltenen Normen befunden.[161]

Der Verweis des Gerichts, der Bundestag sei verfassungsrechtlich nicht gehindert, ein Gesetzgebungsvorhaben in Ausübung seiner gesetzgeberischen Freiheit in mehreren Gesetzen zu regeln,[162] scheint jedoch wenig attraktiv. Denn selbst wenn es durch eine solche Aufteilung weder zu einer unzulässigen Einschränkung des Mitwirkungsrechts der Länder an der Bundesgesetzgebung komme und auch eine Verschiebung der gesetzgeberischen Gewichte von Bundestag und Bundesrat nicht eintrete,[163] so bliebe doch der Vollzug vom Wohlwollen der Länder abhängig, falls die Zustimmung zum verfahrensrechtlichen Paket nicht erteilt wird.[164] Der seitens des Bundesrates auf den Bundestag ausübbare Druck gewinnt durch eine Trennung der Gesetzesvorhaben lediglich eine andere Stoßrichtung. Nicht nur, dass eine solche Aufspaltung nicht selten ohne sachlichen Grund erfolgen würde,[165] sie wäre auch dem Rang und der Aufgabenstellung des Bundestages als Haupt-Gesetzgebungsorgan nicht angemessen.[166] Mitverantwortung kann überhaupt nur die Folge einer Zustimmungsbedürftigkeit des ganzen Gesetzes sein; diese gilt es aber erst zu beweisen. Die Mitverantwortungstheorie ist insoweit zirkelschlüssig.[167]

Indem das Gericht dem Bundesrat die Befugnis zugesteht, zustimmungsbedürftige Gesetze ihrem ganzen Inhalt nach zu prüfen und die Zustimmung allein aus materiellen Gründen zu versagen,[168] bescheinigt es ihm zumindest de facto Funktionen einer zweiten Gesetzgebungskammer.[169] Ob das Gericht seine Einladung an den Bundesrat zur Umgestaltung von Bundesgesetzen künftig zurückziehen wird, hat es in seiner Entscheidung aus dem Jahre 2002 noch ausdrück-

---

160 Der Bundesrat sieht hierin eine Manipulation, die ihn zur Verweigerung der Zustimmung bezüglich des zustimmungsbedürftigen Teils mit der Begründung berechtige, die Teilregelungen seien missbräuchlich getrennt worden, vgl. die Antragsbegründung des Bundesrates in BVerfGE 24, 184, 189 f.

161 *BVerfGE* 24, 184, 197 f.; vgl. auch die nahezu identische Formulierung der Antragsbegründung des Bundesrates in BVerfGE 24, 184, 189.

162 *BVerfGE* 34, 9, 28; 37, 363, 382; 105, 313, 339 f.

163 *BVerfGE* 105, 313, 340.

164 Als „naiv“ bezeichnet dieses Aufspaltungsargument daher *Hermes*, in: Dreier, GG, Art. 84, Rn. 54.

165 Sondervotum der Richter *Rottmann* und *Hirsch* BVerfGE 55, 274, 335.

166 Sondervotum der Richter *Rottmann* und *Hirsch*, Ergänzung *Hirsch*, BVerfGE 55, 274, 342.

167 *Ossenbühl*, FS Jahrreiß, 1974, S. 177 f.

168 *BVerfGE* 37, 363, 381.

169 Ebenso *Hermes*, in: Dreier, GG, Art. 84, Rn. 49; der Bundesrat nimmt das Recht zu einer Gesamtwürdigung des Gesetzesinhalts für sich in Anspruch, vgl. die Antragsbegründung des Bundesrates in BVerfGE 37, 363, 374 f.

lich offen gelassen.[170] Insbesondere nach der Änderung von Art. 84 Abs. 1 GG und der Einführung von Art. 84 Abs. 1 S. 6 GG wird es über kurz oder lang Stellung hierzu beziehen müssen.[171] Darauf, ob die „Einheits- bzw. Mitverantwortungs-Rechtsprechung" des Bundesverfassungsgerichts Bedeutung auch im Hinblick auf das materielle Abweichungsrecht aus Art. 72 Abs. 3 GG zukommt, wird später noch zurückzukommen sein.[172]

b) Rahmenkompetenz

Dass sich die Rahmenkompetenz des Bundes in der Staatspraxis zu einer Art Vollkompetenz entwickelt hat, wird nicht zuletzt auch auf die Rechtsprechung des Bundesverfassungsgerichts zurückgeführt.[173] Ob man die Verantwortlichkeit jedoch zur Gänze dem Bundesverfassungsgericht statt der grundgesetzlichen Ausgestaltung der Rahmengesetzgebung selbst zuschreiben kann, hängt davon ab, wie der zulässige Rahmen des Art. 75 Abs. 1 GG bereits vor der Verfassungsreform von 1994 zu bestimmen war. Ginge man mit dem Bundesverfassungsgericht davon aus, dass ein Rahmengesetz lediglich als Ganzes noch ausfüllungsbedürftig und ausfüllungsfähig sein und den Ländern insofern ein substanzieller Gestaltungsspielraum bei der Ausfüllung verbleiben musste,[174] hätte bereits das Grundgesetz von sich aus einen nahezu ausschöpfenden Gebrauch der Rahmenkompetenz zugelassen. Die Entscheidung dieser Frage soll indes nicht Gegenstand dieser Untersuchung sein, denn die Schwierigkeiten, die letztlich zur Abschaffung der Rahmenkompetenz geführt haben, konzentrierten sich vorrangig auf das zweistufige und damit schwerfällige Gesetzgebungsverfahren, das sich insbesondere im Hinblick auf die Umsetzung europarechtlicher Vorgaben als problematisch erwies.[175] Hätten die Probleme ausschließlich im Bereich der Ausfüllungsfähigkeit und Ausfüllungsbedürftigkeit gelegen, wäre es aber in der Tat überlegenswert gewesen, die Wirkungen der Änderung von Art. 75 GG im Jahre 1994 erst einmal abzuwarten.[176]

---

170 Vgl. *BVerfGE* 105, 313, 339.

171 *Rauber* (in: Holtschneider/Schön, Die Reform des Bundesstaates, S. 49) geht davon aus, die die Einheitstheorie auch für Art. 84 Abs. 1 GG n.F. nach wie vor Anwendung findet.

172 Unten 3. Kap., E., VII., 2. – 4.

173 *Battis/Kersten*, DVBl. 2007, 152, 155.

174 *BVerfGE* 4, 115, 129 f.; fortgeführt in *BVerfGE* 7, 29, 41; 43, 291, 343; 51, 43, 54; 67, 382, 387.

175 BT-Drs. 16/813, S. 8; *Huber*, in: Henneke, Föderalismusreform, S. 91 f.; Problembeschreibung vgl. den Bericht zur innerstaatlichen Kompetenzverteilung der Arbeitsgruppe 1, AU 0002, S. 159 ff., in: CD-ROM „Zur Sache 1/2005"; *Erbguth* (NVwZ 2007, 985, 990) weist in diesem Zusammenhang darauf hin, dass aber die Probleme dieser Kompetenzart nicht vorrangig auf das arbeitsteilige Vorgehen zurückzuführen waren, sondern auf Unregelmäßigkeiten hinsichtlich des Gebrauchs hiervon.

176 *Frank*, Stellungnahme, S. 3, Rechtsausschussprotokoll 12, Anlage 2; *Huber*, 9. Sitzung der Kommission am 14.10.2004, Stenografischer Bericht, S. 206, in: CD-ROM

Weitere Schwierigkeiten im Hinblick auf die Rahmengesetzgebung traten infolge der Verschärfung der Erforderlichkeitsklausel und die daran anschließende Rechtsprechung des Bundesverfassungsgerichts auf (dazu sogleich). Vor allem mit seinem jüngsten Judikat zur Verfassungswidrigkeit der Einführung der Juniorprofessur durch das 5. Hochschulrahmenänderungsgesetz habe das Gericht dem Bund praktisch jede Möglichkeit zu neuer politischer Gestaltung der betreffenden Gesetzgebungsmaterien verschlossen.[177] Detail- und Durchgriffsregelungen wurden darin nur noch zugelassen, wenn ohne diese die Rahmenvorschriften verständigerweise nicht hätten erlassen werden können, diese also schlechthin unerlässlich waren.[178]

c) *Erforderlichkeitsrechtsprechung*

Dem Bundesverfassungsgericht wird über seine Beteiligung an der Zurückdrängung der Länderkompetenzen hinaus auch vorgeworfen, es habe ebenso zur teilweisen Gestaltungslähmung des Bundes beigetragen.[179] Die restriktive Haltung des Gerichts zur Erforderlichkeitsklausel des Art. 72 Abs. 2 GG a.F. in seiner „Altenpflegeentscheidung“ habe dazu geführt, dass der Bund hinsichtlich einer Vielzahl von Materien der konkurrierenden Gesetzgebung handlungsunfähig geworden sei.[180]

Mit dem Urteil vom 24.10.2002[181] revidierte das Bundesverfassungsgericht seine Rechtsprechung zur früheren Bedürfnisklausel, die sich als Einfallstor für

„Zur Sache 1/2005“; kritisch gegenüber der Abschaffung auch *Knopp* (NVwZ 2006, 1216, 1217), der in einheitlichen Rahmenbedingungen die Grundlage dafür sieht, dass ein Wettbewerb der Länder untereinander überhaupt stattfinden kann.

177 So die abweichende Meinung der Richterinnen *Osterloh* und *Lübbe-Wolff* sowie des Richters *Gerhardt*, BVerfGE 111, 226, 274; kritisch auch *Stünker*, in: Holtschneider/Schön, Die Reform des Bundesstaates, S. 101.

178 *BVerfGE* 111, 226, 281 f.

179 Dagegen ist z.B. *Wieland* (9. Sitzung der Kommission am 14.10.2004, Stenografischer Bericht, S. 217, in: CD-ROM „Zur Sache 1/2005“) der Meinung, der Gesetzgeber habe dem Gericht die Instrumente für die Beantwortung hoch politischer Fragen in die Hand erst gelegt.

180 *Battis/Kersten* DVBl. 2007, 152, 155; *Maurer* (Staatsrecht I, § 17, Rn. 34b) prophezeit, die neuen Anforderungen dürften künftig eher Probleme bereiten, was die 13 Seiten umfassende Prüfung durch das Bundesverfassungsgericht im Urteil zum Altenpflegegesetz (*BVerfGE* 106, 62, 153-165) bereits sehr deutlich zeige; Die Gefahr der Handlungsunfähigkeit sehen *Maurer* (zitiert nach *Henneke*, in: ders., Föderalismusreform, S. 189) und *Meyer* (*ders.*, 3. Sitzung der Kommission am 12.12.2003, Stenografischer Bericht, S. 62, in: CD-ROM „Zur Sache 1/2005“) insbesondere im Zusammenhang der Vorschrift mit Art. 125a Abs. 2 GG.

181 *BVerfGE* 106, 62 ff.; fortgeführt in *BVerfGE* 111 10 – Ladenschluss und *BVerfGE* 111, 226 – Juniorprofessur.

die Auszehrung der Länderkompetenzen erwiesen habe,[182] und passte sie der Neufassung des Art. 72 Abs. 2 GG an. Die bisherige Anerkennung einer nur begrenzten verfassungsgerichtlichen Überprüfbarkeit des Bedürfnisses[183] habe der Klausel – wie das Gericht nunmehr selbst einräumte – „jedenfalls im Ergebnis keine begrenzende Funktion zugewiesen; sie [sei], im Gegenteil, zu einem Motor der Vereinheitlichung [...] geworden".[184] Die Neufassung des Art. 72 Abs. 2 GG mitsamt der Einrichtung eines speziellen verfassungsgerichtlichen Verfahrens (Art. 93 Abs. 1 Nr. 2a GG) begriff das Gericht als eine „klare Anweisung des verfassungsändernden Gesetzgebers [...], seine bisherige, als korrekturbedürftig bewertete Rechtsprechung zu ändern".[185] Der Schutz der Länder vor weiterer Auszehrung ihrer Gesetzgebungskompetenzen könne nur erreicht werden, wenn die Erforderlichkeitsklausel als gerichtlich umfassend kontrollierbare Beschränkung verstanden werde. Insoweit bestehende Einschätzungs- und Prognosespielräume seien hinsichtlich zutreffender und vollständiger Tatsachenfeststellungen, methodischer Grundlagen und Schlüssigkeit einer verfassungsgerichtlichen Prüfung zugänglich.[186]

Die Zielvorgaben des Art. 72 Abs. 2 GG stehen nicht mehr im Ermessen des Bundes, sondern sind nur unter strengen Voraussetzungen erfüllt, die das Gericht ausführlich konkretisiert. So sei das Erfordernis der Herstellung gleichwertiger Lebensverhältnisse nach der neueren Rechtsprechung erst dann erfüllt, wenn sich die Lebensverhältnisse in den Ländern in erheblicher, das bundesstaatliche Sozialgefüge beeinträchtigender Weise auseinander entwickelt hätten oder sich eine derartige Entwicklung konkret abzeichne.[187] Die Wahrung der Rechtseinheit ermächtige den Bund erst dann zum Eingreifen, wenn eine Gesetzesvielfalt auf Länderebene eine Rechtszersplitterung mit problematischen Folgen darstelle, die im Interesse sowohl des Bundes als auch der Länder nicht hingenommen werden könne.[188] Der Erlass von Bundesgesetzen zur Wahrung der Wirtschaftseinheit stehe schließlich dann im gesamtstaatlichen Interesse von Bund und Ländern, wenn Landesregelungen oder das Untätigbleiben der Länder erhebliche Nachteile für die Gesamtwirtschaft mit sich brächten.[189] Erschwerend kommt für den Bundesgesetzgeber hinzu, dass es ihm obliege, das für die Einschätzung dieser Lagen erforderliche Tatsachenmaterial sorgfältig zu ermitteln.

---

182 Vgl. BVerfGE 106, 62, 139 f. unter Verweis auf den Abschlussbericht der *Gemeinsamen Verfassungskommission von Bundestag und Bundesrat* vom 5. November 1993, BT-Drs. 12/6000, S. 33 f.

183 *BVerfGE* 1, 264 ff; 2, 213, 224 f.; stRspr.; *Waldhoff* (in: Henneke, Föderalismusreform, S. 59) spricht von „Jurisdiktionsverweigerung".

184 *BVerfGE* 106, 62, 136.

185 *BVerfGE* 106, 62, 136 f.

186 *BVerfGE* 106, 62, 152 f.

187 *BVerfGE* 106, 62, 144.

188 *BVerfGE* 106, 62, 146.

189 *BVerfGE* 106, 62, 146 f.

Erst wenn das Material fundierte Einschätzungen der gegenwärtigen Situation und der künftigen Entwicklung zulasse, dürfe der Bund von seiner konkurrierenden Gesetzgebungskompetenz Gebrauch machen.[190]

Die so gestellten Anforderungen an die Darlegungslast des Bundesgesetzgebers seien überzogen, da Bestehen einer Kompetenz nicht von der ausreichenden Darlegung ihrer Voraussetzungen abhängen könne.[191] Sie bergen Unsicherheiten, die eine Kompetenzverteilung gerade vermeiden sollte.[192] Befürchtungen, der Bund könne durch die Neufassung von Art. 72 Abs. 2 GG Handlungsmöglichkeiten einbüßen, hegte bereits die Bundesregierung vor Einführung der Erforderlichkeitsklausel.[193] Insbesondere in ihrer Interpretation durch das Verfassungsgericht könnten ihre Voraussetzungen bei zahlreichen Materien des Art. 74 Abs. 1 GG kaum noch bejaht werden, da diese Gegenstände ohnehin bereits sehr eng zugeschnitten seien.[194] Aber so handgreiflich die Beschränkungen des Bundesgesetzgebers angesichts dieser deutlichen verfassungsgerichtlichen Trendwende auch sein mögen, das Verfassungsgericht ist damit dem vor allem auch an seine Adresse gerichteten Auftrag des Gesetzgebers nachgekommen, das föderale Gleichgewicht nach langen Jahren des Siechtums wieder zu beleben. Die Übertragung der neuen Grundsätze auch auf die Rahmenkompetenz kann angesichts des Verweises in Art. 75 Abs. 1 S. 2 GG nur als konsequent bezeichnet werden.

5. Geänderte Rahmenbedingungen – wachsendes Europa

Der deutsche Föderalismus ist eingebettet in ein System trans- und supranationaler Politik.[195] Insbesondere im Zuge der voranschreitenden europäischen Integration haben sich die Bedeutung nationalen Verfassungsrechts und damit die Rahmenbedingungen für den Föderalismus in Deutschland grundlegend gewandelt.[196] Nahezu 80 Prozent aller wirtschaftsrechtlichen Regelungen sind mittlerweile durch das Unionsrecht festgelegt und circa 50 Prozent aller übrigen Gesetze durch Unionsrecht festgelegt oder veranlasst.[197]

---

190 *BVerfGE* 106, 62, 144.

191 *Göke* (vgl. *Henneke*, in: ders., Föderalismusreform, S. 184).

192 *Waldhoff* (in: Henneke , Föderalismusreform, S. 68), der die Altenpflegeentscheidung im Übrigen aber durchaus positiv bewertet; vgl. auch die abweichenden Meinungen zum Juniorprofessur Urteil, *BVerfGE* 111, 226, 278 f.

193 Vgl. BT-Drs. 12/7109, S. 13, 14 ff.

194 *Burgi* (vgl. *Henneke*, in: ders., Föderalismusreform, S. 183).

195 *Oberreuter*, in: Borchard/Margedant, Der deutsche Föderalismus im Reformprozess; S. 124.

196 *Arndt/Benda/Dohnanyi* (u.a.), Bertelsmann-Kommission, Entflechtung 2005, S. 13 f.; *Huber*, in: Henneke, Föderalismusreform, S. 93; *Nettesheim*, in: FS Badura, S. 363, 364.

197 Vgl. den Vortrag der Beschwerdeführer im Rahmen der Verfassungsbeschwerde gegen die deutsche Mitwirkung an der Gründung der Europäischen Union unter Beru-

Ob die Herausbildung trans- und supranationaler Politik und der mit ihr einhergehenden Konvergenzanforderungen gar zu einer Delegitimierung oder nur zu einer Zurückdrängung nationaler Politik geführt hat,[198] mag hier dahinstehen. Jedenfalls aber wird konstatiert, dass vor allem die Europäisierung und wirtschaftliche Globalisierung Rahmenbedingungen geschaffen hätten, deren regionalen Bedürfnissen entsprechende Regelung der Bund nicht mehr zu leisten vermöge.[199] Auch die Länder seien kaum in der Lage – schon gar nicht allein durch Anpassung ihres Verwaltungshandelns –, effektiv auf die neue Situation zu reagieren.[200] Profiteure weiterer Kompetenzverlagerungen an die Europäische Union seien dagegen wieder die Landesregierungen, die sich Mitwirkungsrechte auf unionsrechtlicher Ebene einräumen ließen und damit einer weiteren Entparlamentarisierung Vorschub leisteten.[201]

Trotz der mit Bestand und Fortentwicklung trans- und supranationaler Politik einhergehenden Probleme, sind deren Lösungen nicht auf trans- bzw. supranationaler Ebene zu suchen. Nicht von ungefähr kommt schließlich die Metapher von der Landesblindheit des Gemeinschaftsrechts, nunmehr des Unionsrechts.[202] Trans- und supranationale Politik sind, solange und soweit sich die Bundesrepublik an ihnen beteiligt, Prämissen mit denen sich die föderale Struktur zu arrangieren hat. Die Schwierigkeiten sind daher in der introvertierten,[203] überkommenen Vorstellungen und Rahmenbedingungen verhafteten föderalen Struktur selbst anzugehen. Dabei besteht die Wahl zwischen mehr Zentralgewalt für eine zügige und einheitliche Umsetzung z.B. unionsrechtlicher Vorgaben einerseits oder aber mehr eigenen Landeskompetenzen andererseits damit die Länder ihren regionalen Besonderheiten gerecht werden können. Vorzugswürdig erscheint angesichts der heterogenen Wirtschaftsstruktur[204] die zweite Variante.

---

fung auf die Einschätzung des Präsidenten der Kommission der Europäischen Gemeinschaften Delors (Rede im Europäischen Parlament am 4.7.1988, Bulletin EG 1988, Nr. 7/8, S. 124) und des Mitgliedes der Kommission *Bangemann* (in: Brückner, Europa transparent: Informationen, Daten, Fakten, Hintergründe, 1991, S. 5), *BVerfG* NJW 1993, 3047, 3048. – Maastricht.

198 *Oberreuter*, in. Borchard/Margedant, Der deutsche Föderalismus im Reformprozess, S. 124.

199 *Arndt/Benda/Dohnanyi* (u.a.), Bertelsmann-Kommission, Entflechtung 2005, S. 14; *Oberreuter*, in: Borchard/Margedant, Der deutsche Föderalismus im Reformprozess, S. 124.

200 *Arndt/Benda/Dohnanyi* (u.a.), Bertelsmann-Kommission, Entflechtung 2005, S. 14.

201 *Oberreuter*, in: Borchard/Margedant, Der deutsche Föderalismus im Reformprozess; S. 125.

202 Z.B. *Huber*, 3. Sitzung der Kommission am 12.12.2003, Stenografischer Bericht, S. 53, in: CD-ROM „Zur Sache 1/2005".

203 *Huber*, in: Henneke, Föderalismusreform, S. 93; ähnlich *Waldhoff* (ebd., S. 72): „Binnenorientierung".

204 *Scharpf*, 3. Sitzung der Kommission am 12.12.2003, Stenografischer Bericht, S. 64, in: CD-ROM „Zur Sache 1/2005"; *IW*, Leitfaden, S. 21f., 26.

Statt die Befugnisse des Bundes auszuweiten, müssten den Ländern vermehrt eigene Gesetzgebungsbefugnisse übertragen werden, um sie zu befähigen, im Standortwettbewerb ihre regionalen Besonderheiten auszuspielen.[205] Auf den Prüfstand gehörten nicht nur die Kompetenzverteilung als solche, sondern vor allem auch die Regelungen über den innerstaatlichen Willensbildungsprozess.[206]

6. Wählerverhalten

Was einen Teil der Verflechtungsproblematik betrifft, so ist diese zum Teil hausgemacht. Wenngleich Ursachenforschung diesbezüglich hier nicht betrieben werden, sondern den jeweiligen Disziplinen vorbehalten bleiben soll, so ist doch eine Neigung der Wähler festzustellen, bei Bundestags- und Landtagswahlen ein unterschiedliches Wahlverhalten an den Tag zu legen: Indem die jeweilige Bundesregierung häufig schon mit der Landtagswahl abgestraft wird, eine entsprechende Motivation in der nachfolgenden Bundestagswahl aber meist nicht mehr besteht,[207] verhilft das Verhalten der Wähler – ob bewusst oder unbewusst – dem Bundesrat und den darin vertretenen Oppositionsparteien zu erheblichem Machtzuwachs.[208] Eine Zusammenlegung der Wahltermine dürfte daher vor allem den Interessen derjenigen Parteien zuwider laufen, die regelmäßig nur in den Ländern eine Regierung stellen.

205 *Arndt/Benda/Dohnanyi* (u.a.), Bertelsmann-Kommission, Entflechtung 2005, S. 14.

206 *Huber*, in: Henneke, Föderalismusreform, S. 93.

207 *Michael*, JZ 2006, 884, 887: azyklisches Wahlverhalten zwinge zu Konsenspolitik; *Meyer*, 3. Sitzung der Kommission am 12.12.2003, Stenografischer Bericht, S. 61, in: CD-ROM „Zur Sache 1/2005"; *Stüwe*, APuZ, Nr. 50-51 (2004), S. 25, 26 f.; *Decker* (in: Palermo/Hrebek/Zwilling/Alber (Hrsg.), Auf dem Weg zu asymmetrischem Föderalismus? S. 144, 153) spricht von einem „Zwischenwahleffekt".

208 *Papier*, in: Merten, Die Zukunft des Föderalismus, S. 126.

2. Kapitel – Der Ursprung des Abweichungsgedankens und seine Durchsetzung im Reformprozess

Die Föderalismusreform I hat eine Reihe von Änderungen hervor gebracht. Von Relevanz für die folgende Untersuchung sind vor allem die folgenden: Auf dem Gebiet der konkurrierenden Gesetzgebung ist die Geltung der Erforderlichkeitsklausel nunmehr auf die in Art. 72 Abs. 2 GG ausdrücklich bezeichneten Materien beschränkt. Art. 75 GG ist aufgehoben und damit die Rahmengesetzgebung abgeschafft. Die ihr unterliegenden Materien sind weitgehend in die konkurrierende Gesetzgebung überführt (es sind dies Art. 75 Abs. 1 S. 1 Nr. 1, 1a und Nr. 3-4 GG a.F.) und anstelle einer klaren Aufteilung nach dem Trennprinzip mit Abweichungsrechten der Länder ausgestatten worden. Im Übrigen wurden die freigewordenen Materien entweder vollständig den Ländern überlassen (so im Falle von Art. 75 Abs. 1 S. 1 Nr. 2 GG a.F.) bzw. sind zu Gegenständen der ausschließlichen Bundeskompetenz geworden (Art. 75 Abs. 1 S. 1 Nr. 5 und 6 GG a.F.).

Eine Art. 72 Abs. 3 GG vergleichbare, im Einzelnen aber anders ausgestaltete Abweichungsbefugnis findet sich in Art. 84 Abs. 1 S. 2 GG n.F. im Hinblick auf bundesrechtliche Regelungen der Behördeneinrichtung und des Verwaltungsverfahrens, zu denen der Bund nunmehr ohne Zustimmung des Bundesrates berechtigt ist. Da dieses sog. formelle Abweichungsrecht jedoch nicht den Hauptgegenstand der weiteren Betrachtung bildet, soll auf darauf nur im Rahmen der Konkretisierung von Tatbestand und Rechtsfolgen des materiellen Abweichungsrechts eingegangen werden, sofern sich Rückschlüsse hierfür ziehen lassen.

Infolge der genannten Verfassungsänderungen notwendig gewordene Übergangsregelungen treffen Art. 125a GG und der neu eingefügte Art. 125b GG, indem sie die Fortgeltung bereits erlassenen Bundesrechts anordnen. Da Art. 125a GG nur den Fall regelt, dass das bereits erlassene Recht nach der Verfassungsreform nicht mehr als Bundesrecht erlassen werden könnte, war insbesondere die Einführung des Art. 125b Abs. 1 GG unumgänglich, welcher den nunmehr auch denkbaren Fall betrifft, dass Materien der früheren Rahmengesetzgebung auch nach der Reform noch einer bundesrechtlichen Regelung zugänglich sind.[209] Für solche Regelungen, von denen die Länder gemäß Art. 72 Abs. 3 GG abweichen dürfen, suspendiert Art. 125b Abs. 1 S. 3 GG die Abweichungsbefugnis für bestimmte Materien, um dem Bund den Gebrauch der soeben erst erworbenen konkurrierenden Vollregelungskompetenz zu ermöglichen und umfassende Neukodifikationen alter Rahmengesetze vorzunehmen. Die Re-

209 Vgl. auch BT-Drs. 16/813, S. 21

gelung ist vor allem vor dem Hintergrund des seinerzeit noch beabsichtigten Umweltgesetzbuches getroffen worden.[210]

A. Historische Vorläufer

Die grundsätzliche Möglichkeit der Schaffung gesamtstaatlichen Rechts, von dem die Gliedstaaten abweichen dürfen, war bereits Bestandteil der – wenngleich gescheiterten – Frankfurter Reichsverfassung („Paulskirchen-Verfassung") von 1849 vor.[211] Nach deren § 66 sollten Reichsgesetze denen der Einzelstaaten vorgehen, sofern diesen nicht ausdrücklich eine nur subsidiäre Geltung beigelegt war.[212]

Die Verfassung des Norddeutschen Bundes von 1867[213] und die damit weitgehend identische Verfassung des Deutschen Reichs von 1871 bestimmten dagegen jeweils nur noch, dass Bundes- bzw. Reichsgesetze den Landesgesetzen schlicht vorgehen.

B. Vergleichbare Regelungen im Grundgesetz

Schon vor der Einführung des Abweichungsrechts hielt das Grundgesetz Instrumente vor, die es den Ländern ermöglichen konnten, trotz bestehender Bundeskompetenz Landesregelungen zu treffen. Es sind dies zum einen Art. 72 Abs. 3 GG a.F. (jetzt Art. 72 Abs. 4 GG) und Art. 125a Abs. 2 S. 2 GG.[214] Jedoch waren und sind die Länder in beiden Fällen auf eine einfachgesetzliche Freigabe durch den Bund angewiesen, wovon der Bund bislang noch keinen Gebrauch gemacht hat.[215] Zwar hat das Bundesverfassungsgericht für den Fall des Art. 125a Abs. 2 S. 2 GG eine Reduzierung des Freigabeermessens infolge des Grundsatzes bundes- und länderfreundlichen Verhaltens angenommen, wenn eine bloße Modifikation der Bundesregelung den sachlichen Veränderungen nicht mehr ausreichend Rechnung tragen würde oder der Bund aus politischen Erwägungen eine Neukonzeption für erforderlich hält.[216] Ob diese Grundsätze auf Art. 72 Abs. 3 GG a.F. zu übertragen gewesen wären, war unklar, zumal auch ein Verfahren zur verfassungsgerichtlichen Feststellung des Wegfalls der

---

210 BT-Drs. 16/813; S. 21; vgl. auch die Antwort der Bundesregierung, BT-Drs. 16/767, S. 6.

211 RGBl. v. 28.04.1849, S. 101-147.

212 Hierzu *Dietsche/Hinterseh*, in: Jahrbuch des Föderalismus 2005, 187, 194; *Pietzcker*, in: HdbStR, Bd. VI, § 134, Rn. 38

213 BGBl. des Norddeutschen Bundes 1867, S. 1.

214 Hierauf wies *Huber* bereits in den Beratungen der Bundesstaatskommission hin, *Huber*, Bundesstaatskommission, Kommissionsdrucksache 0008, S. 9, in: CD-ROM „Zur Sache 1/2005"; vgl. auch *Pestalozza*, Stellungnahme, v. 9.5.2006, S. 7, Rechtsausschussprotokoll 12, Anlage 2.

215 *Schmidt-Jortzig*, in: Merten, Die Zukunft des Föderalismus, S. 152; Glaser, NuR 2007, 439, 440 zu Art. 75 Abs. 1 S. 2 i.V.m. Art. 72 Abs. 3 GG a.F.

216 *BVerfGE* 111, 10, 30 f. – Ladenschluss.

Erforderlichkeit (jetzt Art. 93 Abs. 2 GG n.F.) noch nicht existierte.[217] Die Einführung eines verfassungsrechtlichen Abweichungsrechts stellt daher jedenfalls im Grundsatz eine begrüßenswerte Erweiterung der Länderbefugnisse dar.[218] Hingewiesen wurde im Rahmen der Reformdiskussion zum anderen auf die Möglichkeit der Länder, fortgeltendes Bundesrecht nach Art. 125a Abs. 1 S. 2 GG a.F. durch Landesrecht zu ersetzen; hiervon hätten die Länder bis dato aber selbst noch keinen Gebrauch gemacht.[219]

C. Der lange Weg zum Abweichungsrecht

Das nunmehr grundgesetzlich verankerte materielle Abweichungsrecht der Länder ist keine Erfindung der sog. Föderalismusreform I. Seit der Entstehung des Bundesstaates ringen die Gliedstaaten mit dem Gesamtstaat um eine Erweiterung bzw. Rückgewinnung ihrer Kompetenzen, wobei dem Abweichungsrecht ähnliche Konzeptionen bereits Gegenstand früherer Reformdiskussionen waren. Wie langwierig der Weg zur Abweichungsrecht in seiner derzeitigen Ausgestaltung gewesen ist, lässt nicht zuletzt die Fülle bisheriger Änderungsvorschläge und Wortschöpfungen erahnen: „Zugriffsgesetzgebung“ oder „Zugriffsrechte der Länder“[220], „subsidiäre Bundesgesetzgebung“, „Vorranggesetzgebung“[221], „Auffanggesetzgebung“[222], „Leitgesetzgebung“ oder „Orientierungsgesetzgebung“[223] waren Schlagwörter der schon vor der jüngsten Reform geführten Debatten um eine Neuausrichtung der bundesstaatlichen Kompetenzverteilung.[224] Die verschiedenen Bezeichnungen waren dabei aber keineswegs nur rein terminologischer Art, sondern immer auch inhaltlichen Unterschieden geschuldet.[225] Diesen entsprechend könnte das kompetenzielle Verhältnis des

---

217 *Degenhart*, in: Sachs, GG, Art. 72, Rn. 49 f.; zum neuen Art. 72 Abs. 4 GG besteht dagegen weitgehend Einigkeit, dass im Falle des Wegfalls der Erforderlichkeit Ermessensreduzierung eintritt; vgl. *Pieroth*, in: Jarass/Pieroth, GG, Art. 72, Rn. 24 m.w.N.

218 *Pestalozza*, Stellungnahme, v. 9.5.2006, S. 7, Rechtsausschussprotokoll 12, Anlage 2; Glaser, NuR 2007, 439, 442.

219 Z.B. *Schmidt-Jortzig*, 3. Sitzung der Kommission am 12.12.2003, Stenografischer Bericht, S. 67, in: CD-ROM „Zur Sache 1/2005“; ebenso *Möstl*, ZG 2003, 298, 305.

220 *Huber*, Bundesstaatskommission, Kommissionsdrucksache 0008, S. 9, in: CD-ROM, „Zur Sache 1/2005“.

221 *Bayerischer Landtag* Drs. 14/8660, S 6 f., 17 f.

222 *Kment*, NuR 2006, 217, 220.

223 *Teufel*, 2. Sitzung der Kommission am 28.11.2003, Stenografischer Bericht, S. 27, in: CD-ROM „Zur Sache 1/2005“.

224 Vgl. auch *Dietsche/Hinterseh*, in: Borchard/Margedant, Föderalismusreform – erste Bilanz, S. 22 (dort Fn. 7).

225 Zum Unterschied eines Zugriffsrechts zum Abweichungsrecht vgl. den Vorschlag 1 (Ländervorschlag) und 3 (*Stünker/Röttgen*) der PG 1, unten F., V.; eine häufig wechselnde Terminologie konstatiert auch *Gerhards*, in: Holtschneider/Schön, Die Reform des Bundesstaates, S. 104.

Bundes zu den Ländern denn auch als „Wechselgesetzgebung“[226], „Parallelkompetenzen“[227], „doppelte Vollkompetenzen“[228], parallele Vollkompetenzen mit Rückholrecht der Länder[229] bzw. als „negative“ oder „umgekehrt konkurrierende Gesetzgebung“[230] beschrieben werden.

D. Frühere Reformvorschläge

I. Heinrich Herrfahrdt

Einen Vorstoß in Richtung mehr Länderstaatlichkeit unterbreitete bereits im Jahre 1928 der Landgerichtsrat und Privatdozent an der Universität Greifswald *Heinrich Herrfahrdt* im Rahmen von in demselben Jahr geführten Reformüberlegungen.[231] Um der Eigenständigkeit der nichtpreußischen Länder und deren Bedürfnis nach abweichenden Regelungen gerecht zu werden, wollte er das Inkrafttreten von Reichsgesetzen in den nichtpreußischen Ländern davon abhängig machen, dass diese keinen entsprechenden Vorbehalt im Reichsrat geltend machen.[232] Erst 1950 rief *Herrfahrdt* seinen in Vergessenheit geratenen Vorschlag wieder in Erinnerung.[233]

II. Hans Dichgans

1970 veröffentlichte das damalige CDU Bundestagsmitglied *Hans Dichgans* seine Überlegungen zu einer Gesamtrevision der Verfassung.[234] Neben den bestehenden Bundes- und Landeskompetenzen (Bundes- und Landesangelegenheiten) wollte er eine dritte Kompetenzebene der „Länderangelegenheiten“ einführen, welche die Gesamtheit aller Länder betreffen.[235] Länderangelegenheiten sollten nach seinen Vorstellungen aber nicht in einem Katalog bestimmt sein, sondern erst durch einstimmigen Beschluss der Länder zu solchen erkoren werden. Überdies sollten Gegenstände, die bis dato durch Staatsverträge oder Beschlüsse der Fachministerkonferenzen geregelt waren, als Länderangelegenhei-

---

226 *Schneider*, 9. Sitzung der Kommission am 14.10.2004, Stenografischer Bericht, S. 210, in: CD-ROM „Zur Sache 1/2005“.

227 *F. Kirchhof*, Rechtsausschussprotokoll 12, S. 48.

228 *Ipsen*, NJW 2006, 2801, 2804; *ders.*, Staatsrecht I, Rn. 581.

229 *Haratsch*, in: Sodan, GG, Art. 72, Rn. 24; ein „Rückholverfahren“ findet sich auch bei *Lenz*, ZfP 1970, 138, 140.

230 So die Forderung der Landtage in ihrer „Lübecker Erklärung“ v. 31.3.2003, vgl. *Hrbek/Eppler*, Occasional Papers Nr. 28, S. 38; vgl. auch AU 0078, S. 3, in: CD-ROM „Zur Sache 1/2005“, Landtag von Baden-Württemberg, Drs. 13/1026, S. 11.

231 Vgl. auch *Dietsche/Hinterseh*, in: Jahrbuch des Föderalismus 2005, 187, 193 f.

232 *Herrfahrdt*, Reich und Preußen, 1928, S. 8.

233 *Herrfahrdt*, in: BK, GG, Bd. IX, Art. 72, S. 7 (73. Lfg. Mai 1995).

234 *Dichgans*, Vom Grundgesetz zur Verfassung, 1970; hierzu auch *Dietsche/Hinterseh*, in: Jahrbuch des Föderalismus 2005, 187, 192 f.

235 *Dichgans*, Vom Grundgesetz zur Verfassung, 1970, S. 126 ff, 130.

ten gelten.[236] Der Vorschlag zielt indes nicht auf einen Zugriff auf Bundeskompetenzen oder auf ein Abweichen von Bundesregelungen. Im Gegenteil: Indem *Dichgans* die Notwendigkeit einheitlicher Regelungen betont, die gerade auch auf Gebieten der Länderkompetenzen bestehen könne, offenbart er den unmissverständlich unitarischen Ansatz seiner Überlegungen.[237] Länderzuständigkeiten sollten allerdings nicht mehr dadurch ausgehöhlt werden, dass die betreffenden Materien dem Bund zur einheitlichen Regelung übertragen werden. Die Länder seien durchaus in der Lage, sich untereinander auf einheitliche Lösungen zu verständigen. Die eigentliche Besonderheit seines Vorschlags – und damit einhergehend eine Stärkung der Länderparlamente – liegt in der weiteren Ausgestaltung des Gesetzgebungsverfahrens. *Dichgans*, der gegen Selbstkoordination der Länder an sich nichts einzuwenden hatte, bemängelte den überragenden Einfluss der Landesminister gegenüber den jeweiligen Landtagen, die häufig nur noch bloße Ratifizierungsstellen darstellten.[238] Um die Landesparlamentarier wieder stärker zu beteiligen, müsse sich zunächst der Bundesrat zugleich als Länderrat zur Betreuung der Länderangelegenheiten konstituieren.[239] Diesem solle eine beratende Versammlung aus Vertretern der Landtage an die Seite gestellt werden.[240] Spätere Änderungen bestehender Abkommen sollten anders als bisher in einem vereinfachten Verfahren möglich sein: Während im ersten Jahr noch Einstimmigkeit aller Länder erforderlich sein solle, könne im dritten Jahr das Veto z.B. dreier Länder die Änderung verhindern und ab dem dritten Jahr solle schließlich eine einfache Mehrheit genügen.[241]

III. Carl Otto Lenz

Von *Dichgans* inspiriert,[242] entwickelte der damalige Vorsitzende des Rechtsausschusses des Deutschen Bundestages *Carl Otto Lenz* zwei Modelle für eine Neugestaltung der Gesetzgebungskompetenzen.[243] Nach dem ersten sollten die Materien der konkurrierenden Gesetzgebung nicht mehr enumerativ festgelegt sein, sondern aufgrund einer Generalklausel dem Bund das Recht zur Gesetzgebung immer dann zustehen, wenn Bundestag und Bundesrat eine bundeseinheitliche Regelung mehrheitlich für notwendig erachteten.[244] Der damit verbun-

---

236 Vgl. den Entwurf einer Verfassungsergänzung in *Dichgans*, Vom Grundgesetz zur Verfassung, 1970, S. 130.

237 *Dichgans*, Vom Grundgesetz zur Verfassung, 1970, S. 129.

238 *Dichgans*, Vom Grundgesetz zur Verfassung, 1970, S. 129, 132.

239 *Dichgans*, Vom Grundgesetz zur Verfassung, 1970, S. 130

240 *Dichgans*, Vom Grundgesetz zur Verfassung, 1970, S. 133.

241 *Dichgans*, Vom Grundgesetz zur Verfassung, 1970, S. 129, 130.

242 Vgl. *Lenz*, ZfP 1970, 138, 139 und 142.

243 *Lenz*, ZfP 1970, 138, 140 f. und 141 f.; vgl. auch *Dietsche/Hinterseh*, in: Jahrbuch des Föderalismus 2005, 187, 190 ff.; *dies.*, in: Borchard/Margedant, Föderalismusreform – erste Bilanz, S. 22 f.

244 *Lenz*, ZfP 1970, 138, 140.

denen Gefahr der Ausuferung von Bundeszuständigkeiten sollte ein sog. „Rückholverfahren" begegnen: In Bereichen, die bundeseinheitlich geregelt sind, sollten die Länder eigene Gesetze erlassen können, die hingegen erst verkündet werden dürften – und hierin besteht der von *Lenz* selbst erkannte Nachteil seiner Konstruktion –, wenn Bundestag und Bundesrat nicht innerhalb einer bestimmten Frist widersprächen.[245] Um einen, bei diesem Modell nicht gewährleisteten, verfassungsrechtlich garantierten Kern an ausschließlichen Länderzuständigkeiten sicher zu stellen, sollte nach seinem zweiten Modell der Bundesregierung ein Initiativrecht auf dem Gebiet der Landesgesetzgebung zur Schaffung „bundeseinheitlichen Landesrechts" zustehen. In allen Ländern einheitliche Landesgesetze kämen danach zustande, wenn sie vom Bundesrat beschlossen werden und die Mehrheit der Landesparlamente zustimmt.[246] Jeder Landtag sollte sich sein Gesetzgebungsrecht jedoch „zurückholen" können, wenn nicht der Bundesrat widerspreche.[247]

IV. Ernst Heinsen

Die genannten Vorschläge und Modelle können indes nur als entfernte Verwandte eines Abweichungsrechts angesehen werden. Die Forderung, den Ländern im Bereich der konkurrierenden Gesetzgebung das Recht einzuräumen, von bundesgesetzlichen Regelungen durch Landesgesetz abzuweichen, tauchte in dieser Form erstmals im Rahmen der Überlegungen zur Reform des Grundgesetzes Mitte der 70er Jahre auf, als im Dezember 1976 der frühere Justizsenator der Freien und Hansestadt Hamburg *Ernst Heinsen* in einem Sondervotum zum Schlussbericht der Enquête-Kommission „Verfassungsreform" seinen Vorschlag betreffend die Neuverteilung der Gesetzgebungskompetenzen formulierte.[248] *Heinsen* regte an, einen Art. 72a in das Grundgesetz aufzunehmen, der es den Ländern abweichend vom damaligen Art. 72 Abs. 1 GG erlauben sollte, im Bereich der konkurrierenden Gesetzgebung eine bundesgesetzliche Regelung durch Landesgesetz zu ersetzen oder zu ergänzen, wenn nicht der Bundestag innerhalb von drei Monaten nach Zuleitung durch den jeweiligen Landtagspräsidenten Einspruch erhebt. *Heinsen* machte sich dabei die wettbewerbsföderalistische Argumentation der Kommissionsmehrheit zu eigen, die davon ausging, „daß die Möglichkeit, neue und unterschiedliche Regelungen im räumlich überschaubaren Bereich eines Landes zu erproben und dadurch politischen Wettbewerb zu eröffnen, geeignet sein kann, Fortschritte im gesamten Bundesgebiet einzuleiten und durchzusetzen."[249] Wenngleich die Kommissionsempfehlungen mangels

245 *Lenz*, ZfP 1970, 138, 140; *Dietsche/Hinterseh*, in: Borchard/Margedant, Föderalismusreform – erste Bilanz, S. 23 (dort Fn. 9).

246 *Lenz*, ZfP 1970, 138, 141.

247 *Lenz*, ZfP 1970, 138, 141 f.

248 Schlussbericht der *Enquête-Kommission Verfassungsreform*, BT-Drs. 7/5924, S. 137.

249 Schlussbericht der *Enquête-Kommission Verfassungsreform*, BT-Drs. 7/5924, S. 127.

verfassungsändernder Mehrheiten in Bundestag und Bundesrat letztlich nicht umgesetzt werden konnten, so blieben sie dennoch nicht unbeachtet.[250]

E. Die 1980er bis zur Gemeinsamen Kommission zur Modernisierung der bundesstaatlichen Ordnung

I. Initiativen der Landesparlamente

Die Reformdiskussion seit Anfang der 80er Jahre ist geprägt durch zahlreiche Reformvorschläge der deutschen Landesparlamente, die hier nicht vollständig und im Detail wiedergegeben werden können und sollen.[251] Eine der frühesten Initiativen ging zwischen 1983 und 1984 von einer interfraktionellen Arbeitsgruppe der Fraktionsvorsitzenden der deutschen Landesparlamente unter Vorsitz des Rheinland-Pfälzischen Landtagspräsidenten *Albrecht Martin* aus (sog. Martin-Kommission). Am 9. Januar 1985 entschloss sich die Kommission dazu, alle bisherigen Vorschläge zur Verfassungsreform zu prüfen, eine gemeinsame Empfehlung abzugeben und umzusetzen. Forderungen nach Zugriffs- bzw. Abweichungsrechten fanden in den Empfehlungen dagegen keine Erwähnung.[252]

Wenig später machte sich die Anfang Dezember 1988 vom Nordrhein-Westfälischen Landtag eingesetzte Sachverständigenkommission „Erhaltung und Fortentwicklung der bundesstaatlichen Ordnung innerhalb der Bundesrepublik Deutschland – auch in einem vereinten Europa“ (sog. van Nes Ziegler-Kommission[253]) – in ihren Abschlussberichten von März bzw. Dezember 1990 die Forderung *Heinsens* nach einem Zugriffsrecht für die Länder zu eigen.[254]

Beispielhaft für die Fülle parlamentarischer Reformvorschläge sei auch die Enquête-Kommission des Bayerischen Landtags „Reform des Föderalismus – Stärkung der Landesparlamente“ genannt, die im Januar 2002 ihren Bericht vorlegte.[255] Die Kommission war im November 1998 eingesetzt und damit beauftragt worden, zu klären, in welchen Bereichen den Ländern Gesetzgebungskompetenzen zurückgegeben bzw. übertragen werden können.[256] Der Abschlussbericht unterstrich die Grundentscheidung der Verfassung für eine föderale Ordnung der Bundesrepublik und die demokratiesichernde Funktion der Länderpar-

---

250 Zu den Reaktionen auf den Vorschlag vgl. *Dietsche/Hinterseh*, in: Jahrbuch des Föderalismus 2005, 187, 189 f.

251 Es sei daher verwiesen auf die Synopse parlamentarischer Reformvorschläge von 1983 bis 2003 bei *Thaysen*, APuZ 29-30 (2003), S. 14, 17 und *Münch/Zinterer*, ZParl 3 (2000), 657 ff.

252 Landtag Rheinland-Pfalz, Drs. 10/1150; *Thaysen*, ZParl 16 (1985), 179, 188; *Münch/Zinterer*, ZParl 3 (2000), 657, 675.

253 Benannt nach ihrem Vorsitzenden *John van Nes Ziegler*.

254 Vgl. *Münch/Zinterer*, ZParl 3 (2000), 657, 675.

255 Bericht v. 24.1.2002, Bayerischer Landtag Drs. 14/8660.

256 Bayerischer Landtag Drs. 14/118 und Drs. 14/1464, S.1.

lamente.[257] Zur Stärkung der Länderkompetenzen sprach sich die Kommission neben weiteren strukturellen Änderungen für die Einführung einer „Vorranggesetzgebung“ der Länder im Bereich der konkurrierenden Gesetzgebung aus, „die einzelnen Ländern eigenständige, auch von Bundesgesetzen abweichende Regelungen ermöglicht“.[258] Ohne sich ausdrücklich auf den Vorschlag *Heinsens* zu beziehen, hieran aber offenbar eng angelehnt, schlägt die Enquête-Kommission vor, den Ländern in einem neuen Art. 72 Abs. 3 GG das Recht einzuräumen, bundesgesetzliche Regelungen auf Gebieten der konkurrierenden Gesetzgebung, durch Landesrecht ganz oder teilweise zu ersetzen oder zu ergänzen, falls das Land die Bundesregelung für nicht bzw. nicht mehr erforderlich hält.[259] Entsprechende Landesgesetze sollten aber erst in Kraft treten, wenn der Bundestag innerhalb von drei Monaten nach Verkündung keinen Einspruch erhebe oder dieser auf Antrag des Landes vom Bundesrat zurückgewiesen werde.[260] Allein ein Kommissionsmitglied äußerte Bedenken, dass es zu einer Schwächung des Bundes sowie zu einer Rechtszersplitterung kommen könnte.[261] Die Mehrheit schloss sich diesen Bedenken nicht an, da kaum zu erwarten sei, dass zahlreiche Länder in grundlegenden Fragen abweichen würden. Schon im Hinblick auf die Finanzierbarkeit von Abweichungen sei ein sachgerechter Umgang mit dem neuen Handlungsinstrument zu erwarten.[262]

II. Ausgewählte Reformansätze der Wissenschaft

Im Jahre 2000 stellte die Bertelsmann-Kommission „Verfassungspolitik & Regierungsfähigkeit“ ihr Reformkonzept „Entflechtung 2005“ vor, in dem sie „Zehn Vorschläge zur Optimierung der Regierungsfähigkeit im deutschen Föderalismus“ formulierte.[263] Im Hinblick auf die Gesetzgebungskompetenzen sprach sich die Kommission, anknüpfend an den Vorschlag *Heinsens*, dafür aus, den Ländern das Recht einzuräumen, auch in bereits bundesgesetzlich geregelten Bereichen eigenständige Normen zu erlassen.[264] Sie sollten „im Bereich der konkurrierenden Gesetzgebung [...] eine bundesgesetzliche Regelung durch Landesgesetz ersetzen oder ergänzen können.“[265] Entweder Bundesrat oder Bundestag sollte gegen einen solchen Gesetzesbeschluss eines Landes innerhalb

257 Bayerischer Landtag Drs. 14/8660, S. 16 f.

258 Bayerischer Landtag Drs. 14/8660, S 6 f., 17 f.

259 Bayerischer Landtag Drs. 14/8660, S 6 f., 17 f.

260 Bayerischer Landtag Drs. 14/8660, S 6 f., 17 f.

261 Bayerischer Landtag Drs. 14/8660, S 6 f., 18.

262 Bayerischer Landtag Drs. 14/8660, S 6 f., 19.

263 *Arndt/Benda/Dohnanyi* (u.a.), Bertelsmann-Kommission, Entflechtung 2005.

264 *Arndt/Benda/Dohnanyi* (u.a.), Bertelsmann-Kommission, Entflechtung 2005, S. 24.

265 *Arndt/Benda/Dohnanyi* (u.a.), Bertelsmann-Kommission, Entflechtung 2005, S. 24; die Rahmengesetzgebung sollte dagegen in eine Grundsatzkompetenz überführt werden, ebd., S. 22; kritisch hierzu *Scholz*, in: FS Badura, S. 491, 502.

von drei Monaten Einspruch erheben können.[266] Als mögliche Einspruchsgründe werden zwar beispielhaft die Wahrung der Rechts- oder Wirtschaftseinheit genannt, der Kreis möglicher weiterer Gründe aber nicht in bestimmter bzw. zumindest justiziabler Weise konkretisiert.[267] Damit öffnet der Kommissionsvorschlag, wie die Kommission selbst erkennt, einem parteipolitisch motivierten Gebrauch des Einspruchsrechts Tür und Tor, doch wögen die Erhöhung der Experimentierbereitschaft des politischen Systems und die Stärkung der Beteiligungsmöglichkeiten der Länderparlamente die damit verbundenen Nachteile eindeutig auf.[268]

Auch das Schrifttum erkannte die Vorzüge eines Vorrangs der Landesgesetzgebung. Bundesgesetze würden fortgelten, mit der Möglichkeit eines „opting-out" für die Länder und der Bund könnte sich aus länderinternen Streitigkeiten heraushalten.[269] Allein durch die Funktionsprinzipien der deutschen Parteienlandschaft, die stets übergreifende Lösungen anstrebe, würden regionale Differenzierungen erschwert.[270]

Die Föderalismus-Kommission der Friedrich-Naumann-Stiftung, die sich seit August 1998 mit Fragen der Finanz- und Kompetenzordnung befasste, hat sich dagegen immer wieder gegen Mischzuständigkeiten, sondern für „Subsidiarität ohne Wenn und Aber" ausgesprochen.[271]

III. Reformbestrebungen auf Regierungsebene von Bund und Ländern

Vor allem die großen süddeutschen Länder sahen ebenfalls erheblichen Reformbedarf und gelten daher als eigentliche Antreiber der Reformbewegungen[272] Den Anstoß für die Föderalismusreform I gegeben zu haben, nimmt hierbei *Edmund Stoiber* für sich in Anspruch.[273] Bereits in seiner Haushaltsrede im November 1996 und seiner Regierungserklärung im Februar 1998 habe er auf die zuneh-

---

266 *Arndt/Benda/Dohnanyi* (u.a.), Bertelsmann-Kommission, Entflechtung 2005, S. 24.

267 *Arndt/Benda/Dohnanyi* (u.a.), Bertelsmann-Kommission, Entflechtung 2005, S. 24.

268 *Arndt/Benda/Dohnanyi* (u.a.), Bertelsmann-Kommission, Entflechtung 2005, S. 24; ablehnend *Scholz*, in: FS Badura, S. 491, 498.

269 *Renzsch*, FES-Analyse: Verwaltungspolitik, Electronic ed.: Bonn : FES Library, 2001 (im Internet unter http://library.fes.de/fulltext/stabsabteilung/00903.htm) (gelesen 17.01.2010).

270 *Renzsch*, FES-Analyse: Verwaltungspolitik, Electronic ed.: Bonn : FES Library, 2001 (im Internet unter http://library.fes.de/fulltext/stabsabteilung/00903.htm) (gelesen 17.01.2010).

271 Abgedruckt in: *Hrbek/Eppler*, Occasional Papers Nr. 28, S. 108 ff.

272 *Decker*, in: Palermo/Hrebek/Zwilling/Alber (Hrsg.), Auf dem Weg zu asymmetrischem Föderalismus? S. 144, 153.

273 Regierungserklärung des Bayerischen Ministerpräsidenten Dr. Edmund Stoiber vom 31.3.2006, S. 7 (im Internet unter www.bayern.de/Regierungserklaerungen-.1290.70495/index.htm) (gelesen am 17.01.2010).

mende Erosion von Landeskompetenzen hingewiesen und eine Modernisierung des deutschen Föderalismus angemahnt.

Der damalige Ministerpräsident Hessens *Hans Eichel* regte in seiner Antrittsrede als Bundesratspräsident am 6. November 1998 konkret an, eine gemeinsame Kommission zur Reform des Föderalismus einzurichten. Diese solle die bis dato unterbreiteten zahlreichen Reformvorschläge prüfen und eigene Vorschläge zur Wiederherstellung der Gestaltungsmöglichkeiten der Länder erarbeiten. Die legislative Kompetenz der Länder müsse wieder gestärkt sowie die Finanzbeziehungen neu geordnet werden. Da auch die Bereitschaft der Oppositionsparteien, die Zustimmungsrechte des Bundesrates zu begrenzen, gewachsen war – sie rechneten sich für die Neuwahlen im Jahre 2002 gute Chancen aus und wollten eine Blockade ihrer künftigen Politik verhindern[274] – wird die Ausgangslage für einen Neustart konkreter Reformen allgemein als günstig angesehen.[275] *Scharpf* sah in dieser Konstellation nicht weniger als einen „historischen Moment“, ein “window of opportunity”, die notwendigen Reformen endlich in Angriff zu nehmen.[276]

Ihren eigentlichen Ausgang nahm die jüngste Reformdebatte – und in ihrem Zusammenhang die Forderung nach einer Neuordnung der bundesstaatlichen Kompetenzverteilung – in der Diskussion um die Neugestaltung der Bund-Länder Finanzbeziehungen. Insbesondere infolge der nahezu nivellierenden Angleichung der Finanzausstattung im Wege des Länderfinanzausgleichs bestanden vor allem für die wirtschaftlich starken süddeutschen Geberländer kaum noch Anreize, ihre Wirtschaftskraft durch regionale Wirtschaftspolitik oder Steuerverwaltung zu erhöhen.[277] Im Juli 1998 stellten daraufhin die Landesregierungen Baden-Württembergs und Bayerns, im darauf folgenden Januar auch die Landesregierung Hessens, entsprechende Normenkontrollanträge. Eine wesentliche Legitimationsgrundlage des Föderalismus bestehe in der innovationsfördernden Funktion des politischen Wettbewerbs der Länder untereinander und gegenüber dem Bund; das insgesamt zu hohe Ausgleichsniveau laufe dem zuwider.[278] Noch vor der Entscheidung des Bundesverfassungsgerichts einigten sich die Ministerpräsidenten der Länder auf ihrer Jahreskonferenz vom 2. bis 4. Dezember 1998 in Potsdam, auf die Bildung einer Enquête-Kommission zur Neuordnung des Länderfinanzausgleichs, die zugleich auch Vorschläge für eine

274 *Decker*, in: Palermo/Hrebek/Zwilling/Alber (Hrsg.), Auf dem Weg zu asymmetrischem Föderalismus? S. 144, 153.

275 Allgemeine Euphorie verzeichnet auch *Thaysen*, APuZ 29-30 (2003), S. 14 .

276 *Scharpf*, 3. Sitzung der Kommission am 12.12.2003, Stenografischer Bericht, S. 65, in: CD-ROM „Zur Sache 1/2005“.

277 *Fischer/Hirscher/Margedant/Schick/Werner*, Föderalismusreform in Deutschland, S. 13 f.

278 Vgl. die Antragsbegründung Baden-Württembergs, Bayerns und Hessens, *BVerfGE* 101, 158, 198.

generelle Reform der bundesstaatlichen Aufgaben-, Ausgaben- und Einnahmenverteilung mit dem Ziel der Modernisierung der bundesstaatlichen Ordnung unterbreiten sollte. Federführend waren Bayern und Bremen, das dem bayerischen Normenkontrollantrag zusammen mit Niedersachsen und Schleswig-Holstein entgegen getreten war.

Bereits am 16. November 1999 – nur wenige Tage nach dem Urteil des Bundesverfassungsgerichts – konstituierten die Regierungschefs von Bund und Ländern schließlich eine Bund-Länder-Regierungskommission „Modernisierung der bundesstaatlichen Ordnung". Zwei Arbeitsgruppen sollten sich mit der „Neuordnung der Finanzbeziehungen zwischen Bund und Ländern einschließlich der Umsetzung des Bundesverfassungsgerichtsurteils[279] und der Anschlussregelung für den Solidarpakt" (Arbeitsgruppe „Finanzen") befassen sowie Vorschläge zur „Neuordnung der föderalen Kompetenzordnung und der Finanzverfassung" (Arbeitsgruppe „Innerstaatliche Kompetenzordnung") erarbeiten. Bund und Länder sollten jeweils für sich ihre Positionen erarbeiten, die Arbeitsgruppen ab April 2000 tätig werden und ihre Berichte im Oktober 2000 vorgelegt werden.

Auf der Grundlage eines Arbeitspapiers der Chefs der Staatskanzleien, das bereits erste Vorstellungen zur Modernisierung der bundesstaatlichen Ordnung enthielt, kamen Ende Oktober 2001[280] die Regierungschefs der Länder überein, konkrete Verhandlungen mit dem Bund aufzunehmen.[281] Das Arbeitspapier, das lediglich als Diskussionsgrundlage dienen sollte, befasste sich unter anderem mit Fragen der konkurrierenden und Rahmengesetzgebung sowie mit Möglichkeiten einer Rückübertragung von Gesetzgebungskompetenzen an die Länder. Als Alternative zu einer klaren Kompetenztrennung wurden Zugriffsrechte der Länder auf Materien der konkurrierenden Gesetzgebung diskutiert; die Rahmen-

279 *BVerfGE* 101, 158, 215: „Die Finanzverfassung enthält somit keine unmittelbar vollziehbaren Maßstäbe, sondern verpflichtet den Gesetzgeber, das verfassungsrechtlich nur in unbestimmten Begriffen festgelegte Steuerverteilungs- und Ausgleichssystem entsprechend den vorgefundenen finanzwirtschaftlichen Verhältnissen und finanzwissenschaftlichen Erkenntnissen durch anwendbare, allgemeine, ihn selbst bindende Maßstäbe gesetzlich zu konkretisieren und zu ergänzen. Der Gesetzgeber muß – unabhängig von wechselnden Ausgleichsbedürfnissen und von konkreten Zuteilungs- und Ausgleichssummen – langfristig anwendbare Maßstäbe bestimmen, aus denen dann die konkreten, in Zahlen gefaßten Zuteilungs- und Ausgleichsfolgen abgeleitet werden können."

280 MPK vom 24.-26. Oktober in Saarbrücken.

281 Vgl. die Unterrichtung der Landesregierung zum Stand der Diskussion zur Modernisierung der bundesstaatlichen Ordnung im Rahmen der MPK der Länder und mit dem Bund v. 17. Mai 2002, Landtag Mecklenburg-Vorpommern Drs. 3/2898, S. 8 f.

gesetzgebung sollte neu geregelt werden, wobei jedoch von einer Abschaffung noch keine Rede war.[282]

Ende Dezember 2001 bekräftigten die Regierungschefs der Länder und der Bundeskanzler gemeinsam noch einmal die Notwendigkeit einer Überprüfung der bundesstaatlichen Ordnung und beschlossen, Verhandlungen mit dem Ziel aufzunehmen, bis Ende 2004 eine umfassende Modernisierung zu realisieren.[283] Die weitere Arbeitsstruktur sah eine Verhandlungsführung durch eine Kommission aus dem Chef des Bundeskanzleramtes sowie den Chefs der Staatskanzleien der Länder vor; ein Lenkungsausschuss „Föderalismusreform" sollte die Beratungen zwischen Bund und Ländern steuern sowie die Tätigkeit der beiden Arbeitsgruppen „Finanzen" und „Innerstaatliche Kompetenzordnung" koordinieren.[284]

Der Lenkungsausschuss, der sich am 21. März 2002 konstituierte, beauftragte auf seiner ersten Sitzung am 18. April 2002, die Arbeitsgruppen damit, zunächst eine Bestandsaufnahme und Problembeschreibung vorzunehmen.[285] Die Bund-Länder Arbeitsgruppe „Innerstaatliche Kompetenzordnung" kam dem am 6. Juni 2002 nach und legte bereits konkrete Formulierungsvorschläge für eine Grundgesetzänderung vor.[286] Sofern eine klare Trennung von Kompetenzen keine Mehrheit fände, käme danach die Schaffung verfassungsrechtlicher Zugriffsrechte auf bestimmte Materien der konkurrierenden Gesetzgebung in Betracht. Zugriffsrechte sollten insbesondere auch im Zusammenhang mit einer Überprüfung von Zustimmungstatbeständen in Betracht gezogen werden.[287] Sie hätten gegenüber einer schwierigen „Kompetenztiteldiskussion" den Vorteil, dass für die Länder keine Gesetzgebungspflicht entstünde, sondern diese lediglich eine Option erhielten.[288] Für ein mögliches Zugriffrecht wurden mehrere Regelungsvarianten vorgestellt: Die sog. „Vetooption" könne Zugriffsrechte verfahrensmäßig einschränken, indem entweder der Bundesrat oder der Bundestag abweichenden Landesgesetzen widersprechen könnten.[289] Die Arbeitsgruppe nahm hierfür ausdrücklich Bezug auf den früheren Vorschlag *Heinsens*.[290] Gegebenenfalls könne dem Bund auch eine Rückweisungsmöglichkeit durch den Bundesrat oder den Vermittlungsausschuss eingeräumt werden. Nach der sog. „Zugriffsoption" wären Zugriffsrechte dem Inhalt nach auf bestimmte Materien der konkur-

---

282 Vgl. die Unterrichtung der Landesregierung zum Stand der Diskussion zur Modernisierung der bundesstaatlichen Ordnung im Rahmen der MPK der Länder und mit dem Bund v. 17. Mai 2002, Landtag Mecklenburg-Vorpommern Drs. 3/2898, S. 8 f.

283 Vgl. AU 0002, S. 4, in: CD-ROM „Zur Sache 1/2005".

284 Vgl. AU 0002, S. 4, in: CD-ROM „Zur Sache 1/2005".

285 Vgl. AU 0002, S. 5, in: CD-ROM „Zur Sache 1/2005".

286 Vgl. AU 0002, S. 6, in: CD-ROM „Zur Sache 1/2005".

287 Vgl. AU 0002, S. 22, in: CD-ROM „Zur Sache 1/2005".

288 Vgl. AU 0002, S. 19, in: CD-ROM „Zur Sache 1/2005".

289 Vgl. AU 0002, S. 20 f., in: CD-ROM „Zur Sache 1/2005".

290 Vgl. AU 0002, S. 21, 23, in: CD-ROM „Zur Sache 1/2005"; dazu bereits oben D., IV.

rierenden Kompetenz begrenzt, was durch einen Positiv- oder Negativkatalog erfolgen könne.[291]

Die Vorteile eines Zugriffsrechts wurden in der Möglichkeit einer Erprobung von Regelungen auf Landesebene und mehr Eigenverantwortlichkeit für die Länder gesehen, wobei schwächere Länder durch Verzicht auf die Regelungsoption nicht belastet würden, stärkere Länder sich dagegen frei entfalten könnten.[292] Darüber hinaus könnten mit Hilfe der Zugriffsrechte auch Zustimmungsrechte abgebaut werden, da die Zustimmung stets entfallen müsse, sofern die Länder „abweichende Regelungen" treffen dürften. Aber auch mögliche Nachteile von Zugriffsrechten blieben nicht unbeachtet. So bestehe die Gefahr einer Rechtszersplitterung sowie einer Verkehrung der bestehenden konkurrierenden Gesetzgebung in eine „umgekehrt konkurrierende Gesetzgebung".[293] Anlass zu solch gravierenden Bedenken bestand hingegen nicht, da selbst die Länder einen Zugriff nur auf ausgewählte „geeignete Bereiche" forderten und nicht etwa auf sämtliche Materien der konkurrierenden Gesetzgebung.[294] Welche Auswirkungen materielle Zugriffsrechte auf die Erforderlichkeitsklausel haben würde, wurde unterschiedlich beurteilt. Während der Bund in diesem Falle vom Wegfall des Erforderlichkeitsnachweises ausging, befand die Länderseite dies keineswegs für zwingend.[295] Was den Vorschlag der Arbeitsgruppe zu erweiterten Öffnungsklauseln betraf, so standen die Länder dem grundsätzlich nicht ablehnend gegenüber, zeigten sich angesichts der in der Vergangenheit zurückhaltenden Praxis des Bundes aber eher skeptisch.[296] Die Rahmengesetzgebung, die sich insbesondere bei der Umsetzung umweltbezogener Vorgaben des Unionsrechts als schwerfällig erwiesen hat, sollte einer kritischen Prüfung unterzogen werden. Im Raum standen ihre vollständige oder teilweise Abschaffung und Überführung der Materien in andere Kompetenzarten, aber auch ihre bloße Beschränkung.[297]

Auf ihrer darauf folgenden Konferenz am 27. März 2003 in Berlin verständigten sich die Ministerpräsidenten der Länder schließlich auf einheitliche „Leitlinien für die Verhandlungen mit dem Bund".[298] Hierzu hatten sie sich Ende 2002 gegenüber der Bundesregierung verpflichtet.[299] Verhandlungsziel war nach den Vorstellungen der Ministerpräsidenten unter anderem die Durchsetzung eines eigenständigen „Zugriffsrechts" der Länder auf geeignete, enumerativ zu

291 Vgl. AU 0002, S. 21, in: CD-ROM „Zur Sache 1/2005".
292 Vgl. AU 0002, S. 22, in: CD-ROM „Zur Sache 1/2005".
293 Vgl. AU 0002, S. 23, in: CD-ROM „Zur Sache 1/2005".
294 Vgl. AU 0002, S. 21, in: CD-ROM „Zur Sache 1/2005".
295 Vgl. AU 0002, S. 25, in: CD-ROM „Zur Sache 1/2005".
296 Vgl. AU 0002, S. 25 f., in: CD-ROM „Zur Sache 1/2005".
297 Vgl. AU 0002, S. 33 f., in: CD-ROM „Zur Sache 1/2005".
298 *Hrbek/Eppler*, Occasional Papers Nr. 28, S. 26 f.; abgedruckt auch in: CD-ROM „Zur Sache 1/2005" als sonstige Dokumente.
299 *Hrbek/Eppler*, Occasional Papers Nr. 28, S. 26.

bezeichnende Materien der konkurrierenden Gesetzgebung sowie die Abschaffung der Rahmengesetzgebung und Überführung eines Großteils ihrer Materien in die konkurrierende Gesetzgebung unter Einräumung eines Zugriffsrechts.[300] Den Vorzug eines solchen Zugriffsrechts, im Gegensatz zu klaren Kompetenzzuweisungen, sahen die Ministerpräsidenten – wie auch schon die Bund-Länder Arbeitsgruppe – vor allem darin, dass einerseits der Bund sein Regelungsrecht behielte, ohne dass die Länder selbst zur Gesetzgebung verpflichtet würden, andererseits die Länder aber ganz oder teilweise von der Bundesregelung abweichen dürften.[301] Nach der Vorstellung der Ministerpräsidenten sollten die abweichenden Gesetze auch dann „in Kraft“ bleiben, wenn der Bund seinerseits novelliert.[302]

IV. Lübecker Erklärung der deutschen Landtage

Nahezu zeitgleich auf ihrem Föderalismuskonvent am 31. März 2003 in Lübeck verständigten sich die Präsidenten und Fraktionsvorsitzenden der Landtage auf die gemeinsame Forderung nach einer umgekehrt konkurrierenden „Vorranggesetzgebung“.[303] In ihrer „Lübecker Erklärung“ sprachen sie sich für eine, neben die konkurrierende Gesetzgebung tretende Vorranggesetzgebung aus, „die es den Ländern ermöglicht, bundesgesetzliche Regelungen durch Landesrecht zu ersetzen oder zu ergänzen“. In noch festzulegenden Bereichen sollte Bundesrecht im Umkehrung von Art. 72 Abs. 1 GG nur solange und soweit gelten, wie die Länder von ihrer Gesetzgebungsbefugnis keinen Gebrauch machen.[304] Da sich die Landtage nicht genügend an der Reformdiskussion innerhalb der Bund-Länder-Regierungskommission beteiligt sahen,[305] setzten sie darüber hinaus eine „Verhandlungskommission“ ein, die das Gespräch mit der Regierungskommission sowie mit dem seinerzeit ebenfalls tätigen „Konvent zur Zukunft Europas“ suchen sollte. Während Gespräche auf europäischer Ebene realisiert werden konnten, verharrte die Bund-Länder-Kommission zunächst in ihrem „typisch exekutivischem Autismus“.[306]

Da die zahlreichen früheren Reformansätze aber kaum umfänglich aufgrund inhaltlicher Unzulänglichkeiten gescheitert sein konnten, sondern es bisher mög-

---

300 *Hrbek/Eppler*, Occasional Papers Nr. 28, S. 27 f.

301 *Hrbek/Eppler*, Occasional Papers Nr. 28, S. 27. Auf diesen Vorteil weist auch *Gerhards* hin, *ders.*, in: Holtschneider/Schön, Die Reform des Bundesstaates, S. 104 f.

302 *Hrbek/Eppler*, Occasional Papers Nr. 28, S. 27.

303 *Hrbek/Eppler*, Occasional Papers Nr. 28, S. 38.

304 *Hrbek/Eppler*, Occasional Papers Nr. 28, S. 38.

305 Z.B. Niedersächsischer Landtag, Drs. 14/3730, S. 17; noch deutlicher formuliert des der Schleswig-Holsteinische Landtag: „[...] er missbilligt ausdrücklich, dass die Landesparlamente von der Mitarbeit in dieser Kommission ausgeschlossen sind“, die Mitwirkung der Landtage durch die Landesregierung wird als „alibihafte Einbeziehung“ abgelehnt, Drs. 15, 1211, S. 1 f.

306 *Thaysen*, APuZ 29-30 (2003), S. 14, 20.

licherweise nur an geeigneten Durchsetzungsstrategien mangelte,[307] setzte sich auch innerhalb der Ministerpräsidentenkonferenz unter Teilnahme des Bundeskanzlers die Forderung nach einer Föderalismus-Kommission durch. Laut Beschluss der Konferenz am 26. Juni 2003 in Berlin sollte die Möglichkeit der Einrichtung einer Föderalismus-Kommission geprüft und dem Wunsch der Landesparlamente nach Mitwirkung hieran nachgekommen werden.[308] Tatsächlich aber sollte den in die Kommission entsandten Vertretern der Landtage nur ein Rede- und Antragsrecht, jedoch kein Stimmrecht eingeräumt werden.[309]

V. Reaktion der Bundesregierung auf Forderungen nach Zugriffsrechten

Die Bundesregierung lehnte Forderungen der Ministerpräsidentenkonferenz sowie der Landtage nach verfassungsrechtlichen Zugriffsrechten unter Hinweis auf eine sonst drohende Rechtszersplitterung und weitere Verflechtung ab.[310] Eine klare Trennung von Kompetenzen müsse Vorrang haben, wobei der Bund bereits konkrete – aber wenig bedeutende – Materien zur Übertragung an die Länder anbot.[311] Auch könnten einfachgesetzliche Öffnungsklauseln die Zustimmungsbedürftigkeit von Bundesgesetzen entfallen lassen.[312]

VI. Positionen der politischen Parteien

Im Sommer 2003 veröffentlichen auch die politischen Parteien ihre Positionen zur laufenden Reformdiskussion. Es sind dies das „Berliner Programm zur Reform des Föderalismus“ des Bundesarbeitskreises Christlich-Demokratischer Juristen (BACDJ) vom 23. Juni 2003,[313] das Papier „Reformen für die Reformpolitik. Vorschläge zur Erneuerung des demokratischen Systems“ von *Guido Westerwelle* (FDP) vom 31. Juli 2003, die Vorschläge zur „Stärkung des Föderalismus – Verringerung des Blockadepotenzials des Bundesrates“ vom parlamentarischen Geschäftsführer der SPD, *Wilhelm Schmidt*, aus Juli 2003 sowie das Papier „Föderalismusreform: Verkrustungen aufbrechen und klare Verant-

---

307 So die Einschätzung des Niedersächsischen Landtags, Drs. 14/3730, S. 18; ebenso *Thaysen*, APuZ 29-30 (2003), S. 14, 19 und *Stern*, in: Merten, Die Zukunft des Föderalismus, S. 14.

308 *Hrbek/Eppler*, Occasional Papers Nr. 28, S. 26.

309 BT Drs. 15/1685, S. 2; BR Drs. 750/03, S. 2.

310 Positionspapier der Bundesregierung vom 9. April 2009, S. 3, in: CD-ROM „Zur Sache 1/2005“, sonstige Papiere – Grundlagenpapiere.

311 Positionspapier der Bundesregierung vom 9. April 2009, S. 3, in: CD-ROM „Zur Sache 1/2005“, sonstige Papiere – Grundlagenpapiere.

312 Positionspapier der Bundesregierung vom 9. April 2009, S. 2, in: CD-ROM „Zur Sache 1/2005“, sonstige Papiere – Grundlagenpapiere.

313 *Hrbek/Eppler*, Occasional Papers Nr. 28, S. 65.

wortlichkeiten festlegen“ von BÜNDNIS 90/DIE GRÜNEN vom 8. August 2003. Zugriffs- oder Abweichungsrechte sind darin jedoch nicht vorgesehen.[314]

F. Das materielle Abweichungsrecht in der Gemeinsamen Kommission zur Modernisierung der bundesstaatlichen Ordnung

Am 16. Oktober 2003 beschloss der Bundestag, am darauf folgenden Tag auch der Bundesrat, die Einsetzung einer gemeinsamen Kommission zur Modernisierung der bundesstaatlichen Ordnung.[315] Schon in den ihren Einsetzungsbeschlüssen vorausgehenden Sitzungen herrschte in beiden Gremien Einigkeit darüber, dass das föderale Gleichgewicht neu zu justieren sei, ohne aber eine grundsätzliche Reform des Grundgesetzes vorzunehmen.[316] Unter dem Motto „Reföderalisierung statt Grundgesetzrevision“ sollten sich Bund und Länder jeweils auf ihre ursprünglichen Aufgaben zurückbesinnen.[317]

Nicht nur die Landesparlamente sollten durch Rückgewinnung von Kompetenzen gestärkt werden und regionale Besonderheiten wieder mehr Berücksichtigung finden,[318] auch der Bund müsse seine Handlungsfähigkeit zurück erlangen. Zu oft hätten unklare Zuständigkeiten zu Verzögerungen notwendiger Gesetzesvorhaben geführt und der Föderalismus sich damit als Bremse erwiesen.[319] Insbesondere im Hinblick auf die demokratische Bedeutung von Wahlen und die Transparenz getroffener Entscheidungen, müssten politische Verantwortlichkeiten für den Bürger wieder zurechenbar werden. In diesem Zusammenhang sollte sich die Kommission – jedenfalls nach ihrem ursprünglichen Auftrag – auch mit den bundesstaatlichen Finanzbeziehungen befassen, so dass der damalige Bundestagsabgeordnete *Volker Beck* (BÜNDNIS 90/DIE GRÜNEN) schon von einer „dritten deutschen Republik“[320] träumen wollte, die ihren Anfang nähme, falls es gelänge sowohl eine grundsätzliche Reform der Gesetzgebungskompetenzen als auch der Finanzverfassung zu bewerkstelligen.

Entsprechend diesen Zielvorstellungen formulierten die gleichlautenden Einsetzungsaufträge von Bundestag und Bundesrat Vorgaben für die Arbeit der Kommission. Erreicht werden sollten verbesserte Handlungs- und Entschei-

---

314 *Dietsche/Hinterseh*, in: Borchard/Margedant, Föderalismusreform – erste Bilanz, S. 20 f.

315 Vgl. BT Plenarprotokoll 15/66, S. 5618 sowie den entsprechenden Antrag gemäß BT Drs. 15/1685; für den Bundesrat BR Drs. 750/03.

316 *Thierse*, BR Plenarprotokoll 792, S. 357; *Müntefering*, BT Plenarprotokoll 15/66, S. 5597; andere dagegen sahen das Ziel der Kommissionsarbeit in einer umfassenden Grundgesetzrevision, so z.B. *Beck*, BT Plenarprotokoll 15/66, S. 5609.

317 *Müntefering*, BT Plenarprotokoll 15/66, S. 5597.

318 *Böhmer*, BT Plenarprotokoll 15/66, S. 5593.

319 *Müntefering*, BT Plenarprotokoll 15/66, S. 5596.

320 BT Plenarprotokoll 15/66, S. 5609.

dungsfähigkeit von Bund und Ländern, eine deutlichere Zuordnung politischer Verantwortlichkeiten sowie eine zweckmäßigere und effizientere Aufgabenerfüllung.[321] Hierzu sollten die bundesstaatliche Kompetenzordnung, die Mitwirkungsrechte der Länder an der Bundesgesetzgebung sowie die bundesstaatlichen Finanzbeziehungen einer kritischen Prüfung unterzogen werden, die – um die Europatauglichkeit des Grundgesetzes zu verbessern – insbesondere auch vor dem Hintergrund der fortschreitenden Europäischen Integration erfolgen sollte.

Zu Vorsitzenden der Kommission wurden in der ersten Sitzung der damalige Ministerpräsident Bayerns *Stoiber* sowie der Fraktionsvorsitzende der SPD *Müntefering* gewählt. Die Arbeit der Kommission wurde aufgeteilt auf zwei Arbeitsgruppen; Arbeitsgruppe 1 „Gesetzgebungskompetenzen und Mitwirkungsrechte" und Arbeitsgruppe 2 „Finanzbeziehungen". Daneben wurden im Mai 2004 insgesamt 7 Projektgruppen zur Bearbeitung der Einzelthemen eingerichtet.[322] Hervorzuheben sind für den hier interessierenden Zusammenhang die Projektgruppe 1 „Artikel 84 GG und materielle Zugriffsrechte der Länder" sowie die Projektgruppe 4 „Gesetzgebungskompetenzen im Umwelt- und Verbraucherschutzrecht".

Schon in der Plenarsitzung des Bundestages am 16. Oktober 2003,[323] in der die Einsetzung der Kommission erst noch beschlossen werden sollte, bestanden im Ansatz – auch innerhalb der einzelnen Parteien – unterschiedliche Auffassungen darüber, wie den Ländern mehr eigene Gestaltungsmöglichkeiten eröffnet werden könnten. Der damalige Bundesratspräsident *Wolfgang Böhmer*, der die Position der Länder darlegte, sprach sich für die Einräumung von Zugriffsrechten, zumindest aber für Öffnungsklauseln aus.[324] Die Rahmengesetzgebung wollte er wenigstens „aufgelockert" wissen, wobei dem Bund geeignete Materien unter Einräumung eines Zugriffsrechts für die Länder zugewiesen werden sollten. Zugriffsrechte könnten – da der Bund zunächst zu Vollregelungen berechtigt wäre – nicht nur die Umsetzung europäischer Vorgaben erleichtern, sondern auch die Zustimmungsbedürftigkeit von bundesrechtlichen Regelungen der Behördeneinrichtung und des Verwaltungsverfahrens entfallen lassen. Voraussetzung für mehr Wettbewerbsföderalismus sei aber, dass vergleichbare Ausgangsbedingungen in den Ländern bestünden.[325]

Hiergegen regte sich Widerstand bei Abgeordneten, die darin die Gefahr eines entfesselten Standortwettbewerbs erblickten.[326] Von anderer Seite bestand

---

321 BT Drs. 15/1685 und BR Drs. 750/03.

322 Vgl. die Übersicht über die Arbeits- und Projektgruppen, Zur Sache 1/2005, S. 33 ff., in: CD-ROM „Zur Sache 1/2005".

323 Plenarprotokoll 15/66.

324 *Böhmer*, BT-Plenarprotokoll 15/66, S. 5593 f.

325 *Böhmer*, BT-Plenarprotokoll 15/66, S. 5594; ebenso *Müntefering*, BT-Plenarprotokoll 15/66, S. 5598.

326 Z.B. *Krista Sager* (BÜNDNIS 90/DIE GRÜNEN), BT-Plenarprotokoll 15/66, S. 5603.

sogar die Forderung, das Grundgesetz überhaupt nicht zu ändern, sondern nur Experimentierklauseln für die Länder in Bundesgesetzen vorzusehen.[327] Wiederum andere traten von Anfang an für klare Kompetenzzuweisungen nach dem Trennprinzip ein.[328] Widerstand gegen eine strikte Kompetenztrennung, auch unter Abschaffung der Gemeinschaftsaufgaben und der konkurrierenden Gesetzgebung, regte sich insbesondere bei den finanzschwächeren Ländern, die eine Überforderung ihrer Leistungsfähigkeit befürchteten.[329]

Eng mit der Debatte um materielle Zugriffs- oder Abweichungsrechte verknüpft war dabei die Diskussion um die Erforderlichkeitsklausel des Art. 72 Abs. 2 GG.[330] Die Länder auf der einen Seite forderten Zugriffsrechte auf Bundeskompetenzen für mehr Handlungsspielraum; der Bund auf der anderen Seiten wollte sich vom Erforderlichkeitskriterium befreien, ebenfalls mit dem Ziel seine Gestaltungsmöglichkeiten zu erweitern. Zugriffs- oder Abweichungsrechte wurden als geeignet angesehen, beiden Forderungen nachzukommen. Berührungspunkte zur Diskussion um materielle Zugriffs- bzw. Abweichungsrechte bestanden nicht zuletzt auch und gerade in der vergleichbaren Forderung nach formellen Zugriffs- oder Abweichungsrechten bei Art. 84 GG, die von der zuständigen Projektgruppe 1 „Artikel 84 GG und materielle Zugriffsrechte der Länder“ zur Reduzierung von Zustimmungsgesetzen erwogen wurden.[331]

I. Erste konstituierende Sitzung am 7. November 2003

Allseitige Euphorie für ein „Zugriffsrecht“ – so der Arbeitstitel – kennzeichnete die erste Sitzung der Kommission. Nach den Vorstellungen des Vorsitzenden *Stoiber*, der damit zugleich die Position Bayerns vertrat, sollten die Länder die Möglichkeit erhalten, ihre Politik an ihren regionalen Besonderheiten auszurichten.[332] Vorrangiges Ziel sollte damit die Schaffung von Zugriffsrechten sein, wofür sich bestimmte Materien der konkurrierenden sowie der Rahmengesetzgebung anböten. Vorteile ergäben sich für beide Seiten: Der Handlungsspielraum der Länder würde erweitert, ohne ihnen zugleich eine Verpflichtung zur Gesetzgebung aufzuerlegen und der Bund könne Vollregelungen in Bereichen treffen, in denen er bisher nur den Rahmen vorgeben durfte. Auch die Ministerpräsidenten von Sachsen-Anhalt und Nordrhein-Westfalen *Böhmer* und *Steinb-*

327 *Wolfgang Gerhardt* (FDP)BT-Plenarprotokoll 15/66, S. 5604.

328 *Ernst Burgbacher* (FDP), BT-Plenarprotokoll 15/66, S. 5611.

329 *Decker*, in: Palermo/Hrebek/Zwilling/Alber (Hrsg.), Auf dem Weg zu asymmetrischem Föderalismus? S. 144, 158.

330 *Stünker*, in: Holtschneider/Schön, Die Reform des Bundesstaates, S. 94 f.

331 *Röttgen/Boehl*, in: Holtschneider/Schön, Die Reform des Bundesstaates, S. 25.

332 *Stoiber*, 1. Sitzung der Kommission am 7.11.2003, Stenografischer Bericht, S. 5, in: CD-Rom „Zur Sache 1/2005“.

rück hätten ein Zugriffsrecht gerne schon früher gehabt.[333] Vor allem die Materien der Rahmengesetzgebung könnten nach deren Auflösung auf den Bund oder die Länder aufgeteilt bzw. einer neuen Kategorie „Zugriffsrechte der Länder" zugeordnet werden. Dem Länderzugriff unterliegendes Bundesrecht bedürfte dann nicht mehr der Zustimmung des Bundesrates, da die Länder ja ohnehin abweichen dürften. Die Gefahr einer Rechtszersplitterung sah *Steinbrück* nicht, da der gesetzgeberische Spielraum hinsichtlich der in Betracht kommenden Materien ohnehin durch europarechtliche Vorgaben begrenzt sei.

Vorsichtige Skepsis gegenüber Zugriffsrechten, jedenfalls soweit diese vorrangig verfolgt würden, äußerte demgegenüber der Ministerpräsident von Baden-Württemberg *Teufel*.[334] Stattdessen müsse nach dem Willen des parlamentarischen Rates der Grundsatz der Subsidiarität in der Verfassungswirklichkeit wieder mehr an Bedeutung gewinnen. Zugriffsrechte seien hierfür gegenüber einer Trennung der Verantwortlichkeiten nur die zweitbeste Lösung und im Übrigen auch nur aus Sicht von Ländern mit geringer Verwaltungskraft sinnvoll, die sich auf ein „Auffangnetz" des Bundes verlassen wollten.

II. Zweite und dritte Sitzung am 28. November und 12. Dezember 2003

In der zweiten und dritten Sitzung wurde die ehrgeizige Forderung nach klarer Kompetenztrennung zwar zunächst noch hoch gehalten und Zugriffsrechte nur als nachrangig anzustrebende Lösung erwogen,[335] so dass auch die insoweit zuständige Arbeitsgruppe 1 ihre Vorgehensweise dementsprechend ausrichtete.[336] Ein voraussetzungsloses und verfassungsunmittelbares Zugriffsrecht für die Länder wurde innerhalb der Kommission jedoch keineswegs ausgeschlossen, da sich ein Trennsystem als zu unflexibel und politisch kaum durchsetzbar erweisen könnte.[337] Auch hätte der Bund bis dato zu wenige Kompetenzen zur Rückübertragung angeboten.[338] An der konkurrierender Gesetzgebung sei daher jedenfalls festzuhalten, deren Inanspruchnahmevoraussetzungen müssten aber

---

333 *Steinbrück*, 1. Sitzung der Kommission am 7.11.2003, Stenografischer Bericht, S. 11, in: CD-Rom „Zur Sache 1/2005"; Böhmer, ebd., S. 15.

334 *Teufel*, 1. Sitzung der Kommission am 7.11.2003, Stenografischer Bericht, S. 9, in: CD-Rom „Zur Sache 1/2005".

335 Allen voran *Teufel*, 2. Sitzung der Kommission am 28.11.2003, Stenografischer Bericht, S. 27, in: CD-ROM „Zur Sache 1/2005"; so wohl auch *F. Kirchhof*, 3. Sitzung der Kommission am 12.12.2003, Stenografischer Bericht, S. 58, in: CD-ROM „Zur Sache 1/2005" und *Schmidt-Jortzig*, ebd., S. 67.

336 1. Sitzung der AG 1 am 15.01.2004, Protokollvermerk, Anhang, S. 1, in: CD-ROM „Zur Sache 1/2005".

337 Huber, 3. Sitzung der Kommission am 12.12.2003, Stenografischer Bericht, S. 55, in: CD-ROM „Zur Sache 1/2005"; ebenso *F. Kirchhof*, ebd., S. 58.

338 *Scharpf*, 3. Sitzung der Kommission am 12.12.2003, Stenografischer Bericht, S. 65, in: CD-ROM „Zur Sache 1/2005".

verbessert werden; z.B. durch Kombination einer „Auffanggesetzgebung" des Bundes mit Zugriffsrechten der Länder.[339] Ein solches erlaube dem Bund eine „Orientierungsgesetzgebung" und helfe den kleineren Ländern, weil sie sich auf die Auffanggesetzgebung des Bundes verlassen könnten. Dies sei auch von Nutzen für die größeren Länder, denen damit der dringend erforderliche Gestaltungswettbewerb ermöglicht werde.[340] Insgesamt ein „lohnender Systembruch", der „trial an error" in begrenzten Materien erlaube.[341] Öffnungs- oder Experimentierklauseln[342] „von Gnaden des Bundes" seien jedenfalls nicht ausreichend.[343] *Stoiber* war sogar schon der Überzeugung, dass man um ein Zugriffsrecht wohl gar nicht mehr umher käme.[344]

Demgegenüber verschärfte sich der Ton der Zugriffsgegner: Zugriffsrechte, so wie sie im Vorschlag der Ministerpräsidenten[345] ausgestaltet seien, bedeuteten eine Umkehrung der konkurrierenden Gesetzgebung, da durch den Zugriff die Kompetenz auf die Länder überginge.[346] Sie bedeuteten zugleich einen „Rückbau der Subsidiaritätsverfassung", mit der Folge, dass das Grundgesetz zu einer „Angebotsordnung" verkomme und seine Funktion als objektive Ordnung verlöre; ein Zweiklassenföderalismus könnte heraufbeschwört werden.[347] Zugriffsrechte seien zwar nicht ohne Reiz, doch überwögen strukturelle Bedenken.[348] Es drohe ein Flickenteppich und die Entstehung partiellen Bundesrechts und sofern der Bund nach erfolgter Länderabweichung sein Bundesrecht novelliere, gleiche die Ermittlung des anwendbaren Rechts dem „Graben wie in den neun Schichten von Troja".[349] Der in der Diskussion weiter geäußerte Einwand,

---

339 *Huber*, 3. Sitzung der Kommission am 12.12.2003, Stenografischer Bericht, S. 55, in: CD-ROM „Zur Sache 1/2005"; *ders.*, in: Henneke, Föderalismusreform, S. 96.

340 *Teufel*, 2. Sitzung der Kommission am 28.11.2003, Stenografischer Bericht, S. 27, in: CD-ROM „Zur Sache 1/2005".

341 *Huber*, 3. Sitzung der Kommission am 12.12.2003, Stenografischer Bericht, S. 55, in: CD-ROM „Zur Sache 1/2005".

342 Allenfalls solche einräumen wollte *Scholz*, 3. Sitzung der Kommission am 12.12.2003, Stenografischer Bericht, S. 69, in: CD-ROM „Zur Sache 1/2005".

343 *Schmidt-Jortzig*, 3. Sitzung der Kommission am 12.12.2003, Stenografischer Bericht, S. 67, in: CD-ROM „Zur Sache 1/2005"; zustimmend *Huber* (ebd., S. 55), da es Bereiche gäbe, in denen unterschiedliche Lösungen durchaus Akzeptanz haben könnten.

344 *Stoiber*, 2. Sitzung der Kommission am 28.11.2003, Stenografischer Bericht, S. 49, in: CD-ROM „Zur Sache 1/2005".

345 MPK v. 27. 03.2003, S. 2, in: CD-ROM „Zur Sache 1/2005", Sonstige Dokumente.

346 Schmidt, 2. Sitzung der Kommission am 28.11.2003, Stenografischer Bericht, S. 29, in: CD-ROM „Zur Sache 1/2005".

347 *Röttgen*, 2. Sitzung der Kommission am 28.11.2003, Stenografischer Bericht, S. 33, in: CD-ROM „Zur Sache 1/2005".

348 *F. Kirchhof*, 3. Sitzung der Kommission am 12.12.2003, Stenografischer Bericht, S. 59, in: CD-ROM „Zur Sache 1/2005".

349 *F. Kirchhof*, 3. Sitzung der Kommission am 12.12.2003, Stenografischer Bericht, S. 58, in: CD-ROM „Zur Sache 1/2005".

die Länder würden sich auch im Falle einer Rückübertragung von Kompetenzen ohnehin wieder auf eine gemeinsame Regelung einigen,[350] reduziert bundesstaatliche Vielfalt dagegen zu Unrecht auf eine Vielfalt bloß um der Vielfalt Willen. Subsidiarität geht aber nicht soweit, dass die Kompetenz zwangsläufig dem Bund zustehen muss, nur weil die Länder sich auf identische oder ähnliche Konzepte verständigen.

III. Sechste Sitzung am 14. Mai 2004

Der sechsten[351] Sitzung der Kommission vorausgegangen war die Sonderkonferenz der Ministerpräsidenten am 6. Mai 2004 in Berlin, in deren Ergebnis die Ministerpräsidenten ihre Forderung nach einem grundgesetzlichen Zugriffsrecht bekräftigten.[352] War bisher überwiegend von Zugriffsrechten oder Vorranggesetzgebung der Länder die Rede, kristallisierte sich nunmehr – wenngleich auch erst nur zusätzlich zum bisherigen Sprachgebrauch – der Terminus der „abweichenden Gesetze“ heraus.[353] Nach Ansicht der Ministerpräsidenten erforderten die „unterschiedlichen Bedürfnisse und Interessenlagen der Länder [...] abgestufte Möglichkeiten der Kompetenzwahrnehmung“ namentlich „auf ausgewählten Kompetenzfeldern eine Möglichkeit des Zugriffs für (einzelne) Länder.“[354] Der Bund sollte dabei das Recht zur Gesetzgebung behalten, ohne hierbei an die Erforderlichkeitsklausel des Art. 72 Abs. 2 GG a.F. gebunden zu sein; die Länder könnten aber „im politischen Ideenwettbewerb eigene, ganz oder teilweise von der Regelung des Bundes abweichende Gesetze beschließen, die als Landesrecht auch dann in Kraft bleiben [sollten], wenn der Bund seinerseits novelliert“.[355] Ganz offen bieten hiermit die Länder den Verzicht auf Mitwirkungsrechte sowie Ausnahmen von der Erforderlichkeitsklausel im Austausch gegen neue Gestaltungsmöglichkeiten an.[356]

Konsens innerhalb der im Schwerpunkt mit Fragen der Europatauglichkeit befassten Sitzung war, dass maßgeblich verantwortlich für das deutsche Umset-

---

350 *Zypries*, 2. Sitzung der Kommission am 28.11.2003, Stenografischer Bericht, S. 37, in: CD-ROM „Zur Sache 1/2005“.

351 Die vierte Sitzung ist nicht protokolliert; die fünfte behandelt die Finanzbeziehungen.

352 Positionspapier der Ministerpräsidenten, Bundesstaatskommission, Kommissionsdrucksache 0045, S. 2 f., in: CD-ROM „Zur Sache 1/2005“.

353 Positionspapier der Ministerpräsidenten, Bundesstaatskommission, Kommissionsdrucksache 0045, S. 3, in: CD-ROM „Zur Sache 1/2005“.

354 Positionspapier der Ministerpräsidenten, Bundesstaatskommission, Kommissionsdrucksache 0045, S. 3, in: CD-ROM „Zur Sache 1/2005“.

355 Positionspapier der Ministerpräsidenten, Bundesstaatskommission, Kommissionsdrucksache 0045, S. 3, in: CD-ROM „Zur Sache 1/2005“.

356 Positionspapier der Ministerpräsidenten, Bundesstaatskommission, Kommissionsdrucksache 0045, S. 2, in: CD-ROM „Zur Sache 1/2005“.

zungsdefizit die innerstaatliche Kompetenzverteilung sei.[357] Allen voran die Umweltmaterien müssten aus der Rahmengesetzgebung herausgelöst und gegebenenfalls den Ländern übertragen werden.[358] Für diesen Fall stellte sich *Geiger* ein gegenüber den bisherigen Vorschlägen umgekehrtes Zugriffsrecht vor: Im Falle der Umsetzung von Unionsrecht sollte der Bund eine „Vorgriffsgesetzgebung" haben, die es ihm ermöglicht, Regelungen auch in solchen Bereichen zu treffen, die eigentlich in die (neue) Zuständigkeit der Länder fallen.[359] Diese wiederum sollten dem Eingriff in ihre Gesetzgebungsautonomie durch Ersetzung – und nicht bloß Ergänzung – der so geschaffenen bundesrechtlichen „Zugriffsregelungen" begegnen können.

Einen dem nunmehr in Art. 72 Abs. 3 S. 1 GG geregelten Abweichungsrecht schon sehr nahe kommenden – wenn auch noch nicht näher konkretisierten – Ansatz brachte dagegen *Gerhards* ein: Nach seiner Vorstellung sollten die Materien der Rahmenkompetenz, bei gleichzeitigem Verzicht auf den Erforderlichkeitsnachweis, in die Vollkompetenz des Bundes – gemeint ist wohl eine konkurrierende Kompetenz – überführt werden.[360] Als Kompensation hierfür sollte den Ländern das Recht zu ganz oder teilweise abweichenden Gesetzen zugestanden werden, die dann dem Bundesrecht im Wege eines Anwendungsvorrangs vorgingen.

IV. Achte Sitzung am 8. Juli 2004

In der achten Sitzung[361] wurden unter anderem die Vorschläge der Projektgruppe 1 „Art. 84/materielle Zugriffsrechte/Europa" zur Neufassung von Art. 84 GG vorgestellt. Danach sollte der Bund ohne Zustimmung des Bundesrates eigene Regelungen der Behördeneinrichtung und des Verwaltungsverfahrens treffen können und die Länder hiervon wiederum abweichen dürfen.[362] Zwar wollte man am geplanten Vorgehen festhalten und zunächst eine klare Trennung der nach Auflösung des Art. 75 GG frei werdenden Materien versuchen,[363] es bestand aber auch von Anfang an Einigkeit darüber, dass etwaige formelle und materielle Zugriffs- oder Abweichungsrechte jedenfalls im Wesentlichen gleich

---

357 *Geiger*, 6. Sitzung der Kommission am 14.05.2004, Stenografischer Bericht, S. 156, in: CD-ROM „Zur Sache 1/2005".

358 *Geiger*, 6. Sitzung der Kommission am 14.05.2004, Stenografischer Bericht, S. 156, in: CD-ROM „Zur Sache 1/2005".

359 *Geiger*, 6. Sitzung der Kommission am 14.05.2004, Stenografischer Bericht, S. 157, in: CD-ROM „Zur Sache 1/2005".

360 *Gerhards*, 6. Sitzung der Kommission am 14.05.2004, Stenografischer Bericht, S. 157, in: CD-ROM „Zur Sache 1/2005".

361 Die siebente Sitzung ist nicht protokolliert.

362 *Stünker*, 8. Sitzung der Kommission am 8.07.2004, Stenografischer Bericht, S. 166, in:CD-ROM „Zur Sache 1/2005".

363 *Stünker*, 8. Sitzung der Kommission am 8.07.2004, Stenografischer Bericht, S. 167, in: CD-ROM „Zur Sache 1/2005".

konstruiert werden müssten.[364] Die Zurückstellung der Diskussion eines materiellen Zugriffsrechts stieß bei einigen Kommissionsmitgliedern im Hinblick auf den engen Zeitplan der Kommission auf Besorgnis.[365] Konkrete Lösungsvorschläge für ein mögliches materielles Zugriffsrecht wurden aber bereits in Aussicht gestellt.[366]

V. Neunte Sitzung am 14. Oktober 2004

Noch einmal heftig diskutiert wurde in der neunten[367] Kommissionssitzung, in der die Projektgruppe 1 ihre Ergebnisse vorstellte.[368] Nachdem das Bundesverfassungsgericht in seiner zwischenzeitlich ergangenen Entscheidung zur Juniorprofessur das Merkmal des Ausnahmefalls in Art. 75 Abs. 2 GG a.F. denkbar eng ausgelegt hat,[369] bestand hinsichtlich der Forderung nach Abschaffung der Rahmenkompetenz kaum mehr Uneinigkeit zwischen Bund und Ländern. Konsens herrschte in der Kommission auch immer noch dahingehend, dass einer Kompetenztrennung der Vorrang vor möglichen Zugriffs- oder Abweichungsrechten gebühre,[370] jedoch hätte der Bund bislang noch keinen Katalog vorgelegt, der Grundlage für eine Kompetenzdiskussion sein könnte.[371] Umgekehrt hätten aber auch die Länder noch keine Kompetenzen für sich beansprucht.[372] Für die Bewältigung der nicht klar zuweisbaren Materien unterbreitete die Projektgruppe der Kommission nunmehr drei konkretisierte Vorschläge:

Der erste ging von den Ländern Bayern, Bremen, Niedersachsen, Nordrhein-Westfalen und Sachsen-Anhalt aus. Sie plädierten unter anderem für die Einführung eines neuen Art. 72a GG, wonach im Bereich einer Zugriffsgesetzgebung Bund und Ländern unabhängig voneinander die Befugnis zur Gesetzgebung zu-

---

364 *Huber*, 9. Sitzung der Kommission am 14.10.2004, Stenografischer Bericht, S. 206, in: CD-ROM „Zur Sache 1/2005".

365 *Scharpf*, 8. Sitzung der Kommission am 8.07.2004, Stenografischer Bericht, S. 170, in: CD-ROM „Zur Sache 1/2005"; Heister-Neumann, ebd., S. 167.

366 *De Maizière*, 8. Sitzung der Kommission am 8.7.2004, Stenografischer Bericht, S. 179, in: CD-ROM „Zur Sache 1/2005"; für den ausformulierten Vorschlag vgl. AU 0078, in: CD-ROM „Zur Sache 1/2005".

367 Die zehnte Sitzung befasste sich vorrangig mit Fragen des Art. 23 GG, der inneren Sicherheit sowie mit den bundesstaatlichen Finanzbeziehungen.

368 Vgl. auch den Protokollvermerk der 7. Sitzung der AG 1 am 30.9.2004, in: CD-ROM „Zur Sache 1/2005".

369 *BVerfG*, Urteil vom 27.7.2004, E 111, 226, 252, 264, 281 f.

370 *Bachmaier*, 9. Sitzung der Kommission am 14.10.2004, Stenografischer Bericht, S. 204, in: CD-ROM „Zur Sache 1/2005"; Schmidt-Jortzig, ebd., S. 208.

371 *Heister-Neumann*, 9. Sitzung der Kommission am 14.10.2004, Stenografischer Bericht, S. 212, in: CD-ROM „Zur Sache 1/2005".

372 Dies kritisiert der Sachverständige *Schneider*, 9. Sitzung der Kommission am 14.10.2004, Stenografischer Bericht, S. 209, in: CD-ROM „Zur Sache 1/2005" sowie die Bundesregierung, *Zypries*, ebd., S. 212.

stehen sollte.[373] Gesetze der Länder in diesem Bereich sollten denen des Bundes vorgehen. Dies wäre eine echte Parallelkompetenz und ginge damit weit über ein Abweichungsrecht hinaus.[374]

Überwiegend zu Gunsten des Bundes sprach dagegen der Vorschlag des Bundestagsabgeordneten *Steenblock*, der lediglich verfassungsrechtlich verankerte Öffnungsklauseln vorsah.[375] Für die dem Bund nach Abschaffung der Rahmengesetzgebung zugewiesenen Materien sowie für einzelne Materien der konkurrierenden Gesetzgebung sollte der Bund verfassungsrechtlich verpflichtet werden, einfachgesetzliche Öffnungsklauseln in seine Gesetze aufzunehmen, sofern nicht eine bundesgesetzliche Regelung erforderlich sei.[376] Im Falle ausschließlicher Bundeskompetenzen sollte die Verpflichtung zur Öffnung zudem noch an ein „Bedürfnis" zur landesrechtlichen Regelung wegen „regionaler Besonderheiten" gebunden werden. Nach Ansicht der Länder griffen solche einfachgesetzlichen Öffnungsklauseln – wenn auch verfassungsrechtlich verankert – indes zu kurz.[377]

Der dritte Vorschlag stammt von den Bundestagsabgeordneten *Stünker* und *Röttgen;*[378] er kommt der letztlich erfolgten Grundgesetzänderung am nähsten. Art. 72 Abs. 1 GG sollte danach unverändert bleiben, die Erforderlichkeitsklausel gestrichen und für bestimmte Materien ein unkonditioniertes Abweichungsrecht etabliert werden. Das Verhältnis von Bundes- und Landesrecht sollte durch die Anordnung der lex-posterior-Regel bestimmt werden. Der Vorschlag hätte insgesamt den Vorzug, dass er keine unbestimmten Rechtsbegriffe enthalte.[379] Bayern und Bremen sahen die vollständige Streichung von Art. 72 Abs. 2 GG kritisch, da auch solche Materien von der Streichung erfasst wären, für die der Vorschlag eine Abweichung nicht vorsah. Außerdem würden die Länder nach Überregelung[380] durch den Bund kaum noch einmal abweichen.[381]

---

373 Vgl. die ausführliche Fassung des Vorschlags: Zur Verankerung und Systematik des Gesetzgebungstyps der „Zugriffsgesetzgebung", PAU 1/0013, in: CD-ROM „Zur Sache 1/2005".

374 *Bachmaier*, 9. Sitzung der Kommission am 14.10.2004, Stenografischer Bericht, S. 204, in: CD-ROM „Zur Sache 1/2005"; kritisch daher insbesondere *Grimm*, ebd., S. 207.

375 Vgl. PAU 1/0018, in: CD-ROM „Zur Sache 1/2005".

376 Nach der Ansicht von *Möstl* (ZG 2003, 298, 308 f-) sei der Bund schon aufgrund von Art. 72 Abs. 2 GG dazu verpflichtet, Öffnungsklauseln in seine Gesetze aufzunehmen, soweit die Erforderlichkeit bundesgesetzlicher Regelung nicht in vollem Umfange bestehe.

377 Vgl. Ergebnisvermerk der 7. Sitzung der PG 1 am 28.09.2004, S. 2; in: CD-ROM „Zur Sache 1/2005".

378 Vgl. PAU 1/0017, in: CD-ROM „Zur Sache 1/2005".

379 *Bachmaier*, 9. Sitzung der Kommission am 14.10.2004, Stenografischer Bericht, S. 205, in: CD-ROM „Zur Sache 1/2005".

380 Für einen nach erfolgter Länderabweichung erneuten Gebrauch des Bundes von seiner Kompetenz auf Abweichungsgebieten hat sich in der wissenschaftlichen Diskussion

Nordrhein-Westfalen, Niedersachsen und Sachsen-Anhalt, die zunächst ebenfalls für Zugriffsrechte eintraten, zeigten sich dagegen interessiert oder zumindest diskussionsbereit.[382]

Nachdem die Projektgruppe 1 in der Sitzung eine gewisse Sympathie für den Stünker/Röttgen-Vorschlag geäußert hatte,[383] schloss sich hieran zum Teil heftige Kritik an. Durch die Möglichkeit eines abwechselnden legislativen Tätigwerdens von Bund und Ländern komme es zu einer für die Rechtssicherheit schädlichen „Wechselgesetzgebung".[384] Diese könne vor allem Unternehmer und Investoren verunsichern, die in einer Gemengelage von Bundes- und Landesrecht zudem noch das jeweils anwendbare Recht identifizieren müssten.[385] Die Beschwichtigungsversuche Bayerns und Bremens, die Länder würden die Kraftanstrengung einer erneuten Abweichung wohl kaum unternehmen[386] und ein „Ping-Pong" sei auch deshalb nicht zu befürchten, weil am Ende eines Prozesses der „Selbstregulierung" letztlich stabiles Recht stünde,[387] stießen bei einigen Kommissionsmitgliedern auf Unverständnis. *Grimm* pointierte hierzu, dass, wenn eine Regelung nur deshalb vernünftig sei, weil man sie nicht anwende, so sollte man sie von vorn herein unterlassen.[388] Auch die Bundesregierung blieb skeptisch.[389] Abweichungen führten zu Rechtsunsicherheit und eine vollständige Streichung von Art. 72 Abs. 2 GG zur Aufgabe des Ziels gleichwertiger Lebensverhältnisse. Für ein Abweichungsrecht kämen daher allenfalls Marginalien in Betracht.[390]

---

der Begriff der „Überregelung" eingebürgert; *Stock* (ZG 2006, 226, 235) spricht dagegen von einer Betätigung eines „Rückholrechts" des Bundes.

381 Vgl. Ergebnisvermerk der 7. Sitzung der PG 1 am 28.09.2004, S. 2; in: CD-ROM „Zur Sache 1/2005".

382 Vgl. Ergebnisvermerk der 7. Sitzung der PG 1 am 28.09.2004, S. 2; in: CD-ROM „Zur Sache 1/2005".

383 *Bachmaier*, 9. Sitzung der Kommission am 14.10.2004, Stenografischer Bericht, S. 206, in: CD-ROM „Zur Sache 1/2005".

384 *Schneider*, 9. Sitzung der Kommission am 14.10.2004, Stenografischer Bericht, S. 210, in: CD-ROM „Zur Sache 1/2005".

385 *F. Kirchhof*, 9. Sitzung der Kommission am 14.10.2004, Stenografischer Bericht, S. 211, in: CD-ROM „Zur Sache 1/2005".

386 Vgl. Ergebnisvermerk der 7. Sitzung der PG 1 am 28.09.2004, S. 2; in: CD-ROM „Zur Sache 1/2005".

387 *Bachmaier*, 9. Sitzung der Kommission am 14.10.2004, Stenografischer Bericht, S. 205, in: CD-ROM „Zur Sache 1/2005"; zustimmend Gerhards, ebd., S. 209.

388 *Grimm*, 9. Sitzung der Kommission am 14.10.2004, Stenografischer Bericht, S. 207, in: CD-ROM „Zur Sache 1/2005".

389 *Zypries*, 9. Sitzung der Kommission am 14.10.2004, Stenografischer Bericht, S. 212, in: CD-ROM „Zur Sache 1/2005".

390 *Zypries*, 9. Sitzung der Kommission am 14.10.2004, Stenografischer Bericht, S. 212, in: CD-ROM „Zur Sache 1/2005"; ebenso Meyer, ebd., S. 214.

Die Urheber und Verfechter des Abweichungsrechts dagegen verteidigten den Vorschlag. Ein „Ping-Pong“ sei schon angesichts des gesetzgeberischen Aufwands und des politischen Rechtfertigungsdrucks nicht zu befürchten.[391] Außerdem könnten noch zeitliche oder inhaltliche Stabilisatoren eingebaut werden, die einen Gesetzgebungswettlauf verhindern.[392] Rechtsunsicherheit ließe sich z.B. dadurch vermeiden, dass Bundestag und Bundesrat zusammen einer Länderabweichung widersprechen könnten.[393] *Röttgen* verweist auf die nahezu bestehende Einigkeit über eine Abweichungslösung für Art. 84 GG und vergleichbare Vorteile auch für den Bereich der materiellen Gesetzgebung. Ein materielles Abweichungsrecht würde der Unterschiedlichkeit der Länder gerecht und „Gestaltungsföderalismus“ forcieren.[394] Als Instrument zur Behebung der allseits beschworenen Gefahr eines Gesetzgebungswettlaufs schlug er – erstmals in der Diskussion – die Regelung einer Karenzzeit von sechs Monaten für das Inkrafttreten von Bundesgesetzen vor – jedenfalls für den Fall, dass der Bund legeferiert, nachdem bereits Länder abgewichen sind.[395]

G. Das Scheitern der Kommission und weiterer Reformverlauf

In ihren insgesamt elf Sitzungen war es der Kommission nicht gelungen, sich auf eine mehrheitsfähige Grundgesetzänderung zu verständigen. In ihrer letzten Sitzung am 17. Dezember 2004 konnten die Vorsitzenden folglich nur noch das Scheitern der Kommission feststellen.[396] Ein kompromissfähiger Reformvorschlag kam vor allem angesichts der unüberwindbaren Differenzen in den Bereichen Hochschulwesen und Bildungsplanung nicht zustande, die sich schon bei

---

391 *Stünker*, 9. Sitzung der Kommission am 14.10.2004, Stenografischer Bericht, S. 210, in: CD-ROM „Zur Sache 1/2005“.

392 *Bachmaier*, 9. Sitzung der Kommission am 14.10.2004, Stenografischer Bericht, S. 206, in: CD-ROM „Zur Sache 1/2005“

393 Unter Verweis auf den Vorschlag *Heinsens*: *Scharpf*, 9. Sitzung der Kommission am 14.10.2004, Stenografischer Bericht, S. 211, in: CD-ROM „Zur Sache 1/2005“.

394 *Röttgen*, 9. Sitzung der Kommission am 14.10.2004, Stenografischer Bericht, S. 214, in: CD-ROM „Zur Sache 1/2005“.

395 *Röttgen*, 9. Sitzung der Kommission am 14.10.2004, Stenografischer Bericht, S. 214, in: CD-ROM „Zur Sache 1/2005“; Die derzeitige Regelung sieht eine Verzögerung auch für erstmaliges Bundesrecht auf Abweichungsgebieten vor (hierzu unten die einleitenden Ausführungen im 3. Kap. unter E.); ob *Röttgen* dies seinerzeit ausgeschlossen wissen wollte, lässt sich seiner Aussage nicht entnehmen, hat aber auch keine allzu große Bedeutung, da der Bund in den betreffenden Materien überwiegend ohnehin bereits Regelungen getroffen hat.

396 *Müntefering*, 10. Sitzung der Kommission am 17.12.2004, Stenografischer Bericht, S. 280, in: CD-ROM „Zur Sache 1/2005“; die Protokollierung, der Vorentwurf sei „beschlussfähig“ (ders., ebd., S. 279) beruht daher auf einem Versprecher oder Protokollierungsfehler.

der Einsetzung der Kommission andeuteten.[397] Keine Einigung konnte zudem über Bestand und Umfang möglicher materieller Zugriffs- oder Abweichungsrechte im Umweltrecht erzielt werden.[398] Sie tauchten daher im Vorentwurf für einen Vorschlag der Vorsitzenden vom 13. Dezember 2004 nicht mehr auf.[399] Darüber ob die Themen der Bundesstaatskommission besser in einem Konvent hätten diskutiert werden sollen, in dem auch Gemeinde- und Landtagsvertreter über Stimmrechte verfügen,[400] wäre angesichts der Vielfalt der Beteiligten eher unwahrscheinlich. Möglicherweise wurden auch schlichtweg zu viele Themen auf einmal angepackt. Ursachenforschung oder gar Spekulation über die möglichen Gründe des Scheiterns sind nunmehr jedenfalls obsolet.[401]

Die Lage für einen Neustart der Reform vor den Wahlen zum 16. Bundestag wurde gemeinhin als besonders günstig angesehen, da sämtliche politischen Lager unter hinreichendem Leidensdruck standen und der Ausgang der Wahl ungewiss war.[402] Nach einer Analyse des Scheiterns im Rahmen der 44. Bitburger Gespräche Anfang Januar 2005[403] kam es – wie auf dem „Job-Gipfel“ am 17. März 2005 vereinbart – noch im Frühjahr 2005 zu Nachverhandlungen zwischen den ehemaligen Kommissionsvorsitzenden und deren Beratern. Eine Einigung in vielen Punkten wurde bis zu den Landtagswahlen in Nordrhein-Westfalen am 22. Mai 2005 erzielt und in einem „Vorläufigen Verhandlungsstand“ festgehalten.[404] Die Gespräche wurden aber abgebrochen als SPD-Chef Müntefering noch am Tag der Wahl die Stellung der Vertrauensfrage und damit den Weg für Neuwahlen ankündigte.

Die vorgezogene Wahl zum 16. Bundestag am 18. September 2005 und die daraus hervorgegangene Konstellation einer Großen Koalition aus CDU/CSU und SPD schufen schließlich die Voraussetzungen für das Gelingen des zweiten Anlaufs der gescheiterten Reform. Die unter anderem eingesetzte „Koalitionsarbeitsgruppe Föderalismus“ unter Leitung von Bundesinnenminister Schäuble

---

397 Hierzu ausführlich *Gerstenberg*, Gesetzgebungs- und Verwaltungskompetenzen, S. 147 ff.; vgl. auch den Ergebnisvermerk PG 3, 5. Sitzung, 29.9.2004, S. 3 f., in: CD-ROM „Zur Sache 1/2005“; das Thema klang bereits in den der Einsetzung vorangegangenen Debatten an, *Thierse*, BR-Plenarprotokoll 792, S. 357.

398 *Müntefering*, 10. Sitzung der Kommission am 17.12.2004, Stenografischer Bericht, S. 279, in: CD-ROM „Zur Sache 1/2005“; Ergebnisvermerk PG 4, 5. Sitzung 14.10.2004, S. 1 f., in: CD-ROM „Zur Sache 1/2005“.

399 Dagegen entsprach der Vorschlag für ein formelles Abweichungsrecht trotz seinerzeit noch bestehenden Klärungsbedarfs bereits weitgehend der nunmehrigen Fassung, AU 104-neu, S. 2, in: CD-ROM „Zur Sache 1/2005“.

400 *Gerhardt*, BT-Plenarprotokoll 15/66, S. 5604.

401 Ebenso *Stern*, in: Merten: Die Zukunft des Föderalismus, S. 13.

402 *Röttgen/Boehl*, in: Holtschneider/Schön, Die Reform des Bundesstaates, S. 22; *Brink*, ZRP 2005, 60, 61.

403 Hierzu *Brink*, ZRP 2005, 60 ff.

404 *Röttgen/Boehl*, in: Holtschneider/Schön, Die Reform des Bundesstaates, S. 29.

und SPD Generalsekretär Benneter[405] legte in rasantem Tempo – in nur 4 Sitzungen vom 24. Oktober 2005 bis 7. November 2005 – ihr Verhandlungsergebnis vor, das als Anlage 2 in den Koalitionsvertrag vom 18. November 2005 aufgenommen wurde.[406] Ausweislich der Präambel zielte die Koalition wie seinerzeit schon die Bundesstaatskommission auf eine Entflechtung der Kompetenzen von Bund und Ländern, auf klarere Festlegung von Verantwortlichkeiten, mehr Kompetenzen für den Bund neben mehr Gestaltungsmöglichkeiten für die Länder sowie schließlich auf die Neuregelung der Finanzbeziehungen.

Auch das Abweichungsrecht tauchte in den Verhandlungen – gleichsam über Nacht[407] – wieder auf. Neben einem formellen Abweichungsrecht in einem neuen Art. 84 Abs. 1 GG zur Reduzierung der Zustimmungstatbestände sah die Vereinbarung materielle Abweichungsrechte im Hochschulbereich und im Umweltrecht vor. Grundlage für die Modernisierung der bundesstaatlichen Ordnung sollten dabei die Vorarbeiten der Gemeinsamen Kommission von Bundestag und Bundestag sein.[408] Konkrete Vorschläge für das Verhältnis von Bundes- und Landesrecht gab es weder im Hinblick auf das materielle Abweichungsrecht noch für Art. 84 Abs. 1 GG. Für letzteren war aber der bisher von den Ländern geforderte generelle Anwendungsvorrang abweichenden Landesrechts jedenfalls vom Tisch, da die Bundesseite sich zu materiellen Abweichungsrechten überhaupt nur deshalb bereit erklärt habe, wenn und weil insoweit die lex-posterior-Regel Anwendung fände.[409] Auf die abweichungsfesten Inhalte sowie die Einbeziehung der Hochschulzulassung und Hochschulabschlüsse in den Kreis der Abweichungsmaterien verständigte sich die Koalitionsarbeitsgruppe erst in ihrer letzten Sitzung am 7. November 2005.[410] Die vorgeschlagene Fassung des geplanten Art. 72 Abs. 3 GG ist der letztlich beschlossenen Grundgesetzänderung schon weitgehend ähnlich. Im Unterschied zur geltenden Fassung, die für den Beginn der sechsmonatigen Karenzzeit auf den Verkündungszeitpunkt abstellt, hob der Koalitionsvertrag dagegen noch auf den Zeitpunkt des Gesetzeserlasses ab. Das seinerzeit für eine Fristverkürzung noch vorgesehene Zustimmungserfordernis von 2/3 der Stimmen des Bundesrates, ist im Zuge des Gesetzgebungsverfahrens gestrichen worden.

Nachdem am 14. Dezember 2005 die Ministerpräsidentenkonferenz in Berlin, das Ergebnis der Koalitionsarbeitsgruppe begrüßt hatte, sollten nur noch re-

---

405 Zur Zusammensetzung der Arbeitsgruppen *Röttgen/Boehl*, in: Holtschneider/Schön, Die Reform des Bundesstaates, S. 29.

406 „Gemeinsam für Deutschland – mit Mut und Menschlichkeit“ (im Internet unter: http://www.cdu.de/doc/pdf/05_11_11_Koalitionsvertrag.pdf) (gelesen am 17.01.2010).

407 *Stock*, ZG 2006, 226, 233.

408 Vgl. Punkt V.1. des Koalitionsvertrages.

409 *Röttgen/Boehl*, in: Holtschneider/Schön, Die Reform des Bundesstaates, S. 30.

410 *Stünker*, in: Holtschneider/Schön, Die Reform des Bundesstaates, S. 102.

daktionelle Änderungen vorgenommen werden.[411] Hierzu wurde eine Redaktionsgruppe aus Fachleuten der Bundesministerien (Inneres, Justiz, Finanzen, Kanzleramtschef), der koordinierenden Länder (Bayern, NRW, Berlin, Bremen) unter Leitung durch Berater der Koalitionsfraktionen gebildet.[412] Grundlegender, auch für materielle Abweichungsrechte bedeutsamer und bisher unerkannt gebliebener Klärungsbedarf, trat erneut in der Sitzung der Redaktionsgruppe am 2. Februar 2006 im Hinblick auf Art. 84 Abs. 1 GG (neu) auf. War der Bund bislang von der Abweichungsfestigkeit des nach Art. 125a Abs. 1 GG (neu) fortgeltenden Bundesrechts ausgegangen, beanspruchte die Länderseite dagegen auch diesbezüglich ein formelles Abweichungsrecht.[413] Daneben beanstandeten die Länder die für den Bund wesentliche Prämisse, dass abweichendes Landesrecht durch späteres Bundesrecht verdrängt werden kann.[414] Eine Einigung in diesen zentralen Fragen wurde jedoch zeitnah am 9. und 16. Februar 2006 durch Vertreter von Bundesregierung, Bundestag und Bundesrat erzielt.[415] In der ersten Frage wurde eine Entscheidung dahingehend getroffen, dass den Ländern ein formelles Abweichungsrecht auch von fortgeltenden Regelungen des Bundes eingeräumt werden sollte, im Hinblick auf Regelungen des Verwaltungsverfahrens jedoch erst, wenn der Bund Verwaltungsverfahrensvorschriften im jeweiligen Bundesgesetz geändert hat, spätestens aber mit dem Ablauf der Legislaturperiode.[416] Das Verhältnis von Bundes- und Landesrecht sollte in der Weise bestimmt werden, dass in Art. 72 Abs. 3 GG (neu) eine Karenzzeit für das Inkrafttreten des Bundesrechts sowie die Geltung der lex-posterior-Regel festgeschrieben wird. Die entsprechende Geltung dieser Regelungen für Art. 84 Abs. 1 GG (neu) sollte über einen Verweis auf Art. 72 Abs. 3 GG (neu) realisiert werden.[417] Im weiteren Gesetzgebungsverfahren ist der Verweis in Art. 84 Abs. 1 GG auf die lex-Posterior-Regel beschränkt und die Karenzfrist eigens in Art. 84 Abs. 1 S. 3 GG festgeschrieben worden.[418]

Der Bundestag hat die Grundgesetzänderung am 30. Juni 2006 beschlossen; der Bundesrat erteilte seine Zustimmung am 7. Juli 2006 – unter Enthaltung Schleswig-Holsteins und der Gegenstimmen Mecklenburg-Vorpommerns.

411 *Röttgen/Boehl*, in: Holtschneider/Schön, Die Reform des Bundesstaates, S. 31.

412 Zur Zusammensetzung vgl. *Röttgen/Boehl*, in: Holtschneider/Schön, Die Reform des Bundesstaates, S. 31.

413 *Röttgen/Boehl*, in: Holtschneider/Schön, Die Reform des Bundesstaates, S. 31.

414 *Röttgen/Boehl*, in: Holtschneider/Schön, Die Reform des Bundesstaates, S. 31.

415 *Röttgen/Boehl*, in: Holtschneider/Schön, Die Reform des Bundesstaates, S. 32.

416 *Röttgen/Boehl*, in: Holtschneider/Schön, Die Reform des Bundesstaates, S. 32.

417 Im weiteren Gesetzgebungsverfahren ist der Verweis auf die lex-Posterior-Regel beschränkt und die Karenzfrist eigens in Art. 84 Abs. 1 GG festgeschrieben worden.

418 Hiermit waren auch inhaltliche Auswirkungen verbunden; hierzu unten E., V., 1., d).

3. Kapitel – Die Bestimmungen des Art. 72 Abs. 3 GG im Einzelnen

A. Stellung des Abweichungsrechts im legislativen System

Das Verhältnis der neuen Kompetenzart zu den übrigen Gesetzgebungszuständigkeiten ist von entscheidender Bedeutung für die Bestimmung ihres Anwendungsbereichs sowie ihrer Rechtsfolgen. Wegen der grundsätzlichen Bedeutung dieser Frage soll eine systematische Einordnung in das Gesetzgebungsgefüge vorgenommen und der weiteren Untersuchung zugrunde gelegt werden.

Meinungsverschiedenheiten bezüglich der systematischen Stellung des Abweichungsrechts entfachen sich vor allem bei der Ermittlung des Umfangs der abweichungsfesten Klammerinhalte des Art. 72 Abs. 3 S. 1 GG, auf welche auch noch an gesonderter Stelle eingegangen wird. Diese Bereiche erscheinen nach den hierzu vertretenen Ansichten grundsätzlich nach drei Methoden bestimmbar. Entweder durch weite oder enge Auslegung der Klammerzusätze oder aber durch eine nach den jeweiligen Bereichen differenzierende, strikte Betrachtung. Eine weite Auslegung könnte für sich in Anspruch nehmen, dass es sich bei der Abweichungskompetenz um eine Ausnahme von der konkurrierenden Gesetzgebung des Bundes handele, die eben aufgrund ihres Ausnahmecharakters eng bzw. jedenfalls nicht weit auszulegen sei.[419] Abweichungsfeste Bereiche als Ausnahmen vom Abweichungsrecht dürften daher zumindest nicht eng ausgelegt werden.[420]

Vertreter einer engen Auslegung argumentieren, die Klammerzusätze schränkten das Abweichungsrecht, das quasi eine Wiederherstellung des Grundsatzes des Art. 70 Abs. 1 GG bedeute, ein und seien eben deshalb eng zu verstehen.[421] Differenzierende Betrachtungsweisen müssten auf die Bedeutung der jeweiligen abweichungsfesten Bereiche abstellen. Die Vertreter der jeweiligen Ansichten scheinen dabei weniger um eine grundsätzliche Einordnung der Abweichungskompetenz als solche bemüht zu sein, als vielmehr um eine möglichst weite, enge oder materienabhängige Auslegung der abweichungsfreien Bereiche. Eine Einordnung hat sich jedoch nicht am Gewollten zu orientieren, sondern sich nach objektiven Maßstäben zu richten.

Festzuhalten ist zunächst Folgendes: Die der Abweichung unterliegenden Materien stammen sämtlich aus dem Katalog der konkurrierenden Gesetzgebung

---

419 *Fischer-Hüftle*, NuR 2007, 78, 81; *Schulze-Fielitz*, NVwZ 2007, 249, 256; *Köck/Wolf*, NVwZ 2008, 353, 356, 358.

420 *Schulze-Fielitz*, NVwZ 2007, 249, 256; *Köck/Wolf*, NVwZ 2008, 353, 356, 358; *Kahl*, NVwZ 2008, 710, 716.

421 *Haug*, DÖV 2008, 851, 855; *Glaser*, NuR 2007, 439, 442 f.

und entsprechen hinsichtlich ihrer Reichweite den Titeln des Art. 74 Abs. 1 Nr. 28 bis 33 GG.[422] Auch hinsichtlich ihres Regelungsstandortes ist die Abweichungskompetenz in das System des Art. 72 GG eingebettet und nimmt in Absatz 3 Bezug auf dessen Absatz 1. Damit bildet das Abweichungsrecht weder eine echte Ausnahme von der konkurrierenden Gesetzgebung[423] noch eine „grundlegend neuartige Kompetenzkategorie".[424] Sie stellt immerhin, aber auch nur einen Sonderfall bzw. eine Unterart der konkurrierenden Gesetzgebung des Art. 72 Abs. 1 GG dar.[425] Besonders ist die Abweichungskompetenz gegenüber der konkurrierenden Gesetzgebung nach Art. 72 Abs. 1 GG (für diese finden sich nach der Reform auch Bezeichnungen wie „Vorranggesetzgebung"[426] oder „Kernkompetenz"[427]) darin, dass die Länder gerade trotz des Eintritts der Sperrwirkung nicht gemäß Absatz 1 von der Gesetzgebung ausgeschlossen sind,[428] dass Bundesgesetze grundsätzlich mit sechsmonatiger Verzögerung in Kraft treten[429] und dass das Verhältnis dieser Gesetze zueinander nach der besonderen Vorschrift des Art. 72 Abs. 3 S. 3 GG zu bestimmen ist. Im Gegensatz zur konkurrierenden Gesetzgebung nach Art. 72 Abs. 1 i.V.m. Abs. 2 GG (neuerdings auch als „Bedarfsgesetzgebung"[430] oder „konkurrierende Gesetzgebung mit Erforderlichkeitsnachweis"[431] bezeichnet) sind die vom Abweichungsrecht erfassten Materien vom Erforderlichkeitsnachweis[432] freigestellt. Allerdings handelt es sich hierbei nicht um eine spezifisch abweichungsrechtliche Besonderheit, da die Befreiung auch alle übrigen in Absatz 2 nicht genannten Materien betrifft.

Für eine weite oder enge Auslegung des Abweichungsrechts oder gar der Klammerzusätze ergibt sich daraus aber nichts Erhellendes. Letztere ordnen lediglich an, dass bestimmte Bereiche von Materien eben nicht unter Absatz 3 fallen sollen, es für entsprechende Bundesgesetze also bei der Geltung von Ab-

---

422 Ebenso *Sannwald*, in: Schmidt-Bleibtreu/Hofmann/Hopfauf, GG, Art. 72, Rn. 13a.

423 So aber *Fischer-Hüftle*, NuR 2007, 78, 81; *Schulze-Fielitz*, NVwZ 2007, 249, 256; *Köck/Wolf*, NVwZ 2008, 353, 356, 358.

424 *Seiler*, in: Epping/Hillgruber, BeckOK, GG, Art. 72, Rn. 23; ähnlich *Mammen*, DÖV 2007, 376: „neue Systematik der konkurrierenden Gesetzgebungskompetenz"; *Stock*, ZG 2006, 226: „normstrukturell neuartige Gesetzgebungsart".

425 Z.B. auch *Sannwald*, in: Schmidt-Bleibtreu/Hofmann/Hopfauf, GG, Art. 72, Rn. 80j.

426 Z.B. *Köck/Wolf*, NVwZ 2008, 353, 355.

427 *Pieroth*, in: Jarass/Pieroth, GG, Art. 72, Rn. 28, 3 ff.; *Rengeling*, in: HdbStR, Bd. VI, § 135, Rn. 154.

428 Zu der Frage, ob im Falle des Kompetenzgebrauchs des Bundes auf Abweichungsgebieten bereits keine Sperrwirkung nach Abs. 1 eintritt, unten B., II., 1.

429 Unten E.

430 *Rengeling*, in: HdbStR, Bd. VI, § 135, Rn. 154; *Ipsen*, Staatsrecht I, Rn. 569.

431 Ähnlich *Köck/Wolf*, NVwZ 2008, 353, 355.

432 Näher zum Verhältnis der Abweichungskompetenz zu Art. 72 Abs. 2 GG unten B., II., 2.

satz 1 verbleibt. Für die Zuweisung einer Kompetenz spielt es keine Rolle, ob der jeweilige Titel die Materie ausschließlich positiv umschreibt oder aber – z.B. aufgrund formulierungstechnischer Schwierigkeiten – bestimmte Bereiche negativ ausnimmt.[433] Sind danach die Klammerinhalte dem Abweichungsrecht schon nicht zugewiesen, erscheint die These einer Ausnahme von diesem nicht haltbar. Für die Klammerinhalte ist damit festzustellen, dass diese der „ganz normalen“ konkurrierenden Gesetzgebung nach Art. 72 Abs. 1 GG angehören.[434] Die Abweichungskompetenz, deren Materien ebenfalls vom Erforderlichkeitsnachweis entbunden sind, bildet einen Sonderfall von dieser.

Die eigentliche Kernfrage ist mithin allein diejenige nach dem Verhältnis der konkurrierenden Kompetenz als solcher zum Grundsatz des Art. 70 Abs. 1 GG. Zum Teil wird vertreten, Art. 70 Abs. 1 GG statuiere eine Vermutung zugunsten der Länderzuständigkeit.[435] Dies braucht hier jedoch nicht entschieden zu werden, da – selbst wenn man eine solche Vermutung annehmen wollte – diese jedenfalls nicht von der Notwendigkeit entbindet, den Umfang der konkreten Zuweisung an den Bund zu bestimmen. Art. 70 Abs. 1 GG stellt insoweit keine Auslegungsregel dar,[436] was durch Absatz 2 der Vorschrift noch zusätzlich unterstrichen wird. Danach hat die Abgrenzung nach den Vorschriften des Grundgesetzes über die ausschließliche und die konkurrierende Gesetzgebung zu erfolgen und eben nicht nach der Grundsatznorm des Absatz 1. Diese gebietet damit weder eine enge noch eine weite Auslegung konkurrierender Kompetenzen;[437] die Art. 73 ff. GG sind vielmehr strikt auszulegen.[438] Nach der Einführung der Abweichungsgesetzgebung, die sich auf ausgewählte Kompetenztitel des Art. 74 Abs. 1 GG erstreckt, kann für diese nichts anderes gelten. Auch sie – und damit schließlich die Klammerinhalte des Art. 72 Abs. 3 S. 1 GG – ist bzw. sind strikt zulegen.

433 Negativformulierungen im Zusammenhang mit Kompetenzzuweisungen an den Bund finden sich auch im Katalog des Art. 74 Abs. 1 GG: Nr. 1 (Recht des Untersuchungshaftvollzugs), Nr. 7 (Heimrecht), Nr. 11 (Rechts des Ladenschlusses, der Gaststätten, der Spielhallen usw.) dort sogar nicht als Klammerzusatz, Nr. 17 (Recht der Flurbereinigung), Nr. 18 (Recht der Erschließungsbeiträge), Nr. 24 (Schutz vor verhaltensbezogenem Lärm), sie stellen insoweit geschriebene, „ausschließliche“ Länderkompetenzen dar.

434 So aus anderem Blickwinkel auch *Haug*, DÖV 2008, 851, 854.

435 *Rengeling*, in: HdbStR, Bd. VI, § 135, Rn. 159; .*Lichtenstern*, Die Gesetzgebung im Spannungsverhältnis zwischen Bund und Ländern, S. 17 m.w.N.; *Michael*, JZ 2006, 884, 880; .speziell zum Jagdwesen: *Glaser*, NuR 2007, 439, 442.

436 Ebenso *Degenhart*, in: Sachs, GG, Art. 70, Rn. 7; a.A. wohl *Lichtenstern*, Die Gesetzgebung im Spannungsverhältnis zwischen Bund und Ländern, S. 17.

437 Ebenso gegen die Annahme, die Abweichungskompetenz sei als Aunahme konzipiert: *Degenhart*, DÖV 2010, 422, 426.

438 *BVerfGE* 12, 205, 228 f.; zustimmend auch *Degenhart*, in: Sachs, GG, Art. 70, Rn. 7.

B. Voraussetzungen für den Bestand des Abweichungsrechts: Die Abweichungslage

Das Abweichungsrecht als solches ist voraussetzungslos,[439] sein Bestand lediglich an einen vorherigen Gebrauch des Bundes von seiner konkurrierenden Kompetenz geknüpft. Eine Bindung an materiell-rechtliche Kriterien ist nicht zuletzt auch mit Rücksicht auf die Erfahrungen mit der früheren, unbeschränkten Erforderlichkeitsklausel unterblieben.[440] Forderungen, die Abweichung von einer vorherigen Notifizierung durch das jeweilige Land abhängig zu machen, die, wenn sie nicht fristgerecht vorgenommen würde, zum Ausschluss des Abweichungsrechts führen sollte,[441] konnten sich nicht durchsetzen.

I. Der Abweichungskompetenz unterliegende Materien

Den Abweichungsmaterien gemeinsam ist, dass sie in besonderer Weise unterschiedlichen regionalen Bedingungen gehorchen.[442] *Huber* ist sogar der Meinung, dass es sich dabei ohnehin um „Landeskompetenzen" handele.[443] Die Auswahl der Materien folgt dagegen keiner inneren Logik oder Sachgerechtigkeit,[444] außer vielleicht der, dass diese vormals der Rahmengesetzgebung zugehörigen Materien gemeinsam in die konkurrierende Gesetzgebung überführt und als Preis dafür mit dem Abweichungsrecht versehen wurden. Insbesondere für den Umweltbereich ist kritisiert worden, die Belange der jeweiligen Materien seien unbesehen hinter den vordergründigen Zweck einer Stärkung der Länder zurückgestellt worden.[445] Andererseits könnte bezweifelt werden, dass aus derart engen Kompetenzzuweisungen überhaupt Gestaltungsmöglichkeiten erwachsen können.[446]

Ob eine Stärkung der Länder tatsächlich erreicht werden kann – bisweilen werden in den Materien auch durchaus bedeutende Regelungsbereiche gesehen[447] –, hängt letztlich nicht nur von den betroffenen Materien ab, sondern ganz entscheidend von den weiteren Voraussetzungen des Abweichungsrechts sowie

---

439 *Sannwald*, in: Schmidt-Bleibtreu/Hofmann/Hopfauf, GG, Art. 72, Rn. 80g.

440 *Huber*, Stellungnahme v. 15.05.2006, S. 13 f., Rechtsausschussprotokoll 12, Anlage 2.

441 *Meyer*, Rechtsausschussprotokoll 12, S. 42, dazu unten E., III., 4.; vgl. auch unten C., I., 3., d).

442 *Frenz*, NVwZ 2006, 742, 746.

443 *Huber*, Stellungnahme v. 15.05.2006, S. 12, Rechtsausschussprotokoll 12, Anlage 2.

444 Die Orientierung der Reform an verfassungspolitischen Globalzielen statt an sektorspezifischen Anforderungen beklagen auch *Koch/Krohn*, NuR 2006, 673, 674; anderer Ansicht für den Bereich des Umweltschutzes ist entgegen verbreiteter Ansicht *Frenz*, NVwZ 2006, 742, 747.

445 *Ziem*, Stellungnahme v. 2.5.2006, S. 4 f., Rechtsausschussprotokoll 15, Anlage 2.

446 *Münch*, Stellungnahme, S. 2, Rechtsausschussprotokoll 12, Anlage 2.

447 *Oschatz*, Stellungnahme, S. 6, Rechtsausschussprotokoll 12, Anlage 2: für Raumordnung und Wasserhaushalt.

von Umfang und Tiefe zulässiger Abweichungen. Hierauf wird später noch zurückzukommen sein.[448] Gegenstand der nun folgenden Untersuchung sind vorrangig die spezifisch abweichungsrechtlichen Fragestellungen der unterworfenen Materien. Eine darüber hinausgehende Bestimmung der nach diesen Kompetenztiteln zulässigen Regelungsinhalte soll im Rahmen dieser Bearbeitung dagegen nicht vorgenommen werden; insoweit wird auf die Literatur zu Art. 74 GG verwiesen.

1. Jagdwesen, Art. 72 Abs. 3 S. 1 Nr. 1 GG

Die Zuweisung des Jagdwesens zur konkurrierenden Zuständigkeit unter Einräumung von Abweichungsrechten der Länder ist vielfach auf Unverständnis gestoßen. Die Einschätzungen hierzu lauten von „lächerlich"[449] bis „skurril"[450]. Im Ergebnis sei es aber dennoch sachgerecht, den Ländern hier einen Gestaltungsspielraum zu eröffnen,[451] da die für die Jagd relevanten Kriterien – wie geografische Lage, Waldreichtum, Faunagestalt, Besiedlungsdichte, Klima usw. – in den Ländern derart verschieden seien, dass ein Abweichungsrecht regionalen Besonderheiten Rechnung tragen könne.[452] Angesichts gerade dessen hätte eine Überführung in die Residualkompetenz der Länder aber sicher näher gelegen.[453]

Jagdrecht ist nicht Umweltrecht im eigentlichen Sinne, sondern sein Hauptzweck besteht darin, die Jagd zu ermöglichen, sie zu regeln und zu begrenzen.[454] Dem entspricht die eigentumsrechtliche Konzeption des Jagdrechts.[455] Gleichwohl kann das Jagdrecht insbesondere im Bereich der Jagdbeschränkungen und der Hege Umweltrelevanz aufweisen und demzufolge die Jagd einen Eingriff in die Umwelt darstellen.[456]

An diese Trennung von Jagdrecht und Umweltrecht anknüpfend stellen Jagd und Naturschutz auch nach der Gesetzesbegründung getrennte Rechtskreise dar.[457] Der jagdrechtliche Artenschutz sei daher im Gegensatz zum naturschutz-

448 Zu den inhaltlichen Anforderungen an abweichende Regelungen unten C., II.

449 *Meyer*, Rechtsausschussprotokoll 12, S. 52; *ders.* (Die Föderalismusreform 2006, S. 173) ist der Meinung, die Jägerlobby habe sich hier durchgesetzt.

450 *Henneke*, Rechtsausschussprotokoll 12, S. 68.

451 *Schmidt-Jortzig*, Stellungnahme v. 3.5.2006, S. 11, Rechtsausschussprotokoll 15, Anlage 2.

452 *Schmidt-Jortzig*, Stellungnahme v. 3.5.2006, S. 11, Rechtsausschussprotokoll 15, Anlage 2.

453 *Glaser* (NuR 2007, 439, 442) sieht darin denn auch einen Schritt zur Zentralisierung; kritisch auch die Einschätzung des *IW*, Leitfaden, S. 24 f.

454 *Kloepfer*, NuR 2006, 1, 5: „Im Kern ist die Jagd Umweltnutzung, nicht Umweltschutz."; ebenso *Czybulka*, NuR 2006, 7; *Glaser*, NuR 2007, 439, 442.

455 *Czybulka*, NuR 2006, 7: Konzeption von der „bodenrechtlichen" Seite her.

456 *Kloepfer*, NuR 2006, 1, 5.

457 Laut *Glaser* (NuR 2007, 439, 442) habe sich der verfassungsändernde Gesetzgeber damit für die Spezialität des Jagdrechts gegenüber den Naturschutzrecht entschieden.

rechtlichen Artenschutz nicht vom Abweichungsrecht ausgenommen.[458] Danach wären Regelungen des (spezifisch) jagdrechtlichen Artenschutzes abzugrenzen von solchen des naturschutzrechtlichen Artenschutzes. Die These von den getrennten Rechtskreisen erweist sich jedoch als angreifbar, wenn man z.B. mit *Meyer* auf den Zweck eines temporären oder absoluten Jagdverbots abstellt: Bezwecke dieses den Artenschutz, dürften die Länder wegen Art. 72 Abs. 3 S. 1 Nr. 2 GG hiervon nicht abweichen.[459] Dies gelte umso mehr, als sich Regelungen auch auf verschiedene Kompetenztitel – hier Jagdwesen und Naturschutz – stützen könnten.[460] Bei Lichte betrachtet, müsste diese Ansicht die als Abweichungsgegenstand in Frage kommende Regelung aufgrund ihres artenschutzrechtlichen Normzwecks aber bereits nicht als solche des Jagdrechts, sondern als Regelung der Materie Naturschutz einordnen. Das Spezialitätsverhältnis muss nicht etwa zwischen den Materien Artenschutz und Jagdwesen bestehen,[461] sondern im Verhältnis des Naturschutzes zum Jagdwesen. Dies zum einen, weil Art. 74 Abs. 1 GG und Art. 72 Abs. 3 S. 1 GG eine Materie „Artenschutz" nicht kennen, zum anderen deshalb, weil das Grundgesetz die abweichungsfesten Klammerinhalte nur als Bestandteile der vor die Klammer gezogenen „Hauptmaterien" begreift, was schon aus der Formulierung „ohne" bei den jeweiligen Klammerinhalten deutlich wird. Dass der verfassungsändernde Gesetzgeber den naturschutzrechtlichen bzw. jagdrechtlichen Artenschutz oder den Artenschutz an sich als neue Materien außerhalb des Katalogs des Art. 74 Abs. 1 GG schaffen wollte, ist nicht anzunehmen, zumal dies für konkurrierende Kompetenzen äußerst ungewöhnlich wäre – von Art. 105 GG und Art. 115c GG einmal abgesehen. Da Abweichungsverbote folglich nur für Bestandteile der Hauptmaterie (Naturschutz) bestehen, müsste – um einen Abweichungsausschluss auch für Regelungen des jagdlichen Artenschutzes begründbar zu machen – das maßgebliche Spezialitätsverhältnis auf der Ebene eben der betroffenen Hauptmaterien liegen: Naturschutz müsste lex specialis gegenüber dem Jagdwesen sein.

Was heute für die Weichenstellung für oder gegen ein Abweichungsrecht von jagdlichen Regelungen des Artenschutzes relevant ist, war schon vor der Reform des Kompetenzgefüges umstritten. Art. 75 Abs. 1 S. 1 Nr. 3 GG wies beide Materien der Rahmenkompetenz zu, ohne aber ihr Verhältnis zueinander zu bestimmen. Zu den bereits früher bestehenden diesbezüglichen Meinungsverschiedenheiten hat unter anderem die sog. „Unberührtheitsklausel" des Bundes-

458 BT Drs. 16/813, S. 11; so auch *Dietlein*, Stellungnahme v. 8.5.2006, S. 4, Rechtsausschussprotokoll 15, Anlage 2 sowie *Glaser*, NuR 2007, 439, 442: Spezialität des Jagdrechts gegenüber dem Naturschutzrecht, weshalb jetzt auch artenschutzrechtlich durch den Bund geschützte Arten dem Jagdrecht unterstellt werden dürften.

459 *Meyer*, Die Föderalismusreform 2006, S. 174.

460 So zu Recht *Meyer*, Die Föderalismusreform 2006, S. 174 (dort Fn. 397).

461 So aber offenbar *Meyer*, Die Föderalismusreform 2006, S. 174: Artenschutz sei lex specialis gegenüber dem Jagdrecht.

naturschutzgesetzes beigetragen, nach der die Vorschriften des Jagdrechts von den artenschutzrechtlichen Bestimmungen des Gesetzes unberührt bleiben sollten.[462] Diese Klausel ist vielfach im Sinne eines Vorrangs des Jagdrechts gegenüber dem Naturschutzrecht interpretiert worden.[463] Nach anderer Ansicht komme in ihr dagegen lediglich die Gleichrangigkeit beider Rechtsbereiche zum Ausdruck.[464] In Übereinstimmung mit der Gesetzesbegründung zu der Klausel handele es sich um nebeneinander bestehende, eigenständige Rechtsgebiete; konkurrierende Vorschriften seien durch Heranziehung der allgemeinen Regeln zu lösen.[465] Nunmehr übernimmt – mit geringen Änderungen des Wortlauts, aber inhaltlich unverändert – § 37 Abs. 2 BNatSchG (neu) die Klausel mit Wirkung ab dem 1. März 2010.[466] Hält man auch nach der „Föderalismusreform I" an der Eigenständigkeit der Materien fest, was auch die Gesetzesbegründung zu nahe legt,[467] ist damit für das Verhältnis der „Hauptmaterien" in Art. 72 Abs. 1 S. 1 Nr. 1 und Nr. 2 GG nur soviel gewonnen, als dass keiner der Materien genereller Vorrang vor der anderen gebührt. Auch die Anwendung allgemeiner Kollisionsregeln führt nicht weiter, da es nicht um das Verhältnis bestehender Normen, sondern um den Bestand der (Abweichungs-)Kompetenz zu ihrem Erlass geht. Letztlich wird man daher nicht umher kommen, eine eindeutige Zuordnung der jeweiligen Regelungen zum Jagdwesen (spezifisch jagdrechtlicher Artenschutz) bzw. zum Naturschutz (spezifisch naturschutzrechtlicher Artenschutz) vorzunehmen.[468] Dieser Befund ist zwar unbefriedigend;[469] andere Lösungswege dürften aber keine Stütze im Grundgesetz finden.

Um spezifisch jagdrechtliche Artenschutzregelungen soll es sich bei Vorschriften über die Hege des Wildes einschließlich der Gestaltung ihrer Lebens-

---

462 § 20 Abs. 2 BNatSchG i. d. Fassung des Gesetzes v. 10.12.1986 (BGBl. I, 2349 f.) bzw. § 39 Abs. 2 S. 1 BNatSchG in der bis zum 28.02.2010 geltenden Fassung: „Die Vorschriften des Pflanzenschutzrechts, des Tierschutzrechts, des Seuchenrechts sowie des Forst-, Jagd- und Fischereirechts bleiben von den Vorschriften dieses Abschnitts und den auf Grund dieses Abschnitts erlassenen Rechtsvorschriften unberührt."

463 Vgl. *VGH Rheinland-Pfalz*, NVwZ 2001, 553, 554 f. m.N.

464 *VGH BW*, NuR 2000, 149, 151; *Brocker*, NuR 2000, 307, 310

465 BT-Drs. 10/5064, S. 15, 18.

466 Gesetz zur Neuregelung des Rechts des Naturschutzes und der Landschaftspflege v. 29.7.2009, BGBl. I 2009, 2542.

467 BT-Drs. 16/813, S. 11.

468 Ebenso *Dietlein*, Stellungnahme v. 8.5.2006, S. 4, Rechtsausschussprotokoll 15, Anlage 2 und *Glaser*, NuR 2007, 439, 445.

469 Kritisch gegenüber der damit einhergehenden Abweichungsbefugnis bzgl. jagdlicher Artenschutzregelungen *Erbguth*, Thesen v. 18.5.2005, S. 3, Rechtsausschussprotokoll 15, Anlage 2; *Schmidt-Jortzig*, Stellungnahme v. 3.5.2006, S. 12, ebd.; Der Einwand durch landesrechtliche Eröffnung von Jagdzeiten für geschützte Arten könne z.B. die bundesrechtliche Strafnorm des § 329 Abs. 3 StGB untergraben werden (so die Befürchtung von *Schrader*, Stellungnahme v. 8.5.2006, S. 13, ebd.), dürfte angesichts des gebietsbezogenen Schutzzwecks der Vorschrift indes unbegründet sein.

räume, die Bildung von Hegegemeinschaften, den Schutz des Wildes z. B. vor Futternot, Wildseuchen und Wilderei, den Besitz, Erwerbs- und Veräußerungsverbote, Schädigungs- und Störungsverbote sowie bei Schonzeitenregelungen handeln.[470] Als Regelungen des Jagdwesens im Übrigen kommen solche über das Aussetzen von Tieren, über den jagdrechtlichen Tierschutz, die Aufstellung von Abschussplänen, über Jagdbeschränkungen sowie Regelungen zu Wild- und Jagdschäden in Betracht.[471]

2. Naturschutz und Landschaftspflege, Art. 72 Abs. 3 S. 1 Nr. 2 GG

Die Überführung der umweltrelevanten Materien der Rahmenkompetenz in die konkurrierende Zuständigkeit sollte nach dem Willen des verfassungsändernden Gesetzgebers den Bund in die Lage versetzen, endlich ein Umweltgesetzbuch zu erlassen.[472] Außerdem sollte gerade im typischerweise unionsrechtlich überformten Umweltbereich das mehrstufige Verfahren bei der Rahmengesetzgebung durch eine Vollregelungskompetenz des Bundes ersetzt werden.[473] Schon deshalb kam eine Überführung in die ausschließliche Kompetenz der Länder nicht in Betracht.[474] Darüber hinaus weisen gerade die umweltbezogenen Materien erhebliche regionale Bezüge auf.[475] Ob ein einheitlicher Kompetenztitel „Umwelt" bzw. „Recht der Umwelt" der medialen Aufteilung vorzuziehen gewesen wäre,[476] darf bezweifelt werden. Zwar verfolgt das europäische Umweltrecht im Gegensatz zum deutschen Recht einen medienübergreifenden Ansatz – ein einheitlicher Kompetenztitel wäre daher zur Betonung dieses integrierten Ansatzes durchaus geeignet[477] –, allerdings können durch die Aufsplittung der Umweltmaterien die Abweichungsrechte auf einzelne Materien beschränkt werden.[478] Die Freigabe einzelner Bereiche aus einer einheitlichen

---

470 *Dietlein*, Stellungnahme v. 8.5.2006, S. 4, Rechtsausschussprotokoll 15, Anlage 2; *Stettner*, in; Dreier, GG, Art. 72, Rn. 54.

471 *Dietlein*, Stellungnahme v. 8.5.2006, S. 4, Rechtsausschussprotokoll 15, Anlage 2.

472 Dies legt auch die Begründung zur Übergangsvorschrift des Art. 125b Abs. 1 GG nahe, BT Drs. 16/813, S. 21.

473 BT Drs. 16/813, S. 11.

474 Vgl. *Scharpf*, Stellungnahme v. 12.05.2006, S. 8, Rechtsausschussprotokoll 12, Anlage 2; *Oeter*, in: Starck, Föderalismusreform, Rn. 46.

475 Für Naturschutz und Landschaftspflege: *Louis*, ZUR 2006, 340, 343.

476 Dafür haben sich ausgesprochen *Meyer*, Rechtsausschussprotokoll 12, S. 53 und *Epiney*, Stellungnahme, S. 3 f., Rechtsausschussprotokoll 15, Anlage 2; *dies.*, NuR 2006, 403, 410; auch *Kloepfer* (Stellungnahme v. 3.5.2006, S. 8, Rechtsausschussprotokoll 15, Anlage 2) hält dies für wünschenswert, aber keineswegs für zwingend; ebenso *Koch/Krohn*, NuR 2006, 673, 675.

477 *Kloepfer*, ZUR 2006, 338, 339.

478 *Frenz*, Stellungnahme, S. 14, Rechtsausschussprotokoll 15, Anlage 2; *ders.*, NVwZ 2006, 742, 746.

Umweltmaterie für eine landesgesetzliche Abweichung dürfte wohl eher auf Schwierigkeiten stoßen.[479] Die eigentlichen Probleme der Abweichungsgesetzgebung im Umweltbereich treten indes im Zusammenhang mit der Bestimmung der von der Abweichung ausgeschlossenen Klammerinhalte auf. Hierauf wird noch an gesonderter Stelle einzugehen sein.[480]

Nachdem das Projekt Umweltgesetzbuch am Widerstand Bayerns[481] gescheitert ist,[482] hat der Bund nunmehr zumindest sektorale Neuregelungen des Umweltrechts auf den Weg gebracht. Auf dem Gebiet des Naturschutzes und der Landschaftspflege löst ein neues Bundesnaturschutzgesetz die nach Art. 125b Abs. 1 S. 1 GG fortgeltenden[483] Regelungen des bisherigen BNatSchG ab.[484]

3. Bodenverteilung, Art. 72 Abs. 3 S. 1 Nr. 3 GG

Dass man die frühere Rahmenkompetenz, die der Bund selbst nie genutzt hat, in die konkurrierende Gesetzgebung mit Abweichungsrecht überführt hat, wird für überflüssig gehalten; stattdessen hätte man diese Kompetenz getrost streichen sollen.[485] Als Abweichungskompetenz ist sie zwar unschädlich,[486] da es weder zur Entstehung partiellen Bundesrechts noch zu einem „Gesetzgebungs-Ping-Pong“ kommen wird. Die Kompetenz ist aber auch ungeeignet, den Ländern nennenswerte Handlungsspielräume zu eröffnen. Warum der Bund auf diesen Titel nicht völlig verzichtet hat, scheint nicht recht einsichtig zumal die Gesetzesbegründung für die allgemeinen Rechtsverhältnisse der Presse (Art. 75 Abs. 1 Nr. 2 GG a.F.) ebenfalls einen Nichtgebrauch des Bundes konstatierte und aus diesem Grunde der Kompetenztitel in die ausschließliche Kompetenz der Länder überführt worden ist.[487]

4. Raumordnung, Art. 72 Abs. 3 S. 1 Nr. 4 GG

Die Raumordnung war bisher nur als Rahmenkompetenz des Bundes in Art. 75 Abs. 1 Nr. 4 2. Alt. GG a.F. ausdrücklich benannt. Daneben erkannte das Bun-

---

479 *Ruthig*, Stellungnahme, S. 4, Rechtsausschussprotokoll 15, Anlage 2.

480 Unten III.

481 Zur Kritik Bayerns am Referentenentwurf des BMU vgl. das 12-Punkte-Programm des StMUGV (im Internet unter: http://www.stmugv.bayern.de/umwelt/umweltgesetzbuch/doc/12_punkte.pdf) (gelesen am 17.01.2010).

482 Nach Einschätzung von *Köck* (ZUR 2009, 57) steht das UGB nunmehr wohl vor dem endgültigen Aus.

483 Zum Übergangsrecht unten D.

484 Gesetz zur Neuregelung des Rechts des Naturschutzes und der Landschaftspflege v. 29.7.2009, BGBl. I 2009, 2542.

485 *Meyer*, Die Föderalismusreform 2006, S. 177 unter Verweis auf Huber, Stellungnahme v. 15.05.2006, S. 15, Rechtsausschussprotokoll 12, Anlage 2; *Oeter* (in: Starck, Föderalismusreform, Rn. 49) spricht von einer „historischen Reminiszenz“.

486 *Huber*, Stellungnahme v. 15.05.2006, S. 15, Rechtsausschussprotokoll 12, Anlage 2.

487 BT-Drs. 16/813, S. 8.

desverfassungsgericht in seinem Baurechtsgutachten eine ausschließliche Vollkompetenz des Bundes aus der Natur der Sache zur Regelung der Raumordnung des Gesamtstaates an.[488] Im Zuge der Föderalismusreform I ist die Rahmenkompetenz aufgelöst und in den Katalog der konkurrierenden Gesetzgebung überführt worden (Art. 74 Abs. 1 Nr. 31 GG). Während die Zuordnung der Raumordnung zur konkurrierenden Zuständigkeit an sich in der wissenschaftlichen Diskussion durchaus Zustimmung gefunden hat,[489] bestehen Unstimmigkeiten hinsichtlich des Umfangs des so geschaffenen Kompetenztitels. Zwar scheint es sich dabei zunächst nicht um ein spezifisch abweichungsrechtliches Problem zu handeln, jedoch ist die Beantwortung dieser Frage von maßgeblicher Bedeutung für die sich daran anschließende Diskussion über eine Einschränkung des Abweichungsrechts auf dem Gebiet der Raumordnung durch etwaige „ungeschriebene“ abweichungsfeste Bereiche.

Von einigen wird der Standpunkt vertreten, die bisherige Zweiteilung in konkurrierende Rahmenkompetenz für die Raumordnung der Länder in ihren Grundzügen einerseits und ausschließliche Vollkompetenz zur Regelung der Raumplanung für den Gesamtstaat aus der Natur der Sache andererseits, könne nach der Grundgesetzänderung nicht mehr aufrechterhalten werden.[490] Die Föderalismusreform habe insoweit zu einer grundlegenden Änderung im Bereich der Raumordnung geführt, in deren Ergebnis die unbeschränkte Zuweisung der konkurrierenden Vollkompetenz an den Bund stehe. Einer Ergänzung durch „parakonstitutionelle“ Kompetenzen kraft Natur der Sache bedürfe es nicht mehr, da der neue Kompetenztitel nicht zwischen der Raumordnung der Länder und derjenigen des Bundes unterscheide.[491] Unabhängig davon, wie man die Anerkennung einer Kompetenz kraft Natur der Sache durch das Baurechtsgutachten beurteile,[492] sei für eine ungeschriebene Kompetenz aus der Natur der Sache auch gar kein Raum mehr, da der Bund nunmehr über eine ausdrückliche Vollkompetenz für die Raumordnung und damit auch für jene im Gesamtstaat verfüge.[493] Ob sich in Art. 74 Abs. 1 Nr. 31 GG aber tatsächlich eine ausdrückliche

---

488 *BVerfGE* 3, 407, 427 f.

489 *Battis/Kersten*, DVBl. 2007, 152, 158 f.: Nur die konkurrierende Kompetenz werde dem dynamischen Charakter der Raumordnung im Sinne einer Raumentwicklung gerecht; für *Huber* (Stellungnahme v. 15.05.2006, S. 16, Rechtsausschussprotokoll 12, Anlage 2) war die Überführung in die konkurrierende Gesetzgebung sogar „alternativlos“.

490 *Battis/Kersten*, DVBl. 2007, 152, 158; *Haug*, DÖV 2008, 851, 855.

491 *Battis/Kersten*, DVBl. 2007, 152, 158; *Hoppe*, DVBl. 2007, 144 f., 147; *Schmitz/Müller*, RuR 2007, 456, 457, 462.

492 So haben z.B. *Battis/Kersten* (DVBl. 2007, 152, 157 f.) in der Anerkennung einer weitreichenden Kompetenz aus der Natur der Sache seit jeher eine überschießende Kompetenzzuweisung an den Bund gesehen.

493 *Spannowsky*, ZfBR 2007, 221; Nicht unerwähnt bleiben soll an dieser Stelle auch die vereinzelt gebliebene Auffassung von *Ritter*, nach der Bund und Länder für ihre jewei-

Kompetenzregelung auch für die Raumordnung im Gesamtstaat findet und demzufolge kein Platz und kein Bedürfnis mehr für eine Kompetenz aus der Natur der Sache besteht, ist jedoch gerade die strittige Frage und kann nicht einfach unterstellt werden.

Eine Zuständigkeit des Bundes aus der Natur der Sache scheidet nach Ansicht des Bundesverfassungsgerichts jedenfalls dann von vornherein aus, „wenn die Auslegung der Kompetenzbestimmungen des Grundgesetzes eindeutig die Kompetenz der Länder ergibt".[494] Eine darüber hinausgehende Aussage, ein Rückgriff auf die Natur der Sache sei bereits dann ausgeschlossen, wenn das Grundgesetz eine ausdrückliche Kompetenzregelung für den Bund treffe,[495] hat das Gericht zu keinem Zeitpunkt getroffen. Positiv formuliert es die Voraussetzungen wie folgt: „Eine Kompetenz aus der Natur der Sache ist begründet nach dem ungeschriebenen, im Wesen der Dinge begründeten, mithin einer ausdrücklichen Anerkennung durch die Reichsverfassung nicht bedürftigen Rechtssatz, wonach gewisse Sachgebiete, weil sie ihrer Natur nach eigenste, der partikularen Gesetzgebungszuständigkeit a priori entrückte Angelegenheiten des Reichs darstellen, vom Reiche und nur von ihm geregelt werden können. [...] Schlußfolgerungen aus der Natur der Sache müssen begriffsnotwendig sein und eine bestimmte Lösung unter Ausschluß anderer Möglichkeiten sachgerechter Lösung zwingend fordern."[496]

Verkürzt lässt sich festhalten: Das Gericht stellt die Existenz eines Rechtssatzes fest, wonach gewisse Sachgebiete der partikularen Gesetzgebungszuständigkeit a priori entrückt sind und nur vom Bund geregelt werden können. Dieser Rechtssatz bedarf keiner ausdrücklichen Anerkennung durch die Verfassung, ist mithin ungeschriebenen. Direkte Aussagen über das Verhältnis geschriebener Kompetenznormen wie der des Art. 74 Abs. 1 Nr. 31 GG zur ungeschriebenen Kompetenz aus der Natur der Sache lassen sich diesen Feststellungen des Gerichts aber nicht entnehmen. Dagegen ist es mit diesen durchaus vereinbar, dass bestimmte Sachgebiete, die einer Regelung durch die Länder „entrückt" sind, dem Bund gleichwohl ausdrücklich durch das Grundgesetz zugewiesen werden. Vor dem Hintergrund, dass nur der Bund zur Regelung dieser Angelegenheiten befugt ist, muss eine Zuweisung zur konkurrierenden Zuständigkeit aber ausge-

---

ligen Bereiche nunmehr über ausschließliche Vollkompetenzen kraft Natur der Sache verfügen; nur im verbleibenden „Zwischenbereich" bestehe eine konkurrierende Kompetenz des Bundes mit Abweichungsrecht der Länder, das aber durch ungeschriebene abweichungsfeste Bereiche eingeschränkt sei, *ders.*, RuR 2006, 418, 419 f.

494 *BVerfGE* 15, 1, 24.

495 So aber *Degenhart*, in: Sachs, GG, Art. 70, Rn. 36 unter unzutreffendem Verweis auf *BVerfGE* 15, 1, 24; ebenso *Spannowsky*, ZfBR 2007, 221, 222.

496 *BVerfGE* 12, 205, 251; so schon *BVerfGE* 11, 89, 98 f.; hierzu auch *Rengeling*, in: HdbStR, Bd. VI, § 135, Rn. 78.

schlossen sein. Zuweisungen in die ausschließliche Zuständigkeit des Bundes wären ihrer Rechtsnatur nach nur deklaratorisch.

Die Raumordnung für den Gesamtstaat ist eine solche, der Natur nach ureigenste Angelegenheit des Bundes. Dies hat das Bundesverfassungsgericht in seinem Baurechtsgutachten anerkannt[497] und hieran hat sich auch durch die Föderalismusreform nichts geändert. Die Kompetenz des Bundes zur Regelung der Raumordnung im Gesamtstaat besteht folglich weiterhin neben der – nunmehr konkurrierenden – Kompetenz für die Raumordnung in den Ländern und ist nicht etwa durch diese „verdeckt".[498] Wer dagegen von einer unbeschränkten Zuweisung der Raumordungskompetenz an den Bund ausgeht, müsste im Rahmen von Art. 72 Abs. 3 S. 1 Nr. 4 GG den Ländern das Abweichungsrecht auch hinsichtlich solcher Regelungen zugestehen, die die Raumordnung des Gesamtstaates betreffen.[499] Sie könnten dann auch von solchen Regelungen unbeschränkt abweichen, die das Mehrebenensystem aufeinander abstimmen, koordinieren und in sich anschlussfähig halten.[500] Die Vertreter einer umfassenden konkurrierenden Raumordnungskompetenz versuchen jedoch, dieses Ergebnis durch Annahme ungeschriebener abweichungsfester Inhalte oder Bereiche zu vermeiden.[501] Die Begründungen hierfür variieren.

Nach einem Begründungsansatz folge eine Begrenzung des Abweichungsrechts aus der ebenfalls im Zuge der Reform erfolgten, teilweisen Befreiung der konkurrierenden Bundeskompetenz vom Nachweis der Erforderlichkeit. Die Freistellung der Raumordnungskompetenz von der Erforderlichkeitsklausel lege nahe, dass es auf diesem Gebiet Bereiche gebe, die der Bund ohne Abweichungsmöglichkeit der Länder regeln könne.[502] Das Abweichungsrecht bestehe also nur soweit, wie es um die Gestaltung der überörtlichen Planung in Planungsbereichen der Länder gehe.[503] Im Übrigen bleibe es bei der Erforderlichkeit einer bundeseinheitlichen Regelung. Bereits im Rechtsausschuss habe man daher auf die vermeintliche Notwendigkeit eines abweichungsfesten Kerns hin-

---

497 *BVerfGE* 3, 407, 427 f.

498 So aber *Spannowsky*, ZfBR 2007, 221, 222.

499 Entsprechend konsequent ist z.B. *Hoppe*, DVBl. 2007, 144, 148: Einschränkungen des Abweichungsrechts könnten weder aus der Natur der Sache noch aus Sachgesetzlichkeiten der Materie Raumordnung abgeleitet werden, im Umkehrschluss aus den benannten abweichungsfesten Bereichen folge, dass es für die Raumordnung gerade keine Beschränkung geben sollte; ebenso *Kotulla*, NVwZ 2007, 489, 495, der indes offen lässt, ob er einer umfassenden Raumordnungskompetenz zuneigt oder nicht; kritisch gegenüber Einschränkungsversuchen durch ungeschriebene, abweichungsfeste Bereiche auch *Erbguth*, NVwZ 2007, 985, 990 und *Schmitz/Müller*, RuR 2007, 456, 461 f.

500 *Battis/Kersten*, DVBl. 2007, 152, 157.

501 So z.B. auch *Degenhart*, in: Sachs, GG, Art. 74, Rn. 79.

502 *Battis/Kersten*, DVBl. 2007, 152, 159.

503 Battis/Kersten, DVBl. 2007, 152, 159.

gewiesen.[504] Ein solcher sei nunmehr im Wege der Verfassungsinterpretation zu formulieren und könne wie folgt lauten: „Ohne die Grundsätze der Raumordnung, die Abstimmung der über die einzelnen Länder hinausgehenden überörtlichen Planungen sowie die Koordination der europäischen Raumentwicklung“.[505]

Die Annahme eines ungeschriebenen Abweichungsausschlusses infolge des Wegfalls des Erforderlichkeitsnachweises würde jedoch der Tatsache, dass die Einführung des Abweichungsrechts den Verlust der Erforderlichkeit als Kompetenzausübungsschranke gerade kompensieren sollte, nicht gerecht.[506] Auch war sich schon die mit regionalen Themen befasste Projektgruppe 5 der Bundesstaatskommission darüber einig, dass durch den Wegfall der Rahmenkompetenz die Kompetenz des Bundes im Bereich der Raumordnung jedenfalls nicht erweitert werden sollte.[507]

Andere wollen die „Natur der Sache“, auf die zwar nicht mehr zur Begründung einer Bundeskompetenz zurückgegriffen werden dürfe, als eine die Länderkompetenz einschränkende Auslegungshilfe wieder aufleben lassen und mit ihrer Hilfe abweichungsfeste Kernbereiche kreieren.[508] Da die Länder nicht in den Bereich vordringen dürften, der dem Bund „kraft Natur der Sache“ zustehe, seien der Länderabweichung insoweit aus dem Grundsatz der Bundestreue fließende Grenzen gesetzt.[509] Zudem verböten auch das durch Art. 79 Abs. 3 GG einer Änderung entzogene Demokratiegebot sowie das Rechtsstaatsprinzip, dass sich der Bund seiner parlamentarischen Aufgabenverantwortung für seine ureigensten Angelegenheiten entledige, indem er über die Materie in einer Weise disponiere, die diese dem Totalzugriff der Länder preisgebe, obwohl die gesamtstaatliche Aufgabe sachgerecht nur durch den Bund wahrgenommen werden könne.[510]

Nach dieser Sichtweise hätte die Bundestreue indes keine kompetenzbegrenzende Funktion mehr, sondern führte im Bereich der Raumordnung für den Gesamtstaat zu einem völligen Kompetenzausschluss. Auch Demokratie- und Rechtsstaatsprinzip führen nicht zu einem Verstoß gegen Art. 79 Abs. 3 GG. Da auch sie bereits bei der Auslegung der Kompetenznormen heranzuziehen sind, handelt es sich bei Art. 74 Abs. 1 Nr. 31 GG nicht um verfassungswidriges Verfassungsrecht. Insoweit ist eine verfassungskonforme Anwendung, welche die

504 *Battis*, Stellungnahme v. 09.05.2006, S. 1, Rechtsausschussprotokoll 12, Anlage 2; *ders.*, Rechtsausschussprotokoll 12, S. 71, 79; ebenso *Spannowsky*, ebd., S. 74 f.; *ders.*, Stellungnahme v. 04.05.2006, S. 6 f., Rechtsausschussprotokoll 12, Anlage 2.

505 *Huber*, Stellungnahme v. 15.05.2006, S. 16, Rechtsausschussprotokoll 12, Anlage 2; *Battis*, Rechtsausschussprotokoll 12, S. 71; *Battis*/Kersten, DVBl. 2007, 152, 158.

506 Gegen eine solche Argumentation auch *Hoppe*, DVBl. 2007, 144, 147.

507 Vgl. PAU 5/0018, in: CD-ROM „Zur Sache 1/2005“; vgl. auch die Erklärung der Koalitionsfraktionen, BT-Drs. 16/2069, S. 13.

508 So *Spannowsky*, ZfBR 2007, 221, 222.

509 *Spannowsky*, ZfBR 2007, 221, 222.

510 *Spannowsky*, ZfBR 2007, 221, 222.

Raumordnung des Gesamtstaates aus der konkurrierenden Kompetenz ausspart, möglich.

Damit muss schon die Prämisse verworfen werden, die Föderalismusreform habe zu einer grundlegenden Neuzuweisung der gesamten Raumordnung an den Bund geführt. Hiergegen sprechen neben den bereits genannten Argumenten auch entstehungsgeschichtliche und systematische Erwägungen. Art. 74 Abs. 1 Nr. 31 GG n.F. GG ist aus der Rahmenkompetenz des Art. 75 Abs. 1 S. 1 Nr. 4 GG a.F. hervorgegangen, der seinerseits nur Rahmenvorschriften für die Raumordnung in den Ländern ermöglichte. Mit der Abschaffung der Rahmenkompetenz und ihrer Überführung in die konkurrierende Kompetenz mit Abweichungsrecht ist eine Zugriffsmöglichkeit der Länder auf die Raumordnung des Bundes jedenfalls nicht verbunden; für diese ist nach wie vor der Bund kraft Natur der Sache zuständig.[511] Das Abweichungsrecht des Art. 72 Abs. 3 S. 1 GG betrifft vielmehr von vornherein nur konkurrierende Gesetzgebungszuständigkeiten.[512]

In systematischer Hinsicht spricht auch die Regelung der Sechs-Monats-Frist in Art. 72 Abs. 3 S. 2 GG dafür, die konkurrierende Kompetenz auf die Raumordnung in den Ländern zu beschränken und es im Übrigen bei der ausschließlichen Vollkompetenz des Bundes aus der Natur der Sache zu belassen. Die Frist gilt für sämtliche Materien nach Satz 1, aber auch nur für diese. Hinsichtlich solcher Gesetze, die ausschließlich die Raumordung des Gesamtstaates betreffen, besteht schon kein Bedürfnis, den Bürger vor kurzfristig wechselnden Normbefehlen zu schützen.[513] Es sei denn, die Gegenansicht wollte den Ländern die Abweichungsmöglichkeit auch diesbezüglich einräumen – was ausweislich der Forderungen nach entsprechenden abweichungsfesten Inhalten jedenfalls im Ergebnis nicht der Fall ist.[514] Zwar käme nach der hier vertretenen Ansicht die Frist mangels Anwendbarkeit des Art. 72 Abs. 3 GG gar nicht erst zum Zuge, da eine konkurrierende Kompetenz für die Raumordnung des Bundes schon nicht besteht, doch verdeutlicht diese Überlegung gerade die Schwächen der Gegenansicht. Wäre nach dieser der Anwendungsbereich der Nr. 4 grundsätzlich auch im Bereich der Raumordnung des Bundes eröffnet, stellte sich nicht nur die Frage nach einem (ungeschriebenen) abweichungsfesten Bereich, sondern auch und vor allem nach der Sechs-Monats-Frist, deren Geltung jedenfalls im Ergebnis kaum zu rechtfertigen wäre. Nur eine auf die Raumordnung der Länder be-

---

511 *Meyer*, Die Föderalismusreform 2006, S. 177; auch *Degenhart* (in: Sachs, GG, Art. 72, Rn. 43) geht davon aus, dass die Kompetenzen in Art. 72 Abs. 3 S. 1 GG so zu verstehen sind, wie in Art. 75 GG a.F.; ebenso *Kment*, NuR 2006, 217, 219 f.

512 So *Meyer*, Die Föderalismusreform 2006, S. 177; laut *Haug* (DÖV 2008, 851, 852) werde hierdurch die Abweichungskompetenz im Bereich der Raumordnung „juristisch klein geredet".

513 Zum Schutzzweck der Frist vgl. im Einzelnen unten E., III., 1.

514 Einen abweichungsfesten Kern hinsichtlich der Raumordnung des Bundes für den Gesamtstaat wollten *Battis/Kersten*, DVBl. 2007, 152, 157 f., vgl. auch einen hierauf gerichteten Änderungsantrag der FDP-Bundestagsfraktion, BT-Drucks. 16/2069, S. 18.

schränkte Sichtweise löst beide Probleme: Ist danach für die Raumordnung des Bundes der Anwendungsbereich des Abweichungsrechts schon nicht eröffnet, brauchen ein abweichungsfester Kern hierfür sowie eine Ausnahme von der Sechs-Monats-Frist nicht durch „teleologische Reduktion" von Art. 72 Abs. 3 S. 1 Nr. 4 GG „implantiert"[515] zu werden.

Das hier vertretene Ergebnis legt auch die Bundesregierung in ihrer Gesetzesbegründung zur Neufassung des Raumordnungsgesetzes (ROG)[516] zugrunde. Sie geht davon aus, dass dem Bund für die Raumordnung in den Ländern die Kompetenz nach Art. 74 Abs. 1 Nr. 31 GG zustehe, die Gesetzgebungskompetenz hinsichtlich der Raumordnung im Gesamtstaat sich dagegen wie bisher aus der Natur der Sache ergebe.[517]

5. Wasserhaushalt, Art. 72 Abs. 3 S. 1 Nr. 5 GG

Auch für den Bereich des in weiten Teilen unionsrechtlich vorgeprägten Wasserhaushaltsrechts wurde die bisherige Kompetenzverteilung als zu schwerfällig empfunden, um europarechtliche Vorgaben effektiv und vor allem fristgerecht umzusetzen.[518] Die mit der neuen Rechtslage geschaffene Möglichkeit des Bundes zu Vollregelungen wird daher ausdrücklich begrüßt.[519]

Auch hier sind Überschneidungen mit anderen Materien, konkret mit dem Recht des Artenschutzes und des Meeresnaturschutzes, nicht ausgeschlossen. Soweit es sich nicht ohnehin um abweichungsfeste stoff- oder anlagenbezogene Regelungen handelt, könnte erwogen werden, wasserhaushaltsrechtliche Regelungen dem Abweichungsrecht auch vor dem Hintergrund des Artenschutzes oder des Meeresnaturschutzes zu entziehen. Entsprechend der gleichgelagerten Problematik beim jagd- bzw. naturschutzrechtlichen Artenschutz[520] kommt es aber auch hier darauf an, welcher der Hauptmaterien die jeweilige Regelung zuzuordnen ist. Richtigerweise ist auf den Hauptzweck der Regelung abzustellen. Soweit sie die Reinhaltung der Meere bezweckt, ist die Materie Wasserhaushalt einschlägig,[521] anders dagegen, wenn die Reinhaltung der Gewässer vorrangig zum Zwecke des Meeresnaturschutzes oder des naturschutzrechtlichen Artenschutzes geregelt ist.

Nach dem Scheitern des UGB wird ein neues Wasserhaushaltsgesetz an die Stelle der bisherigen Regelungen des WHG treten.[522] Dem teilweise vorgezoge-

515 *Hoppe*, DVBl. 2007, 144, 147.
516 In der Fassung des Gesetzes zur Neufassung des Raumordnungsgesetzes und zur Änderung anderer Vorschriften v. 22.12.2008, BGBl. I S. 2986 (GeROG).
517 BT-Drs. 16/10292; S. 19; BR-Drs. 563/08, S. 43.
518 *Schulze-Fielitz*, NVwZ 2007, 249, 258; *Oeter*, in: Starck, Föderalismusreform, Rn. 52.
519 Statt vieler *Ginzky/Rechenberg*, ZUR 2006, 344, 345.
520 Oben I., 1.
521 *Sannwald*, in: Schmidt-Bleibtreu/Hofmann/Hopfauf, GG, Art. 72, Rn. 80o; *Louis*, ZUR 2006, 340, 341; ebenso *Kotulla*, NVwZ 2007, 489, 493.
522 Gesetz zur Neuregelung des Wasserrechts v. 31.7.2009, BGBl. I, 2585.

nen Inkrafttreten des Gesetzes hat der Bundesrat gemäß Art. 72 Abs. 3 S. 2 HS. 2 GG zugestimmt.[523]

6. Hochschulzulassung und Hochschulabschlüsse, Art. 72 Abs. 3 S. 1 Nr. 6 GG

Schon während der Arbeit der Bundesstaatskommission gehörten Fragen rund um den Bildungssektor zu den höchst umstrittenen Themen. Nicht zuletzt die hier bestehenden unüberwindbaren Differenzen haben zum Scheitern der Kommissionsbemühungen um einen mehrheitsfähigen Reformvorschlag geführt. Wie zu erwarten, fallen denn auch die Reaktionen auf die neuen Kompetenzen im Hochschulbereich nach der Reform geteilt aus. Anhänger der alten Rahmenkompetenz sehen Rechtssicherheit und Transparenz als wesentliche Grundpfeiler des Hochschulrechts in Gefahr.[524] Zu dem erhofften echten Wettbewerb zwischen den Ländern in diesem Bereich werde es mit der Neuregelung nicht kommen, da ein solcher überhaupt nur unter einheitlichen Rahmenbedingungen stattfinden könne, nun aber jedes Land seine eigene „Messlatte" ansetzen dürfe.[525] Insbesondere die finanzschwachen Länder könnten und würden ihre neuen Möglichkeiten dazu nutzen, hier den regulatorischen Rotstift anzusetzen.[526]

Dagegen scheint nach den bisherigen Verlautbarungen der Länder die mobilitätssichernde Funktion bundesgesetzlicher Regelungen nicht ernstlich bedroht zu sein.[527] Obwohl der Bund abweichungsfeste Bereiche auf diesen Gebieten nicht durchzusetzen vermochte, gehen die Länder selbst davon aus, dass sie kaum Gebrauch vom Abweichungsrecht im Hochschulrecht machen werden.[528] Die Bindung an Art. 12 Abs. 1 GG und die hierzu ergangene Rechtsprechung des Bundesverfassungsgerichts sowie an bestehende und künftige europarechtliche Vorgaben lässt den Ländern wenig eigenen Gestaltungsspielraum und macht das Abweichungsrecht im Hochschulbereich zu einer wenig wertvollen Kompetenz.[529] Zudem ist zu beachten, dass das Abweichungsrecht auch dann nicht besteht, wenn die Bundeszuständigkeit nicht allein auf Art. 74 Abs. 1 Nr. 33 GG

523 Vgl. BR Drs. 595/09.

524 Vgl. nur *Knopp*, NVwZ 2006, 1216, 1217.

525 *Knopp*, NVwZ 2006, 1216, 1217 f.

526 *Knopp*, NVwZ 2006, 1216, 1220.

527 So *Mittelbach*, Stellungnahme v. 10.4.2006, S. 5, Rechtsausschussprotokoll 12, Anlage 2.

528 *Dittmann* (in: Stifterverband für die Deutsche Wissenschaft, Bildung und Wissenschaft, S. 123) weist darauf hin, dass sich mit dem Abweichungsrecht die Gestaltungsmöglichkeiten im Hochschulbereich nur dann erweitern, sofern die Länder politisch willens und in der Lage sind, hiervon auch Gebrauch zu machen.

529 *Stünker*, in: Holtschneider/Schön, Die Reform des Bundesstaates, S. 102; *Meyer*, Die Föderalismusreform 2006, S. 182.

gestützt werden kann, sondern es einer zusätzlichen Inanspruchnahme von Kompetenzen bedarf, die dem Abweichungsrecht nicht unterliegen.[530]

II. Gebrauch durch den Bund

1. Verhältnis zu Art. 72 Abs. 1 GG

Nach Art. 72 Abs. 1 GG besteht die Gesetzgebungszuständigkeit der Länder nur, solange und soweit nicht der Bund von seiner Zuständigkeit Gebrauch gemacht hat. Würde das Bestehen des Abweichungsrechts der Länder nach Absatz 3 nun aber voraussetzen, dass ihre Landeskompetenz noch nicht nach Absatz 1 gesperrt ist, könnte der Bund durch abschließenden Gebrauch nach Absatz 1 die Länder auch von der Abweichungskompetenz nach Absatz 3 ausschließen. Dies hätte zur Folge, dass mangels Länderkompetenz nach Absatz 1 auch kein Abweichungsrecht nach Absatz 3 bestünde. Dann aber wäre Art. 72 Abs. 3 S. 1 GG in den wichtigsten Fällen unanwendbar, soll doch das Abweichungsrecht nach Sinn und Zweck auch und gerade im Hinblick auf Vollregelungen des Bundes bestehen, also dann, wenn die Länder nach Art. 72 Abs. 1 GG eigentlich von der Gesetzgebung ausgeschlossen wären.

Nach *Pieroth* und *Ipsen* ergibt sich die Anwendbarkeit des Art. 72 Abs. 3 GG ganz zwanglos deshalb, weil Bundesgesetzen auf Gebieten der Abweichungskompetenz, von vornherein schon keine Sperrwirkung nach Absatz 1 zukomme.[531] Danach dürften die Länder abweichen, weil gerade keine Sperrwirkung nach Absatz 1 bestehe. Absatz 3 hätte hiernach die Funktion, die fortbestehende Zuständigkeit der Länder auf den Erlass abweichender Regelungen zu beschränken, wenn der Bund von seiner Kompetenz Gebrauch gemacht hat. Eine ganz ähnliche Begründung vertritt *Germann*, der davon ausgeht, das Abweichungsrecht lasse den Gebrauch des Bundes nach wie vor unabgeschlossen, indem Art. 72 Abs. 3 GG eine Sperre für einen abschließenden Gebrauch von der Bundeskompetenz im Sinne von Art. 72 Abs. 1 GG statuiere.[532]

Dem ist entgegenzuhalten, dass die Abweichungskompetenz nicht die wegen behaupteter fehlender Sperrwirkung nach Absatz 1 fortbestehenden Länderzuständigkeiten begrenzen, sondern den Ländern gerade aufgrund des Eintritts der Sperrwirkung zusätzliche Gestaltungsmöglichkeiten eröffnen will. Dogmatisch überzeugender ist demzufolge die Ansicht *Meyers*, der Art. 72 Abs. 3 S. 1 GG als lex specialis gegenüber Art. 72 Abs. 1 GG verstanden wissen will; mit der Folge, dass die Sperrwirkung in den Fällen des Abweichungsrechts grundsätzlich zwar besteht, aber sogleich zurück tritt.[533] Hiernach dürften die Länder abweichen, obwohl sie gemäß Absatz 1 gesperrt wären. Soweit also der Ge-

530 *Rux*, in: BK, 136. Lfg. Okt. 2008, Art. 72 Abs. 3 Nr. 6, Rn. 7 ff.

531 *Pieroth*, in: Jarass/Pieroth, GG, Art. 72, Rn. 29; *Ipsen*, NJW 2006, 2801, 2804.

532 *Germann*, in: Kluth, Föderalismusreformgesetz, Art. 84, 85, Rn. 36 f.; 103.

533 *Meyer*, Die Föderalismusreform 2006, S. 167.

brauch durch den Bund reicht, sind die Länder wegen Absatz 3 aber auf den Erlass von Abweichungsgesetzen beschränkt.

Soweit im Übrigen der Bund von seiner Gesetzgebungskompetenz keinen Gebrauch gemacht hat, bleibt es bei der originären Zuständigkeit der Länder.[534] Zwar könnte man angesichts der Formulierung des Absatzes 3 – die im Gegensatz zu Absatz 1 nicht auf die inhaltliche Reichweite des Gebrauchs („soweit"), sondern auf den Gebrauch überhaupt abstellt – meinen, Absatz 3 bewirke eine umfassende Beschränkung der Länder auf den Erlass abweichender Gesetze für die gesamte betreffende Materie auch dann, wenn der Bund nur punktuell Gebrauch gemacht hat. Dies würde indes voraussetzen, dass Absatz 3 über Absatz 1 hinaus auch selbst eine Sperrwirkung zulasten der Länder statuiert, sobald der Bund sich auch nur in geringstem Umfang der Regelung von Abweichungsmaterien angenommen hat. Doch bleibt es dabei, dass Dauer und Reichweite der Sperrwirkung in Absatz 1 geregelt sind. Absatz 3 erweitert die Gestaltungsmöglichkeiten der Länder; die Annahme eines Ausschlusses ihrer Gesetzgebungskompetenz und Begrenzung auf abweichende Regelungen auch soweit der Bund keinen Gebrauch gemacht hat, ist damit unvereinbar.

Durch Art. 72 Abs. 3 S. 1 GG werden damit dreierlei Ebenen von Vorschriften ermöglicht, die es auseinander zu halten gilt: 1.) Bundesrecht das Abweichungsgebiete ganz oder teilweise regelt, 2.) davon ganz oder teilweise abweichende landesgesetzliche Regelungen und 3.) Landesrecht für denjenigen Teil der Abweichungsmaterie, den der Bund nicht durch eigenen Gebrauch gesperrt hat , wobei das Land auch auf die sonst abweichungsfesten Inhalte zugreifen darf, soweit der Bund diese noch nicht geregelt hat.[535]

2. Verhältnis zu Art. 72 Abs. 2 GG: Erforderlichkeit

Im Zuge der Föderalismusreform I ist neben die Einführung der Abweichungskompetenz – quasi als Ausgleich hierfür[536] – der Wegfall der Geltung der früheren Erforderlichkeitsklausel für diese und andere Materien getreten. Der Erforderlichkeitsnachweis braucht nunmehr nur noch im Falle der Regelung der in Art. 72 Abs. 2 GG bezeichneten Gebiete erbracht zu werden. Aus der Ausgrenzung der darin nicht genannten Materien der konkurrierenden Gesetzgebung aus dem Anwendungsbereich der Klausel folgern einige eine unwiderlegliche Vermutung der Erforderlichkeit bundesgesetzlicher Regelung; so auch auf den der Abweichungskompetenz unterliegenden Gebieten.[537] Folgerichtig müssen

---

534 *Pieroth*, in: Jarass/Pieroth, GG, Art. 72, Rn. 29 i.V.m. Rn. 10.

535 So auch *Meyer*, Die Föderalismusreform 2006, S. 172.

536 *Häde*, ZG 2009, 1, 5.

537 *Degenhart*, in: Sachs, GG, Art. 72, Rn. 42; *Sannwald*, in: Schmidt-Bleubtreu/Hofmann/Hopfauf, GG, Art. 72, Rn. 80v; *Uhle*, in: Kluth, Föderalismusreformgesetz, Art. 72, Rn. 56; *Kotulla*, NVwZ 2007, 489, 491; *Köck/Wolf*, NVwZ 2008, 353, 358.

die Vertreter dieser Ansicht es auch als paradox empfinden, dass für Abweichungsmaterien einerseits die Erforderlichkeit bundesgesetzlicher Regelung vermutet, trotz dieser Vermutung aber abweichende Landesgesetze und damit unter Umständen nur partiell anwendbares Bundesrecht ermöglicht werde.[538]

Das Paradoxon hingegen verpufft, wenn man eine solche Vermutung richtigerweise gar nicht erst annimmt, sondern vielmehr davon ausgeht, dass im Falle der nicht in Art. 72 Abs. 2 GG bezeichneten Materien die Erforderlichkeit schlichtweg nicht mehr vorausgesetzt wird.[539] Vermutet zu werden brauchen bzw. können überhaupt nur solche Tatschen oder Rechte, die im jeweiligen Zusammenhang für eine bestimmte Rechtsfolge auch vorausgesetzt werden. Ist die Erforderlichkeit schon keine Voraussetzung für den Bestand der Bundeskompetenz, ginge ihre gleichwohl angeordnete Vermutung ins Leere. Dass das Grundgesetz dem Bund für die Regelung der übrigen Materien den Nachweis der Erforderlichkeit bundesgesetzlicher Regelung gerade nicht abverlangt, wird an verschiedenen Stellen sichtbar; die Annahme einer gesetzlichen Vermutung findet im Grundgesetz keine Stütze.

Art. 72 Abs. 2 GG statuiert das Erforderlichkeitskriterium ausdrücklich nur für die dort benannten Materien. Hätte der verfassungsändernde Gesetzgeber es bei der grundsätzlichen Geltung der Klausel für sämtliche Materien der konkurrierenden Gesetzgebung belassen wollen und lediglich für einige Bereiche eine Vermutung der Erforderlichkeit aufstellen wollen, hätte er entsprechend formuliert und auch formulieren müssen. Denn aus der ausdrücklichen Anordnung einer Tatbestandsvoraussetzung für bestimmte Materien zu folgern, die Voraussetzung müsse auch in allen übrigen Fällen vorliegen und werde zugleich gesetzlich vermutet, widerspricht anerkannten Auslegungsmethoden.

Die Zulassung von Abweichungen spricht gerade nicht für ein Paradoxon, sondern im Gegenteil dafür, dass die Erforderlichkeit bundesgesetzlicher Regelung eben nicht vermutet wird, sondern ihr Nachweis schlicht nicht mehr vonnöten ist.[540] Verfechter der Vermutungsthese verquicken das Merkmal der Erforderlichkeit bundes*gesetzlicher* Regelung mit dem der Erforderlichkeit bundes*einheitlicher* Regelung und verkennen dabei, dass auch im Falle von Abweichungsgesetzen die Materie ja zugleich bundes*gesetzlich* geregelt bleibt und lediglich in den abweichenden Ländern in der Anwendung verdrängt wird. Doch selbst unter der Geltung der früheren Klausel war der Bund im Falle gegebener Erforderlichkeit nicht gezwungen, von seiner konkurrierenden Gesetzgebungs-

538 *Uhle*, in: Kluth, Föderalismusreformgesetz, Art. 72, Rn. 48; ähnlich *Erbguth*, Stellungnahme, S. 2, Rechtsausschussprotokoll 15, Anlage 2.

539 Ebenso *Meyer*, Die Föderalismusreform 2006, S. 180 sowie *Beck*, Die Abweichungsgesetzgebung der Länder, S. 50 f.

540 *Mayen*, DRiZ 2007, 51, 52; *Möstl*, ZG 2003, 298, 303, in diese Richtung auch *Glaser*, NuR 2007, 439, 441.

kompetenz Gebrauch zu machen.[541] Wenn und soweit ein Gebrauch nicht vorlag, blieben die Länder also trotz bestehender Erforderlichkeit zuständig. Dies gilt ebenso für die der Klausel nach wie vor noch unterliegenden Materien. Auch hier muss der Bund trotz bestehender Erforderlichkeit nicht regeln. Dass die Länder also trotz tatsächlicher Erforderlichkeit gemäß Art. 72 Abs. 1 GG zuständig bleiben, müsste für die Vertreter der Erforderlichkeitsvermutung noch paradoxer erscheinen als der Bestand von Abweichungsgesetzen im Falle vermuteter Erforderlichkeit. Denn falls für das Vorliegen der Erforderlichkeit „nur“ eine Vermutung greift, ist damit noch nicht die Frage beantwortet, ob eine Erforderlichkeit auch tatsächlich besteht.

Letztlich aber macht es keinen Unterschied, ob die Erforderlichkeit gesetzlich unwiderleglich vermutet oder auf ihren Nachweis gänzlich verzichtet wird. Wie die Schwierigkeiten im Zusammenhang mit der Anwendung der früheren Erforderlichkeitsklausel überwunden werden – durch Vermutung oder durch Verzicht auf den Erforderlichkeitsnachweis – macht für den Bestand der Bundeskompetenz im Ergebnis keinen Unterschied. Sofern es den Anhängern der Vermutungsthese jedoch in Wahrheit darum geht, den Ländern über Art. 72 Abs. 4 GG die Freigabemöglichkeit zu sichern, ist dem entgegen zu halten, dass ein Freigabe auch im Falle vermuteter Erforderlichkeit nicht möglich wäre.[542] Eine Freigabe über Art. 72 Abs. 4 GG käme dann nämlich nicht in Betracht, da die Freigabe nur bei Gesetzen möglich ist, für welche die Erforderlichkeit nicht mehr besteht. Im Falle unwiderleglicher Vermutung könnte die Erforderlichkeit jedoch nie entfallen.[543]

Etwas anderes könnte allenfalls dann gelten, wenn man statt einer unwiderleglichen nur eine widerlegliche Vermutung annehmen wollte. Eine solche würde aber ein kompliziertes Prüfungsverfahren unter der Darlegungs- und Beweislast der Länder nach sich ziehen, an dessen Ende letztlich wieder das Bundesverfassungsgericht über das Bestehen der Kompetenz entscheiden müsste. Diese

541 Vgl. nur *Pieroth*, in: Jarass/Pieroth, GG, Art. 70, Rn. 32.

542 Diese Konsequenz erkennen selbst die Anhänger der Erforderlichkeitsvermutung: *Sannwald*, in: Schmidt-Bleibtreu/Hofmann/Hopfauf, GG, Art. 72, Rn. 80v; Uhle, in: *Kluth*, Föderalismusreformgesetz, Art. 72, Rn. 56.

543 Wie hier auch *Beck*, Die Abweichungsgesetzgebung der Länder, S. 51; Dessen Hinweis auf entsprechende Schwierigkeiten auch im Hinblick auf Art. 125b Abs. 2 S. 2 GG überzeugt jedoch nur auf den ersten Blick, denn anders als Art. 72 Abs. 4 GG setzt die Ersetzungsbefugnis nach Art. 125b Abs. 2 S. 2 GG das Entfallen der Erforderlichkeit tatbestandlich überhaupt nicht voraus. Dies ist für Art. 125b Abs. 2 S. 2 GG auch nur folgerichtig, da das zu ersetzende Bundesrecht dem Erforderlichkeitskriterium zum Erlasszeitpunkt auch nicht unterlag. Es braucht nicht zu entfallen, was zu keiner Zeit vorausgesetzt war. Unter Geltung der Bedürfnisklausel erlassenes Bundesrecht, dessen Materie nun aber wegen (vermuteter) Erforderlichkeit bundesgesetzlicher Regelung dem Bund zugewiesen wäre, könnte demzufolge ohne Not dennoch gemäß Art. 125a Abs. 2 S. 2 GG freigegeben werden.

Schwierigkeiten hat der verfassungsändernde Gesetzgeber durch die Beschränkung der Erforderlichkeitsklausel gerade zu entschärfen versucht. Anderenfalls bestünde kaum ein Unterschied zur früheren Erforderlichkeitsklausel.

3. Gebrauchsbegriff

Das Abweichungsrecht der Länder setzt den Gebrauch des Bundes von seiner konkurrierenden Gesetzgebungszuständigkeit voraus, der ebenso wie im Falle des Art. 72 Abs. 1 GG immer dann vorliegt, wenn und soweit der Bund eine „erschöpfende und damit abschließende Regelung" der jeweiligen Materie getroffen hat.[544] Zwar genügt nach dem Wortlaut schon der Gebrauch des Bundes als Faktum („hat der Bund [...] Gebrauch gemacht"); doch sind durch dessen Reichweite den Ländern zugleich auch Grenzen gesetzt (dies folgt aus der Formulierung „hiervon").[545]

Gemäß Art. 72 Abs. 1 GG hat der Gebrauch des Bundes im Wege eines Gesetzes zu erfolgen. Über den Verweis in Art. 72 Abs. 3 S. 1 GG gilt dies auch im Falle der Regelung von Abweichungsmaterien.[546] Ermächtigt der Bund zum Erlass von Bundesrechtsverordnungen, bestimmt sich die Sperrwirkung zulasten der Länder nach Inhalt und Umfang der Ermächtigung.[547] Abweichungen von Rechtsverordnungen des Bundes sind damit der Sache nach Abweichungen von der jeweiligen Ermächtigungsnorm.[548]

a) Gebrauch durch Nichtregelung

Nach überwiegender Ansicht kann der Bund auch dadurch von seiner Gesetzgebungskompetenz Gebrauch machen, dass er bei Regelung eines Teils der Materie diese im Übrigen bewusst ungeregelt lässt[549] oder indem er – ohne selbst eine Sachregelung zu treffen – ein bloßes Verbot von Landesgesetzen statuiert (sog. Sperrgesetze).[550]

Trifft der Bund durch eine solche Nichtregelung zugleich auch für die nicht kodifizierten Tatbestände bzw. für die vom Sperrgesetz erfassten Bereiche eine abschließende gesetzgeberische Entscheidung,[551] stellt sich die Frage, ob diese einer Abweichung durch die Länder überhaupt zugänglich sind.[552] Zwei Herangehensweisen an das Problem kommen in Betracht.

544 *Oeter*, in: v. Mangoldt/Klein/Starck, GG, Art. 72, Rn. 65 m.N.

545 Hierzu unten C., II., 2.

546 *Sannwald*, in: Schmidt-Bleibtreu/Hofmann/Hopfauf, GG, Art. 72, Rn. 80d.

547 *Sannwald*, in: Schmidt-Bleibtreu/Hofmann/Hopfauf, GG, Art. 72, Rn. 19; *Rengeling*, in: HdbStR, Bd. VI, § 135, Rn. 160.

548 Unten F., V., 1. (letzter Absatz).

549 Kritisch hierzu *Degenhart*, in: Sachs, GG, Art. 72, Rn. 25.

550 Für die Zulässigkeit von Sperrgesetzen *Pieroth*, in: Jarass/Pieroth, GG, Art. 72 m.N. zur differenzierenden Ansicht.

551 Vgl. *Degenhart*, in: Sachs, GG, Art. 72, Rn. 29.

552 *Fischer-Hüftle*, NuR 2007, 78, 81; dagegen *Schmitz/Müller*, RuR 2007, 456, 458.

b) *„Gebrauchsansatz"*

Einen auf die Definition des Bundesgebrauchs bezogenen Lösungsansatz verfolgt *Fischer-Hüftle*. Danach könne ein das Abweichungsrecht eröffnender Gebrauch des Bundes im Sinne von Absatz 3 ausschließlich im Erlass positiver Regelungen gesehen werden, da die Länder anderenfalls Bundesrecht nicht mehr lediglich verdrängen, sondern der Sache nach erweitern könnten.[553] Im Übrigen verweist er auf eine problematische Handhabung der lex-posterior-Regel in diesen Fällen, falls der Bund später doch noch eine Regelung treffe.

Zuzustimmen ist *Fischer-Hüftle* zumindest darin, dass der Bund im Bereich von Abweichungsmaterien weiterhin zur Nichtregelung berechtigt bleibt, da die Eröffnung des Abweichungsrechts als solche eine dahingehende Einschränkung nicht enthält.[554] Dagegen kommt es entgegen anderslautender Bedenken zu keinen Schwierigkeiten im Hinblick auf die lex-posterior-Regel. Da ein Bundesgesetz im Verhältnis zu dem von der bewussten Nichtregelung abweichenden Landesgesetz gerade nicht existiert kann, ist Art. 72 Abs. 3 S. 3 GG in diesen Fällen schlichtweg unanwendbar.[555] Die Abweichungskompetenz verlangt nicht, dass als Folge ihres Gebrauchs die lex-posterior-Regel zwingend Anwendung findet. Das Abweichungsrecht aber deshalb einzuschränken, weil Art. 72 Abs. 3 S. 3 GG als Kollisionsvermeidungsnorm nicht zum Zuge kommt,[556] findet im Gesetz keine Stütze.

Richtigerweise handelt es sich bei der Frage nach der Zulässigkeit von Abweichungen von Nichtregelungen des Bundes nicht um das Problem, ob der Bund im Sinne von Art. 72 Abs. 3 S. 1 GG Gebrauch gemacht hat. Es ist schwerlich einsehbar, warum Gebrauch in Absatz 3 anders auszulegen sein sollte als in Absatz 1. Ein Gebrauch von seiner Gesetzgebungskompetenz im Sinne von Art. 72 Abs. 3 S. 1 GG ist immer auch gegeben, wenn der Bund neben positiven Regelungen für bestimmte Tatbestände andere Tatbestände bewusst ungeregelt lässt oder, ohne eine eigene Regelung der Materie zu treffen, diese dem Länderzugriff durch Sperrgesetz entzieht.[557]

c) *„Abweichungsansatz"*

Wer demzufolge einen Gebrauch auch im Falle einer Nichtregelung bejaht, könnte demgegenüber die Frage aufwerfen, ob ein „Abweichen" nicht bereits begrifflich nur von positiven Regelungen denkbar ist. Dieser an das Merkmal

553 *Fischer-Hüftle*, NuR 2007, 78, 81; ohne nähere Begründung verlangt auch *Kotulla* (NVwZ 2007, 489, 491) „Positivierungen" des Bundes als Gegenstände des Abweichungsrechts.

554 *Fischer-Hüftle*, NuR 2007, 78, 81.

555 Zur grundsätzlichen Zulässigkeit der Abweichung von bewussten Nichtregelungen unten C., II., 3., c); zum Anwendungsvorrang in diesen Fällen unten F., V., 1.

556 So aber *Fischer-Hüftle*, NuR 2007, 78, 81.

557 Für den Fall des absichtsvollen Schweigens: *Degenhart*, DÖV 2010, 422, 427.

des Abweichens anknüpfende Ansatz klingt an bei *Sannwald*, nach dem die Abweichung „bestehende“ Bundesgesetze voraussetze.[558] Zwar sei der Bund in Art. 72 Abs. 3 GG – anders als in Absatz 1 – nicht ausdrücklich zum Gebrauch „durch Gesetz“ verpflichtet, doch folge dies aus der gleichlautenden Formulierung „Gebrauch“ und der darin liegenden Bezugnahme auf Absatz 1.[559] Dass *Sannwald* damit allerdings auch Abweichungen von Nichtregelungen ausschließen will, dürfte indes nicht anzunehmen sein, da er für den Gebrauch nach Absatz 3 „dieselben Anforderungen und Auslegungskriterien“ wie bei Absatz 1 angewendet wissen will und er bei Absatz 1 ohne weiteres von der Zulässigkeit des Gebrauchs durch bewusste Nichtregelung ausgeht.[560] Ein Gebrauch und damit das Abweichen von bewussten Nichtregelungen des Bundes wäre demnach nur dann ausgeschlossen, wenn ein Gesetz, das zumindest für einen Teilbereich der Materie eine positive Regelung trifft, gänzlich fehlt. Mangels Eintritts der Sperrwirkung nach Absatz 1 verbliebe es dann bei der Zuständigkeit der Länder ohne Beschränkung auf Abweichungen, da sich diese überhaupt nur vor dem Hintergrund der Sperrwirkung rechtfertigen ließe.

Ob Art. 72 Abs. 3 S. 1 GG Abweichungen auch von Nichtregelungen oder aber nur von positiven Regelungen des Bundes zulässt, ist nach alledem keine Frage der Definition des Gebrauchsbegriffs, sondern betrifft die inhaltlichen Anforderungen, die an „abweichende Regelungen“ zu stellen sind. Diese werden in einem gesonderten Abschnitt behandelt.[561]

4. Gebrauch gemacht „hat“

Das Abweichungsrecht setzt voraus, dass der Bund von seiner Kompetenz Gebrauch gemacht „hat“. Hierfür sind mehrere Anknüpfungszeitpunkte denkbar, wobei weitgehend auf die zu Art. 72 Abs. 1 GG entwickelten Grundsätze zurückgegriffen werden kann.

Ein Abstellen auf den letzten erforderlichen Gesetzesbeschluss des Bundestages bzw. bei Zustimmungsgesetzen des Bundesrates[562] birgt Probleme nicht nur im Hinblick auf Einspruchsgesetze,[563] es ist vor allem nicht klar, ob ein solches Gesetz tatsächlich verkündet wird und damit rechtliche Existenz erlangt. Wird z.B. einem beschlossenen Gesetz die Ausfertigung verweigert und kann es aus diesem Grunde nicht verkündet werden, stellte sich die – zwar eher theoreti-

558 *Sannwald*, in: Schmidt-Bleibtreu/Hofmann/Hopfauf, GG, Art. 72, Rn. 80d.
559 *Sannwald*, in: Schmidt-Bleibtreu/Hofmann/Hopfauf, GG, Art. 72, Rn. 80d.
560 *Sannwald*, in: Schmidt-Bleibtreu/Hofmann/Hopfauf, GG, Art. 72, Rn. 80d und Rn. 24.
561 Unten C., II., 3., c).
562 So *Sannwald*, in: Schmidt-Bleibtreu/Hofmann/Hopfauf, GG, Art. 72, Rn. 80e, 17.
563 Hierauf verweist *Degenhart*, in: Sachs, GG, Art. 72, Rn. 35 (dort Fn. 134).

sche, aber nicht weniger interessante – Frage nach dem rechtlichen Schicksal gleichwohl erlassener Abweichungsgesetze.[564]

Um solche Schwierigkeiten gar nicht erst aufkommen zu lassen, sollte auf den Zeitpunkt der Verkündung im Bundesgesetzblatt abgestellt werden.[565] Hierfür spricht auch die Sechs-Monats-Frist des Art. 72 Abs. 3 S. 2 GG. Grund für ihre Einführung war es, den Ländern Zeit zum Erlass abweichender Gesetze zu geben, um die Bürger vor kurzfristig wechselnden Rechtsbefehlen zu schützen.[566] Auch die Sechs-Monats-Frist beginnt mit der Verkündung des Bundesgesetzes. Könnten die Länder schon vorher abweichende Gesetze erlassen, wäre damit die Frist zu ihren Gunsten – wenngleich vernachlässigbar – verlängert. Die Länder erleiden durch die Maßgeblichkeit des Verkündungszeitpunktes auch keinen Nachteil, denn dadurch wird nicht ausgeschlossen, dass sie ihre auf eine Abweichung gerichteten Aktivitäten schon zu einem früheren Zeitpunkt beginnen.

Keinesfalls aber darf auf das Inkrafttreten des Bundesgesetzes abgestellt werden, da dieses ohnehin nach Art. 72 Abs. 3 S. 2 GG hinausgezögert ist; anderenfalls diente die Frist keinem nachvollziehbaren Zweck.

Der Gebrauch kann auch schon vor Inkrafttreten des Art. 72 Abs. 3 GG liegen. Ein – gegebenenfalls neuerlicher – Gebrauch nach diesem Zeitpunkt wird von Art. 72 Abs. 3 GG nicht verlangt. Eine Sonderregelung besteht dagegen für Abweichungen von früherem Rahmenrecht, das nach Art. 125b Abs. 1 GG als Bundesrecht fortgilt.[567] Für bestimmte Materien ordnet Art. 125bAbs. 1 S. 3 GG an, dass in einer Übergangszeit die Länder nur abweichen dürfen, wenn und soweit der Bund nach Inkrafttreten der Grundgesetzänderung Gebrauch von seiner nunmehr konkurrierenden Kompetenz gemacht hat. Relevant war diese Regelung nur noch bis zum 1. Januar 2010.

III. Abweichungsfeste Klammerinhalte

1. Allgemeines

Einige der in Art. 72 Abs. 3 S. 1 GG genannten Materien unterliegen dem Abweichungsrecht inhaltlich nicht uneingeschränkt. Von der Abweichungsbefugnis ausgenommen und damit abweichungsfest sind das Recht der Jagdscheine (Art. 72 Abs. 3 S. 1 Nr. 1 GG), die allgemeinen Grundsätze des Naturschutzes, das Recht des Artenschutzes und des Meeresnaturschutzes (Art. 72 Abs. 3 S. 1

564 Zu den Auswirkungen des nachträglichen Wegfalls von Bundesrecht auf bestehende Abweichungsgesetze unten F., V., 3., c).

565 So auch *Degenhart*, in: Sachs, GG, Art. 72, Rn. 35; *Pieroth*, in: Jarass/Pieroth, GG, Art. 72, Rn. 13; *Rengeling*, in: HdbStR, Bd. VI, § 135, Rn. 161; ohne nähere Begründung auch *Schmitz/Müller*, RuR 2007, 456, 458.

566 Näher dazu unten E., III., 1.

567 Zum Übergangsrecht unten D.

Nr. 2 GG) sowie stoff- oder anlagenbezogene Regelungen des Wasserhaushaltsrechts (Art. 72 Abs. 3 S. 1 Nr. 5 GG).

Eine klare Zuweisung von Kompetenzen, wie sie in sämtlichen Reformdiskussionen als vorrangiges Ziel propagiert und letztlich zugunsten des Abweichungsrechts aufgegeben wurde, wird damit durch Herausnahme bestimmter Regelungsinhalte durchbrochen.[568] Grundlegende Kritik hieran findet sich vor allem bei *Ruthig*, der darin eher „Kompetenzverlagerungen nach Karlsruhe" und die Gefahr der Verschiebung der Grenzen von Fach- und Verfassungsgerichtsbarkeit erblickt, jedoch keinen nennenswerten Bedeutungszuwachs der Länder.[569] Zudem böten die ausgenommenen Inhalte selbst mit Hilfe verfassungsgerichtlicher Kontrolle keinen ausreichenden Schutz, da sie zu unbestimmt und daher verfassungsgerichtlich kaum überprüfbar seien. Der verfassungsändernde Gesetzgeber hätte es besser bei verfassungsimmanenten Schranken wie der Subsidiarität und dem Grundsatz der Bundestreue belassen sollen.[570] Trotz aller Kritik soll im Rahmen dieser Arbeit der Versuch einer Konkretisierung unternommen werden.

Die Terminologie hinsichtlich der ausgeklammerten Inhalte schwankt. Während die einen in Übereinstimmung mit der Gesetzesbegründung von „abweichungsfesten Kernen" sprechen,[571] halten andere diese Bezeichnung für irreführend, da es sich nicht um „Kerne", sondern um „abweichungsfeste Sektoren" des jeweiligen Kompetenztitels handele.[572] *Fischer-Hüftle* will sogar hinsichtlich der einzelnen Klammerzusätze differenzieren: Die allgemeinen Grundsätze des Naturschutzes stellen seiner Auffassung nach „Kerne" dar, im Übrigen handele es sich um „Teilbereiche" der jeweiligen Materien.[573] Einen dem Prozessrecht entlehnten weiteren Begriff bringt *Beck* („Dupliken") ins Spiel.[574] In der Diskussion um die eigentliche Frage nach dem konkreten Umfang der dem Länderzugriff entzogenen Bereiche führt eine solche Terminologie-Debatte indes nicht weiter.

Der allen Ausnahmen gemeinsame Zweck ist dagegen so simpel wie offenkundig: Wenn das Grundgesetz bestimmte Bereiche vom Abweichungsrecht ausnimmt, so erfolgt dies in der Absicht, die Folgen des Abweichungsrechts für diese Bereiche zu vermeiden. Abweichungen führen nicht nur dazu, dass Landesrecht sich inhaltlich vom Bundesrecht unterscheidet; sondern können zusätz-

568 Kritisch auch *Oschatz*, Stellungnahme, S. 6, Rechtsausschussprotokoll 12, Anlage 2.

569 *Ruthig*, Stellungnahme, S. 9, Rechtsausschussprotokoll 15, Anlage 2.

570 *Ruthig*, Stellungnahme, S. 10, Rechtsausschussprotokoll 15, Anlage 2.

571 BT Drs. 16/813, S. 11.

572 *Uhle*, in: Kluth, Föderalismusreformgesetz, Art. 72, Rn. 49; *Sannwald*, in: Schmidt-Bleibtreu/Hofmann/Hopfauf, GG, Art. 72, Rn. 80k; *Degenhart*, in: Sachs, GG, Art. 72, Rn, 43.

573 *Fischer-Hüftle*, NuR 2007, 78, 81; wiederum anders *Ritter*, RuR 2006, 418: „horizontale" abweichungsfeste Kerne, die nach der Regelungsintensität unterschieden bzw. „vertikal" seien bestimmte Teile der Materie herausgeschnitten.

574 *Beck*, Die Abweichungsgesetzgebung der Länder, S. 48.

lich zur Folge haben, dass es auch Unterschiede zwischen den einzelnen Ländern gibt. Die Herausnahme der allgemeinen Grundsätze bezweckt nicht nur die Gewährleistung eines bestimmten, für den Schutz der Natur fundamentalen Schutzniveaus[575] (inhaltsbezogene Dimension der abweichungsfesten Bereiche), sondern zugleich auch die Erhaltung seiner bundesweiten Einheitlichkeit[576] (adressatenbezogene Dimension abweichungsfester Bereiche). Jedoch kann vom Blickwinkel der sonst eintretenden Abweichungsfolgen her nichts für eine Begriffsbestimmung der abweichungsfesten Bereiche gewonnen werden. Denn inwieweit Abweichungsfolgen nicht eintreten sollen, ist ja gerade die Frage und kann nur über die Konkretisierung der abweichungsfesten Bereiche selbst beantwortet werden. Allgemeingültige Aussagen für sämtliche abweichungsfesten Bereiche lassen sich ebenfalls nicht treffen, da einerseits ganze Gebiete herausgetrennt werden, an anderer Stelle „die allgemeinen Grundsätze“ bzw. nur bestimmte Regelungen.

2. Das Recht der Jagdscheine

Vom Abweichungsrecht im Bereich des Jagdwesens ausgenommen ist das Recht der Jagdscheine. Der entsprechende Klammerzusatz ist erst im Rahmen der Beratungen des Bundestages in den Gesetzesentwurf aufgenommen worden; nicht ganz ohne Grund vermuten daher Kritiker einen offenbar hohen persönlichen Bezug zahlreicher Bundestagsabgeordneten zu dieser Materie.[577] Inhaltlich entspricht der Klammerzusatz weitgehend den §§ 15 bis 18a und § 39 Abs. 1 Nr. 5 sowie § 40 und, § 41 des Bundesjagdgesetzes, weshalb eine Bestimmung des abweichungsfesten Bereichs hier relativ genau möglich ist.[578] Zum Recht der Jagdscheine gehören damit die sachlichen und persönlichen Voraussetzungen für den Erwerb von Jagdscheinen, für die Berechtigungen, die Gültigkeitsdauer, die Weiterbildungsverpflichtungen, die Folgen eines Verlustes sowie für den Entzug.[579]

3. Allgemeine Grundsätze des Naturschutzes

Die Länder können abweichende Regelungen nicht treffen, soweit die allgemeinen Grundsätze des Naturschutzes berührt sind. Die Konkretisierungsfähigkeit dieser Formulierung wird gemeinhin als gering, wenn nicht gar als unmöglich

575 Diesen Aspekt betont *Meyer*, Die Föderalismusreform 2006, S. 174, 175.

576 Allein diesen Schutzaspekt betonend: *Fischer-Hüftle*, NuR 2007, 78, 82.

577 *Krings*, in: Kluth, Föderalismusreformgesetz, Die Beratungen der Föderalismuskommission, Rn. 33 (dort Fn. 25).

578 *Sannwald*, in: Schmidt-Bleibtreu/Hofmann/Hopfauf, GG, Art. 72, Rn. 80l; *Kahl*, NVwZ 2008, 710, 716; *Glaser*, NuR 2007, 439, 441.

579 *Meyer*, Die Föderalismusreform 2006, S. 173.

eingeschätzt.[580] Viele sehen hier sogar die soeben begrabene Rahmengesetzgebung wieder auferstehen.[581]

Zur näheren Bestimmung dieser Grundsätze zitiert die Gesetzesbegründung die Koalitionsvereinbarung vom 18. November 2005 wie folgt:

> „Die Kompetenz für die Grundsätze des Naturschutzes gibt dem Bund die Möglichkeit, in allgemeiner Form bundesweite[582] verbindliche Grundsätze für den Schutz der Natur, insbesondere die Erhaltung der biologischen Vielfalt und zur Sicherung der Funktionsfähigkeit des Naturhaushalts festzulegen. Nicht davon erfasst sind beispielsweise die Landschaftsplanung, die konkreten Voraussetzungen und Inhalte für die Ausweisung von Schutzgebieten, die gute fachliche Praxis für die Land- und Forstwirtschaft und die Mitwirkung der Naturschutzverbände."[583]

Ob und inwieweit diesem „Begleittext"[584] Bedeutung für die Auslegung der allgemeinen Grundsätze zukommt, bestimmt sich nach den allgemeinen Auslegungsmethoden, die grundsätzlich auch für die Auslegung des Grundgesetzes gelten.[585] Maßgeblich ist der im Gesetz zum Ausdruck kommende objektivierte Wille des Gesetzgebers, wie er sich aus dem Wortlaut des Gesetzes, Zweck und Systematik ergibt. Die Richtigkeit einer nach diesen Methoden ermittelten Auslegung kann durch die Entstehungsgeschichte bestätigt oder Zweifel an ihr behoben werden; isolierte Bedeutung kommt der Entstehungsgeschichte indes nicht zu.[586] Auch der (subjektive) Wille des Gesetzgebers kann bei der Auslegung nur insoweit berücksichtigt werden, als er in dem Gesetz selbst einen hinreichend bestimmten Ausdruck gefunden hat.[587]

---

580 Besonders „plastisch" ist in diesem Zusammenhang die Einschätzung der Fraktion von BÜNDNIS 90/DIE GRÜNEN, die allgemeinen Grundsätze seien kein abgrenzbarer Kern, sondern eine „Qualle", BT-Drs. 16/2069, S. 34.

581 *Kotulla*, NVwZ 2007, 489, 493; *Pestalozza*, Stellungnahme v. 9.5.2006, S. 10, Rechtsausschussprotokoll 12, Anlage 2; *Mayen*, DRiZ 2007, 51, 54; *Degenhart*, DÖV 2010, 422, 423; ähnlich *Frank*, Stellungnahme, S. 4, Rechtsausschussprotokoll 12, Anlage 2; anders *Beck*, Die Abweichungsgesetzgebung der Länder, S. 93.

582 Die Gesetzesbegründung gibt hier die Koalitionsvereinbarung geringfügig ungenau wieder, es muss heißen: „bundesweit verbindliche Grundsätze", vgl. die Koalitionsvereinbarung vom 11.11.2005, S. 42 (im Internet unter: http://www.cdu.de/doc/pdf/05_11_11_Koalitionsvertrag.pdf) (gelesen am 17.01.2010).

583 BT-Drs. 16/813, 11.

584 „Begleittext zu Art. 72 Abs. 3 S. 1 Nr. 2", Koalitionsvereinbarung vom 11.11.2005, S. 42 (im Internet unter: http://www.cdu.de/doc/pdf/05_11_11_Koalitionsvertrag.pdf) (gelesen am 17.01.2010).

585 Z.B. *Sachs*, in: Sachs, GG, Einf., Rn. 37 ff.

586 *BVerfGE* 1, 229, 312; 59, 128, 153.

587 *BVerfGE* 11, 126, 130 f.; 59, 128; 153; vgl. auch *Kloepfer*, Stellungnahme v. 3.5.2006, S. 18, Rechtsausschussprotokoll 15, Anlage 2.

In den Kanon dieser Auslegungsgrundsätze ist auch die Gesetzesbegründung samt ihres Verweises auf die Koalitionsvereinbarung einzuordnen,[588] weshalb auf sie erst im Anschluss an die allgemeinen Auslegungsmethoden einzugehen sein wird. Zu kurz greifen daher nicht nur die pauschalen Einwände, der Begleittext sei weder Bestandteil der Gesetzesbegründung noch komme ihm jegliche rechtsverbindliche Qualität zu,[589] sondern ebenso die unkritische, strikte Beachtung des Begleittextes.[590]

a) Grundsätze

Im Merkmal der „Grundsätze“ kommt die inhaltsbezogene Dimension[591] der allgemeinen Grundsätze des Naturschutzes zum Ausdruck. Abweichungsfest sind damit nur solche Regelungen, die für den Naturschutz von grundlegender, d.h. zentraler und unerlässlicher Bedeutung sind,[592] so etwa Vorgaben von Leitbildern und Aufgaben des Naturschutzes, Kontroll- und Sanktionsregelungen sowie Schutzstandards zur Aufrechterhaltung der biologischen Vielfalt und der Funktionsfähigkeit des Naturschutzes.[593] Dagegen findet die gelegentlich vertretene Annahme einer weiten[594] oder engen[595] Auslegung dieses abweichungsfesten Bereiches im Grundgesetz keine Bestätigung.[596] Auch eine Bestimmung der Grundsätze in Anlehnung an die Grundsatzgesetzgebung (Art. 109 Abs. 3 GG) kommt in Anbetracht ihrer besonderen systematischen Stellung nicht in Frage.[597]

Nicht zu überzeugen vermag es auch, wenn *Schulze-Fielitz* nur solche Leitregeln abstrakt genereller Art als Grundsätze zulassen will, die für mehrere Teilbereiche des Naturschutzrechts Geltung beanspruchen können, d.h. „gleichsam vor die Klammer gezogen“ sind, im Gegensatz zu speziellen Regelungen, die

588 *BVerfGE* 109, 190, 212 f.; *Köck/Wolf*, NVwZ 2008, 353, 357; *Kloepfer*, Stellungnahme v. 3.5.2006, S. 18, Rechtsausschussprotokoll 15, Anlage 2.

589 *Meyer*, Die Föderalismusreform 2006, S. 174, 176; *Ziem*, Stellungnahme v. 2.5.2006, S. 5, Rechtsausschussprotokoll 15, Anlage 2; weniger drastisch *Fischer-Hüftle*, NuR 2007, 78, 82: „fragmentarische Anhaltspunkte“ sowie *Schrader*, Stellungnahme v. 8.5.2006, S. 6 f. u. 15, Rechtsausschussprotokoll 15, Anlage 2: „erläuternd“.

590 Z.B. *Stettner*, in: Dreier, GG, Art. 72, Rn. 55, *Uhle*, in: Kluth, Föderalismusreformgesetz, Art. 72, Rn. 49; *Rengeling*, in: HdbStR, Bd. VI, § 135, Rn. 307.

591 Hierzu oben 1.

592 *Meyer*, Die Föderalismusreform 2006, S. 174: Grundsätze müssen einen fundamentaleren Charakter haben; ähnlich *Gerhards*, Rechtsausschussprotokoll 15, S. 6 und *Koch*, ebd., S. 32.

593 *Stettner*, in: Dreier, GG, Art. 72, Rn. 55; *Schulze-Fielitz*, NVwZ 2007, 249, 257.

594 Z. B. *Kloepfer*, Stellungnahme v. 3.5.2006, S. 17, Rechtsausschussprotokoll 15, Anlage 2; *Kahl*, NVwZ 2008, 710, 716.

595 Z. B. *Oeter*, in: Starck, Föderalismusreform, Rn. 48.

596 Zur Stellung der abweichungsfesten Bereiche im System der konkurrierenden Gesetzgebung oben A.

597 *Köck/Wolf*, NVwZ 2008, 353, 358.

Teilfragen einzelner besonderer Gebiete des Naturschutzes auch im Detail verbindlich regeln.[598] Im Gegenteil: Detailregelungen für einzelne regionale oder sektorale Probleme scheiden nicht von vornherein als mögliche Grundsätze aus.[599] Sofern sie für den Naturschutz wesentlich sind, können auch sie grundsätzlicher Art sein, was insbesondere dann möglich ist, wenn bestimmte Naturschutzkonflikte von vornherein nur regional vorkommen können.[600] Besonderer Prüfung bedarf in solchen Fällen jedoch das Merkmal der (inhaltlichen) Allgemeinheit.[601] Stützen lässt sich dieses Ergebnis auch durch einen Vergleich mit der früheren Rahmenkompetenz für die allgemeinen Grundsätze des Hochschulwesens (Art. 75 Abs. 1 Nr. 1a GG a.F.). Auch in diesem Bereich hat das Bundesverfassungsgericht Detailregelungen nicht kategorisch ausgeschlossen.[602] Einen numerus clausus von Grundsätzen gibt es ebenfalls nicht. Wie sich die Natur und die an ihren Schutz zu stellenden Anforderungen verändern, insbesondere verschärfen können, so unterliegen auch die Grundsätze einem gleichsam akzessorischen Wandel. Auch neue und gegebenenfalls strengere Schutzanforderungen können damit Grundsätze sein.[603]

b) „Allgemeine" Grundsätze

Die Einschränkung auf „allgemeine" Grundsätze war im ursprünglichen Gesetzesentwurf[604] noch nicht enthalten; sie ist erst aufgrund einer entsprechenden Beschlussempfehlung des Rechtsausschusses aufgenommen worden.[605] Ob und inwieweit dem Merkmal der Allgemeinheit neben der Grundsätzlichkeit noch eigenständige Bedeutung zukommt, ist zumindest nicht eindeutig. Mit Recht fragen sich daher nicht nur *Koch/Krohn*, ob die Grundsätze dadurch „irgendwie (?) noch restriktiver" bestimmt werden müssen.[606] Dass es sich allerdings nur um eine überflüssige sprachliche Verdoppelung[607] handeln soll, da Grundsätze ohnehin stets allgemein seien[608] und dadurch kein höherer Grad an Verallgemeinerung erzielt werden könne,[609] vermag jedenfalls in dieser Absolutheit

---

598 *Schulze-Fielitz*, NVwZ 2007, 249, 257.

599 So aber *Stettner*, in: Dreier, GG, Art. 72, Rn. 55.

600 So zumindest indirekt auch *Meyer*, Die Föderalismusreform 2006, S. 175 (dort Fn. 400); enger *ders.* noch auf S. 174: „ziselierte Detailregelungen" könnten dem Abweichungsrecht gerade nicht entzogen werden.

601 Unten b).

602 *BVerfGE* 43, 291, 343; 66, 270, 285; 66, 291, 307; 111, 226, 257; 112, 226, 243.

603 *Fischer-Hüftle*, NuR 2007, 78, 82; *Meyer*, Die Föderalismusreform 2006, S. 175; ähnlich *Sannwald*, in: Schmidt-Bleibtreu/Hofmann/Hopfauf, GG, Art. 72, Rn. 80m.

604 BT-Drs. 16/813, S. 2.

605 BT-Drs. 16/2069, S. 42 und BT-Drs. 16/2010, S. 6.

606 Vgl. nur *Koch/Krohn*, NuR 2006, 673, 678.

607 *Meyer*, Die Föderalismusreform 2006, S. 175; *Kotulla*, NVwZ 2007, 489, 492.

608 *Fischer-Hüftle*, NuR 2007, 78, 82.

609 *Köck/Wolf*, NVwZ 2008, 353, 357.

hingegen nicht zu überzeugen. Erstens kann die Allgemeinheit einer Regelung sehr wohl von ihrer Grundsätzlichkeit unterschieden werden.[610] Zweitens ging auch der verfassungsändernde Gesetzgeber selbst davon aus, dass hierdurch eine zusätzliche Einschränkung der Grundsätze bewirkt wird. Dies zeigt schon die Begründung der Beschlussempfehlung des Rechtsausschusses, wonach der Text des Grundgesetzes erst noch an die ursprüngliche Entwurfsbegründung[611] angepasst werden sollte.[612]

In sprachlicher Hinsicht stehen allgemeine Regelungen im Gegensatz zu den besonderen. Allgemeinheit und Spezialität können jedoch verschiedene Bezugsgrößen haben, wobei ein und dieselbe Regelung je nach Definition der Bezugsgröße von Allgemeinheit und Spezialität entweder allgemein oder speziell ausfallen kann. Die Kenntnis der Bezugsgröße ist damit unerlässlich, um eine Einordnung überhaupt vornehmen zu können. In Anlehnung an die Allgemeinheit von Gesetzen kommt Allgemeinheit hier in Betracht als inhaltliche Abstraktheit (abstrakte Regelung) sowie als Allgemeinheit in Bezug auf die Adressaten (generelle Regelung).[613]

Weder inhaltliche Abstraktheit noch adressatenbezogene Allgemeinverbindlichkeit sind bereits notwendige Bestandteile des Grundsatzbegriffs und entbehrten damit eigenständiger Bedeutung. Wie bereits ausgeführt sind für den Naturschutz wesentliche Festlegungen auch in detaillierter Form sowie territorial begrenzt vorstellbar.[614] Daher muss es umgekehrt gerade schwer fallen, dem Merkmal der Allgemeinheit neben dem der Grundsätzlichkeit keine Bedeutung mehr beizumessen.

Doch welche Bezugsgröße liegt der Allgemeinheit im Sinne von Art. 72 Abs. 3 S. 1 Nr. 2 GG konkret zugrunde? Dem Wortlaut lässt sich eine Begrenzung auf eine nur inhaltliche oder nur adressatenbezogene Allgemeinheit nicht entnehmen. Mit *Schulze-Fielitz*[615] die Allgemeinheit nur räumlich zu verstehen und territorial differenzierende Regelungen auszusondern, findet im Grundgesetz ebenfalls keinen Anhalt.[616] Da dem Merkmal aber nicht jegliche Bedeutung abgesprochen werden darf, kann es demzufolge nur im Sinne einer umfassen-

---

610 Zwischen beiden Merkmalen differenziert auch *Schulze-Fielitz*, NVwZ 2007, 249, 257; *Stettner* (in: Dreier, GG, Art. 72, Rn. 55) weist darauf hin, dass der Verfassungstext insoweit ernst genommen werden müsse.

611 BT-Drs. 16/813, S. 2.

612 Beschlussempfehlung des Rechtsausschusses, BT-Drs. 16/2069, S. 42.

613 Zur Allgemeinheit von Gesetzen vgl. *Ossenbühl*, in: Isensee/Kirchhof, HdbStR, III, § 61, Rn. 11; zur ähnlichen Problematik bei den allgemeinen Verwaltungsvorschriften in Art. 84 Abs. 2 GG: *Sauerland*, Die Verwaltungsvorschrift, S. 153 f.

614 Oben a).

615 *Schulze-Fielitz*, NVwZ 2007, 249, 257; zustimmend *Köck/Wolf*, NVwZ 2008, 353, 358.

616 So zu Recht auch *Meyer*, Die Föderalismusreform 2006, S. 175 (dort Fn. 400).

den, d.h. sowohl inhaltlichen als auch adressatenbezogenen Allgemeinheit verstanden werden.

Mit Blick auf den Zweck der Beschränkung des abweichungsfesten Bereichs gerade auf die allgemeinen Grundsätze ergibt ein Vergleich mit Art. 75 Abs. 1 Nr. 1a GG a.F., dass dort eine zusätzliche Einschränkung der ohnehin schon begrenzten Rahmenkompetenz gewollt war.[617] Jedoch ging es im Zusammenhang mit Art. 75 Abs. 1 Nr. 1a GG a.F. um das Verhältnis der allgemeinen Grundsätze einerseits zu der Begrenzung auf einen Regelungsrahmen und zur Erforderlichkeitsklausel andererseits, nicht aber um das Verhältnis der Grundsätze zu deren Allgemeinheit. Direkte Schlüsse für die Abweichungskompetenz können daraus folglich nicht gezogen werden.[618]

Das Ergebnis der Wortlautauslegung, dass die Allgemeinheit als zusätzlich einschränkendes Kriterium begriffen werden muss und der Kreis ihrer Bezugsgrößen denkbar weit zu ziehen ist, wird durch die Gesetzesbegründung untermauert. Nach dieser soll der Bund „in allgemeiner Form bundesweit verbindliche Grundsätze“ festlegen können.[619] Der Rekurs auf die „allgemeine Form“ lässt die inhaltliche Abstraktheit als Bezugsgröße der Allgemeinheit erkennen; die Formulierung „bundesweit verbindliche Grundsätze“ stellt demgegenüber den Bezug zum Kreis der möglichen Adressaten her. Entgegen anderslautenden Stimmen widerspricht die Begründung damit auch nicht der – zutreffenden – Annahme, dass Grundsätze eben nicht durch ihre Form, sondern durch ihre Funktion bestimmt werden.[620] Die Einschränkung auf die „allgemeinen“ Grundsätze ist gerade vor dem Hintergrund dieser Gesetzesbegründung in das Grundgesetz aufgenommen worden,[621] findet damit also auch einen hinreichenden Ausdruck im Grundgesetz selbst.

Durch ein solches Verständnis von Allgemeinheit nicht ausgeschlossen ist, dass der Bund mit Blick auf regional verschiedenartige Naturvorkommen unterschiedliche Regelungen erlässt, denn zum einen können abstrakte, d.h. inhaltlich allgemeine Festlegungen auch nur für bestimmte Naturschutzkonflikte getroffen werden, ohne dass ihre Grundsätzlichkeit dadurch entfallen muss, zum anderen wird auch die Allgemeinheit des Adressatenkreises nicht dadurch aufgehoben, dass die im Übrigen grundsätzlichen Regelungen in bestimmten Landesteilen keinen sachlichen Anwendungsbereich finden.[622]

---

617 *BVerfGE* 66, 270, 285; *Maunz*, in: Maunz/Dürig, GG (Lfg. 25), Art. 75, Rn. 77.

618 Gegen eine Heranziehung der Rechtsprechung zu Art. 75 GG a.F. auch *Köck/Wolf*, NVwZ 2008, 353, 358.

619 BT-Drs. 16/813, 11.

620 So aber *Meyer*, Die Föderalismusreform 2006, S. 174.

621 BT-Drs. 16/2069, S. 42.

622 Ähnlich auch *Meyer*, Die Föderalismusreform 2006, S. 175 (dort Fn. 400), der indes dem Merkmal der Allgemeinheit schon keine eigenständige Bedeutung beimessen will; zur ähnlichen Lage bei den allgemeinen Verwaltungsvorschriften des Art. 84 Abs. 2 GG vgl. *Sauerland* (Die Verwaltungsvorschrift, S. 155), der die Befugnis zum

Nach anderer Ansicht ließen allgemeine Regelungen räumliche Differenzierungen gerade nicht zu, dürften also keinen Bezug auf besondere örtliche Naturschutzkonflikte nehmen, sondern müssten bundesweit unabhängig von spezifischen lokalen Besonderheiten gelten.[623] Entscheidend sei insoweit, ob die Regelungen noch konkretisierungsfähig und konkretisierungsbedürftig sind.[624] Solche Forderungen erinnern – wie selbst deren Verfechter einräumen[625] – nicht nur unweigerlich an die frühere Rahmengesetzgebung, sie verkennen auch, dass die bundesweite Geltung einer Bundesregelung nicht dadurch beseitigt wird, dass sie nicht überall im Bundesgebiet auch tatsächlich sachlich anwendbar ist. Sofern man dies jedoch verlangen wollte, könnten regional begrenzte Naturvorkommen nur über die für das gesamte Bundesgebiet geltenden Grundsätze und damit unter Umständen nur unzureichend geschützt werden. Schutzbedürftig ist aber nicht nur die allen Ländern gemeinsame Natur. In Anbetracht erheblicher regionaler Unterschiede dürfte dieser gemeinsame Nenner auch denkbar klein ausfallen.

c) Negativbeispiele des Begleittextes zum Koalitionsvertrag

Keine allgemeinen Grundsätze des Naturschutzrechts sollen nach der Gesetzesbegründung „beispielsweise die Landschaftsplanung, die konkreten Voraussetzungen und Inhalte für die Ausweisung von Schutzgebieten, die gute fachliche Praxis für die Land- und Forstwirtschaft und die Mitwirkung der Naturschutzverbände" sein.[626]

Da der Wille des Gesetzgebers insoweit aber nicht ansatzweise Ausdruck im Grundgesetz selbst gefunden hat, können die genannten Instrumente und Voraussetzungen nicht per se als allgemeine Grundsätze ausscheiden, sondern nur wenn und soweit sie entweder nicht von fundamentaler Bedeutung für den Naturschutz sind oder sie nicht entsprechend den obigen Anforderungen allgemein gehalten sind. Dies gilt umso mehr, als es auch ungewiss ist, ob die Koalitionsparteien sowie der verfassungsändernde Gesetzgeber nicht lediglich die seinerzeit bestehenden konkreten Ausgestaltungen ihrer Aufzählung aus dem Kreis

---

Erlass von Verwaltungsvorschriften als Ausfluss des Gleichbehandlungsgrundsatzes versteht und aus diesem Grunde auch länderspezifische Besonderheiten berücksichtigen will.

623 *Schulze-Fielitz*, NVwZ 2007, 249, 257; ebenso *Köck/Wolf*, NVwZ 2008, 353, 358.

624 *Köck/Wolf*, NVwZ 2008, 353, 358 f.; ähnlich bereits zum früheren Art. 75 Abs. 1 Nr. 1a GG: *Maunz*, in: Maunz/Dürig, GG (Lfg. 25), Art. 75, Rn. 76, m.w.N.: Detailregelungen könnten schon ihrer Natur nach nicht allgemein sein.

625 *Köck/Wolf*, NVwZ 2008, 353, 358 f.

626 BT-Drs. 16/813, 11.

der allgemeinen Grundsätze ausgenommen wissen wollten. Auch die Bundesregierung versteht den Begleittext daher nur als Auslegungshilfe.[627]

Insbesondere das Institut der Landschaftsplanung als zentrales Instrument zur Ermittlung, Bewertung, Entwicklung und Koordinierung des Naturschutzes ist Länderabweichungen damit nicht ohne weiteres zugänglich.[628] Die Befürchtungen von *Koch/Krohn*, einzelne Länder könnten Planungsinstrumente abschaffen oder auf eine flächendeckende Landschaftsplanung gänzlich verzichten, sind daher unbegründet.[629] Die 65. Umweltministerkonferenz am 3. und 4. November 2005 in Rostock hatte entsprechende Forderungen nach einer Aufhebung der Verpflichtung zur flächendeckenden Landschaftsplanung denn auch zurückgezogen.[630] Im neuen Bundesnaturschutzgesetz wird die Landschaftsplanung in § 8 jetzt ausdrücklich als allgemeiner Grundsatz genannt.[631]

d) *Definitionskompetenz des Bundes?*

Das neue Bundesnaturschutzgesetz legt in zahlreichen Bestimmungen selbst fest, was nach Ansicht des Bundesgesetzgebers zu den allgmeinen Grundsätzen zählen soll. Nicht selten wird dem Bund insoweit eine Definitionskompetenz zugesprochen,[632] die vereinzelt wegen eines insoweit bestehenden politischen Gestaltungsermessens auch nur für begrenzt justiziabel gehalten wird.[633] Einschränkend wird jedoch vertreten, die Definitionsbefugnis wirke nur im Sinne einer Selbstbeschränkung des Bundes zugunsten der Länder, nicht aber auch in umgekehrter Richtung.[634]

Letzterem ist zuzustimmen; der Bund vermag über einfachgesetzliche Definitionen den Gehalt der allgemeinen Grundsätze im Sinne des Art. 72 Abs. 3 GG jedenfalls nicht zu erweitern. Richtigerweise dürfte dem Bund aber schon die besagte Definitionskompetenz nicht zustehen, sondern von den einfachge-

---

627 BT-Drs. 16/767, S. 5; ebenso *Stettner*, in: Dreier, GG, Art. 72, Rn. 55: nur grober Rahmen; *Sannwald*, in: Schmidt-Bleibtreu/Hofmann/Hopfauf, GG, Art. 72, Rn. 80m: nur fragmentarische Anhaltspunkte.

628 *Fischer-Hüftle*, NuR 2007, 78, 82 f.; *Köck/Wolf*, NVwZ 2008, 353, 357, 359 f.; *Schulze-Fielitz*, NVwZ 2007, 249, 257.

629 *Koch/Krohn*, NuR 2006, 673, 678.

630 65. Umweltministerkonferenz am 3./4.11.2005, Ergebnisprotokoll, TOP 28, S. 4 und 46, abrufbar im Internet unter: www.umweltministerkonferenz.de (gelesen am 17.01.2010).

631 Zu den Regelungen des neuen BNatSchG sogleich.

632 *Degenhart*, DÖV 2010, 422, 429; *Hendler/Brockhoff*, NVwZ 2010, 733, 738: „Festlegungsrecht"; die Forderung nach einem generellen Recht des Bundes, „voluntativ allgemeine Grundsätze neu festzulegen und damit zu schaffen" findet sich auch bei *Schulze-Fielitz*, NVwZ 2007, 249, 256.

633 *Degenhart*, DÖV 2010, 422, 429.

634 *Degenhart*, DÖV 2010, 422, 429.

setzlichen Festlegungen des Bundes nur eine Indizwirkung für das Vorliegen auch eines verfassungsrechtlichen allgemeinen Grundsatzes ausgehen.[635]

e) Beispiele

Allgemeine Grundsätze des Naturschutzes finden sich nach einhelliger Auffassung in den §§ 1 Abs. 1, 6 Abs. 1, 8, 13, 20, 30 Abs.1 und § 59 BNatSchG.[636] Der vor dem Inkrafttreten des neuen BNatSchG vertretenen Ansicht, dass sämtliche bisher in § 2 Abs. 1 BNatSchG a.F. normierten Grundsätze auch allgemeine Grundsätze seien,[637] ist der Gesetzgeber damit jedenfalls nicht gefolgt.

Die Ziele des Naturschutzes und der Landschaftspflege werden in § 1 Abs. 1 BNatSchG als allgemeine Grundsätze definiert. Klargestellt wird, dass der Schutz auch die Pflege und Entwicklung und, soweit erforderlich, die Wiederherstellung von Natur und Landschaft erfasst.

Die Verpflichtung von Bund und Ländern zur Beobachtung von Natur und Landschaft wird in § 6 BNatSchG als allgemeiner Grundsatz festgeschrieben.

§ 8 BNatSchG legt fest, dass die Ziele des Naturschutzes und der Landschaftspflege als Grundlage vorsorgenden Handelns im Rahmen der Landschaftsplanung überörtlich und örtlich konkretisiert und die Erfordernisse und Maßnahmen zur Verwirklichung dieser Ziele dargestellt und begründet werden.

§ 13 BNatSchG stellt den allgemeiner Grundsatz auf, dass erhebliche Beeinträchtigungen von Natur und Landschaft vom Verursacher vorrangig zu vermeiden sind und nicht vermeidbare erhebliche Beeinträchtigungen durch Ausgleichs- oder Ersatzmaßnahmen oder, soweit dies nicht möglich ist, durch Ersatzzahlungen zu kompensieren sind. In ihrer konkreten Ausprägung wird die Eingriffsregelung jedoch nicht für abweichungsfest gehalten, sondern als offen für zusätzliche Maßnahmen der Länder eingestuft.[638] Für bestehende Maßnahmen müssten zumindest äquivalente Regelungen getroffen und jene nicht lediglich abgeschafft werden.[639] Nicht abweichungsfest seien danach die Binnendifferenzierung zwischen Ausgleichs- und Ersatzmaßnahmen sowie die Abwägung; Entsprechendes gelte für die Festlegungen zu Flächenpools und Ökokonten, vollzugsbezogene Regelungen wie Vorschriften über die Sicherung von Kompensationen und Ersatzgeldzahlungen und Regelungen zur Privilegierung der Landwirtschaft.[640]

---

635 *Müggenborg/Hentschel*, NJW 2010, 961, 964.

636 *Degenhart*, DÖV 2010, 422, 429; *Müggenborg/Hentschel*, NJW 2010, 961, 964 (dort Fn. 32).

637 So *Kotulla*, NVwZ 2007, 489, 493 und *Köck/Wolf*, NVwZ 2008, 353, 358; kritisch *Schulze-Fielitz*, NVwZ 2007, 249, 256, da es sich nur um eine beispielhafte Aufzählung handelte.

638 *Köck/Wolf*, NVwZ 2008, 353, 359.

639 *Köck/Wolf*, NVwZ 2008, 353, 359.

640 *Köck/Wolf*, NVwZ 2008, 353, 359.

Die Schaffung eines Biotopverbundes sowie der Schutz von Teilen von Natur und Landschaft werden in § 20 BNatSchG zu allgemeinen Grundsätzen erklärt.

Gemäß § 30 BNatSchG werden bestimmte Teile von Natur und Landschaft, die eine besondere Bedeutung als Biotope haben, gesetzlich geschützt.

§ 59 BNatSchG statuiert schließlich den allgemeinen Grundsatz, dass das Betreten der freien Landschaft auf Straßen und Wegen sowie auf ungenutzten Grundflächen zum Zweck der Erholung allen gestattet ist.

Da eine verfassungsrechtliche Bindung an die einfachgesetzliche Definition allgemeiner Grundsätze nach dem oben Gesagten abzulehnen ist, stellt sich die Frage, ob diese Aufzählung abschließend ist oder nicht auch die vom Bundesgesetzgeber geregelten zentralen Instrumente zur Sicherung der allgemeinen Grundsätze ihrerseits zu den allgemeinen Grundsätzen gehören können und daher am Abweichungsausschluss teilhaben.[641] Dies ist nicht von vornherein auszuschließen. *Müggenborg/Hentschel* könnten sich ganz allgmein solche Regelungen als allgemeine Grundsätze vorstellen, „die bislang in allen Bundesländern mehr oder weniger einheitlich normiert waren und dadurch in den Stand eines allgemeinen Grundsatzes gehoben worden sind, dass sie augenscheinlich von ‘allgemeiner’ Geltung sind“.[642] Im Übrigen wollen sie die Klärung dieser Frage dem Bundesverfassungsgericht überlassen.[643]

So sind z.B. die in § 6 Abs. 3 BNatSchG genannten Gegenstände der Beobachtungspflicht und die Instrumentarien der Landschaftsplanung selbst keine allgemeinen Grundsätze.[644] Die Grenze zulässiger Abweichungen sei aber erreicht, wenn abweichende Landesregelungen den zugrundeliegenden Grundsatz aushöhlen würden.[645]

4. Recht des Artenschutzes

Das Recht des Artenschutzes ist nur als Teilbereich der Hauptmaterie Naturschutz und Landschaftspflege abweichungsfest, nicht dagegen als Bestandteil des Jagdwesens (jagdspezifischer Artenschutz).[646] Daher spielt es auch keine Rolle, dass Jagd und Naturschutz nach der Gesetzesbegründung getrennte Rechtskreise darstellen sollen.[647]

Mit Wirkung ab 1. März 2010 ist der naturschutzrechtliche Artenschutz im Kapitel V des BNatSchG n.F. (§§ 37 ff.) geregelt. Anhaltspunkte für die Be-

641 *Fischer-Hüftle*, NuR 2007, 78, 82; *Köck/Wolf*, NVwZ 2008, 353, 358; *Hendler/Brockhoff*, NVwZ 2010, 733, 737 f.

642 *Müggenborg/Hentschel*, NJW 2010, 961, 964.

643 *Müggenborg/Hentschel*, NJW 2010, 961, 964.

644 *Degenhart*, DÖV 2010, 422, 429.

645 *Degenhart*, DÖV 2010, 422, 428.

646 Oben I., 1.

647 BT-Drs. 16/813, S. 11.

stimmung abweichungsfester Artenschutzregelungen können dann den §§ 38 ff. BNatSchG n.F. entnommen werden.[648] Da das Recht des Artenschutzes jedoch bereits stark durch internationale Verpflichtungen determiniert ist,[649] dürfte dem Bund aber nur wenig eigener Gestaltungsspielraum zukommen.[650]

5. Recht des Meeresnaturschutzes

Die Ausnahme hinsichtlich des Rechts des Meeresnaturschutzes soll dem Bund ausweislich der Gesetzesbegründung den Erlass verbindlicher Regelungen des maritimen Biodiversitätsschutzes, einschließlich des maritimen Arten- und Gebietsschutzes sowie der naturschutzfachlichen Bewertung bei der Realisierung von Vorhaben im maritimen Bereich ermöglichen.[651]

Nur vereinzelt wird eingewandt, der Meeresnaturschutz stelle einen wesentlichen Bereich des Wasserhaushaltsrechts dar und sei daher zu Unrecht als Teilbereich des Naturschutzes und der Landschaftspflege verortet worden.[652] Dem ist zwar insoweit zuzustimmen, als Meeresnaturschutz und Reinhaltung der Meere regelmäßig miteinander einhergehen, jedoch würde die Zuordnung des Meeresnaturschutzes zur Materie Wasserhaushalt dazu führen, dass de constitutione lata der Meeresnaturschutz nur dann abweichungsfest durch den Bund geregelt werden könnte, wenn die betreffenden Regelungen zugleich stoff- oder anlagenbezogen sind. Denn ein abweichungsfester Bereich „Artenschutz" der Hauptmaterie Wasserhaushalt ist in Art. 72 Abs. 3 S. 1 Nr. 5 GG gerade nicht vorgesehen. Dagegen ist der Wasserhaushalt aber dann einschlägig, wenn der Regelungszweck in der Reinhaltung der Meere besteht.[653]

Unabhängig davon wird zum Meeresnaturschutz jedenfalls der Naturschutz der Küstenregionen gezählt.[654] Darüber hinaus erstreckt sich der Anwendungs-

---

648 Entsprechend für die §§ 40 ff. des BNatSchG in der Fassung des Gesetzes vom 22. Dezember 2008 (BGBl. I S. 2986): *Sannwald*, in: Schmidt-Bleibtreu/Hofmann/Hopfauf, GG, Art. 72, Rn. 80n; *Fischer-Hüftle*, NuR 2007, 78, 84.

649 So insbesondere durch die EG-Artenschutzverordnung (VO (EG) Nr. 338/97 des Rates vom 9. Dezember 1996 über den Schutz von Exemplaren wildlebender Tier- und Pflanzenarten durch Überwachung des Handels, ABl. L 61 vom 3.3.1997, S. 1–69), die FFH-Richtlinie (RL 92/43/EWG des Rates vom 21. Mai 1992 zur Erhaltung der natürlichen Lebensräume sowie der wildlebenden Tiere und Pflanzen, ABl. L vom 22.7.1992, S. 7-50) sowie die Vogelschutzrichtlinie (RL 79/409/EWG des Rates vom 2. April 1979 über die Erhaltung der wildlebenden Vogelarten, ABl. L 103 vom 25.4.1979, S. 1-18.).

650 *Kotulla*, NVwZ 2007, 489, 493; *Kahl*, NVwZ 2008, 710, 716.

651 BT-Drs. 16/813, S. 11.

652 *Stettner*, in: Dreier, GG, Art. 72, Rn. 57.

653 *Sannwald*, in: Schmidt-Bleibtreu/Hofmann/Hopfauf, GG, Art. 72, Rn. 80o; *Louis*, ZUR 2006, 340, 341; ebenso *Kotulla*, NVwZ 2007, 489, 493.

654 *Meyer*, Die Föderalismusreform 2006, S. 173; *Sannwald*, in: Schmidt-Bleibtreu/Hofmann/Hopfauf, GG, Art. 72, Rn. 80o; *Fischer-Hüftle*, NuR 2007, 78, 84; *Louis*, ZUR 2006, 340, 341.

bereich dieses abweichungsfesten Bereichs über die Zwölf-Seemeilen-Zone hinaus auch auf die ausschließliche Wirtschaftszone und den Festlandsockel.[655] Entsprechende einfachgesetzliche Festlegungen finden sich mit Wirkung ab dem 1. März 2010 in § 56 BNatSchG (neu).[656]

6. Stoff- oder anlagenbezogene Regelungen

Das Abweichungsrecht besteht ferner nicht im Hinblick auf stoff- oder anlagenbezogene Regelungen des Wasserhaushalts. Begründet wird dies damit, dass stoffliche Belastungen oder von Anlagen ausgehende Gefährdungen der Gewässer als Kernbereiche des Gewässerschutzes bundesweit einheitlich zu regeln seien.[657] Dass stoff- und anlagenbezogene Regelungen auch inhaltlich zur (Haupt)Materie Wasserhaushalt gehören müssen,[658] versteht sich nach dem oben unter I., 1. Gesagten von selbst.

Nach dem Schutzzweck des Wasserhaushaltsrechts sind Anlagen alle „angelegten“ bzw. „technischen“[659], d.h. künstlich hergestellten stationären Einrichtungen, die geeignet sind, nachteilige Einwirkungen auf die Gewässer zu verursachen.[660] Anlagenbezogen sind damit Regelungen, die von Anlagen ausgehende Einwirkungen zum Gegenstand haben, insbesondere solche zur Abwehr oder Vermeidung der durch Herstellung, Veränderung, Unterhaltung, Stilllegung oder Betrieb der Anlagen verursachten negativen Folgen für Gewässer.[661]

Den stoffbezogenen Regelungen ist ein weiter Stoffbegriff zugrunde zu legen, der nicht nur emissionsbezogen,[662] sondern auch mit Blick auf die materiellen Ziele des Gewässerschutzes (Herbeiführung oder Schutz einer bestimmten Gewässerqualität) zu definieren ist.[663] Stoffbezogen sind daher auch immissionsbezogene Regelungen, die Höchstgrenzen für Stoffeinträge in Gewässer festlegen.[664] Stoffe sind dabei alle chemischen Elemente, ihre Verbindungen, Gemische, Gemenge und Lösungen unabhängig vom jeweiligen Aggregatzustand oder ihres (natürlichen oder künstlichen) Ursprungs; insbesondere Materialien, Produkte, Erzeugnisse und Abfälle.[665]

---

655 *Kotulla*, NVwZ 2007, 489, 493.
656 BGBl. I 2009, 2542.
657 BT-Drs. 16/813, S. 11.
658 So zu Recht *Meyer*, Die Föderalismusreform 2006, S. 181.
659 *Schulze-Fielitz*, NVwZ 2007, 249, 258.
660 *Ginzky/Rechenberg*, ZUR 2006, 344, 347; *Kotulla*, NVwZ 2007, 489, 494.
661 *Ginzky/Rechenberg*, ZUR 2006, 344, 347; *Kotulla*, NVwZ 2007, 489, 494; *Schulze-Fielitz*, NVwZ 2007, 249, 258.
662 Die Gesetzesbegründung nennt beispielhaft das Einbringen und Einleiten von Stoffen, BT-Drs. 16/813, S. 11.
663 *Ginzky/Rechenberg*, ZUR 2006, 344, 348; *Kotulla*, NVwZ 2007, 489, 494.
664 *Schulze-Fielitz*, NVwZ 2007, 249, 258.
665 *Kotulla*, NVwZ 2007, 489, 493.

Hiernach muss bezweifelt werden, dass den Ländern überhaupt noch nennenswerter Spielraum für Abweichungen auf dem Gebiet des Wasserhaushalts verbleibt. *Kotulla* geht vor diesem Hintergrund davon aus, dass die Materie vorwiegend aus politischen Erwägungen der konkurrierenden Gesetzgebung mit Abweichungsrecht zugeschlagen wurde; allenfalls die Regelung des Gemein- und Anliegergebrauchs stünde den Ländern noch offen.[666]

C. Anforderungen an abweichende Regelungen

Ob die Länder von Regelungen des Bundes überhaupt abweichen wollen, steht in ihrem freien politischen Ermessen.[667] Sofern sie sich aber zur Abweichung entschließen, ist strittig, ob die Länder dabei ebenfalls frei sind oder aber gewissen Einschränkungen unterliegen.[668]

I. Formelle Anforderungen an abweichende Regelungen

1. Landesgesetzliche Form

Während Art. 84 Abs. 1 S. 2 GG zumindest Interpretationsspielraum dafür bietet, ob „abweichende Regelungen" auch im Wege untergesetzlicher Normsetzung erlassen werden können,[669] legt Art. 72 Abs. 3 S. 1 GG ausdrücklich fest, dass Abweichungen nur durch förmliches Landesgesetz möglich sind.[670] Eine Delegation der Abweichungsbefugnis an den Verordnungsgeber ist damit ausgeschlossen.[671]

Beck will dagegen auch Abweichungen in Form von Landesrechtsverordnungen zulassen.[672] Dem ist zwar insoweit zuzustimmen, als die Länder mit dem Abweichungsrecht Handlungsmöglichkeiten hinzu gewinnen sollen;[673] dies bedeutet aber auch, dass das Grundgesetz die Modalitäten hierfür vorgeben darf. Auch würde der Zweck, gerade die Länderparlamente zu stärken, entwertet, wenn von vornherein die Exekutiven profitieren könnten.[674] Der Wortlaut ist

666 *Kotulla*, NVwZ 2007, 489, 494.

667 *Degenhart*, in: Sachs, GG, Art. 72, Rn. 43; *Sannwald*, in: Schmidt-Bleibtreu/Hofmann/Hopfauf, GG, Art. 72, Rn. 80h; *Uhle*, in: Kluth, Föderalismusreformgesetz, Art. 72, Rn. 50; *Rengeling*, in: HdbStR, Bd. VI, § 135, Rn. 181.

668 Zu Art. 84 Abs. 1 GG *Meyer*, Die Föderalismusreform 2006, S. 111 f.

669 Vgl. *Meyer*, Die Föderalismusreform 2006, S. 110 f. m.N.

670 *Uhle*, in: Kluth, Föderalismusreformgesetz, Art. 72, Rn. 51.

671 *Meyer*, Die Föderalismusreform 2006, S. 172 f.; a.A. Anmerkung des *Ausschusses Verfassungsrecht des DAV*, AnwBl. 2006, 614, 616.

672 *Beck*, Die Abweichungsgesetzgebung der Länder, S. 55 f.; zurückhaltender offenbar *Degenhart*, DÖV 2010, 422, 423, der zumindest verlangt, dass die eigentliche Abweichungsentscheidung vom Gesetzgeber getroffen werden muss, wobei strenge Anforderungen an die Bestimmtheit nach Inhalt, Zweck und Ausmaß zu stellen seien.

673 So *Beck*, Die Abweichungsgesetzgebung der Länder, S. 56.

674 Vgl. auch *Kahl*, NVwZ 2008, 710, 712 zur vergleichbaren Problematik bei Art. 84 Abs. 1 S. 2 GG.

insoweit eindeutig, als die abweichende Regelung durch Landesgesetz zu „treffen“ ist. Sie muss im Landesgesetz selbst enthalten sein und darf nicht dem Verordnungsgeber überantwortet werden. Anders als beim Gebrauch durch den Bund, der auch durch Verordnungsermächtigung erfolgen kann, ist dies im Falle von Länderabweichungen nicht möglich. Wie noch am Problem der Abweichung durch bloße Anordnung der Nichtgeltung von Bundesrecht (sog. Nichtgeltungsanordnungen bzw. Negativgesetzgebung) zu zeigen sein wird,[675] ist dem Abweichungsrecht somit ein positives Regelungselement inhärent.

2. Begründungszwang?

Über die Abweichung in Gestalt eines Gesetzes hinaus, enthält Art. 72 Abs. 3 S. 1 GG keine weiteren ausdrücklichen Formanforderungen an abweichendes Landesrecht. Die Abweichung unterliegt insbesondere auch keinem Begründungszwang seitens der Landesgesetzgeber. Zwar könnte erwogen werden, den wirksamen Gebrauch des Abweichungsrechts von einer entsprechenden Rechtfertigung durch den Landesgesetzgeber abhängig zu machen, doch scheint dies letztlich nicht überzeugend.

Für das Verhältnis von parlamentarischer und Volksgesetzgebung ist beispielsweise anerkannt, dass das Parlament durch volksbeschlossene Gesetze zwar nicht in seiner Gesetzgebungskompetenz beschränkt wird, aber bei der Wahrnehmung seiner Kompetenzen gewissen, aus dem Grundsatz der Organtreue folgenden Einschränkungen unterliegt.[676] So darf es nicht leichtfertig über den im Volksentscheid zum Ausdruck kommenden Volkswillen hinweggehen, sondern hat sich sachlich mit ihm auseinander zu setzen und in seine eigene Beschlussfassung einzubeziehen.[677] Ob eine sachliche Auseinandersetzung überhaupt stattgefunden hat, ist anhand von Parlamentsdokumenten festzustellen; dass sie inhaltlich auch überzeugend ist, ist der gerichtlichen Nachprüfung allerdings entzogen.[678]

Im Verhältnis von Bundesgesetzgebung und Abweichungsgesetzgebung der Länder käme insoweit in Betracht, aus dem Grundsatz der Bundestreue folgend, den Ländern entsprechende Auseinandersetzungs- und Berücksichtigungspflichten aufzuerlegen. Doch wären es allenfalls die Länder, die aufgrund größerer Sach- und Bürgernähe eine solche Rücksicht – vergleichbar mit der Volksgesetzgebung – verdienten. Wenn überhaupt, müssten entsprechende Pflichten den Bund im Falle „rückabweichender“ Bundesgesetze treffen.[679]

---

675 Hierzu unten II., 1.

676 Vgl. nur *HmbVerfG*, NordÖR 2007, 301, 304 f.

677 *HmbVerfG*, NordÖR 2007, 301, 304 f.

678 *HmbVerfG*, NordÖR 2007, 301, 305.

679 Zu möglichen Einschränkungen des Abweichungsrechts sowie der Bundeskompetenz im Falle der „Überregelung“ unten G.

3. Publizität

Forderungen nach einem Zitiergebot bzw. einer Notifizierungspflicht der Länder haben sich im Zuge der Beratungen und Stellungnahmen trotz vielfacher Kritik nicht durchsetzen können. Art. 72 Abs. 3 GG gebietet in seiner derzeitigen Fassung demnach nicht die Bezeichnung derjenigen Bundesnormen, die von der Abweichung betroffen sind. Ebenso wenig müssen abgeschlossene Abweichungsaktivitäten oder bestehende Abweichungsabsichten dem Bund gegenüber angezeigt werden.

Nach der Gegenansicht handele es sich aber trotz Fehlens einer ausdrücklichen Anordnung „zumindest um ein verfassungsrechtliches Desiderat, wenn nicht um ein zwingendes Verfassungsgebot“[680], dass die abweichende Norm erkennen lassen müsse, welche Bundesnorm ihr zugrunde liegt und wie weit von dieser abgewichen wird.[681] Selbst wenn ein verfassungsrechtliches Zitiergebot insoweit nicht bestehe, müsse die abweichende Norm dennoch in ihrer Wortwahl den Anwendungsbereich des zugrunde liegenden Bundesrechts sprachlich klar umreißen und sich auch inhaltlich auf dieses beziehen.[682] *Haug* will Verstöße sogar mit dem Verdikt der Verfassungswidrigkeit belegen.[683] Anderer Ansicht nach *sollen* die Länder im Interesse der Vollzugsfähigkeit des Gesetzestextes die Abweichung deutlich machen.[684]

a) Während der Reformdiskussion vorgeschlagene Zitiergebote

Bereits im Vorfeld der Grundgesetzänderung argumentierten die Verfechter eines Zitiergebots, dass diejenigen Normen des Bundes, von denen abgewichen wird, von den Ländern nicht nur zum Schutze der Bürger benannt werden müssten,[685] sondern dass auch die Landesgesetzgeber dadurch die Möglichkeit erhielten, im Falle von Gesetzesinitiativen seitens der Landesregierungen zu prüfen, ob ein zulässiger Abweichungsfall überhaupt vorliegt.[686]

Vereinzelt wurden auch an den Bund gerichtete Zitiergebote gefordert: Zum einen in der Weise, dass er deutlich machen solle, welche Normen er für abweichungsfest erachtet,[687] zum anderen ein Zitiergebot für den Fall der Überrege-

---

680 Degenhart, DÖV 2010, 422, 424, 427.

681 *Schulze-Fielitz*, NVwZ 2007, 249, 255; *Fischer-Hüftle*, NuR 2007, 78, 80; *Haug*, DÖV 2008, 851, 854; *Köck/Wolf*, NVwZ 2008, 3535, 357.

682 *Fischer-Hüftle*, NuR 2007, 78, 80; *Haug*, DÖV 2008, 851, 854.

683 *Haug*, DÖV 2008, 851, 854; anders *Degenhart* (DÖV 2010, 422, 424, 427), der nur die Folgen des Abweichungsrechts nicht eintreten lassen will (sprich den Anwendungsvorrang) und stattdessen die allgemeinen Kollisionsregeln (einschließlich Art. 31 GG) anwenden will.

684 Müggenborg/Hentschel, NJW 2010, 961, 967.

685 *Pestalozza*, Rechtsausschussprotokoll 12, S. 51; *Schulze-Fielitz* (NVwZ 2007, 249, 255) stellt insbesondere auf die Sicherstellung eines effektiven Vollzuges ab.

686 *Meyer*, Die Föderalismusreform 2006, S. 172.

687 Hierfür *Meyer*, Die Föderalismusreform 2006, S. 172.

lung abweichenden Landesrechts, bei der der Bund angeben müsse, welche Vorschriften des abweichenden Landesrechts von der Neuregelung betroffen sind.[688] Ersteres hätte die Länder jedoch nicht von einer eigenständigen Prüfung abweichungsfester Regelungen entlastet, da die Einschätzung des Bundes für sie insoweit nicht bindend wäre. Nach dem zweiten Vorschlag wäre der Bund gezwungen, sämtliche einschlägigen Abweichungsgesetze der Länder darauf zu untersuchen, ob sie vom ursprünglichen Bundesrecht auch tatsächlich abweichen, denn nur dann handelte es sich um kompetenzgerechtes Abweichungsrecht, dass von einer Überregelung durch den Bund betroffen werden könnte und damit vom Bund überhaupt zitiert werden müsste. Im hier behandelten Kontext der formellen Anforderungen an abweichende Landesgesetze sind etwaige Pflichten des Bundes allerdings nicht von Interesse, auf sie ist daher später zurückzukommen.[689]

b) *Vorschlag einer Notifikation zur Sicherung einer Abweichungsdokumentation*

Ruthig wollte „Transparenz durch Notifikationsverfahren“ herstellen und schlug daher vor, die Länder müssten nach Abschluss des Gesetzgebungsverfahrens dem Bund ihre Abweichungen notifizieren.[690] Mit einer Notifikation allein wäre ein Gewinn an Transparenz und damit an Rechtssicherheit jedoch noch nicht verbunden, da sie lediglich eine Anzeige der schon erfolgten Abweichung darstellte, ohne dass hierbei bestimmte Normen des zugrunde liegenden Bundesrechts benannt werden müssten. *Ruthig* wollte daher zusätzlich den Bund auf einfachgesetzlicher Grundlage zu einer (elektronischen) Dokumentation des jeweils geltenden Normbestandes verpflichten.[691] Eine Notifikation stellte hiernach lediglich ein Sicherungsinstrument für die Umsetzung der Dokumentation dar, ohne dass ihr eine eigenständige Funktion im Hinblick auf Transparenz und Rechtssicherheit zukäme. *Ruthig* hält es daher auch nicht für notwendig, das Unterlassen einer solchen Notifizierung mit der Verfassungswidrigkeit des Landesgesetzes zu ahnden.[692]

c) *Nutzen von Zitiergeboten und Notifikationspflichten*

Zitiergebot und Notifikation bei anschließender Dokumentation sollen nach ihren jeweiligen Befürwortern die Mischlage von Bundesrecht, abweichendem Landesrecht sowie späterem Bundesrecht für Rechtsanwender und Normunterworfene durchschaubarer gestalten. Ob und in welchem Umfang sie hierzu tat-

688 Hierfür *Pestalozza*, Rechtsausschussprotokoll 12, S. 51.
689 Unten G., II.
690 *Ruthig*, Stellungnahme, S. 2 u. 12 Rechtsausschussprotokoll 15, Anlage 2.
691 *Ruthig*, Stellungnahme, S. 12., Rechtsausschussprotokoll 15, Anlage 2.
692 *Ruthig*, Stellungnahme, S. 12., Rechtsausschussprotokoll 15, Anlage 2.

sächlich beitragen könnten, hinge von ihrer konkreten Ausgestaltung ab und bedarf genauerer Betrachtung.

aa) Nutzen eines Zitiergebotes

Da überhaupt nur eine exakte Bezeichnung der von einer Abweichung betroffenen Bundesvorschriften geeignet wäre der Rechtssicherheit zu dienen, müsste eine solche Genauigkeit de lege ferenda auch für eine ordnungsgemäße Zitierung verlangt werden. Eine genaue Zitierung könnte aber dann ihre Rechtssicherheit fördernde Bedeutung verlieren, falls der Bund sein Gesetz ändert, ohne zugleich das bestehende Abweichungsgesetz gemäß Art. 72 Abs. 3 S. 3 GG zu verdrängen, also z.B. im Falle der Einfügung neuer Paragrafen, Absätze oder Sätze in das ursprüngliche Bundesgesetz. Sofern nicht der Bund die ursprüngliche Zählung unverändert ließe, würden Zitierungen in Abweichungsgesetzen dadurch nachträglich unrichtig und wären der Rechtssicherheit eher abträglich als nützlich. Da die Zitate nur den Zustand zur Zeit ihrer Vornahme abbilden könnten, wäre es im Falle späterer Änderungen des Bundesrechts oder erneuter Abweichungen der Länder und so fort, nach wie vor Sache der Rechtsanwender und Normunterworfenen, den Normenteppich aufzurollen. Während die Möglichkeit einer nachträglichen Unrichtigkeit im Falle von Art. 19 Abs. 1 S. 2 GG kaum denkbar ist – denn dort geht es weniger um Rechtssicherheit durch genaue Zitierung von Vorschriften als vielmehr um Warnung und Besinnung des Gesetzgebers durch Bezugnahme auf bestimmte Grundrechte[693] –, muss für geforderte Zitiergebote hingegen bezweifelt werden, dass diese einen spürbaren Gewinn an Rechtssicherheit mit sich brächten.

Der Nutzen von Zitiergeboten bestimmt sich nicht zuletzt auch nach den Folgen, die an Verstöße hiergegen geknüpft werden. Während sich einige auch ein Zitiergebot vorstellen können, dessen Einhaltung keine Wirksamkeitsvoraussetzung für das Landesrecht darstellt,[694] verlangen andere, dass Verstöße jedenfalls mit der Nichtigkeit des jeweiligen Landesgesetzes geahndet werden müssten.[695] Im ersten Fall könnte sich die flächendeckende und durchgehende Einhaltung eines Zitiergebots als gefährdet und dessen praktischer Nutzen damit als gering erweisen. Bereits das Zitiergebot des Art. 19 Abs. 1 S. 2 GG sei durch das Bundesverfassungsgericht als bloße Formvorschrift ausgelegt worden und es stehe zu befürchten, dass einem Zitiergebot für Art. 72 Abs. 3 GG ein ähnliches Schicksal drohen würde.[696] Hätte umgekehrt eine nicht ordnungsgemäße Zitierung die Nichtigkeit des Landesgesetzes zur Folge, ist die Gefahr, dass die Länder es mit einem Zitiergebot zu genau nehmen und im Zweifel sämtliche in Betracht kommenden Bundesvorschriften zitieren, jedenfalls nicht von der Hand zu

693 Vgl. *Sachs*, in: ders., GG, Art. 19, Rn. 25.
694 *Huber*, Rechtsausschussprotokoll 12, S. 68.
695 *Meyer*, Rechtsausschussprotokoll 12, S. 64.
696 *Wieland*, Rechtsausschussprotokoll 12, S. 64.

weisen.[697] Demgegenüber spricht nichts dagegen – ohne Rechtspflicht – eine Praxis dahingehend zu etablieren, dass in Landesgesetzen angegeben wird, auf welches Bundesrecht sich diese beziehen.[698] In dieser Weise ist Baden-Württemberg als erstes Bundesland überhaupt verfahren.[699]

bb) Nutzen einer Notifikation und Dokumentation

Da einer Notifikation nur Sicherungsfunktion im Hinblick auf die Umsetzung der Dokumentation zukäme, kann es für die Bewertung eines Notifikationsverfahrens insgesamt nur auf den Nutzen der mit ihrer Hilfe umzusetzenden Dokumentation selbst ankommen. Erweist sich diese als zur Förderung der Rechtssicherheit untauglich, dürften die Länder auch nicht sanktionsbewehrt zur Notifizierung ihrer Abweichungen verpflichtet werden.

Obwohl es sich um Landesgesetze handelt, werden mögliche verfassungsrechtliche oder einfachgesetzliche Dokumentationspflichten vor allem als solche des Bundes diskutiert.[700] Er solle Abweichungen im Bundesgesetzblatt veröffentlichen sowie zur Führung eines Registers verpflichtet werden, aus dem sämtliche Abweichungen hervorgehen.[701] Wollte der Bund aber solch umfangreichen Dokumentationspflichten gewissenhaft nachkommen, könnte er vor erhebliche Auslegungsschwierigkeiten im Hinblick auf abweichendes Landesrecht gestellt werden. Er dürfte sich auch nicht auf die Einschätzung des jeweiligen Landes verlassen, ob und inwieweit das Landesgesetz vom Bundesrecht abweicht. Eine solche Dokumentation dürfte zudem nicht verbindlich sein,[702] so dass letztlich auch nicht für fehlerhafte Angaben gehaftet würde. In diese Richtung weisen auch die Veröffentlichungen abweichenden Landesrechts im Bundesgesetzblatt, die zu Recht distanziert nur als „Hinweise der Länder" „mitgeteilt" werden.[703] Darf sich der Einzelne aber nicht auf die Dokumentation verlassen, ist ihr Nutzen überaus fraglich. Eine effektive, weil verbindliche Dokumentation geriete zwangsläufig in Konflikt mit dem Verwerfungsmonopol des Bundesverfassungsgerichts. Soweit ein Landesgesetz eine abweichende Regelung nicht enthält und damit kompetenzgemäß erlassenes Landesrecht nicht vorliegt, steht die Verwerfungskompetenz allein dem Bundesverfassungsgericht zu. Dessen ausschließliche Zuständigkeit darf nicht durch eine Dokumentation unterlaufen werden. Sie könnte daher schon aus rechtlichen Gründen allenfalls eine unverbindliche Arbeitshilfe darstellen und keine rechtsverbindliche Feststellung des Anwendungsvorrangs der Gesetze nach Art. 72 Abs. 3 S. 3 GG.

697 *Kirchhof*, Rechtsausschussprotokoll 12, S. 66.

698 Ebenso *Huber*, Rechtsausschussprotokoll 12, S. 68.

699 Vgl. § 27 Abs. 8 LJagdG BW, GBl. BW 2007, 473; vgl. demgegenüber § 22 Abs. 14 LJagdG NW, GV. NRW 2007, 226.

700 *Ruthig*, Stellungnahme, S. 12., Rechtsausschussprotokoll 15, Anlage 2.

701 *Huber*, Stellungnahme v. 15.05.2006, S. 13, Rechtsausschussprotokoll 12, Anlage 2.

702 *Mayen*, DRiZ 2007, 51, 54: keine „Verbindlichkeitsfunktion" einer Dokumentation.

703 Vgl. BGBl. I 2008, S. 1008; 2984; BGBl. I 2009, S. 463, 500, 600 und 744.

Wie jedoch auch nichts gegen eine freiwillige Zitierung des Bundesrechts in abweichenden Landesregelungen einzuwenden ist, spricht ebenfalls nichts gegen eine freiwillige Dokumentation des Bundes und der Länder. So hatten sich bereits im Sommer 2006 Bundestag und Bundesrat auf entsprechende Anträge[704] hin dazu entschlossen, zu gewährleisten, „dass abweichendes Landesrecht (Artikel 72 Abs. 3, Artikel 84 Abs. 1 GG) fortlaufend gemeinsam mit dem Bundesrecht, von dem abgewichen wird, in einer für die Rechtsanwender zugänglichen Weise dokumentiert wird."[705] Eine gemeinsame Dokumentation von Bundes- und abweichendem Landesrecht bei „juris" sollte „dem Rechtsanwender auf einen Blick und an einem Ort Klarheit über das jeweils geltende Recht geben (unabhängig von der jeweils getrennten Veröffentlichung von Bundes- und Landesrecht in den jeweiligen Gesetzblättern)"[706]. Dementsprechend werden die bereits erwähnten „Hinweise auf von Bundesrecht abweichendes Landesrecht"[707] sowie „Hinweise auf Änderungen des von Bundesrecht abweichenden Landesrechts"[708] im Bundesgesetzblatt veröffentlicht, die neben dem zugrundeliegenden Bundesrecht und der abweichenden Landesregelung auch deren Fundstelle, die verfassungsrechtliche Abweichungsgrundlage sowie den Tag des Inkrafttretens nennen. Dagegen sind Hinweise auf bestehendes Abweichungsrecht „überregelndes" Bundesrecht nicht vorgesehen.

Daneben ist eine Verlinkungslösung in der Datenbank juris des Bundesjustizministeriums realisiert worden.[709] Auch diese – zugegeben praktikable – Lösung entbindet den Rechtsanwender jedoch nicht von der Ermittlung der konkreten Reichweite des Anwendungsvorrangs, die im Einzelfall erhebliche Schwierigkeiten bereiten kann. Hierzu wird er im Zweifel auf – kostenpflichtigen – Rechtsrat angewiesen bleiben; die scharfe Reformkritik des Ausschusses Verfassungsrecht des DAV[710] kann damit auch als Hinweis auf das bestehende Beratungsangebot verstanden werden. Profitieren werden von dieser Art staatlicher Arbeitshilfe demzufolge wahrscheinlich vorrangig rechtskundige Nutzer, da erwartungsgemäß nur diese die entsprechenden Dienste überhaupt in Anspruch nehmen. Nicht völlig zu Unrecht hat daher die Fraktion von BÜNDNIS 90/DIE

704 Antrag von CDU/CSU und SPD, BT Drs. 16/2052, S. 9; Antrag der Länder Nordrhein-Westfalen, Bayern, Bremen, Berlin, BR Drs.462/1/06, S. 15.

705 BT-Plenarprotokoll 16/44, S. 4295; BR Drs. 462/06, S. 15.

706 BR Drs. 462/06, S. 15.

707 BGBl. I 2008, S. 1008; BGBl. I 2009, S. 463, 500, 600 und 744.

708 BGBl. I 2008, S. 2984.

709 Vgl. die Fußnote zu § 21 Bundesjagdgesetz; hierzu bestehen auf Art. 72 Abs. 3 GG gestützte Abweichungen der Länder Baden-Württemberg und Nordrhein-Westfalen.

710 Mit Nachweisen unten 4. Kap., D. und E.

GRÜNEN die Einrichtung einer elektronischen Dokumentation bei juris als „Realsatire" missbilligt.[711]

d) Vorschlag einer Notifikation als Bedingung für das Abweichungsrecht

Mit einem Notifizierungsverfahren nach Beendigung des Gesetzgebungsverfahrens nicht zu verwechseln ist die von *Meyer* vorgeschlagene Notifizierung als Bedingung für die Ausübung des Abweichungsrechts. Länder, die eine Abweichung von Bundesrecht beabsichtigen, sollten dies dem Bundestag spätestens zwei Monate ab Kenntnis vom Bundesgesetz notifizieren müssen – gegebenenfalls längere Frist bei die Länder überraschend treffenden Bundesgesetzen.[712] Nur die rechtzeitig notifizierenden Länder, sollten überhaupt die Möglichkeit haben, abweichende Gesetze zu erlassen.[713] Darüber hinaus sollte nach den Vorstellungen *Meyers* dem Bund de lege lata die Möglichkeit eingeräumt werden, die Sechs-Monats-Frist auf die notifizierenden Länder zu beschränken.[714] Letzteres hätte aber nicht nur unterschiedliche Inkrafttretenszeitpunkte des Bundesgesetzes in den Ländern zur Folge,[715] sondern würde, falls der Bund von einer solchen Beschränkungsmöglichkeit keinen Gebrauch macht, dazu führen, dass die von der Abweichung ausgeschlossenen Länder auf das Inkrafttreten der Bundesregelung warten müssten, ohne über eine eigene Regelungskompetenz zu verfügen. Möglicherweise aber würden einige Länder gerade deshalb keine Abweichungsabsichten anzeigen, weil sie mit der Regelung des Bundes einverstanden sind.

Unter den hier interessierenden Publizitätsgesichtspunkten ist ein solches Notifizierungsverfahren ohne Bedeutung. Ein Zuwachs an Rechtssicherheit für Rechtsanwender und Normunterworfene könnte damit allenfalls insoweit einhergehen, als abweichende Landesgesetze und damit Mischlagen von Bundes- und Landesrecht zumindest auf dem Gebiet einzelner Länder von vornherein verhindert würden. Ein so konzipiertes Notifizierungsverfahren wäre vielmehr der Versuch, die Abweichungskompetenz um eine Präklusionsfrist zu erweitern, wie sie mit der Sechs-Monats-Frist des Art. 72 Abs. 3 S. 2 GG – wie von *Meyer* kritisiert[716] – gerade nicht vorgesehen ist.[717]

---

711 BT-Drs. 16/2069, S. 34; nicht für ausreichend hält eine Dokumentation auch *Schulze-Fielitz*, NVwZ 2007, 249, 255; den auf die Einrichtung der Dokumentation gerichteten Antrag der Länder für „hilflos" hält *Stock*, ZG 2006, 226, 235 (dort Fn. 53),

712 *Meyer*, Stellungnahme v. 8.5.2006, S. 20, Rechtsausschussprotokoll 12, Anlage 2.

713 *Meyer*, Stellungnahme v. 8.5.2006, S. 20, Rechtsausschussprotokoll 12, Anlage 2.

714 *Meyer*, Stellungnahme v. 8.5.2006, S. 20, Rechtsausschussprotokoll 12, Anlage 2.

715 Diese gilt es gerade zu vermeiden, vgl. unten E., III, 2., b).

716 Vgl. *Meyer*, Rechtsausschussprotokoll 12, S. 42.

717 Zum Vorschlag eines Notifikationsverfahrens in Verbindung mit einer Sperrfrist für die Länder vgl. unten E., III., 4.

II. Inhaltliche Anforderungen an abweichende Regelungen

1. „Regelungen"

Art. 72 Abs. 3 S. 1 GG verlangt, dass die Länder abweichende „Regelungen" treffen. Der Begriff der Regelung bezeichnet dabei den durch die gesetzgeberische Willenserklärung herbeigeführten materiellen Zustand.[718]

a) Nichtgeltungsanordnungen

Nicht einheitlich wird in diesem Zusammenhang die Frage beurteilt, ob der Landesgesetzgeber positiv eine bestimmte Rechtsfolge anordnen muss,[719] oder ob auch eine Bestimmung genügt, die sich darauf beschränkt, die Anwendung der betreffenden Bundesvorschrift schlicht auszuschließen.[720] In der Diskussion wird das Problem gemeinhin unter der Fragestellung erörtert, ob das Abweichungsrecht in zulässiger Weise auch durch sog. „Negativgesetzgebung" ausgeübt werden könne.[721] Die Verwendung des Begriffs der Negativgesetzgebung[722] ist in diesem Zusammenhang zumindest insoweit missverständlich, als er das Fehlen einer Regelungswirkung der betreffenden Landesgesetze suggeriert. Eine Regelung liegt aber schon dann vor, wenn das Land andere Rechtsfolgen als der Bund setzt, weshalb auch das bloße Abbedingen der vom Bund angeordneten Rechtsfolge eine Änderung des materiellen Zustandes und damit eine Regelung darstellt.[723] Zu Recht hält daher *Degenhart* die Negativgesetzgebung für die „intensivste Form der Abweichung".[724] Besonders augenfällig wird die Regelungswirkung im Falle bundesgesetzlicher Verbotsnormen, die durch entsprechende Abweichungsgesetze der Länder für nicht anwendbar erklärt werden können.[725] Klarstellend könnte daher auch von „Nichtgeltungsanordnungen" gesprochen werden.

Eine Regelung wird mithin nicht erst durch positive Formulierung von Tatbestand und Rechtsfolge zu einer solchen; Rechtsfolgen können vielmehr auch

---

718 *Stelkens*, in: Stelkens/Bonk/Sachs, VwVfG, § 35, Rn. 142.

719 So *Degenhart*, in: Sachs, GG, Art. 72, Rn. 43; vorsichtiger dagegen *Mayen*, DRiZ 2007, 51, 54: der Wortlaut scheine eine positive Alternative nicht zu fordern.

720 *Jarass*, in: Jarass/Pieroth, GG, Art. 72, Rn. 30; *Haratsch*, in: Sodan, GG, Art. 72, Rn. 27, *Haug*, DÖV 2008, 851, 854; ablehnend *Fischer-Hüftle* (NuR 2007, 78, 81) der darin eine Denaturierung des Abweichungsrechts zu einer "Abschaffungsgesetzgebung" erblickt.

721 *Rengeling*, in: HdbStR, Bd. VI, § 135, Rn. 182.

722 *Fischer-Hüftle*, NuR 2007, 78, 80.

723 So auch *Seiler*, in: Epping/Hillgruber, BeckOK, GG, Art. 72, Rn. 24.1.; *Sannwald*, in: Schmidt-Bleibtreu/Hofmann/Hopfauf, GG, Art. 72, Rn. 80i; *Haug*, DÖV 2008, 851, 854.

724 *Degenhart*, DÖV 2010, 422, 425.

725 *Uhle*, in: Kluth, Föderalismusreformgesetz, Art. 72, Rn. 51.

ohne ihre konkrete Benennung in der abweichenden Norm gesetzt werden, sofern diese nur auf die bestehende Rechtslage einwirkt und diese verändert. Zweifelsohne könnte ein Land Regelungen auch treffen, indem es den Rechtszustand wiederherstellt, der ohne die betreffende Bundesregelung gegolten hätte.[726] Auch würde dieser Rechtszustand von der Bundesregelung abweichen, so dass der Annahme gültigen Abweichungsrechts grundsätzlich nichts entgegenstünde.

b) *Folgen von Nichtgeltungsanordnungen*

Die Brisanz solcher Nichtgeltungsanordnungen zeigt sich jedoch in einem ganz anderen Zusammenhang. Wäre es den Ländern erlaubt in Ausübung ihres Abweichungsrechts zunächst Teile des Regulierungskonzepts des Bundes oder dessen Gesamtkonzept schlichtweg abzubedingen, wären sie zwar nicht in der Lage die Sechs-Monats-Frist selbst,[727] aber doch die Wirkungen des Art. 72 Abs. 3 S. 2 GG einseitig zu ihren Gunsten zu verlängern. Sie sähen sich nicht mehr gezwungen, innerhalb der Frist ein eigenes Konzept vorzulegen, sondern dürften sich auf eine – möglicherweise nur vorläufige – vollständige oder teilweise Nichtgeltungsanordnung beschränken, nach deren Erlass das unliebsame Bundesgesetz im Land soweit von vornherein gar nicht erst anwendbar wird wie die Abweichung reicht. Da die Länder je nach Reichweite der Abweichung vom Anwendungsvorrang ihrer (negativen) Abweichungsgesetze geschützt wären, könnten sie sich weitere Zeit verschaffen, um in Ruhe und ohne Zeitdruck ein eigenes Konzept zu erarbeiten oder die ursprüngliche („negative“) Abweichung nachzubessern.

Zwar stellte ein solches Vorgehen keine Umgehung der Frist dar, denn das Inkrafttreten der Bundesgesetze bliebe davon unberührt. Die infolge des auch zugunsten negativer Abweichungsgesetze eintretenden Anwendungsvorrangs verlängerten Gestaltungsmöglichkeiten sind durchaus von der grundgesetzlichen Konzeption gedeckt. Viele Länder könnten sich indes dazu ermutigt sehen, Bundesgesetze auf Abweichungsgebieten noch bevor diese erstmalig anwendbar werden, sicherheitshalber erst einmal vollständig oder teilweise abzubedingen, um ohne Zeitdruck entweder eigene Konzepte zu entwickeln oder aber nach reiflicher Überlegung durch Aufhebung[728] ihrer Abweichungsgesetze doch noch zum Bundeskonzept zurückzukehren.

c) *Positives Regelungselement*

Wer solche „Kunstgriffe“ der Länder von vornherein unterbinden will, muss nach Wegen suchen, bloße Nichtgeltungsanordnungen aus dem Kreis zulässiger Inhalte von Abweichungsgesetzen auszusondern. Das Regelungserfordernis in-

---

726 Vgl. *Haug*, DÖV 2008, 851, 854.

727 Das Inkrafttreten der Bundesgesetze wird, wie sich aus Art. 72 Abs. 3 S. 3 GG ergibt, durch den Erlass von Abweichungsgesetzen nicht berührt.

728 Dies freilich nicht mehr in Ausübung der Abweichungskompetenz.

des ist aus den bereits genannten Gründen untauglich ihre Unzulässigkeit zu begründen.[729]

Einen möglichen Anknüpfungspunkt liefert hingegen der übrige Wortlaut des Art. 72 Abs. 3 S. 1 GG, der nicht nur das wie auch immer geartete Herbeiführen einer Regelung voraussetzt, sondern zugleich verlangt, dass diese vom Landesgesetzgeber durch Gesetz *getroffen* wird. Hieraus lässt sich folgern, dass Tatbestand und Rechtsfolge im Landesgesetz selbst angeordnet werden müssen und sich nicht erst aus dem Zusammenspiel mit der abbedungenen Bundesregelung ergeben dürfen.[730] Anknüpfungspunkt ist hierbei weniger die Formulierung „durch Gesetz",[731] als vielmehr die Voraussetzung, dass die Regelung „getroffen" werden muss. Der unbefangene Betrachter dürfte hierunter eher ein positiv aktives Anordnen selbst festgelegter Rechtsfolgen verstehen und weniger ein negativ passives Abwenden ansonsten eintretender, fremd bestimmter Rechtsfolgen. Zwingend ist die Annahme eines solchen positiven Regelungselements indes nicht.

Vom Sinn und Zweck der Abweichungsgesetzgebung wären bloße Nichtgeltungsanordnungen ebenso gedeckt wie der Erlass positiver Abweichungsregelungen, da sie genauso wie diese Ausdruck gesetzgeberischer Gestaltungsfreiheit sind. Die bloße Abbedingung von Bundesregelungen kann durchaus im Sinne eines landespolitischen Deregulierungskonzepts verstanden werden.[732]

In systematischer Hinsicht ist zu beachten, dass zulässige Abweichungen gemäß Art. 72 Abs. 3 S. 3 GG Anwendungsvorrang genießen. Während sich im Normalfall Bundesrecht und abweichendes Landesrecht ergänzen – die Abweichung schneidet gleichsam einen Teil des Bundesrechts heraus und ersetzt diesen durch eine positive landesrechtliche Regelung – erschlösse sich der Regelungsgehalt eines negativen Abweichungsgesetzes erst mit Blick auf die eigentlich im Wege des Anwendungsvorrangs verdrängte Bundesregelung. Wer den Anwendungsvorrang des negativen Abweichungsgesetzes streng interpretiert, könnte sich daher außer Stande sehen, die verdrängte Bundesregelung überhaupt zu berücksichtigen und müsste die Anwendbarkeit des abweichenden Gesetzes verneinen. Anderenfalls würde das verdrängte Bundesrecht de facto zum notwendigen Bestandteil des Landesrechts erhoben. Vor diesem Hintergrund die Konsequenz zu ziehen, die zwar zulässige Abweichung genösse mangels eigenständiger Anwendbarkeit keinen Anwendungsvorrang – denn die Entscheidung über das Vorliegen einer abweichenden Regelung ist der Feststellung des Anwendungsvorrangs vorgelagert –, ginge allerdings zu weit und wird soweit er-

729 Anders offenbar *Köck/Wolf*, NVwZ 2008, 353, 356, die auf das Erfordernis einer „Regelung" abstellen und demzufolge die sog. Negativgesetzgebung für unzulässig halten.

730 Im Ergebnis auch *Degenhart*, in: Sachs, GG, Art. 72, Rn. 43.

731 So aber offenbar *Degenhart*, in: Sachs, GG, Art. 72, Rn. 43.

732 *Haug*, DÖV 2008, 851, 854; ebenso *Beck*, Die Abweichungsgesetzgebung der Länder, S. 61.

sichtlich auch nicht vertreten. Anders als die Anordnung eines Geltungsvorrangs schließt der Anwendungsvorrang eine ergänzende Heranziehung des verdrängten Rechts gerade nicht aus.

Ergibt sich im Ergebnis aus Art. 72 Abs. 3 GG kein zwingender Ausschluss von Abweichungen in Form bloßer Abbedingung des Bundesrechts, verbleiben die geschilderten damit verbundenen Unwägbarkeiten. Auf der anderen Seite schlösse eine Abbedingung notwendig auch die Bezeichnung der abbedungenen Bundesnorm mit ein, was der Rechtssicherheit zweifelsohne entgegen käme; auch kann es durchaus der Fall sein, dass Länder es tatsächlich auch langfristig bei der bloßen Abbedingung bundesrechtlicher Regelungen belassen wollen.

Soll der Zweck der Sechs-Monats-Frist, die Bürger vor kurzfristig wechselnden Rechtsbefehlen zu schützen, nicht konterkariert werden, führt am Ausschluss einer solchen Negativgesetzgebung kein Weg vorbei. Nur so werden Fehlanreize für solche Länder verhindert, die sich über Bestand und Reichweite ihres Abweichungsbedürfnisses noch nicht im Klaren sind und Negativgesetzgebung vorrangig zur Fristwahrung einsetzen wollen. Den übrigen Ländern, denen eine solche Absicht nicht unterstellt werden kann, ist es dagegen zuzumuten, die stattdessen gewollten Rechtsfolgen in ihren Abweichungsgesetzen selbst festzulegen. Die Gefahr, dass Abweichungsgesetze der Länder zunächst nur vorläufig erlassen würden und es daher zu kurzfristig wechselnden Rechtsbefehlen käme, wäre durch den Ausschluss von Nichtgeltungsanordnungen zwar nicht gebannt, denn auch positive Rechtsfolgenanordnungen können in Ausübung des Abweichungsrechts später noch geändert werden (wobei sich in einem solchen Falle der Anwendungsvorrang der ersten Abweichung auch auf nachfolgende Änderungen erstreckt, soweit nicht die spätere Änderung solche Bundesregelungen betrifft, von denen das Land bisher noch nicht abgewichen ist). Die Versuchung, Bundesregelungen durch ein solches Vorgehen allein aus Fristgründen abzubedingen, könnte durch eine Pflicht zur positiven Abweichung deutlich abgemildert werden. Denn es ist zu erwarten, dass wenn die Länder schon selbst Rechtsfolgen setzen müssen, sie sich von vornherein auch auf diejenigen Regelungen festlegen, die sie dauerhaft oder zumindest langfristig beibehalten wollen.

Haug sieht dagegen die Gefahr, dass es den Ländern leicht möglich wäre, ein Verbot der Negativgesetzgebung durch „Scheinabweichungen", d.h. durch die Formulierung „faktisch folgenloser Positivregelungen" zu umgehen,[733] weshalb man geneigt sein könnte, die Forderung nach positiver Abweichung als bloße Förmelei zu missbilligen. Hierbei wird jedoch übersehen, dass eine solche „Scheingesetzgebung" eben keine echte Negativgesetzgebung durch bloßes Abbedingen von Bundesrecht darstellt, sondern auch eine Art der Positivgesetzgebung im hier geforderten Sinne.

733 *Haug*, DÖV 2008, 851, 854.

2. „Hiervon" – Gebrauch als äußerste Abweichungsgrenze

Art. 72 Abs. 3 S. 1 GG bestimmt, dass, wenn der Bund Gebrauch gemacht hat, die Länder „hiervon" abweichende Regelungen treffen können. Hieran knüpft die Frage an, wovon denn nun die Länder eigentlich abweichen dürfen bzw. unter Umständen sogar müssen: Dürfen sie auch lediglich von Teilen der bundesgesetzlichen Regelung, d.h. punktuell abweichen[734] oder sind ausschließlich umfassende Abweichungen erlaubt? Mit Blick auf den Gebrauch des Bundes als Tatbestandsvoraussetzung des Abweichungsrechts müsste die Frage genau genommen lauten: Müssen die Länder bei ihren Abweichungen den Gebrauch vollständig ausschöpfen oder können sie diesen in Teilen auch unberührt lassen?[735] Ein enges Verständnis der Formulierung „hiervon" im Sinne der ersten Alternative könnte dazu führen, den Ländern nach dem Alles-oder-Nichts-Prinzip das Abweichen nur in Bezug auf die gesamte Reichweite des Gebrauchs zu gestatten. Der Verfassungswortlaut stünde dem jedenfalls nicht entgegen. Eine solche Lesart – die, soweit ersichtlich, auch nicht vertreten wird – wäre jedoch nicht nur der Rechtssicherheit abträglich, sondern es wäre geradezu widersinnig, ein Land dazu zu zwingen, auch von Regelungen des Bundes abzuweichen, gegen die es gerade nichts einzuwenden hat. Zudem dürften regionale Besonderheiten, denen das Abweichungsrecht Rechnung tragen soll, regelmäßig nur punktuelle Abweichungen erfordern. Umfassende Abweichungen zu verlangen, würde dem Zweck des Abweichungsrechts damit nicht gerecht und es seinem Hauptanwendungsfeld entziehen.[736] Inwieweit die Länder abweichen wollen, ob sie den gesamten Sachzusammenhang ausschöpfen oder sich auf einzelne Abweichungen beschränken wollen, ist Bestandteil ihres freien Abweichungsermessens.[737] Ein im Zuge der Arbeit der Bundesstaatskommission geäußerter Vorschlag, nach dem die Länder „das Bundesgesetz, von dem abgewichen werden soll, insoweit vollständig durch Landesrecht regeln" sollten,[738] hat sich nicht durchsetzen können.[739] Der Gebrauch durch den Bund beschreibt damit nur eine äußerste, quantitative[740] Grenze des Abweichungsrechts. Anders als in Art. 72 Abs. 1 GG erfolgt die Kopplung der Kompetenz an das Gebrauchsmo-

734 Im Ergebnis bejahend z.B. *Beck* (Die Abweichungsgesetzgebung der Länder, S. 67), der das Problem indes als solches der Reichweite des Anwendungsvorrangs angeht.

735 Für teilweise Abweichung *Degenhart*, NVwZ 2006, 1209, 1213; *Haug*, DÖV 2008, 851; *Schmitz/Müller*, RuR 2007, 456, 458.

736 *Haug*; DÖV 2008, 851, 854: sowohl einzelne als auch umfassende abweichende Regelungen möglich; mit anderen Blickwinkel *Fischer-Hüftle*, NuR 2007, 78, 80: keine Beschränkung auf punktuelle Regelungen.

737 *Haug*, DÖV 2008, 851, 854; im Ergebnis ebenso *Degenhart*, DÖV 2010, 422, 426.

738 Alternativer Vorschlag für einen Art. 72a S. 3 GG: PAU 1/0013, S. 1, in: CD-ROM „Zur Sache 1/2005".

739 Vgl. *Gerhards*, in: Holtschneider/Schön, Die Reform des Bundesstaates, S. 110.

740 Hierzu sogleich unten 3., a).

ment zwar nicht durch die Formulierung „soweit“; durch die Verwendung des Wortes „hiervon“ in Absatz 3 wird die Begrenzung hingegen gleichermaßen deutlich.[741]

3. „Abweichende“ Regelungen

Das Ergebnis der Abweichung muss die Geltung einer von der Bundesregelung verschiedenen Rechtsfolge sein.[742] Im Übrigen steht der Inhalt abweichender Regelungen – mit Ausnahme der abweichungsfesten Bereiche – im Ermessen der Länder.[743]

Eine Abweichung von der bundesrechtlichen Regelung liegt vor bei jeder inhaltlich und formell anderen Regelung

a) Verbot der Ersetzung als qualitative Grenze des Abweichungsrechts?

Art. 72 Abs. 3 S. 1 GG spricht den Ländern das Recht zum Erlass „abweichender“ Regelungen zu. Aus diesem sprachlichen Unterschied zu Art. 72 Abs. 4 GG und z.B. Art. 125a Abs. 2 S. 2 GG, die den Ländern erlauben Bundesrecht durch Landesrecht zu „ersetzen“, wird vereinzelt gefolgert, das Abweichungsrecht berechtige die Länder gerade nicht auch zur Ersetzung von Bundesrecht durch eigene Vollregelungen. Es stelle gerade keine „Abschaffungsgesetzgebung“ dar.[744] Stattdessen könnten sie nur selektiv abweichen, indem sie andere Akzente setzten als der Bund. Beinhaltete die oben unter 2. angesprochene Frage, ob Abweichungsgesetze der Länder die Reichweite des Bundesgebrauchs umfassend ausschöpfen müssen oder aber auch punktuelle Abweichungen zulässig sind, nur einen quantitativen Aspekt, so geht es hier darum, ob auch dem Merkmal der „Abweichung“ als solchem quantitative und/oder qualitative Begrenzungen der Länderkompetenz entnommen werden können.

Meyer, der – bisher als einziger[745] – in der Festlegung auf „Abweichungen“ sowohl eine quantitative als auch eine qualitative Begrenzung der Abweichungsmöglichkeit erblickt, sieht im Problem der Bestimmung dieser Grenzen eines der Hauptargumente gegen das Abweichungsrecht überhaupt.[746] Seiner

---

741 *Germann* (zu Art. 84 Abs. 1 S. 2 GG, in: Kluth, Föderalismusreformgesetz, Art. 84, 85, Rn. 86) spricht von der Begrenzung auf den „Abweichungszusammenhang“.

742 BSG, Urt. v. 11.12.2008, B 9 VS 1/08 R, Rn. 37, zitiert nach juris, unter Verweis auf *Pieroth* in: Jarass/Pieroth, GG, Art 84, Rn. 8: jede inhaltlich und formell andere Regelung.

743 *Schmidt*-Jortzig, Stellungnahme v. 3.5.2006, S. 4, Rechtsausschussprotokoll 15, Anlage 2; *Uhle*, in: Kluth, Föderalismusreformgesetz, Art. 72, Rn. 50; *Haug*, DÖV 2008, 851, 853 f.

744 *Ritter*, RuR 2006, 418; *Meyer*, Die Föderalismusreform 2006, S. 170; *Degenhart*, DÖV 2010, 422, 426.

745 Die Unterscheidung nach qualitativem und quantitativem Abweichungsmoment findet sich jetzt auch bei *Degenhart*, DÖV 2010, 422, 424.

746 *Meyer*, Die Föderalismusreform 2006, S. 170.

Einschätzung zufolge habe der verfassungsändernde Gesetzgeber es bewusst vermieden, den Ländern ein Ersetzungsrecht zuzugestehen. Den Einwand *Schmidt-Jortzigs*, der Terminus der Ersetzung sei bereits nicht in das förmliche Gesetzgebungsverfahren gelangt und könne daher für eine entstehungsgeschichtliche Auslegung nicht herangezogen werden,[747] lässt er nicht gelten. Die quantitative Grenze will *Meyer* dort ziehen, wo das Land das gesamte Regelungsprogramm des Bundes konterkarieren würde; die qualitative Grenze solle dann überschritten sein, wenn die Abweichung den Charakter des bundesrechtlichen Gesetzes insgesamt ändere.[748]

Mit der hier vertretenen These, dass die äußere quantitative Grenze des Abweichungsrechts durch den Gebrauch des Bundes markiert wird,[749] lässt sich dies jedenfalls nicht vereinbaren. Auch bietet das Merkmal der „abweichenden" Regelung keinen Raum für qualitative Abstufungen, die eine Ersetzung von Bundesregelungen verbieten könnten. Im Gegenteil: Von den abweichungsfesten Bereichen einmal abgesehen, besteht das Abweichungsrecht inhaltlich unbegrenzt.[750] Die vollständige oder teilweise Ersetzung des betreffenden Bundesrechts ist nicht ausgeschlossen.[751] Es wäre auch schwer vorstellbar, wie die Länder von Vollregelungen des Bundes abweichende Regelungen erlassen sollten, ohne dabei ihrerseits Vollregelungen zu schaffen, welche die Bundesregelung insoweit für das Landesgebiet auch ersetzen – wobei ersetzen hier nicht vorschnell mit Geltungsvorrang gleichgesetzt werden darf. Der verfassungsändernde Gesetzgeber hätte also durchaus auch dahingehend formulieren können, dass die betreffenden Regelungen des Bundes, durch andere (d.h. abweichende) Regelungen der Länder ersetzt werden können.[752] Im Zusammenspiel mit der anschließenden Statuierung eines bloßen Anwendungsvorrangs hätte „ersetzen" hier jedenfalls eine andere Bedeutung gehabt als z.B. in Art. 72 Abs. 4 GG (neu). Durch die Festlegung auf „andere" Regelungen wäre zudem sichergestellt, dass die Länder keine dem Bundesrecht gleichlautenden Vorschriften erlassen können. Jedoch müsste die Formulierung einer Ersetzungsbefugnis bei gleichzeitiger Anordnung eines Anwendungsvorrangs sprachlich eher ungeschickt, wenn nicht gar verunglückt wirken, da der „Ersatz" eben wegen der Statuierung eines Anwendungsvorrangs überhaupt nicht wie z.B. gemäß Art. 72 Abs. 4 GG (neu) „an die Stelle" des Bundesrechts treten könnte. Hierin liegt der

747 *Schmidt-Jortzig*, Stellungnahme v. 3.5.2006, S. 9, Rechtsausschussprotokoll 15, Anlage 2.

748 *Meyer*, Die Föderalismusreform 2006, S. 170 f.

749 Oben 2.

750 So auch *Haug*, DÖV 2008, 851, 853 f.

751 *Häde*, ZG 2009, 1, 6 f.: „Ersetzung als extreme Form der Abweichung"; ebenfalls für ein Recht auf Ersetzung, aber jeweils ohne Begründung; *Stettner*, in: Dreier, GG, Art. 72, Rn. 46; *Baier*, Bundesstaat und Europäische Integration, S. 210.

752 Andere Ansicht *Meyer*, Die Föderalismusreform 2006, S. 170.

Unterschied des Art. 72 Abs. 3 S. 1 GG zu den übrigen Ersetzungsbefugnissen des Grundgesetzes, für die mangels anderer Bestimmung der Grundsatz „Landesrecht bricht Bundesrecht“[753] eingreift. Ersetzung und Abweichung unterscheiden sich folglich nicht per se, sondern erst, wenn das Grundgesetz verschiedene Rechtsfolgen an sie knüpft. Diese Rechtsfolgen müssten auch nicht – was indes wünschenswert wäre – für alle Bestimmungen, in denen identische Begriffe verwendet werden, gleich ausfallen. So könnte das Grundgesetz hier das Ersatzrecht mit Anwendungsvorrang ausstatten, es dort dagegen bei der Geltung der allgemeinen Grundsätze (Derogation) belassen. Da die erstere Variante indes sprachlich ungeschickt wirken müsste, wird die Unterschiedlichkeit der Wortwahl erst vor dem Hintergrund der jeweiligen Rechtsfolgenanordnung verständlich, ohne dass hierdurch den Tatbestandsmerkmalen „Abweichung“ und „Ersetzung“ ein unterschiedlicher Begriffsinhalt zugewiesen würde.[754] Abweichungen von Vollregelungen stellen – soweit die Abweichung reicht – ohne weiteres selbst Vollregelungen dar. Die Abweichung ist gegenüber der Ersetzung kein aliud, sondern sie bedingt gerade, dass eine Bundesregelung durch eine andere Regelung – namentlich eine Landesregelung – ersetzt, d.h. ausgetauscht wird. Das bedeutet, dass die Ersetzung einer bundesrechtlichen Regelung nicht nur als zulässige Abweichung angesehen werden muss, sondern es gerade einer Ersetzung der bundesrechtlichen Rechtsfolge bedarf, um eine Abweichung überhaupt bejahen zu können.

Dieses Ergebnis vorausgeschickt, verwundert es auch nicht, dass im übrigen Schrifttum eine Diskussion über mögliche Grenzen der Länderkompetenz unter Betonung des „Abweichungs“aspekts nicht geführt wird.[755] Sofern Ersetzung und Abweichung dort überhaupt im Zusammenhang thematisiert werden, geschieht dies in Übereinstimmung mit der hier vertretenen Linie fast ausnahmslos vom Blickwinkel der Rechtsfolgen beider Instrumente her.[756] So haben nach *Degenhart* beide Begriffe deshalb nicht dieselbe Bedeutung, weil die Ersetzung einen Geltungsvorrang, die Abweichung stattdessen einen Anwendungsvorrang auslöse,[757] wobei „Bedeutung“ hier offenbar nicht im Sinne von „Begriffsinhalt“ zu lesen ist. Die Festlegung des Grundgesetzes auf „abweichende“ Regelungen bedeute seiner Auffassung nach nur, dass die Länder jedenfalls auch „von einzelnen bundesgesetzlichen Regelungen“ abweichen können.[758] Auch *Haug* stellt

753 *Dreier*, in: Dreier, GG, Art. 31, Rn. 25; *Pieroth*, in: Pieroth/Schlink, GG, Art. 72, Rn. 27.

754 Einen identischen Inhalt beider Begriffe konstatiert auch *Haug*, DÖV 2008, 851, 855.

755 Dies beanstandet indes *Meyer*, Die Föderalismusreform 2006, S. 170 (dort Fn. 387).

756 Hierzu insbes. *Häde*, ZG 2009, 1, 7 (dort Fn. 50).

757 *Degenhart*, NVwZ 2006, 1209, 1212 f.

758 *Degenhart*, NvWZ 2006, 1209, 1213; Keine Stellung bezieht *Degenhart* demgegenüber zu der Frage, ob darin auch ein Verbot eines völligen Austauschs der Regelungen für das Landesgebiet zu sehen ist; daher zumindest missverständlich *ders.*, in: Sachs, GG, Art. 72, Rn. 40.

die Ersetzung vor allem als Voraussetzung eines Geltungsvorrangs sowie die Abweichung als Voraussetzung eines Anwendungsvorrangs heraus.[759] Für den Begriffsinhalt beider Tatbestandsvoraussetzungen konstatiert damit auch er, dass sich Abweichung und Ersetzung in ihrer inhaltlichen Reichweite nicht unterscheiden, sondern beide Instrumente „begrifflich in vollem Umfang auf die jeweils bezogenen Kompetenzmaterien anwendbar" sind.[760]

b) Inhaltsgleichheit und Formulierungsidentität

Fraglich ist, ob auch formulierungsidentische oder inhaltsgleiche Landesgesetze abweichende Regelungen darstellen.[761] Die Ansicht, dass sich die Landesregelungen inhaltlich nicht von denen des Bundes unterscheiden müssten, der formalrechtliche Unterschied von Bundes- und Landesrecht also ausreichend sei, ist bisher vereinzelt geblieben.[762]

Richtigerweise stellt die wörtliche und ebenso die inhaltsgleiche Übernahme von Passagen, und sei es auch nur aus Gründen der Übersichtlichkeit, keine ausreichende Abweichung dar. Erforderlich ist eine, wenn auch nur geringfügige, inhaltliche Abweichung; eine formale Unterschiedlichkeit allein reicht nicht aus.[763] Die bloße Änderung der Normqualität kann zwar für den Rechtsweg von Bedeutung sein, denn Landesrecht ist nicht revisibel und insofern würden auch im Falle wortgleicher Übernahme oder Formulierungsidentität andere rechtliche Folgen herbeigeführt.[764] Abweichende Rechtsfolgen im Sinne von Art. 72 Abs. 3 GG müssen jedoch materiell-rechtlicher Natur und unmittelbar in der abweichenden Norm selbst begründet sein; sie dürfen sich nicht mittelbar aufgrund des hierfür geltenden Prozess- oder Verfahrensrechts ergeben.

Ob ein Land durch die Übernahme der übrigen Passagen des Bundesrechts die Rechtsanwendung besser handhabbar machen kann,[765] muss bezweifelt werden. Eine einfachere Handhabe wird dadurch kaum zu erreichen sein, da die wortgleich übernommenen Teile keinen Anwendungsvorrang genießen[766] und der maßgebliche Rechtszustand vielmehr nach wie vor dem Bundesrecht zu entnehmen ist. Auch liegt im Gebrauch des Bundes von seiner Gesetzgebungskom-

---

759 *Haug*, DÖV 2008, 851, 854 f.; *Degenhart*, in: Sachs, GG, Art. 72, Rn. 40; ebenso *Rengeling*, in: HdbStR, Bd. VI, § 135, Rn. 184.

760 *Haug*, DÖV 2008, 851, 855.

761 Verneinend *Sannwald*, in: Schmidt-Bleibtreu/Hofmann/Hopfauf, GG, Art. 72, Rn. 80i; *Uhle*, in: Kluth, Föderalismusreformgesetz, Art. 72, Rn. 51; *Stettner*, in: Dreier, GG, Art. 72, Rn. 51; dafür *Haratsch*, in: Sodan, GG, Art. 72, Rn. 27; unentschlossen *Seiler*, in: Epping/Hillgruber, BeckOK, GG, Art. 72, Rn. 24.2.

762 *Ipsen*, NJW 2006, 2801, 2804; unter Verweis auf diesen: Glaser, NuR 2007, 439, 441.

763 *Degenhart*, DÖV 2010, 422, 424; zu Art. 84 Abs. 1 S. 2 GG: *Kahl*, NVwZ 2008, 710, 713.

764 *Degenhart*, DÖV 2010, 422, 424.

765 *Kahl*, NVwZ 2008, 710, 713.

766 Hierauf hinweisend auch *Meyer*, Die Föderalismusreform 2006, S. 171.

petenz im Bereich von Abweichungsmaterien gerade keine Form der „Modellgesetzgebung“, die vom Land übernommenen werden kann.[767] Zum Teil wird verlangt, dass der Landesgesetzgeber den nur nachrichtlichen Charakter einer wortgleichen Übernahme von Bundesrecht aus Gründen der Rechtsklarheit zumindest dokumentiert.[768] Doch ließe selbst ein solcher Hinweis des Landesgesetzgebers den Gesetzescharakter der wortgleichen Passagen unberührt; den Ländern fehlt insoweit aber schon die Gesetzgebungskompetenz zum Erlass von mit Bundesrecht identischem Landesrecht.[769]

c) Abweichen von Nichtregelungen

Auch in Bezug auf Bereiche von Abweichungsmaterien, die der Bund nur zum Teil geregelt und im Übrigen bewusst ungeregelt gelassen hat, können die Länder andere Rechtsfolgen setzen, da der für die Abweichung vorausgesetzte Gebrauch des Bundes auch insoweit vorliegt.[770] Ebenso wie im umgekehrten Falle bloßer Nichtgeltungsanordnungen[771] entfaltet auch die erstmalige Regelung eines bisher ungeregelten Zustandes Regelungswirkung. Diese Möglichkeit auszuschalten, indem man für einen das Abweichungsrecht auslösenden Gebrauch des Bundes stets eine positive Regelung verlangt,[772] ist dogmatisch nicht begründbar. Der Verfassungswortlaut knüpft das Abweichungsrecht an den vorherigen „Gebrauch“ des Bundes von seiner konkurrierenden Gesetzgebungskompetenz. Das materielle Abweichungsrecht verlangt damit im Gegensatz zu Art. 84 Abs. 1 S. 2 GG nicht, dass Bundesgesetze etwas „bestimmen“ und die Länder erst von eben jenen positiven Bestimmungen abweichen dürfen. Damit setzt Art. 72 Abs. 3 S. 1 GG jedenfalls nach dem Wortlaut ein Abweichen „hiervon“ im Sinne einer positiven Regelung nicht voraus. Allerdings folgt noch nicht allein aus dem sprachlichen Unterschied zu Art. 84 Abs. 1 S. 2 GG, dass sich materielle Abweichungen nicht auf positive Regelungen zu beziehen brauchen. Grund: Der sprachliche Unterschied rechtfertigt sich dadurch, dass als Bundesregelungen im Sinne von Art. 84 Abs. 1 S. 2 GG schon von vornherein nur positive Regelungen („Bestimmungen“) in Betracht kommen können, da sich diese ihrerseits auf Landesregelungen nach Art. 84 Abs. 1 S. 1 GG beziehen und sich von diesen unterscheiden, d.h. positive Anordnungen treffen müssen.

---

767 So aber *Ipsen*, NJW 2006, 2801, 2804; *ders.*, Staatsrecht I, Rn. 582; *Haratsch*, in: Sodan, GG, Art. 72, Rn. 27; zu Art. 84 Abs. 1 S. 2 GG: *Kahl*, NVwZ 2008, 710, 713; *Battis/Kersten*, DVBl. 2007, 152, 156.

768 *Meyer*, Die Föderalismusreform 2006, S. 171; vgl. *Schmitz/Müller*, RuR 2007, 456, 459, die für diese Möglichkeit im Ergebnis aber kein Bedürfnis sehen.

769 Nach *Schmitz/Müller*, RuR 2007, 456, 459, sei dagegen mangels Regelungscharakters einer solchen Übernahme eine *Gesetz*gebungskompetenz überhaupt nicht vonnöten.

770 Vgl. oben B., II., 3., a).

771 Oben 1., a).

772 So aber *Fischer-Hüftle*, NuR 2007, 78, 81.

Für die Zulassung auch von Abweichungen von Nichtregelungen spricht jedoch ganz erheblich der Zweck der Abweichungskompetenz: Auch und gerade die erstmalige positive Regulierung kann als Ausdruck eines politischen Konzepts verstanden werden und eröffnet Gestaltungsmöglichkeiten für die Länder.[773] Würde man Abweichungen nur von positiven Regelungen des Bundes zulassen, nicht aber von einem Gebrauch des Bundes durch absichtsvolle Nichtregelung, bliebe den Ländern der Zugriff hierauf verschlossen, selbst wenn territoriale Besonderheiten eine Regelung erfordern oder eine solche in dem Land lediglich gewünscht wird. Der Bund könnte durch eigenes Untätigbleiben den Ländern den Zugriff auf Tatbestände versperren, die ihnen im Falle einer positiven Bundesregelung dagegen ohne weiteres offen stünden.[774] Dies wäre ersichtlich paradox.

4. Verfassungs-, europa- und völkerrechtliche Ausübungsgrenzen

Die dem Abweichungsrecht unterliegenden Materien zeichnen sich durch eine starke europa- und völkerrechtliche Prägung aus.[775] Ein großer Teil des deutschen Rechts, insbesondere des Umweltrechts, geht unmittelbar oder mittelbar auf unionsrechtliche Vorgaben zurück und hat überdies auch internationalen Vorgaben zu genügen.[776] Aufgrund dessen ist z.T. gefordert worden, die betreffenden Materien dem Bund abweichungsfrei als konkurrierende Zuständigkeiten zu überlassen.[777] Pragmatisch formulieren in diesem Zusammenhang daher *Ekardt/Weyland*, die in der Abweichungsgesetzgebung und dem mit ihr geschaffenen „Umweltföderalismus" nicht nur einen nutzlosen Akt symbolischer (Verfassungs-)Gesetzgebung, sondern vielmehr auch unionswidriger Gesetzgebung sehen.[778] Den Ländern würden selbst im Falle der Überweisung in die originäre Landeskompetenz Materien zugewiesen, die aufgrund der inter- und supranationalen Bindungen ohnehin einheitlich geregelt werden müssten.[779] Auch *Epiney* ist der Meinung, die Länder hätten eine weitere Aushöhlung ihrer Kompetenzen nicht zu befürchten, da ohnehin bereits vieles unionsrechtlich determiniert sei.[780]

---

773 Für den umgekehrten Fall der sog. Negativgesetzgebung, *Haug*, DÖV 2008, 851, 854.

774 Für den Fall, dass der Bund überhaupt nicht regelt: *F. Kirchhof*, 3. Sitzung der Kommission am 12.12.2003, Stenografischer Bericht, S. 60, in: CD-ROM „Zur Sache 1/2005".

775 Vgl. hierzu die Bestandsaufnahme der Bundesregierung zum Gebrauchmachen vorhandener Gesetzgebungskompetenzen des Bundes, AU 0043, S. 142 ff., in: CD-ROM „Zur Sache 1/2005"; ebenso *Oeter*, in: Starck, Föderalismusreform, Rn. 46.

776 Zum Umfang des europarechtlichen Einflusses vgl. *Feldkamp/Ströbel*, Datenhandbuch 1994 bis 2003, S. 601 f.

777 Für den Bereich des Umweltrechts: *Schrader*, Stellungnahme v. 8.5.2006, S. 11 ff. u. 15, Rechtsausschussprotokoll 15, Anlage 2; *Ekardt/Weyland*, NVwZ 2006, 737, 742.

778 *Ekardt/Weyland*, NVwZ 2006, 737, 740.

779 *Ekardt/Weyland*, NVwZ 2006, 737, 740.

780 *Epiney*, NuR 2006, 403, 411.

Das Grundgesetz sollte sich jedoch nicht darauf beschränken, die vorgefundenen internationalen und europarechtlichen Rahmenbedingungen lediglich nachzuzeichnen und diese zur unverrückbaren Grundlage der bundesstaatlichen Kompetenzverteilung zu machen. Allein der Umstand, dass die Länder bei Erlass abweichender Gesetze die entsprechenden Vorgaben des inter- und supranationalen Rechts zu beachten haben, darf nicht dazu führen, dass ihnen die entsprechenden Materien auch noch dauerhaft entzogen werden.[781] Die Gesetzesbegründung beschwichtigt, indem sie davon ausgeht, dass die Länder bei der Abweichungsgesetzgebung an verfassungs-, europa- und völkerrechtliche Vorgaben in gleicher Weise gebunden seien wie der Bund.[782] Ob dem in dieser Allgemeinheit zugestimmt werden kann,[783] soll Gegenstand der folgenden Untersuchung sein.

a) *Verfassungsrecht*

Die Länder sind bei der Ausübung ihrer Gesetzgebungskompetenzen, so auch beim Gebrauch des Abweichungsrechts, an grundgesetzliche Vorgaben, insbesondere das Homogenitätsgebot gebunden.[784] Einschränkungen können sich im Einzelfall auch erst kraft Bundestreue ergeben. So kann z.B. in grundrechtsrelevanten Bereichen eine Pflicht der Länder zu (bundes)einheitlichen Regelungen bestehen.[785]

b) *Unionsrecht*

aa) *Unvereinbarkeit des Abweichungsrechts mit Pflicht zur Umsetzung europäischer Richtlinien?*

Vereinzelte, aber doch drastische Bedenken werden bereits im Hinblick auf die Vereinbarkeit des Abweichungsrechts mit Unionsrecht geltend gemacht.[786] Es gerate mit diesem nicht nur dadurch in Konflikt, dass es Abweichungen von zentralen Bereichen des Natur- und Landschaftsschutzes zulasse, es stehe bereits auch nicht im Einklang mit den unionsrechtlichen Anforderungen an eine ordnungsgemäße Richtlinienumsetzung.[787] Laut *Epiney* dürfe das mitgliedstaatliche

---

781 Die starke unionsrechtliche Prägung kann umgekehrt sogar als Argument gegen eine Bundeskompetenz begriffen werden: *F. Kirchhof*, ZG 2004, 209, 216.

782 BT-Drs. 16/813, S. 11.

783 So z.B. *Rengeling*, DVBl. 2006, 1537, 1542; *Frenz*, NVwZ 2006, 742, 746; *Schulze-Fielitz*, NVwZ 2007, 249, 254; *Köck/Wolf*, NVwZ 2008, 353, 356; *Sannwald*, in: Schmidt-Bleibtreu/Hofmann/Hopfauf, GG, Art. 72, Rn. 80i; *Germann*, in: Kluth, Föderalismusreformgesetz, Art. 84, 85, Rn. 43; *Mayen*; DRiZ 2007, 51, 55.

784 *Selmer*, ZG 2009, 33, 36, 40.

785 Für den Bereich der Hochschulzulassung: *Sannwald*, in: Schmidt-Bleibtreu/Hofmann/Hopfauf, GG, Art. 70, Rn. 15; *Degenhart*, in: Sachs, GG, Art. 70, Rn. 66.

786 *Epiney*, NuR 2006, 403, 409; *Ekardt/Weyland*, NVwZ 2006, 737, 739.

787 *Epiney*, NuR 2006, 403, 409; *Ekardt/Weyland*, NVwZ 2006, 737, 740 f.

Recht – wenn das Unionsrecht einen bestimmten Mindeststandard vorgebe – Vorschriften, die deren Unterschreitung ermöglichen noch nicht einmal vorhalten und zwar selbst dann nicht, wenn auf diese im Einzelfall überhaupt nicht zurückgegriffen werde.[788] Eben dies treffe aber auf das materielle Abweichungsrecht zu.

Wäre dies richtig, so müsste jede nationale Kompetenzordnung, selbst wenn sie ausschließlich Bundeszuständigkeiten vorsähe, gegen Unionsrecht verstoßen, da legislatives Handeln stets die Gefahr der Unterschreitung unionsrechtlich geforderter Standards birgt. Zentralstaaten bilden insofern keine Ausnahme. Auch der Bund selbst setzt aufgrund der einschlägigen Kompetenzvorschriften Unionsrecht oft bekanntlich nur unzureichend um oder könnte eine einmal erfolgte Umsetzung durch spätere Änderungen nachträglich fehlerhaft machen. Umgekehrt könnten es gerade die Länder sein, die in Ausübung des Abweichungsrechts einen unionsrechtskonformen Zustand überhaupt erst herstellen. Schon wegen Art. 104a Abs. 6 GG n.F. werden sie sich davor hüten, Unionsrecht zu verletzen.[789] Sie sollten daher keinesfalls unter den Generalverdacht als potenzielle Unionsrechtsbrecher gestellt werden.[790]

bb) Zeitpunkt vollständiger Richtlinienumsetzung

Die wesentliche Frage ist damit nicht, ob unter dem Regime der Abweichungskompetenz eine ordnungsgemäße Umsetzung überhaupt erfolgen kann, sondern wann eine solche vorliegt. Die Pflicht zur Umsetzung von Richtlinien trifft die Mitgliedstaaten. Wer innerhalb dieser konkret zur Umsetzung berufen ist, richtet sich nach nationalem Verfassungsrecht.[791] Sofern danach mehrere Glieder eines Mitgliedstaates zuständig sind, müssen alle Glieder den richtlinienkonformen Zustand herstellen.[792] Im Bereich der Abweichungsgesetzgebung sind zwei Ausgangssituationen theoretisch denkbar: Erstens der Fall, dass das Unionsrecht einen in der Bundesrepublik bislang ungeregelten oder ausschließlich durch die Länder geregelten Bereich überformt und zweitens der wohl häufigere Fall, dass Richtlinien für bereits durch den Bund geregelte Bereiche umzusetzen sind. In der ersten Konstellation sind nach der innerstaatlichen Kompetenzverteilung (konkurrierende Kompetenz) sowohl der Bund als auch die Länder zur Umset-

---

788 *Epiney*, NuR 2006, 403, 409.

789 *Oeter*, in: Starck, Föderalismusreform, Rn. 47; *Frenz*, Stellungnahme, S. 17 f., Rechtsausschussprotokoll 15, Anlage 2; *Kloepfer*, Stellungnahme v. 3.5.2006, S. 10, Rechtsausschussprotokoll 15, Anlage 2; ebenfalls gegen Unionsrechtswidrigkeit *Köck/Wolf*, NVwZ 2008, 353, 356.

790 Dies meinen auch *Koch/Krohn* (NuR 2006, 673, 679), dennoch werde aber ihrer Ansicht nach die Versuchung der Länder groß sein, ihre Verwaltungen durch die Absenkung von Standards zu entlasten.

791 EuGH, Rs. C-131/88, Kommission/Deutschland, Slg. 1991, S. I-825, Leitsatz 3 und Rn. 71; *Haslach*, DÖV 2004, 12 f., 15.

792 *Nettesheim*, in: Grabitz/Hilf, EGV, Art. 249, Rn. 139 (20. EL August 2002).

zung der unionsrechtlichen Vorgaben berufen. Entsprechendes gilt grundsätzlich auch in der zweiten Konstellation,[793] dort aber nur, wenn und soweit die Länder den von der Richtlinie geforderten Zustand auch tatsächlich und in rechtsstaatlicher Weise durch Abweichung vom bestehenden bundesrechtlichen Rechtszustand herstellen könnten. Selbst, wenn dies ausnahmsweise einmal der Fall sein sollte, werden die Länder hiervon sicher schon aus Gründen der Praktikabilität und zur Umgehung damit unweigerlich einhergehender Rechtsetzungsschwierigkeiten absehen. Zudem müssten alle sechzehn Bundesländer – wenngleich nicht notwendig einheitlich – vom Abweichungsrecht Gebrauch machen und den geforderten Rechtszustand herstellen; auch solche Länder, die lieber den Bund in der Vorhand sähen und es bei der beabsichtigten Bundesregelung belassen wollten.[794] Der Verzicht der betreffenden Länder auf Abweichungsgesetze genügte in dieser Konstellation jedenfalls nicht. Nicht nur, dass das Abweichungsrecht nicht im Rechtssinne verzichtbar ist (schon gar nicht zu Lasten nachfolgender Landtage), die Länder werden durch das Abweichungsrecht auch nicht zur Gesetzgebung verpflichtet, so dass ohne hinzutretendes Bundesgesetz der Rechtszustand in dem betreffenden Land unverändert und damit insgesamt unionsrechtswidrig bliebe. Zu einer Richtlinienumsetzung durch sechzehnfache Abweichung wird es daher vernünftigerweise nicht kommen. Es ist vielmehr zu erwarten, dass die Länder dem Bund den Vortritt nicht nur unfreiwillig überlassen, sondern dessen Erstzugriff dankend annehmen werden.[795] Auch ist nicht davon auszugehen, dass diejenigen Länder, die eigene Vorstellungen in Abweichungsgesetzen umsetzen wollen, „vorpreschen" bevor der Bund seinerseits ein Gesetz verkündet hat, da sie dadurch eine Verdrängung ihres Rechts gemäß Art. 72 Abs. 3 S. 3 GG riskieren. Der Bund seinerseits wird sich schon wegen seiner Haftung für Vertragsverletzungen im Außenverhältnis nicht auf Eigenaktivitäten der Länder verlassen, sondern selbst die Initiative ergreifen.

Der früheste Zeitpunkt für die Beurteilung der Richtlinienkonformität des geschaffenen Rechtszustandes wird damit regelmäßig derjenige des Inkrafttretens des Bundesgesetzes sein,[796] der gegebenenfalls durch eine Zustimmung des

793 *Erbguth*, Stellungnahme, S. 3, Rechtsausschussprotokoll 15, Anlage 2: innerstaatliche Umsetzungspflicht (gemeint ist wohl nur die Umsetzungs*zuständigkeit*) verlagere sich durch das Abweichungsrecht auf die Länder.

794 *Haratsch*, in: Sodan, GG, Art. 72, Rn. 31; Dagegen genügt es nicht, wenn *Haratsch* alternativ ausreichen lässt, dass alle Länder auf Abweichungen verzichten; einen Abweichungsverzicht für ausreichend hält auch *Kloepfer*, Stellungnahme v. 3.5.2006, S. 10, Rechtsausschussprotokoll 15, Anlage 2.

795 Für ein solches Vorgehen auch *Baier*, Bundesstaat und Europäische Integration, S. 210.

796 So auch *Baier* (Bundesstaat und Europäische Integration, S. 210), nach dem das Zugriffsrecht der Länder die rechtzeitige Umsetzung nicht mehr gefährden könne; ähnlich *Beck*, Die Abweichungsgesetzgebung der Länder, S. 195: Dem Transformierungser-

Bundesrates gemäß Art. 72 Abs. 3 S. 2 HS 2 GG vorzuziehen ist.[797] Abweichende Landesgesetze können freilich auch schon vor Ablauf der sechs Monats Frist oder dem Termin des vorgezogenen Inkrafttretens des Bundesgesetzes in Kraft treten.

cc) Unions- und Bundestreue als Kompetenzausübungsschranken?

Werden wie oben gesehen die Länder durch das Abweichungsrecht berechtigt, Richtlinien ebenso wie der Bund umzusetzen, so ist damit noch nicht geklärt, ob die Länder im Falle des Gebrauchs vom Abweichungsrecht materiell-rechtlichen Bindungen unterliegen und worin – in nationalem Verfassungsrecht (Stichwort: Bundestreue) oder Unionsrecht (Stichwort: Unionstreue) – solche begründet sein können. Die verfassungsrechtliche Konzeption als Abweichungs*recht*, steht derartigen Bindungen jedenfalls nicht von vornherein entgegen. Ganz überwiegend wird ohne nähere Begründung und in Übereinstimmung mit der Gesetzesbegründung davon ausgegangen, die Länder seien bei der Abweichungsgesetzgebung an europarechtliche Vorgaben in gleicher Weise gebunden wie der Bund.[798] Steht im Ergebnis eine Bindung der Länder außer Frage, kommen zu ihrer Begründung unterschiedliche Herangehensweisen in Betracht.

Wer die unionsrechtliche Perspektive betont, könnte vertreten, das Unionsrecht entfalte Wirkungen auch für den innerstaatlichen Bereich, da die vertraglichen Verpflichtungen den Bund und die Länder als Ganzes träfen.[799] Jedenfalls aber wirke infolge des Ausschließlichkeitsverzichts der nationalen Staatsgewalt der Umsetzungsbefehl von Richtlinien in den innerstaatlichen Rechtskreis hinein und verpflichte die Länder auf die Verwirklichung des Richtlinienziels.[800] Der nationale Gesetzgeber könne infolgedessen sogar in gewissen Grenzen von verfassungsrechtlichen Vorgaben befreit werden.[801] *Rehbinder/Wahl* sprechen in diesem Zusammenhang von einer wenig bemerkten Folge des Verbundes zwischen Grundgesetz und unionsrechtlichem Primärrecht, die sich in einer direkten Einwirkung des Unionsrechts auch auf das nationale Verfassungsrecht bemerkbar mache.[802] Der bei den Verfassern vorgenommenen „zweifach vertikalen" Anwendung des Treue-Gedankens, namentlich der innerstaatlichen Bundestreue einerseits sowie der Unionsreue nach Art. 4 Abs. 3 EUV[803] andererseits,[804] be-

---

fordernis genüge der erste, den Vorgaben genügende Umsetzungsakt; zustimmend *Kotulla*, NVwZ 2007, 489, 492.

797 Hierzu unten E., VII.

798 BT-Drs. 16/813, S. 11; *Rengeling*, DVBl. 2006, 1537, 1542; *Frenz*, NVwZ 2006, 742, 746; *Schulze-Fielitz*, NVwZ 2007, 249, 254; *Köck/Wolf*, NVwZ 2008, 353, 356; *Sannwald*, in: Schmidt-Bleibtreu/Hofmann/Hopfauf, GG, Art. 72, Rn. 80i.

799 *Trüe*, EuR 1996, 179, 191 unter Berufung auf *BVerfGE* 6, 309, 340, 361 ff.

800 *Rengeling*, DVBl. 1995, 945, 950; *Grabitz*, AöR 111 (1986), 1, 8 f.

801 *Rengeling*, DVBl. 1995, 945, 950; *Stüer/Spreen*, VerwArch 96 (2005), 174, 182.

802 *Rehbinder/Wahl*, NVwZ 2002, 21, 27 f.: „Interpretationslösung".

803 Ex-Art. 10 EG.

dürfte es nach ihrer Sichtweise aber genau genommen nicht mehr, da hiernach bereits letztere genügte, um eine unionsrechtliche Überformung auch der nationalen Kompetenzordnung zu begründen.[805]

Daneben finden sich auch Ansätze, die eine Bindung der Länder an Unionsrecht erst über das nationalverfassungsrechtliche „Vehikel" der Bundestreue begründet sehen.[806] Da Adressaten von Richtlinien grundsätzlich nur die Mitgliedstaaten als solche seien, nationale Organe oder Glieder mithin gerade nicht unmittelbar verpflichtet würden, bedürfe es der Bundestreue als „Kupplung" zur Überleitung der unionsrechtlichen Bindung auf den innerstaatlich zuständigen Hoheitsträger[807] und damit zur Herstellung einer „faktischen Abweichungsfestigkeit europäisch geprägten Bundesrechts".[808] Danach hätten die Länder alles zu unterlassen, was die Pflicht des Bundes zur Umsetzung des Unionsrechts erschwere oder unmöglich mache.[809] Habe der Bund Unionsrecht „Eins-zu-Eins" umgesetzt, dürften die Länder nur noch nach oben abweichen; eine Absenkung von Schutzstandards sei ihnen verwehrt.[810] Abweichungen entgegen europarechtlichen Vorgaben verstießen danach stets auch gegen den Grundsatz der Bundestreue.[811]

Nicht zu überzeugen vermag die vereinzelt vertretene Ansicht, eine Bindung der Länder an Unionsrecht bestehe nicht erst vermittels der Bundestreue, weil der Vorrang des Unionsrechts ohne weiteres auch für Landesrecht gelte.[812] Der Anwendungsvorrang kann jedoch, da er eine einheitliche und unmittelbare Geltung des Unionsrechts in den Mitgliedstaaten voraussetzt,[813] Bedeutung nur für den Gesetzesvollzug haben; wo eine Rechtssetzung noch nicht erfolgt ist, kann er sich nicht auswirken.[814] Der Vorrang des Unionsrechts fordert damit nur die Außerachtlassung unionsrechtswidriger Abweichungsgesetze, hindert aber nicht schon deren Erlass.[815] Erst, wenn ein Land – entsprechendes gilt ohnehin auch

---

804 *Rehbinder/Wahl*, NVwZ 2002, 21, 28.

805 So wohl auch *Rengeling* (DVBl. 1995, 945, 950), der in Bundes- und Unionstreue alternative Begründungsansätze für eine Umsetzungspflicht der Länder sieht.

806 *Trüe*, EuR 1996, 179, 192; ohne Begründung: *Huber*, Stellungnahme v. 15.05.2006, S. 22, Rechtsausschussprotokoll 12, Anlage 2.

807 *Kössinger*, Die Durchführung des Europäischen Gemeinschaftsrechts im Bundesstaat, S. 70, 78.

808 *Schulze-Fielitz*, NVwZ 2007, 249, 257 f.

809 *Schulze-Fielitz*, NVwZ 2007, 249, 255; *Köck/Wolf*, NVwZ 2008, 353, 356; ähnlich *Huber*, Stellungnahme v. 15.05.2006, S. 22, Rechtsausschussprotokoll 12, Anlage 2.

810 *Schulze-Fielitz*, NVwZ 2007, 249, 257 f.

811 *Hoppe*, DVBl. 2007, 144, 148; ebenso *Köck/Wolf*, NVwZ 2008, 353, 356.

812 *Degenhart*, in: Sachs, GG, Art. 70, Rn. 66.

813 *Oppermann*, Europarecht, 4. Aufl. 2009, § 10 Rn. 20; *Rengeling*, DVBl. 1995, 945, 948.

814 *Trüe*, EuR 1996, 179, 194.

815 *Streinz*, Europarecht, 8. Aufl. 2008, Rn. 256.

für den Bund – nach Ablauf der Umsetzungsfrist die angeglichenen landesrechtlichen Vorschriften entgegen den Richtlinienvorgaben und in Ausübung des Abweichungsrechts wieder ändern will, verliert der nationale Gesetzgeber infolge der Sperrwirkung der Richtlinie die Befugnis, über den Inhalt der angeglichenen Vorschriften zu disponieren.[816]

c) Völkerrecht

Für die dem Abweichungsrecht unterliegen Gebiete bestehen keine eigenen Vertragsschlusskompetenzen der Länder.[817] Auf völkerrechtliche Verträge mit dem Bund gegründetes internationales Recht steht gemäß Art. 59 Abs. 2 GG im Range eines einfachen Bundesgesetzes.[818] Im Kollisionsfall können daher wegen Art. 72 Abs. 3 S. 3 GG auch Landesgesetze Vorrang vor dem umgesetzten Vertrag beanspruchen.[819] Zu einem Verstoß gegen Völkerrecht kommt es zwar auch, sofern die internationalen Regelungen zugleich „europäisiert" sind, in diesem Falle greift jedoch die Bindung der Länder an die europäischen Vorgaben Platz.[820] Unabhängig davon, ob man ein Gebot völkerrechtskonformer Auslegung auch des nationalen Verfassungsrechts annehmen wollte,[821] könnte vertreten werden, das Völkerrecht nehme insoweit an der oben unter b), cc) beschriebenen Bindungswirkung des Unionsrechts teil. So argumentiert *Rossi* speziell mit Blick auf die *Aarhus*-Konvention, dass deren unionsrechtliche Implementierung die nationale Ratifikation des völkerrechtlichen Vertrages weitgehend bedeutungslos werden lasse und daher der unionsrechtliche Umsetzungsakt in den Vordergrund rücke.[822] Damit wirkt sich in solchen Bereichen auch die dualistische Auffassung nicht aus, die im Kollisionsfall dem innerstaatlichen Recht Vorrang einräumt.[823] Ohne eine gleichzeitige Implementierung völkerrechtlicher Vorgaben in europäisches Recht könnten sich diese nach dem dualistischen Ansatz nicht gegenüber dem Landesrecht durchsetzen. Der Landesgesetzgeber hätte dann aber aufgrund seiner Verpflichtung zur Bundestreue alles zu unterlassen,

---

816 *Nettesheim*, in: Grabitz/Hilf, EGV, Art. 249, Rn. 150 (20. EL August 2002); EuGH Rs. C-208/88, Kommission/Dänemark, Slg. 1990, S. I-4445, Rn. 7.

817 Zu den Bereichen, in denen die Länder über Vertragsschlusskompetenzen verfügen vgl. *Kunig*, in: Graf Vitzthum, Völkerrecht, S. 112.

818 *Rossi*, in: Möllers/Voßkuhle/Walter (Hrsg)., Internationales Verwaltungsrecht, S. 173.

819 *Rossi*, in: Möllers/Voßkuhle/Walter (Hrsg)., Internationales Verwaltungsrecht, S. 173.

820 *Rossi*, in: Möllers/Voßkuhle/Walter (Hrsg), Internationales Verwaltungsrecht, S. 173 f.; hierzu oben b), cc).

821 Für eine völkerrechtskonforme Auslegung des einfachen Rechts: *Schweitzer*, Staatsrecht III, Rn. 440c und *Ruffert*, in: Hoffmann-Riem/Schmidt-Aßmann/Voßkuhle (Hrsg), Grundlagen des Verwaltungsrechts, Bd. I, § 17, Rn. 42.

822 So vor allem mit Blick auf die Aarhus-Konvention, deren unionsrechtliche Implementierung die nationale Ratifikation des völkerrechtlichen Vertrages weitgehend in die Bedeutungslosigkeit entlasse: *Rossi*, in: Möllers/Voßkuhle/Walter (Hrsg), Internationales Verwaltungsrecht, S. 174; ähnlich *Franzius*, NVwZ 2008, 492, 498.

823 Hierzu *Kunig*, in: Graf Vitzthum, Völkerrecht, S. 99.

was dem Bund die Erfüllung seiner völkerrechtlichen Verpflichtungen unmöglich macht.[824] Nach der monistischen Auffassung und unter Zugrundelegung des Primats des Völkerrechts,[825] ergäbe sich dessen Vorrang vor dem nationalen Recht von selbst.

Im Bericht des Bundesinnenministeriums und des Justizministeriums über die Auswirkungen der Föderalismusreform auf die Vorbereitung von Gesetzentwürfen der Bundesregierung und das Gesetzgebungsverfahren vom 4. September 2006 heißt es in diesem Zusammenhang und mit Blick auf das verfahrensrechtliche Abweichungsrecht nach Art. 84 Abs. 1 S. 2 GG schlichtweg:[826]

> „Wenn eine Verfahrensregelung bereits durch EU- oder Völkerrecht bindend vorgegeben ist und kein nationaler Umsetzungsspielraum mehr besteht, bedarf es keines (zusätzlichen) Ausschlusses des Abweichungsrechts durch den Bundesgesetzgeber. Eine in Umsetzung supranationaler oder völkerrechtlicher Vorgaben ergehende Verfahrensregelung kann der Bundesgesetzgeber deshalb ohne Zustimmung des Bundesrates treffen. Nur das Vertragsgesetz bedarf nach Artikel 59 Abs. 2 GG der Zustimmung des Bundesrates, wenn der zugrunde liegende völkerrechtliche Vertrag bindende Verfahrensregelungen enthält. Auch in diesem Fall bedarf es aber keiner gesonderten gesetzlichen Regelung zum Ausschluss des Abweichungsrechts. Vielmehr ist lediglich in der Begründung darauf hinzuweisen, dass das Gesetz der Zustimmung des Bundesrates bedarf, weil der Vertrag, der innerstaatlich in Geltung gesetzt wird, Verfahrensregelungen enthält und insoweit für abweichendes Landesrecht keinen Raum lässt.“[827]

D. Zeitlicher Anwendungsbereich und Übergangsrecht, Art. 125b GG

Das materielle Abweichungsrecht betrifft sämtlichst solche Materien, die bisher der Rahmengesetzgebung des Bundes zugeordnet waren. Art. 125b Abs. 1 GG regelt das Schicksal der vor Abschaffung dieser Kompetenzart erlassenen Rahmengesetze und die Zulässigkeit hierauf bezogener Länderabweichungen. Rahmenrecht, für dessen Materien der Bund auch nach der Reform noch zuständig ist, gilt danach als Bundesrecht fort (Art. 125b Abs. 1 S. 1 GG).

Durch die angeordnete Fortgeltung des alten Rahmenrechts unterläge dieses jedoch sogleich dem unbeschränkten Abweichungsrecht nach Art. 72 Abs. 3 S. 1 GG. Dies aber verhindert Art. 125b Abs. 1 S. 3 GG für enumerativ genannte Materien und für bestimmte Übergangszeiten. Das Grundgesetz geht dabei folgendermaßen vor: Zunächst räumt Art. 125b Abs. 1 S. 3 GG den Ländern das Recht zur Abweichung auch von fortgeltendem Rahmenrecht umfassend und zwar für alle Materien des Art. 72 Abs. 3 S. 1 GG ein, ordnet anschließend aber

824 Hierzu schon *BVerfGE* 6, 309, 361 f.
825 Hierzu *Kunig*, in: Graf Vitzthum, Völkerrecht, S. 99.
826 Abgedruckt in BR Drs. 651/06.
827 BR Drs. 651/06, S. 11.

für bestimmte Materien eine zeitlich befristete Beschränkung des Umfangs zulässiger Abweichungen an.

Was kompliziert klingen mag,[828] erschließt sich bei genauerer Betrachtung: Das soeben so großzügig eingeräumte Recht zur Abweichung von fortgeltendem Rahmenrecht erfährt auf den Gebieten des Art. 72 Abs. 3 S. 1 Nr. 2, 5 und 6 GG eine inhaltliche Einschränkung: Die Länder dürfen vom fortgeltenden Rahmenrecht nur abweichen, „soweit"[829] der Bund neuerlichen Gebrauch von seiner nunmehrigen Gesetzgebungskompetenz gemacht hat. Zweck dieser Koppelung des Abweichungsrechts an die Reichweite des Bundesgebrauchs ist es, dem Bund, der bisher auf Rahmenregelungen beschränkt war, die Möglichkeit zu verschaffen, seine neuen (konkurrierenden) Vollkompetenzen erst einmal auszuschöpfen, ohne dass die Länder bereits abweichen können. So sollte er insbesondere in die Lage versetzt werden, ein Umweltgesetzbuch zu erlassen.[830] Diese Einschränkung hat den Vorteil, dass die Länder zunächst einmal die Konzeption des Bundes abwarten müssen und sie dann gegebenenfalls nur begrenzt abweichen oder von Abweichungen gänzlich absehen. Nicht ausgeschlossen ist freilich, dass die Länder Abweichungsgesetze schon während des Gesetzgebungsverfahrens des Bundes entwerfen.

Der ursprüngliche Entwurf von Art. 125b Abs. 3 GG sah dagegen eine Öffnung fortgeltenden Rahmenrechts für Länderabweichungen schon dann vor, „wenn" der Bund neuerlichen Gebrauch gemacht hat.[831] Die Beschränkung durch den Zusatz „soweit" ist eingefügt worden, da den Ländern sonst der Zugriff auf das ganze fortgeltende Rahmenrecht eröffnet worden wäre.[832] Dementsprechend hieß es zur Begründung einer entsprechenden Beschlussempfehlung, der Bund solle die Möglichkeit erhalten, während der Frist zwingend notwendige, insbesondere von „Dritten" veranlasste Änderungen bestehenden Rahmenrechts vorzunehmen, ohne dass dadurch das gesamte Rahmenrecht dem Zugriff der Länder ausgesetzt werde.[833] Gemeint waren damit insbesondere die fristgerechte Umsetzung von Unionsrecht und die Umsetzung gerichtlicher Entscheidungen.[834]

Da der Bund keine endlose Bedenkzeit haben und damit das Abweichungsrecht durch eigene Untätigkeit gänzlich verhindern können soll, ist die inhaltliche Beschränkung des Abweichungsrechts ihrerseits zeitlich befristet. Der

---

828 Dies findet jedenfalls *Breuer*, NuR 2006, 614, 617.

829 Die Anknüpfung an den Gebrauch als Faktum durch die Formulierung „wenn" ist genau genommen überflüssig, da sie in der Begrenzung auf das „soweit" schon notwendig enthalten ist.

830 BT-Drs. 16/813, S. 21; *Szczekalla*, DVBl. 2008, 300, 305.

831 Vgl. BT-Drs. 16/813, S. 5.

832 Vgl. die Beschlussempfehlung des Rechtsausschusses, BT-Drs. 16/2010, S. 7.

833 BT-Drs. 16/2069, S. 42.

834 BT-Drs. 16/2069, S. 43.

Schutz fortgeltender Rahmenregelungen auf dem Gebiet der Hochschulzulassung und der Hochschulabschlüsse ist mit Ablauf des 1. August 2008 bereits entfallen. Naturschutzrechtliche Regelungen in fortgeltenden Rahmengesetzen sowie solche der Landschaftspflege und des Wasserhaushalts waren bis zum 1. Januar 2010 einer Länderabweichung entzogen. Nachdem ein Umweltgesetzbuch erneut gescheitert ist und Teile des ursprünglichen Gesetzespakets als Einzelgesetze die bisherigen Regelungen des Bundesnaturschutzgesetzes sowie des Wasserhaushaltsgesetzes durch gleichnamige Gesetze ersetzt haben,[835] hat sich die Übergangsregelung nunmehr erledigt.

Die Kritik[836] am Fehlen einer vergleichbaren Frist für den Bereich der Raumordnung dürfte sich mit dem Erlass des ROG 2009[837] noch innerhalb der für die übrigen Umweltmaterien (Art. 72 Abs. 3 S. 1 Nr. 2 und 5 GG) geltenden Übergangsfrist nunmehr auch erübrigt haben.

I. Gebrauchsbegriff und maßgeblicher Zeitpunkt

Für eine unterschiedliche Auslegung der Gebrauchsbegriffe in Art. 125b Abs. 1 S. 3 GG und Art. 72 Abs. 1 und Abs. 3 GG bestand kein Anlass. Zwar existiert für Art. 125b Abs. 1 S. 3 GG eine Vorgabe dahingehend, dass der Gebrauch gerade im Erlass eines Gesetzes bestehen muss – anders als in Art. 72 Abs. 1 GG – nicht, jedoch stellt Art. 125b Abs. 1 S. 3 GG auf einen Gebrauch des Bundes nach dem 1. September 2006, dem Tag des Inkrafttretens der Reform ab. Damit durfte auf den davor liegenden Gebrauch durch Erlass des Rahmengesetzes jedenfalls nicht mehr abgestellt werden. Das Recht zur Abweichung von altem Rahmenrecht konnte demzufolge überhaupt nur dann ausgelöst werden, sofern der Bund nach dem 1. September 2006 gesetzgeberisch aktiv geworden wäre.

Eine Neuverkündung fortgeltenden Rahmenrechts oder der Neuerlass ganzer früherer Rahmengesetze stellte im Gegensatz zur bloßen Neubekanntmachung einen das Abweichungsrecht auslösenden Gebrauch dar. Ebenso Änderungen bestehenden Rahmenrechts und zwar selbst dann, wenn sie das fortgeltende Recht in nur geringem Umfang geändert hätten. Die Frage der Neuverkündung oder des Neuerlasses ist angesichts der Ablösung der Regelungen des früheren BNatSchG sowie des WHG durch neue Gesetze dagegen ein theoretisches Problem. Während in den Fällen erneuter Verkündung oder erneuten Erlasses der Gebrauch aber jedenfalls umfassend erfolgte und damit auch Abweichungen umfassend zulässig wären, bestünde in einer nur punktuellen Änderung fortgeltenden Rahmenrechts ein das Abweichungsrecht eröffnender Gebrauch gemäß Art. 125b Abs. 1 S. 3 GG („soweit“) nur in der Reichweite gerade dieses punk-

835 Oben B., I., 2. und 5.

836 *Battis*, Stellungnahme v. 09.05.2006, S. 2, Rechtsausschussprotokoll 12, Anlage 2; *Hoppe*, BauR 2007, 26, 31.

837 Gesetz zur Neufassung des Raumordnungsgesetzes und zur Änderung anderer Vorschriften v. 22.12.2008, BGBl. I S. 2986.

tuellen, nach dem Inkrafttreten der Föderalismusreform erfolgenden Gebrauchs.[838] Zwar bestünde das Abweichungsrecht in einem solchen Falle schon nach Art. 72 Abs. 3 S. 1 GG nur in der jeweiligen Reichweite des Gebrauchs,[839] doch ist die Vorschrift auf Abweichungen von fortgeltendem Rahmenrecht gerade nicht anwendbar. Die zusätzliche Einschränkung der Reichweite des Abweichungsrechts in Art. 125b Abs. 1 S. 3 GG ist daher notwendig geworden, da dessen Satz 3 Halbsatz 1 den Ländern das Abweichungsrecht grundsätzlich umfassend („von diesem Recht") einräumt und ohne eine Beschränkung durch das „soweit" sich das Abweichungsrecht im Falle jeder noch so geringen Änderung auf das gesamte fortgeltende Rahmenrecht bezogen hätte. Diese Konsequenz für eine Übergangszeit und für bestimmte Sachgebiete zu verhindern, war aber gerade der Zweck der Vorschrift.

Hätte der Bund sein Altrecht auf den Gebieten des Naturschutzes und der Landschaftspflege sowie des Wasserhaushalts bis zum 1. Januar 2010 dagegen lediglich ergänzt (gleiches hätte gegolten, sofern der Bund fortbestehendes Rahmenrecht auf dem Gebiet der Hochschulzulassung und der Hochschulabschlüsse bis zum 1. August 2008 ergänzt hätte), hätte den Ländern ein Recht zur Abweichung vom fortgeltenden Rahmenrecht nicht zugestanden. Zwar hätte auch in der Ergänzung bestehender Regelungen ein Gebrauch im Sinne des Art. 125b Abs. 1 S. 3 GG gelegen; dieser hätte jedoch nicht zur Abweichung gerade vom Altrecht berechtigt, denn Ergänzung und fortgeltendes Recht sind nicht im Sinne eines „soweit" inhaltlich aufeinander bezogen. Bloße Ergänzungen des Altrechts konnten den Ländern damit keinen Zugriff auf dieses eröffnen; wohl aber hätten die Länder die Zusätze bereits vor Ablauf des 1. Januar 2010 (bzw. des 1. August 2008) nach Art. 72 Abs. 3 S. 1 GG abbedingen oder ändern können.

II. „Von diesem Recht" abweichende Regelungen treffen

Art. 125b Abs. 1 S. 3 GG betraf nur den Fall, dass die Länder „von diesem Recht", d.h. von den nach Satz 1 fortgeltenden Rahmenregelungen hätten abweichen wollen. Im Gegensatz zu Art. 72 Abs. 3 S. 1 GG ist Gegenstand der Abweichung damit nicht der Gebrauch des Bundes von seiner Gesetzgebungskompetenz, sondern das fortgeltende Rahmenrecht, in dem ein Gebrauch gerade nicht gesehen werden darf.

Wäre es den Ländern dagegen nicht um die Abweichung von fortgeltendem Rahmenrecht gegangen, sondern hätten sie im Übrigen abweichen wollen (z.B. von Ergänzungen des Rahmenrechts oder von bewussten Nichtregelungen des Bundes auf diesen Gebieten), wäre nicht Art. 125b Abs. 1 S. 3 GG, sondern

838 Ebenso *Maiwald*, in: Schmidt-Bleibtreu/Hofmann/Hopfauf, GG, Art. 125b Abs. 1, Rn. 3.

839 Hierzu oben C., II., 2.

ausschließlich Art. 72 Abs. 3 GG einschlägig gewesen.[840] Im Verhältnis zu Art. 72 Abs. 3 S. 1 GG erweist sich Art. 125b Abs. 1 S. 3 HS 1GG damit als Sonderregelung für Abweichungen von fortgeltenden (positiven) Rahmenregelungen, die eine unter Umständen nach Art. 72 Abs. 3 S. 1 GG bestehende Möglichkeit zur Abweichung aber keineswegs ausschließt. Mit Art. 125b Abs. 1 S. 3 GG sollte das Abweichungsrecht lediglich für die genannten Materien einer zeitlich befristeten inhaltlichen Einschränkung unterworfen werden; eine darüber hinausgehende Beschränkung auf Abweichungen ausschließlich von positiven Rahmenregelungen („von diesem Recht“) ist damit nicht verbunden.

E. Karenzzeit des Art. 72 Abs. 3 S. 2 GG

Bundesgesetze auf den der Abweichungsbefugnis unterliegenden Gebieten treten gemäß Art. 72 Abs. 3 S. 2 GG frühestens sechs Monate nach Verkündung in Kraft. Dies gilt nicht nur, wenn der Bund seine konkurrierende Kompetenz erstmalig gebraucht, sondern auch im Falle späterer Änderungen des Bundesrechts, von dem die Länder zuvor abgewichen sind. Das verzögerte Inkrafttreten von Bundesgesetzen erstmalig in die Reformdiskussion eingebracht, hat *Norbert Röttgen* in der 9. Sitzung der Bundesstaatskommission am 14. Oktober 2004.[841] Erneut kam es zur Sprache in der Redaktionsgruppe im Zuge der Ausformulierung des Gesetzesentwurfs im Februar 2006.[842] Einen ähnlichen, allerdings für die abweichenden Landesgesetze geltenden Vorschlag gab es bereits im Januar 2002, als die Enquête-Kommission des Bayerischen Landtags ihren Bericht vorlegte.[843]

I. Systematik und Regelungsgehalt

Teilen des Schrifttums zufolge ergänzt Art. 72 Abs. 3 S. 2 GG die Inkrafttretensregelung des Art. 82 Abs. 2 GG an systematisch falscher Stelle.[844] Daran ist richtig, dass Art. 72 Abs. 3 S. 2 GG ebenso wie Art. 82 Abs. 2 GG das Inkrafttreten von Bundesgesetzen betrifft.

Das Bestehen der Befugnis des Bundesgesetzgebers, den Zeitpunkt des Inkrafttretens seiner Gesetze selbst zu bestimmen, folgt nicht aus Art. 82 Abs. 2

840 So wohl auch *Hansalek*, NVwZ 2006, 668, 670; *Beck*, Die Abweichungsgesetzgebung der Länder, S. 94.

841 9. Sitzung am 14.10.2004, stenografischer Bericht, S. 214, in: CD-ROM „Zur Sache 1/2005“; vgl. oben 2. Kap., F., V.

842 *Stünker*, in: Holtschneider/Schön, Die Reform des Bundesstaates, S. 102.

843 Bayerischer Landtag Drs. 14/8660, S 6 f., 17 f.; hierzu oben 2. Kap., E. I.

844 *Sannwald*, in: Schmidt-Bleibtreu/Hofmann/Hopfauf, GG, Art. 72, Rn. 80q; *Nierhaus/Rademacher*, LKV 2006, 385, 390; *Huber* (Stellungnahme v. 15.05.2006, S. 14, Rechtsausschussprotokoll 12, Anlage 2) hätte Art. 72 Abs. 3 GG sogar lieber in einem neuen Art. 75 GG gesehen; wegen besondere Sachnähe zu Art. 72 Abs. 1 GG plädierte *Pestalozza* (Stellungnahme v. 09.05.2006, S. 7, Rechtsausschussprotokoll 12, Anlage 2) dagegen für eine Regelung in einem neuen Absatz 2.

GG, sondern wird dort lediglich vorausgesetzt. Da jede Bestimmung des Gesetzgebers über das Inkrafttreten den zeitlichen Anwendungsbereich des Gesetzes, mithin eine inhaltliche Komponente betrifft,[845] haben die Befugnis hierzu sowie die Regelungskompetenz für die Materie im Übrigen ihren gemeinsamen Ursprung in der jeweiligen Kompetenzzuweisung des Grundgesetzes.

Hiervon geht auch Art. 82 Abs. 2 S. 2 GG aus, der lediglich bestimmt, dass der Gesetzgeber überhaupt von seiner Regelungsbefugnis Gebrauch machen soll. Die Vorschrift setzt damit das Bestehen der Befugnis des Bundestages zur Regelung des Inkrafttretens gerade voraus, ohne die Voraussetzungen hierfür selbst festzulegen; ebenso Satz 2, der an Satz 1 anknüpft. Art. 82 Abs. 2 GG ist damit keine Kompetenzvorschrift, sondern betrifft den Gesetzesinhalt.

Auch Art. 72 Abs. 3 S. 2 GG schafft keine neue Verbands- oder Organkompetenz für die Regelung des Inkrafttretens von Bundesgesetzen auf Gebieten der Abweichungskompetenz; diese bleibt nach wie vor beim Bundestag. Die Vorschrift stellt vielmehr auf einen bestimmten Inhalt einer Regelung ab und knüpft hieran weitere Rechtsfolgen.

Zwar bleibt der Bundestag weiterhin zur Bestimmung des Inkrafttretens seiner Gesetze zuständig, doch wird fristverkürzenden Inkrafttretensbestimmungen der Geltungsanspruch grundsätzlich verwehrt und dieser durch die Zustimmung des Bundesrates konditioniert. Insbesondere rückwirkende Gesetze kann der Bund ohne Zustimmung des Bundesrates nicht erlassen. Der Geltungsanspruch von Bestimmungen, die ein Inkrafttreten nach sechs Monaten ab Verkündung oder später vorsehen, wird dagegen von Art. 72 Abs. 3 S. 2 GG nicht berührt.[846] Erlangt eine fristverkürzende Inkrafttretensbestimmung wegen fehlender Zustimmung des Bundesrates keine Geltung, fängt das Grundgesetz diesen Mangel durch eigene Bestimmung selbst auf.[847]

Auch regelungstechnisch ähnelt die Vorschrift Art. 82 Abs. 2 S. 2 GG;[848] in beiden Fällen ist das Eingreifen der grundgesetzlichen Inkrafttretensbestimmung an das Fehlen eines Tatbestandsmerkmals geknüpft: bei Art. 82 Abs. 2 S. 2 GG an das Fehlen einer Bestimmung nach Satz 1, bei Art. 72 Abs. 3 S. 2 GG an das Fehlen der Zustimmung des Bundesrates. Im Unterschied zu Art. 72 Abs. 3 S. 2 GG enthält Art. 82 Abs. 2 GG jedoch keine Regelung darüber, ob und unter welchen Voraussetzungen einer Inkrafttretensbestimmung des Gesetzgebers der

---

845 *BVerfGE* 42, 263, 283; 45, 297, 326; 47, 85, 93; 87, 48, 60.

846 Anders *Kotulla* (NVwZ 2007, 489, 491), der auch fristverlängernde Inkrafttretensbestimmungen für zustimmungsbedürftig hält; auch *Louis* (ZUR 2006, 340, 342) hält Fristverlängerungen für Zustimmungsbedürftig und rät, die Länder sollten von dieser Möglichkeit Gebrauch machen; Dem ist entgegenzuhalten, dass die Länder insoweit allerdings auf das Wohlwollen des Bundes angewiesen wären und keineswegs selbst „Gebrauch" von der Fristverlängerung machen könnten.

847 Näher siehe unten VII., 3.

848 Anders sieht dies *Meyer*, Die Föderalismusreform 2006, S. 168, nach dem die Formulierungen markant unterschiedlich seien.

Geltungsanspruch zu versagen ist. Die Verortung der Frist bei Art. 82 Abs. 2 GG wäre danach zwar systemgerechter gewesen, ob ihre Bedeutung und Reichweite dort aber ebenso wahrgenommen worden wären, muss bezweifelt werden. Der verfassungsändernde Gesetzgeber ist insoweit nicht nur der grundgesetzlichen Systematik, sondern auch der Bedeutung der einzelnen Vorschriften verpflichtet.

II. Verfassungsmäßigkeit

Die Verfassungsmäßigkeit der Fristregelung wird im Ergebnis selbst von ihren Kritikern mehrheitlich nicht in Zweifel gezogen,[849] doch reichen die Begründungen hierfür selten über die bloße Zurückweisung der als „zu scharf" empfundenen „Fundamentalkritik" hinaus.[850]

1. Bedingter Geltungsanspruch fristverkürzender Inkrafttretensbestimmungen

Art. 72 Abs. 3 S. 2 GG verbietet es dem Bundestag zwar nicht das Inkrafttreten seiner Gesetze selbst festzulegen, jedoch erlangen seine Bestimmungen im Falle einer Fristunterschreitung nur dann auch Geltung, wenn der Bundesrat zustimmt. Die Frage, ob dem Gesetzgeber die Bestimmung des zeitlichen Anwendungsbereichs gänzlich entzogen werden darf, stellt sich daher zwar nicht; erstmals aber bedarf es ausdrücklich der Mitwirkung eines anderen Verfassungsorgans.

Sobald ein Bundesgesetz auf einem Gebiet der Abweichungskompetenz eine fristverkürzende Inkrafttretensbestimmung enthält oder es an einer Inkrafttretensbestimmung überhaupt fehlt, wird zunächst die grundsätzliche Geltung der Frist angeordnet und zugleich der Bestimmung durch den Bundestag die Geltung versagt. Die Zustimmung des Bundesrates stellt sich damit nicht nur als Verfahrensvoraussetzung für das Zustandekommen[851] der Inkrafttretensbestimmung dar, sondern zugleich als auflösende Bedingung für die Geltung der Sechs-Monats-Frist. Gleichzeitig ist sie aufschiebende Bedingung für den Geltungsanspruch der fristverkürzenden Inkrafttretensbestimmung des Bundestages. Umgekehrt verbleibt es grundsätzlich bei der Anordnung der Sechs-Monats-Frist und der fehlenden Geltung der kürzeren Bestimmung, wenn die Bedingung nicht eintritt. Stimmt dagegen der Bundesrat der verkürzenden Inkrafttretensbestimmung zu, steht damit die Maßgeblichkeit der Inkrafttretensbestimmung

849 Für verfassungswidrig, weil zu kurz, hält die Frist dagegen *Ruthig*, Stellungnahme, S. 11, Rechtsausschussprotokoll 15, Anlage 2.

850 So *Klein/Schneider*, DVBl. 2006, 1549, 1553. Allenfalls *Battis/Kersten* (DVBl. 2007, 152, 157) sehen in der Frist das Ergebnis einer Abwägung zwischen repräsentativer Demokratie und Bundesstaatsprinzip.

851 Und nicht für das Zustandekommen des Gesetzes als Ganzes; hierzu näher unten VII., 2.

des Bundestages fest. Die Zustimmung wirkt hier gleichsam als Genehmigung der grundsätzlich unzulässigen, kürzeren Bestimmung.

Hierin liegt keine aus Gründen der Rechtssicherheit unzulässige Willensbedingung[852] für das Inkrafttreten, denn wird die Zustimmung verweigert, vermeidet das Grundgesetz Rechtsunsicherheit dadurch, dass es die Bestimmung in Art. 72 Abs. 3 S. 2 GG selbst vornimmt.[853]

Dem Bund werden durch das Zustimmungserfordernis auch keine derart schwer erfüllbaren Voraussetzungen auferlegt, die den Gebrauch von seiner Kompetenz zur Regelung der Sachmaterie im Nachhinein entwerten würden. Wenn schon die völlige Überlassung der dem Abweichungsrecht unterliegenden Materien an die Länder ohne Verstoß gegen die Bundesstaatlichkeit nach Art. 79 Abs. 3 GG und Art. 20 Abs. 1 GG möglich gewesen wäre,[854] stellt es auch keinen Verstoß gegen Verfassungsgrundsätze dar, die Möglichkeit den zeitlichen Anwendungsbereich bei einzelnen Materien in bestimmter Weise festzulegen, an bestimmte Bedingungen zu knüpfen.[855]

2. Demokratiedefizit durch Legitimationsverlust?

Die Anordnung des verzögerten Inkrafttretens von Bundesgesetzen ist bisweilen auf Bedenken im Hinblick auf das Demokratieprinzip gestoßen, nimmt es dem Bundestag doch die Gestaltungsmöglichkeit für die Dauer von einem Achtel der Legislaturperiode.[856] Der damit einhergehende Legitimationsverlust des Bundestages könne demokratischen Anforderungen nicht standhalten; die Regelung sei geradezu „parlamentswidrig".[857] Die Sechs-Monats-Frist beeinträchtigt jedenfalls nicht die Arbeitsfähigkeit des Bundestages als solche, da sich die beschlossenen Gesetze lediglich noch nicht auswirken.

a) Sachliche und personelle Legitimation

Legitimationsverlust kann nur dort eintreten, wo Legitimation überhaupt besteht, und zur Gesetzgebung legitimiert ist der Bundestag nur, soweit ihm die Kompetenz hierzu durch das Grundgesetz verliehen ist. Art. 72 Abs. 3 S. 2 GG begrenzt nicht die Regelungskompetenz des Bundes, denn auch für die Aufnahme von fristverkürzenden Inkrafttretensbestimmungen in den Gesetzesentwurf bleibt der Bund nach wie vor zuständig. Lediglich ein bestimmter Inhalt gelangt von Verfassungs wegen nur zur Geltung, wenn der Bundesrat zustimmt.

Dass die ebenso demokratisch legitimierten Landtage von ihrer verfassungsrechtlich eingeräumten Kompetenz überhaupt Gebrauch machen, kann keinen

852 Vgl. *Bryde*, in: v. Münch/Kunig, GG, Bd. III, Art. 82, Rn. 18.

853 Vgl. unten VII., 3.

854 Vgl. auch *Hain*, in: v. Mangoldt/Klein/Starck, GG, Art. 79, Rn. 128 ff.

855 Den so eingeschränkten Prüfungsmaßstab von Verfassungsänderungen übersieht *Ruthig*, Stellungnahme, S. 11 Rechtsausschussprotokoll 15, Anlage 2.

856 *Möllers*, Stellungnahme v. 4.5.2006, S. 6, Rechtsausschussprotokoll 12, Anlage 2.

857 *Meyer*, Rechtsausschussprotokoll 12, S. 11.

Legitimationsverlust des Bundestages begründen, denn diese Möglichkeit ist der Abweichungskompetenz nicht nur immanent, sondern ihr prägendes Wesensmerkmal. Bund und Länder sind grundsätzlich auch nicht aus Gründen gegenseitiger Rücksichtnahme zum zurückhaltenden Umgang mit ihren Regelungskompetenzen gehalten;[858] insoweit steht nach der grundgesetzlichen Wertung weder Bund noch Ländern die „bessere“ Kompetenz zu. Zwar ist mit der Verankerung der Abweichungskompetenz im Grundgesetz die Bundeskompetenz latent durch die bloße Möglichkeit der Abweichung überlagert, doch auch die Länder ihrerseits müssen im Falle eigener Abweichungen mit einer Überregelung durch den Bund rechnen. Man könnte insoweit auch von einer wechselseitigen sachlichen Überlagerung der Legitimation sprechen.

Auch in personeller Hinsicht gibt es Überschneidungen. Zwar sind das Wahlvolk des Bundes und die Wähler der Landesparlamente wegen der nicht gleichzeitigen Wahlzeitpunkte nicht notwendigerweise personenidentisch; gleichwohl wird das Landesvolk im Bundes- und Landesparlament zugleich repräsentiert. Der im Landesparlament repräsentierte Wille zur Abweichung von Bundesrecht impliziert insoweit den mangelnden Rückhalt der Bundesregelung im abweichungswilligen Land. Hieraus allein folgt aber noch keine Begrenzung der personellen Legitimation zulasten des Bundestages, da auch vorrangig auf eine durch den Bundestag verkörperte „Nationalrepräsentation“ abgestellt werden könnte.[859]

b) Zeitliche Legitimation

Ein Legitimationsverlust könnte jedenfalls auf zeitlicher Ebene zu verzeichnen sein. Wenn allerdings *Möllers* meint, der Bundestag werde für die Wirkungen seiner Entscheidungen gewählt, die innerhalb seiner Legislaturperiode spürbar werden,[860] setzt dies implizit voraus, dass Gesetze ab ihrem Inkrafttreten auch wirklich spürbar werden, d.h. sich in tatsächlicher Hinsicht auswirken. Von den rechtlichen Wirkungen, die von Gesetzen mit ihrem Inkrafttreten ausgehen, sind jedoch die tatsächlichen Auswirkungen zu unterscheiden. Es ist kein verfassungsrechtliches Novum, sondern in den sachlichen Regelungen der Gesetze selbst angelegt, dass ihre Wirkungen häufig erst später spürbar werden – zum Teil auch erst nach Ablauf einer Wahlperiode, gegebenenfalls mit erfolgtem Regierungswechsel. Dies umso mehr, als viele Gesetzesvorhaben erst in der End-

858 Zu möglichen Grenzen wechselseitiger Überregelung im Wege rückabweichenden Bundes- bzw. Landesrechts vgl. unten G.

859 *Meyer*, Stellungnahme (Entwurf) zur öffentlichen Anhörung "Zuordnung von Gesetzgebungszuständigkeiten auf Bund und Länder sowie Zuständigkeiten und Mitwirkungsrechte der Länder in der Bundesgesetzgebung, insbesondere vor dem Hintergrund der Weiterentwicklung der Europäischen Union" am 12. Dezember 2003, Kommissionsdrucksache 0012, S. 23, in: CD-ROM „Zur Sache 1/2005“.

860 *Möllers*, Stellungnahme v. 4.5.2006, S. 2 f., Rechtsausschussprotokoll 12, Anlage 2; ähnliche Kritik auch bei *Meyer*, Die Föderalismusreform 2006, S. 168.

phase der Legislaturperiode verabschiedet werden.[861] Unter Umständen profitiert auch erst ein späterer Bundestag bzw. eine spätere Bundesregierung von den positiven Folgen einer Regelung, weil diese aus der Sicht der Bürger nicht mehr dem früheren Bundestag bzw. der früheren Regierung zugeschrieben werden. Entsprechendes kann für als negativ empfundene Auswirkungen eines Gesetzes gelten, was den dieses beschließenden Akteuren aber eher gelegen kommen dürfte. Ein solches Verständnis von Legitimation zugrundegelegt, erleidet der eine Regelung beschließende Bundestag durch die Frist genau genommen keinen Verlust an demokratischer Legitimation (im Gegenteil: seine noch kurz vor Ende der Legislatur verabschiedeten Gesetze können die Rechtslage sogar über seine Legislaturperiode hinaus gestalten), sondern büßt allenfalls Chancen auf kurzfristige Wiederwahl ein.

Selbst der Verzicht auf jegliche Frist könnte die beschriebenen Folgen, so sie denn tatsächlich einträten, nicht gänzlich verhindern, denn, wie der Bundesrat hinsichtlich der Zustimmung zu vorzeitigen Inkrafttretensregelungen des Bundes verfahren wird, bleibt abzuwarten und dürfte wie bisher auch von der parteilichen Zusammensetzung von Bundestag und Bundesrat abhängen. Träten Bundesgesetze ohne Verzögerung in Kraft und weichen danach – was der Intention des Art. 72 Abs. 3 S. 1 GG jedenfalls nicht widerspricht – alle Länder vollständig ab, so müsste dies nach Ansicht *Möllers'* ab dem Verkündungszeitpunkt des jeweiligen Abweichungsgesetzes einen Legitimationsverlust des Bundestages bedeuten, da bereits ab Verkündung des abweichenden Landesrechts dieses gemäß Art. 72 Abs. 3 S. 3 GG dem Bundesrecht vorginge.[862] Begännen die abweichungswilligen Länder und der Bund ihre Gesetzgebungsaktivitäten in etwa zu gleichen Zeiten, könnten die Landesgesetze unter Umständen bereits kurz nach dem Bundesgesetz verkündet werden, was dazu führte, dass das Bundesgesetz in den Ländern sogleich wieder abgelöst würde oder sogar niemals zur Geltung gelänge. Doch selbst solch anfängliche, flächendeckende und inhaltlich vollständige Abweichungen sind dem Abweichungsrecht – auch ohne die lex-posterior-Regel – immanent und vermögen für sich genommen einen Legitimationsverlust des Bundestages nicht zu begründen.

c) Ausgleich gegenläufiger Verfassungsgrundsätze oder nur „kodifizierte Bundestreue"?

Die Einheit der Verfassung gebietet, widerstreitende Verfassungsgrundsätze unter Wahrung der Wirksamkeit eines jeden dieser Prinzipien in Ausgleich zu bringen.[863] Indem das Grundgesetz Bund und Ländern auf Abweichungsgebieten

861 *Meyer*, Die Föderalismusreform 2006, S. 168, der den zunehmenden Gesetzesausstoß gegen Ende der Legislaturperiode freilich als Argument gegen die Sechs-Monats-Frist anführt.

862 Zur Maßgeblichkeit des Verkündungszeitpunktes unten F., IV.

863 Vgl. *HmbVerfG*, NordÖR 2007, 301, 311 m.w.N.

jeweils die Kompetenz zur Regelung desselben Sachverhalts einräumt, eröffnet es bewusst die Möglichkeit wechselnder Rechtslagen, die zu einer Gefahr für die Rechtssicherheit werden können. Bundesstaatliche Kompetenzverteilung und Rechtsstaatsprinzip stehen insoweit in einem Spannungsverhältnis, das unter maßvollem Zugriff auf die repräsentative Demokratie auszugleichen versucht wird, ohne dabei aber die nach Art. 79 Abs. 3 GG maßgeblichen Grundsätze demokratischer Legitimation anzutasten.[864] Die Sechs-Monats-Frist stellt damit das Ergebnis einer Abwägung zwischen repräsentativer Demokratie und Bundesstaatsprinzip dar.[865] Doch war die Einführung der Frist aus rechtsstaatlichen Gründen auch geboten?

Ausweislich der Gesetzesbegründung soll die Frist den Bürger vor „kurzfristig" wechselnden Rechtsbefehlen bewahren. Nicht bezweckt ist dagegen der Schutz vor wechselnden Rechtslagen überhaupt, sondern nur vor plötzlicher Überrumpelung.[866] Eine Verstetigung der Rechtssetzung kann damit nicht erreicht werden;[867] hierzu bedürfte es anderer Korrektive.[868] Die Frist trägt der Rechtssicherheit aber in dem Sinne Rechnung, dass für das Landesgebiet schutzwürdiges Vertrauen in das betreffende Bundesrecht grundsätzlich frühestens nach sechs Monaten entstehen kann. Der Landesgesetzgeber hat es damit durch eigene Gesetzgebung in der Hand, einen Vertrauensschutz hinsichtlich ihm missliebiger Bundesregelungen von vornherein zu verhindern. Wird abweichendes Landesrecht noch vor Ablauf der Sechs-Monats-Frist erlassen, kann mit Fristablauf nur soweit Vertrauen in den Bestand des Bundesrechts entstehen, wie hiervon nicht abgewichen wurde. Weicht ein Land erst nach verzögertem Inkrafttreten des Bundesgesetzes ab, hängt es von den Umständen des jeweiligen Einzelfalles ab, ob und inwieweit schutzwürdiges Vertrauen des Einzelnen in den Bestand der bundesrechtlichen Regelung entstanden ist. Für den Bürger bedeutet die Sechs-Monats-Frist damit die Herstellung eines Mindestmaßes an individueller Planungssicherheit auf den betreffenden Gebieten.

Ob ohne Einführung der Frist die Abweichungskompetenz gegen rechtsstaatliche Grundsätze verstoßen hätte, der verfassungsändernde Gesetzgeber also gezwungen war, einen Ausgleich mit dem Bundesstaatprinzip zu suchen, erscheint zweifelhaft und wäre zu verneinen, sofern in der Praxis das immer wieder beschworene Verantwortungsbewusstsein der politischen Akteure eine Gefahr für die Rechtssicherheit (in ihrer zeitlichen Ausprägung als Beständigkeit des Rechts bzw. Kontinuität des Rechts) mit Gewissheit ausgeschlossen hätte. Es wäre danach abzuwarten gewesen, wie sich Bund und Länder ohne Karenz-

---

864 Oben 1.

865 So aber *Battis/Kersten*, DVBl. 2007, 152, 157.

866 Vgl. *Sommermann*, in: v. Mangoldt/Klein/Starck, GG, Art. 20, Rn. 293.

867 So aber *Wieland*, Stellungnahme v. 08.05.2006, S. 3, Rechtsausschussprotokoll 12, Anlage 2.

868 Zu möglichen Einschränkungen durch den Grundsatz der Bundestreue siehe unten G.

regelung oder vergleichbare Sicherungsvorkehrungen verhalten hätten. Möglicherweise hätte eine Gefahr kurzfristig wechselnder Rechtsbefehle zu keiner Zeit bestanden. Doch hat sich der verfassungsändernde Gesetzgeber hierauf nicht verlassen und die Möglichkeit wechselseitiger Überregelung und Abweichung gerade nicht dem freien Spiel der Kräfte überlassen wollen. Vertrauen in das Verantwortungsbewusstsein der Akteure – sich selbst damit eingeschlossen – schien der verfassungsändernde Gesetzgeber jedoch nicht aufbringen zu können. Man mag dies, je nach Lesart, als pessimistische oder realistische Einschätzung des verfassungsändernden Gesetzgebers verstehen.

Wäre nach dem Gesagten aus Gründen der Rechtssicherheit die Einführung der Frist nicht zwingend geboten, kann Art. 72 Abs. 3 S. 2 GG aber als Versuch einer Konturierung des Gebots bundesfreundlichen Verhaltens für den Bereich der Abweichungskompetenz gewertet werden. Ob dem Misstrauen des verfassungsändernden Gesetzgebers allerdings Verfassungsrang gebührt, muss bezweifelt werden. Es ist dem Reformgesetzgeber jedoch zu wünschen, dass es ihm damit gelingen wird, die politischen Kräfte zum verantwortungsvollen Einsatz ihrer Kompetenzen anzuhalten.

3. Verstoß gegen im Einzelfall bestehende Höchstfristen für das Inkrafttreten?

Fraglich ist indes, ob die vom verfassungsändernden Gesetzgeber konkret gewählte Fristlänge nicht im Einzelfall[869] gegen die für das Inkrafttreten von Gesetzen zu beachtenden Maximalfristen verstößt oder ob insoweit eine „grundsatzkonforme“[870] Anwendung möglich ist.

In Fällen, in denen der Gesetzgeber nicht durch Art. 72 Abs. 3 S. 2 GG darin eingeschränkt ist, das Inkrafttreten seiner Gesetze frei zu bestimmen, verfügt er hierbei über weitreichende Gestaltungsfreiheit. Diese unterliegt jedoch äußersten Grenzen, wie der Pflicht zur Erfüllung von Verfassungsaufträgen, der Beseitigung verfassungswidriger Rechtslagen, dem Vollzug von Normenkontrollentscheidungen sowie zeitlichen Vorgaben für Übergangs- und Stichtagsregelungen aus den Grundrechten und dem rechtsstaatlichen Vertrauensschutzgebot.[871]

Kann nun auf dem Gebiet der Abweichungsmaterien der Bund diese Grenzen nicht mehr durch einseitig gestalterische Bestimmung eines entsprechenden Termins einhalten, muss die Sechs-Monats-Frist die äußersten Grenzen verzögerten Inkrafttretens nunmehr bereits selbst einhalten. Als Änderung der Verfas-

---

869 Ob vor dem Hintergrund des Art. 79 Abs. 3 GG generell zu beachtende Maximalfristen für das Inkrafttreten von Gesetzen einer Verfassungsänderung entzogen sind, kann hier außer Acht gelassen werden, da sich die Sechs-Monats-Frist in dieser Hinsicht jedenfalls als unbedenklich erweist.

870 *Hain*, in: v. Mangoldt/Klein/Starck, GG, Art. 79, Rn. 31, 40, m.w.N.

871 *BVerfGE* 47, 85, 93 f.; vgl. *Lücke/Nierhaus*, in: Sachs, GG, Art. 82, Rn. 37, m.N.; *Brenner*, in: v. Mangoldt/Klein/Starck, GG, Art. 82, Rn. 41, m.w.N.

sung muss Art. 72 Abs. 3 S. 2 GG hingegen nur diejenigen Grundsätze und die sich hieraus ergebenen Grenzen einer Inkrafttretensverzögerung wahren, die ihrerseits einer Verfassungsänderung entzogen sind. Die Sechs-Monats-Frist könnte demnach überhaupt nur insoweit als verfassungswidriges Verfassungsrecht angesehen werden, als die Grundsätze der Artikel 1 oder 20[872] GG im Einzelfall eine Unterschreitung der Frist gebieten, deren Einhaltung dem Bundesgesetzgeber aber wegen Art. 72 Abs. 3 S. 2 GG unmöglich wäre.

Der Bund ist seinerseits gehalten, das Gesetzgebungsverfahren nicht zu verzögern und dieses so rechtzeitig zu beginnen, dass unter Einschluss der Sechs-Monats-Frist die genannten zeitlichen Vorgaben eingehalten werden können. Zwar ist der Verkündungszeitpunkt und mit diesem der Fristbeginn dem direkten Einfluss des Bundestages entzogen; da aber die Bundesregierung die Ausgabe des Bundesgesetzblattes in angemessener Zeit vorzunehmen hat,[873] liegt der Verkündungszeitpunkt zumindest mittelbar in der Hand des Gesetzgebers.[874] Ausgenommen sind freilich unvorhergesehene sowie Eilfälle.

An den Bund gerichtete Regelungsaufträge zur Behebung grundsatzwidriger Zustände und damit Fälle, in denen eine gebotene, kürzere Frist einmal nicht eingehalten werden könnte, dürften die absolute Ausnahme bilden. Zudem ist davon auszugehen, dass das Bundesverfassungsgericht bei der Bestimmung von Übergangsfristen künftig die Sechs-Monats-Frist berücksichtigten wird, sofern der Regelungsauftrag Abweichungsmaterien betrifft. Selbst wenn dies nicht der Fall sein sollte, bliebe zu prüfen, ob alternativ der Bundesrat, verpflichtet wäre, seine Zustimmung zu einem früheren Inkrafttreten zu erteilen.

a) Zustimmungspflicht aufgrund Verfassungsorgantreue?

Als Bundesorgan ist der Bundesrat an die verfassungsmäßige Ordnung gebunden und der Wahrung von Verfassungsgrundsätzen verpflichtet. An Bundesgesetzgeber gerichtete Regelungsaufträge erfüllt er durch Mitwirkung an der Bundesgesetzgebung in Form der Zustimmung. Eine Billigung des Gesetzesinhalts im Übrigen ist mit der Zustimmung zu einem vorzeitigen Inkrafttreten in Eilfällen nicht verbunden, wenngleich eine solche damit einhergehen kann.[875] Oberste Staatsorgane sind bei Ausübung ihrer Kompetenzen zu gegenseitiger Rücksichtnahme verpflichtet.[876] Ob aus diesem Grundsatz der sog. Verfassungsorgantreue[877] allerdings auch eine konkrete Pflicht des Bundesrates zur Erteilung der Zustimmung erwachsen kann, wurde bereits im Hinblick auf die Zustimmung zu

872 Mit Blick auf Art. 20 GG kämen allenfalls rechtsstaatliche Aspekte in Betracht.
873 *Brenner*, in: v. Mangoldt/Klein/Starck, GG, Art. 82, Rn. 30 m.w.N.
874 Vgl. *Germann*, in: Kluth, Föderalismusreformgesetz, Art. 84, 85, Rn. 51.
875 Zum Umfang der Zustimmungspflicht unten VII., 2.
876 *BVerfGE* 90, 286, 377 m.w.N.
877 *Schenke*, Die Verfassungsorgantreue, S. 19 f.; *Freiberg* (Der kategorische Imperativ im deutschen Recht; S. 70 f.), will dagegen den Grundsatz der Bundestreue analog anwenden.

Verfahrens- und Behördenregelungen des Bundes unterschiedlich beurteilt. Während einige eine Zustimmungspflicht unter Hinweis auf die mangelnde Nachweisbarkeit rechtsmissbräuchlichen Verhaltens ablehnten,[878] betonten andere die gesamtstaatliche Verantwortlichkeit des Bundesrates als Organ des Bundes.[879] Zwar habe das Grundgesetz die Möglichkeit der Blockade durch den Bundesrat grundsätzlich hingenommen, doch sei die Zustimmungsverweigerung dann nicht mehr von der Kompetenz des Bundesrates gedeckt gewesen.[880]

Diese Ansichten zur Frage der Zustimmungspflicht des Bundesrates im Rahmen der Verwaltungsgesetzgebung sind nicht ohne weiteres auf Art. 72 Abs. 3 S. 2 HS 2 GG übertragbar. Stand die Zustimmung zu Verfahrens- und Behördenregelungen des Bundes grundsätzlich im politischen Ermessen des Bundesrates und bezog sich unter Zugrundelegung der sog. Einheitsthese die Zustimmungspflichtigkeit auf die Regelungen des Gesetzes als Ganzes, ist hier gerade fraglich, wie weit die Zustimmungskompetenz des Bundesrates reicht.

Im Hinblick auf die Zustimmung zu Verwaltungsregelungen des Bundes hat *Schenke* zu Recht darauf hingewiesen, dass die Verfassungsorgantreue nicht erst dann verletzt ist, wenn dem Missbrauchenden ein Verschuldensvorwurf gemacht werden kann, sondern schlichtweg dann, wenn die Grenze des Rechts oder der Kompetenz überschritten ist.[881] Soweit hingegen eine Kompetenz des Bundesrates zur Verweigerung der Zustimmung schon nicht bestünde, wäre die Weigerung nicht lediglich rücksichtslos, sondern bereits nicht von der Kompetenz des Verfassungsorgans gedeckt. Da Rücksicht im Sinne einer Selbstbeschränkung[882] aber nur bei Ausübung zustehender Kompetenzen geübt werden kann, bräuchte die Verfassungsorgantreue zur Begründung einer Zustimmungspflicht nicht bemüht werden. Kernfrage ist damit die nach Umfang und Grenzen der Zustimmungskompetenz des Art. 72 Abs. 3 S. 2 HS. 2 GG.

Der Wortlaut des Art. 72 Abs. 3 S. 2 HS 2 GG enthält keine Aussage darüber, wo die Grenze zwischen zulässiger und unzulässiger Zustimmungsverweigerung verläuft oder ob dem Bundesrat freies politisches Ermessen eingeräumt ist. Zweck der Sechs-Monats-Frist ist es, den Bürger vor kurzfristig wechselnden Rechtsbefehlen zu schützen. Die Zustimmung des Bundesrates soll Ausnahmen von der Frist ermöglichen. Solche können entweder deshalb gerechtfertigt sein, weil die Landesbürger[883] mangels Abweichungswillens der Landtage

878 *Diekmann*, Das Verhältnis des Bundesrates zu Bundestag und Bundesregierung im Spannungsfeld von Demokratie- und Bundesstaatsprinzip, S. 186; *Ossenbühl*, AöR 99 (1974), 369, 416: keine Begründungspflicht des Bundesrates.

879 *Schmidt*, DÖV 2005, 973, 974.

880 *Schmidt*, DÖV 2005, 973, 974 f., 978; Nach *Freiberg* (Der kategorische Imperativ im deutschen Recht, S. 73 ff.) besteht eine Zustimmungspflicht nur in bestimmten Fallgruppen.

881 *Schenke*, Die Verfassungsorgantreue, S. 93; vgl. auch *BVerfGE* 8, 122, 140.

882 *Schenke*, Die Verfassungsorgantreue, S. 19.

883 Nur diese sind überhaupt schutzbedürftig; hierzu unten III., 1.

keines Schutzes bedürfen oder weil die besondere Eilbedürftigkeit[884] das an sich bestehende Schutzbedürfnis der Bürger überwiegt. Während im ersten Fall „die Länder" „ihre" Zustimmung gleichwohl verweigern dürfen, setzt sich im zweiten das gesamtstaatliche Interesse an einem vorzeitigen Inkrafttreten durch.

Da aber das Grundgesetz sogar in den hier fraglichen Eilfällen anstelle einer Ausnahme von der Sechs-Monats-Frist ein Zustimmungserfordernis statuiert, könnte man meinen, dass auch in diesen Fällen die Entscheidung dem Bundesrat überlassen bleiben soll. Doch ist davon auszugehen, dass der verfassungsändernde Gesetzgeber gerade nicht jeden denkbaren Fall, in dem eine Ausnahme von der Sechs-Monats-Frist gerechtfertigt erscheint, normieren wollte. Hätte das Grundgesetz eine Ausnahme von der Sechs-Monats-Frist allgemein für „Fälle fehlenden Schutzbedürfnisses" oder „überwiegenden Bundesinteresses", d.h. nach dem geltenden Sprachgebrauch des Grundgesetzes für „Eilfälle" geregelt, wären Streitigkeiten über die Auslegung solch unbestimmter Tatbestandsmerkmale vorprogrammiert. Zwar hatte der verfassungsändernde Gesetzgeber genau den Fall vor Augen, dass unionsrechtliche Umsetzungsfristen bereits vor Ablauf der Sechs-Monats-Frist ablaufen können und dennoch auch für diesen konkreten Eilfall keine Ausnahme von der Zustimmungspflicht vorgesehen.[885] Eine solche Regelbeispielstechnik widerspräche aber dem grundlegenden Charakter des Grundgesetzes.[886]

Überwiegt das Eilbedürfnis das Schutzbedürfnis der Normunterworfenen, darf die Verweigerung der Zustimmung nicht dazu eingesetzt werden, das Inkrafttreten der unliebsamen Bundesregelung wegen geplanter Abweichungsgesetze im Landesgebiet zu verzögern oder gänzlich zu verhindern. Ob inhaltliche Alternativen zur Bundesregelung bestehen, ist unerheblich; das Abweichungsrecht als solches wird durch die Zustimmungspflicht nicht betroffen. Das an sich bestehende Schutzbedürfnis der Landesbürger aufgrund von in den Ländern mehrheitlich geplanten Abweichungsgesetzen tritt damit hinter das Interesse des Bundes an einem zügigen Inkrafttreten seines Gesetzes zurück.

Sofern also Eilfälle in Rede stehen, bezweckt das Zustimmungserfordernis damit lediglich den Schutz der Normunterworfenen vor ungerechtfertigten Ausnahmen von der Sechs-Monats-Frist. Jedenfalls wenn Übergangs- und Umsetzungsfristen zweifelsfrei feststehen, darf die Zustimmung nur dann verweigert werden, wenn das Eilbedürfnis nicht überwiegt, wenn also entweder ein Eilfall objektiv nicht vorliegt oder die vom Bundestag favorisierte Fristverkürzung über das zur Reaktion auf einen Eilfall erforderliche Mindestmaß hinausgeht. Dies zu prüfen obliegt der Einschätzung des Bundesrates.

Besteht hiernach in Eilfällen und bei unterstellter Erforderlichkeit der vom Bundestag beschlossenen Fristverkürzung bereits keine Kompetenz des Bundes-

884 BT-Drs. 16/813, S. 11.

885 BT-Drs. 16/813, S. 11.

886 Anders dagegen in der Gesetzesbegründung, BT-Drs. 16/813, S. 11.

rates zur Versagung der Zustimmung, ergibt sich die Verfassungswidrigkeit der Zustimmungsverweigerung bereits aus Art. 72 Abs. 3 S. 2 HS 2 GG und nicht erst aus dem insoweit subsidiären[887] Grundsatz der Verfassungsorgantreue.

b) Durchsetzbarkeit

Ist der Bundesrat damit verpflichtet in zweifelsfrei bestehenden Eilfällen der anderweitigen Inkrafttretensbestimmung zuzustimmen, stellt sich die Folgefrage, wie diese erforderlichenfalls innerhalb des eng gezogenen Zeitrahmens durchgesetzt werden könnte. Denn wäre ein entsprechender Antrag des Bundestages im Organstreitverfahren begründet, hätte das Bundesverfassungsgericht gemäß § 67 S. 1 BVerfGG durch feststellendes Urteil ohne vollstreckungsfähigen Inhalt zu entscheiden.[888] Für den Fall, dass der Bundesrat als unterlegener Antragsgegner seiner verfassungsgerichtlich festgestellten Zustimmungsverpflichtung nicht nachkommt, wozu er gemäß Art. 20 Abs. 3 GG verpflichtet wäre,[889] wird diskutiert, ob unter Zugrundelegung eines weiten Vollstreckungsbegriffs[890] eine Vollstreckungsanordnung gemäß § 35 BVerfGG ergehen könnte.[891]

Doch braucht hier die Zulässigkeit einer gerichtlichen Durchsetzung der Zustimmungspflicht nicht geklärt zu werden. Dass der Bundestag eine solche überhaupt anstreben würde, ist mehr als unwahrscheinlich, da eine abschließende Entscheidung des Verfassungsgerichts wegen der gebotenen Eile kaum möglich wäre. Auch dürften die Voraussetzungen einer einstweiligen Anordnung nach § 32 BVerfGG nicht vorliegen, da eine vorläufige, vorzeitige Inkraftsetzung des Gesetzes die Hauptsacheentscheidung in unzulässiger Weise vorweg nähme. Zu erwarten ist vielmehr, dass es der Bundestag bei der verweigerten Zustimmung belässt, mit der Folge, dass die Sechs-Monats-Frist Anwendung findet, ohne dass der Bundestag das Gesetz (ohne die anderweitige Inkrafttretensbestimmung) noch einmal beschließen muss.[892] Oder aber der Bundestag macht Zugeständnisse im Hinblick auf die inhaltliche Ausgestaltung, um die Zustimmung der Mehrheit der Länder zum vorzeitigen Inkrafttreten zu erlangen. Ist damit eine „grundsatzkonforme“[893] Anwendung des Art. 72 Abs. 3 S. 2 GG jedenfalls möglich, verstößt die Länge der Frist nicht gegen die Ewigkeitsgarantie des Art. 79 Abs. 3 GG.

---

887 Für das Gebot der Bundestreue vgl. *Maurer*, Staatsrecht I, § 10, Rn. 53.

888 *Bethge* (in: Maunz/Schmidt-Bleibtreu/Klein/Bethge, BVerfGG, § 67, Nr. 23) will dagegen die Organklage auch als Gestaltungsklage zulassen; ebenso *Freiberg*, Der kategorische Imperativ im deutschen Recht, S. 75.

889 Vgl. *Benda/Klein*, Verfassungsprozessrecht, Rn. 1048 m.N.

890 *BVerfGE* 6, 300, 304; 68, 132, 140.

891 Vgl. *Benda/Klein*, Verfassungsprozessrecht, Rn. 1048, 1351 ff. m.w.N.

892 Zum Verfahren unten VII., 3.

893 *Hain*, in: v. Mangoldt/Klein/Starck, GG, Art. 79, Rn. 31, 40, m.w.N.

III. Zweckmäßigkeit der gewählten Ausgestaltung der Karenzregelung

Ausweislich der Gesetzesbegründung soll die Frist die Bürger vor kurzfristig wechselnden Rechtsbefehlen schützen[894] und damit der Rechtssicherheit dienen. Nicht bezweckt ist hingegen der Schutz der Landtage, wenngleich der Schutz der Bürger nur erreicht werden kann, wenn die Frist lang genug ist, um darin Abweichungsgesetze zustande zu bringen. Durch den damit verbundenen Zeitgewinn profitieren die Landtage ebenfalls vom verzögerten Inkrafttreten des Bundesrechts, es sei denn, Abweichungen sind von vornherein nicht beabsichtigt.

1. Keine zusätzliche Geltung für Landesgesetze

Dass die Frist nicht auch für Landesgesetze gilt, ist bisweilen kritisiert worden.[895] Schließlich würden die Bürger auch im Falle der Abweichung durch die Länder wechselnden Rechtsbefehlen ausgesetzt.[896]

Die Einführung einer dem Art. 72 Abs. 3 S. 2 GG entsprechenden Regelung auch für Landesgesetze wäre durch Verfassungsänderung zwar möglich, doch wenig sinnvoll gewesen. Kritiker der für Bundesgesetze geltenden Frist müssten eine vergleichbare Regelung für Landesgesetze ohnehin ablehnen. Es fragt sich aber bereits, wer durch die Einführung einer Karenzzeit auch für Landesgesetze geschützt werden sollte und überhaupt geschützt werden könnte. Das Bundesvolk als solches würde von einer derartigen Regelung nicht profitieren, ebenso wenig die Bürger anderer abweichungswilliger oder –unwilliger Länder, da für diese das abweichende Land kein verbindliches Recht zu setzen vermag. Die Gefahr kurzfristig wechselnder Rechtsbefehle besteht damit von vornherein nur für das bereits abgewichene bzw. noch abweichungswillige Landesvolk,[897] dessen Wille zur Abweichung sich gerade im abweichenden Gesetz manifestiert. Es wäre geradezu widersinnig, die Bürger eines Landes, die durch ihr demokratisch legitimiertes und abweichungswilliges Landesparlament repräsentiert werden, vor Rechtsbefehlen zu schützen, die sie selbst für wünschenswert halten. Wenn ein Land eine abweichende Regelung will, soll es auch entscheiden können, wann es sie haben will. Das Spannungsverhältnis zwischen bundesstaatlicher Kompetenzverteilung und Rechtssicherheit ist aufgrund der größeren Bürgernähe der Landesparlamente insoweit weniger stark ausgeprägt als im Falle von

894 BT-Drs. 16/813, S. 11.

895 *Meyer*, Die Föderalismusreform 2006, S. 168, der aber die Frist auch für Bundesgesetze ablehnt; *Rühlicke*, Jura 2006, 716, 716.

896 *Pestalozza*, Stellungnahme v. 9.5.2006, S. 9, Rechtsausschussprotokoll 12, Anlage 2; für Art. 84 Abs. 1 S. 3 GG: *Lehmann-Brauns*, Zustimmungsbedürftigkeit, S. 161.

897 Ansatzweise auch *Meyer* (Die Föderalismusreform 2006, S. 168), der aber gleichwohl an seiner Forderung einer Frist auch für Landesgesetze festhält.

Bundesgesetzen. Eine vergleichbare Frist auch für Landesgesetze wäre damit weniger geeignet, der Rechtssicherheit zu dienen, und würde daher die demokratische Legitimation des jeweiligen Landesgesetzgebers grundlos beeinträchtigen.

Eine Karenzzeit nützte vor diesem Hintergrund allein dem Bundesgesetzgeber, der die bundesweite Geltung seiner Regelungsvorstellungen dann zumindest für eine Übergangszeit gesichert wüsste. Ein Interesse hieran – so es denn bestünde – wäre angesichts der verfassungsrechtlichen Grundentscheidung für ein materielles Abweichungsrecht aber weder anzuerkennen, noch rechtfertigte es die Legitimationsbeeinträchtigung zulasten der Landesgesetzgeber. Schutzbedürftig sind demzufolge nur die Bürger der abweichungswilligen Länder; folgerichtig kann eine Frist nur den Bund treffen.

2. Unabhängigkeit vom Abweichungswillen der Länder

Weitere Kritik betrifft den Umstand, dass Art. 72 Abs. 3 S. 2 GG auch dann gilt, wenn gar kein Land abweichen will bzw. auch für abweichungsunwillige Länder, wenn andere Länder abweichen wollen.[898] Abweichungswillige Länder würden damit gegenüber abweichungsunwilligen Ländern privilegiert.[899] Dem ist zuzugeben, dass insbesondere leistungsschwächere Länder ein unabweisbares Interesse an alsbaldiger Geltung bundesgesetzlicher Regelungen haben können. Dass Karenzregelungen, die den Abweichungs(un)willen der Länder in welcher rechtlichen Ausgestaltung auch immer berücksichtigen wollen, abzulehnen sind, zeigt die folgende Untersuchung.

a) Den Abweichungswillen berücksichtigende Regelungsvarianten

Wer eine Karenzzeit nicht bereits gänzlich ablehnt, könnte einen etwaigen Abweichungswillen der Länder regelungstechnisch auf dreierlei Wegen berücksichtigen. Ausgangspunkt der ersten (unten aa)) und zweiten Variante (unten bb)) hätte die Grundentscheidung des verfassungsändernden Gesetzgebers zwischen grundsätzlicher Geltung einer Frist und ihrer grundsätzlichen Nichtgeltung zu sein. Dann erst stellte sich überhaupt die weitere Frage, ob hiervon Ausnahmen zugelassen werden sollen und wie diese konkret aussehen könnten. So käme im Falle der grundsätzlichen Anordnung einer Frist ihre Nichtgeltung in vier Fällen in Betracht: Erstens könnte die Frist bereits dann für alle Länder nicht gelten, wenn nur ein Land seinen mangelnden Abweichungswillen bekundet hat, zweitens könnte die Nichtgeltung für alle Länder an den Beschluss einer bestimmten Zahl von Ländern geknüpft werden, nicht abweichen zu wollen, oder drittens an eine entsprechende Bekundung aller Länder. Viertens könnte die Nichtgeltung nur für solche Länder zugelassen werden, die nicht abweichen wollen. Entschiede sich der verfassungsändernde Gesetzgeber gegen die grund-

898 *Klein/Schneider*, DVBl. 2006, 1549, 1553; *Franzius*, NVwZ 2008, 492, 493.
899 *Franzius*, NVwZ 2008, 492, 493.

sätzliche Geltung einer Frist, könnte umgekehrt ihre ausnahmsweise Geltung an entsprechende Bekundungen bestehenden Abweichungswillens geknüpft werden.

Die dritte Variante (eine Art Wahlmodell, unten cc)) wäre eine Regelung, die eine bestimmte Frist weder grundsätzlich anordnet noch ablehnt, sondern bei der jedes Land aufgrund einer Wahlpflicht entscheiden müsste, ob es für sein Landesgebiet ein verzögertes Inkrafttreten des Bundesrechts wünscht oder nicht.

aa) Grundentscheidung für Anordnung einer Frist

Entscheidet sich der Gesetzgeber, wie im Zuge der Reform geschehen, für die grundsätzliche Anordnung einer Karenzzeit, wären folgende den Abweichungswillen berücksichtigende Ausnahmeregelungen denkbar:

Soll die Frist bereits dann für alle Länder nicht gelten, wenn nur ein Land sich gegen eine Abweichung ausgesprochen hat, sähen sich im Extremfall die Bürger aller weiteren Länder kurzfristig wechselnden Rechtsbefehlen ausgesetzt. Ein einziges Land würde über Gebühr und zulasten der übrigen Länder privilegiert.

Sollte die Frist erst dann für alle Länder keine Anwendung finden, wenn eine Mehrheit nicht abweichen will, ist für die Minderheit die Gefahr kurzfristig wechselnder Rechtsbefehle jedenfalls nicht ausgeschlossen. Die Mehrheit allerdings käme in den gewünschten alsbaldigen Genuss der Bundesregelung. Diese Variante ähnelt am ehesten der Ausnahmeregelung des Art. 72 Abs. 3 S. 2 HS 2 GG; auch dort entscheidet eine Mehrheit über die Suspendierung der Sechs-Monats-Frist zugunsten eines früheren Inkrafttretens des Bundesgesetzes.

Die unproblematischste, wenngleich denkbar unwahrscheinlichste Variante wäre diejenige, dass überhaupt kein Land abweichen will. Die Suspendierung der Frist für die Gesamtheit der Länder würde jedoch eine in der politischen Realität kaum herstellbare Einstimmigkeit aller Länder voraussetzen und stellte damit noch strengere Voraussetzungen als das bestehende Zustimmungserfordernis des Art. 72 Abs. 3 S. 2 HS 2 GG auf.

Die Kritiker scheinen dagegen offenbar eine Regelung zu fordern,[900] nach der die Frist nur für diejenigen Länder nicht gelten soll, die nicht abweichen wollen. Abweichungsunwillige Länder kämen dann ohne Verzögerung in den Genuss der Bundesregelung; für alle übrigen Länder (die abweichungswilligen Länder und solche, die sich nicht geäußert haben), verbliebe es bei der Geltung der Sechs-Monats-Frist. Klärungsbedürftig wäre dann aber, wann nach einer solchen Lösung das Bundesrecht in den abweichungswilligen Ländern denn in Kraft treten sollte. Der Zeitpunkt der Entscheidung des Landes kommt als Anknüpfung für das Inkrafttreten jedenfalls nicht in Betracht, da dies eine unzulässige Willensbedingung darstellen würde.[901] Denkbar wäre, es für diese Länder

900 Z.B. *Klein/Schneider*, DBVl. 2006, 1549, 1553; *Franzius*, NVwZ 2008, 492, 493.
901 Vgl. *Bryde*, in: v. Münch/Kunig, GG, Bd. III, Art. 82, Rn. 18.

bei der Inkrafttretensbestimmung des Bundestages zu belassen oder aber eine dem Art. 82 Abs. 2 S. 2 GG vergleichbare Auffangregelung zu schaffen. Um aber keine Rückwirkungsprobleme zu produzieren, müsste ein von Bundestag bestimmter bzw. ein Auffangtermin so gewählt sein, dass er nicht vor der Entscheidung des Landes liegt. Dies wiederum ließe sich nur bewerkstelligen, wenn entsprechende Beschlüsse der Länder nur innerhalb einer bestimmten Frist, namentlich ab Verkündung des Bundesgesetzes, zulässig wären. Eine mögliche Regelung könnte folglich dahingehend lauten, dass im Falle der Entscheidung eines Landes, nicht abweichen zu wollen, das Bundesgesetz zu dem vom Bundestag bestimmten bzw. zu einem Auffangtermin in Kraft tritt, jedoch nicht vor Ablauf einer Entscheidungsfrist für die Länder. Alternativ könnte ein grundgesetzlicher Auffangtermin auf den Ablauf der Entscheidungsfrist abstellen. Das Bundesrecht träte dann in den nicht abweichungswilligen Ländern mit Ablauf der Entscheidungsfrist in Kraft, was jedoch die Länder nicht gerade dazu veranlassen würde, ihre Entscheidungen möglichst frühzeitig zu treffen.

bb) Grundentscheidung für Fristungebundenheit

Entsprechende Fragen stellen sich, wenn das Inkrafttreten der Bundesgesetze grundsätzlich fristungebunden bleiben soll. Auch in dieser Konstellation wäre eine Regelung vorstellbar, die eine Frist nur teilweise und zwar für die zur Abweichung entschlossenen Länder anordnet. Die Frist wäre hiernach eine Option für die Länder, von der diese Gebrauch machen können.[902] Allerdings könnten die Länder versucht sein, sich die Geltung der Frist vorsichtshalber erst einmal zu sichern, um Zeit für die Prüfung der bundesgesetzlichen Regelung zu gewinnen, ohne dass sie eine Abweichung ernsthaft in Erwägung ziehen.

cc) Wahlmodell

Müsste jedes Land zwischen verzögertem und sofortigem Inkrafttreten des Bundesrechts wählen, wäre eine Entscheidungsfrist hierfür obligatorisch, um das Bundesrecht in den Ländern nicht zu lang in der Schwebe zu halten. Nicht fehlen dürfte zudem eine Vorschrift über die Folgen einer unterbliebenen oder verspäteten Entscheidung; denkbar wäre auch eine gesetzliche Fiktion eines bestimmten Willens. Spätestens an dieser Stelle müsste sich der verfassungsändernde Gesetzgeber entscheiden, ob er eine Frist grundsätzlich ablehnt oder befürwortet.

In Ländern, die eine Abweichung ins Auge fassen und sich daher für eine Karenzzeit ausgesprochen haben, träte Bundesrecht mit Ablauf der Frist in Kraft; früher dagegen in Ländern, die sich gegen eine Frist oder nicht fristgerecht dafür entschieden haben. Wann genau aber das Bundesrecht in diesen Ländern in Kraft tritt, hängt von der Klärung einiger Vorfragen ab, die grundge-

902 Zum Vorschlag eines Notifizierungsverfahrens als Bedingung für die Ausübung des Abweichungsrechts siehe oben C., I., 3., d).

setzlich fixiert werden müssen. Eine Anknüpfung an den Zeitpunkt der Entscheidung käme als unzulässige Willensbedingung wieder nicht in Betracht.[903] Zunächst einmal müsste entschieden werden, ob der Bundestag zu einer eigenen Inkrafttretensbestimmung nach Art. 82 Abs. 2 S. 1 GG berechtigt bleiben soll. Anderenfalls müsste das Grundgesetz selbst einen Termin festlegen, der dann aber – um das Wahlrecht nicht zu entwerten – jedenfalls kürzer ausfallen müsste als die wählbare Karenzzeit. Im Hinblick auf eine mögliche Rückwirkungsproblematik wäre wieder sicherzustellen, dass entweder die Entscheidungsfrist und ein grundgesetzlicher Auffangtermin gleich laufen oder ein Inkrafttreten jedenfalls vor Ablauf der Entscheidungsfrist ausgeschlossen ist.

b) Bewertung der alternativen Regelungsvarianten

Wenngleich die mit den beschriebenen Regelungsvarianten einhergehenden regelungstechnischen Schwierigkeiten jedenfalls gelöst werden könnten, so wären doch die Folgen einer teilweisen Fristanordnung nicht hinnehmbar. Eine von der jeweiligen Erklärung der Länder abhängige Fristgeltung impliziert stets, dass Bundesrecht im Bundesgebiet zu unterschiedlichen Zeitpunkten in Kraft treten könnte. Dies wäre problematisch mit Blick auf den allgemeinen Gleichheitsgrundsatz, der den Gesetzgeber auch bei der Regelung des Inkrafttretens seiner Gesetze bindet.[904] Besonders deutlich würde dies im Verhältnis von Ländern, die von vornherein nicht vom Bundesrecht abgewichen sind zu solchen, die zwar abweichende Regelungen erlassen haben, diese aber später ganz oder zum Teil wieder aufheben.

Auch müsste in allen den Landeswillen berücksichtigenden Regelungsvarianten zunächst festgestellt werden, ob das jeweilige Land eine fristgerechte Willensäußerung überhaupt getätigt hat. Eine teilweise Fristanordnung brächte damit gegenüber der jetzigen Regelung keine nennenswerten Vorteile, sondern nur weitere Probleme. Die einheitliche Geltung bzw. Nichtgeltung einer Karenzzeit ist einer teilweisen Lösung vorzuziehen. Eine Karenzfrist muss sicherstellen, dass Bundesrecht in allen Ländern zu gleichen Zeitpunkten in Kraft tritt. Dies wird durch die derzeitige Regelung jedenfalls erreicht. Dem steht nicht entgegen, dass die Länder durch den vorherigen Erlass abweichender Regelungen verhindern können, dass Bundesrecht im Landesgebiet ganz oder teilweise überhaupt anwendbar wird; das einheitliche Inkrafttreten des Bundesrechts wird als solches durch den Anwendungsvorrang[905] des Art. 72 Abs. 3 S. 3 GG nicht betroffen.

Nicht vergessen werden darf auch, dass die Sechs-Monats-Frist primär dem Schutz der Bürger dient. Zwar wäre die Entscheidung eines Landes, nicht abweichen zu wollen von den Wählern dieses Landes legitimiert; schutzbedürf-

903 Vgl. oben aa); *Bryde*, in: v. Münch/Kunig, GG, Bd. III, Art. 82, Rn. 18.
904 *BVerfGE* 47, 85, 94.
905 Hierzu unten F., I.

tig[906] sind aber gerade die Bürger der abweichungswilligen Länder. Vor diesem Hintergrund haben die die Bundesregelung befürwortenden und an Abweichungen nicht interessierten Länder den zeitlichen Aufschub hinzunehmen.

c) Folgeproblem: Publizität des Abweichungswillens

Wer gleichwohl an einer unterschiedlichen Handhabung der Frist festhalten will, müsste sich mit den Problemen der praktischen Umsetzung befassen, die nur um den Preis zusätzlicher verfassungsgesetzgeberischer Mühen und weiteren praktischen Umsetzungsaufwands lösbar erscheinen. Ein Land als Gebietskörperschaft ist als solche zur Willensbildung nicht fähig. Da allein die Landesparlamente zur Abweichungsgesetzgebung berechtigt sind, kommt schließlich auch nur ihr Wille in Betracht. Doch beansprucht parlamentarische Willensbildung Zeit und Kosten;[907] dies zu vermeiden dürfte im Falle der geschilderten Regelungsvarianten häufig zumindest Nebenzweck einer Entscheidung gegen eine Abweichung und damit gegen die Sechs-Monats-Frist sein. Die Entscheidung selbst müsste jedenfalls durch parlamentarischen Beschluss getroffen werden. Einer empfangsbedürftigen „Erklärung" bedürfte es aber entgegen dem zumindest missverständlichen Sprachgebrauch der Befürworter teilweise geltender Karenzzeiten nicht; mangels Drittbetroffenheit wäre eine einseitige Entscheidung des Landes im Wege eines Parlamentsbeschlusses ausreichend.

Um allerdings den Zeitpunkt des Inkrafttretens von Bundesrecht im Landesgebiet zu bestimmen, müsste der Rechtsanwender bzw. der Normadressat zunächst prüfen, ob das jeweilige Landesparlament einen entsprechenden Beschluss gefasst hat und dieser auch fristgerecht[908] erfolgte. Aus Gründen rechtsstaatlich gebotener Publizität wäre daher zumindest der Beschluss des Landesparlaments bekannt zu machen. Will man auch die Prüfung, ob das Land die Entscheidungsfrist eingehalten hat, nicht dem Bürger überlassen, könnte diese Aufgabe einem Bundes- oder Landesorgan übertragen werden, dass seine Ergebnisse zusammen mit dem jeweiligen Landesparlamentsbeschluss verbindlich feststellt und ebenfalls veröffentlicht. Schließlich stellt sich noch die Frage, ob die Veröffentlichung im Verkündungsblatt des Bundes oder des Landes zu erfolgen hätte. Allein einem fristgerechten Beschluss ließe sich der Zeitpunkt des Inkrafttretens des Bundesrechts im jeweiligen Land aber noch nicht entnehmen. Hierfür käme es dann wieder auf die grundgesetzliche Lösung dieser Frage an. Alles in allem führten länderdifferente Lösungen daher nur zu weiterem büro-

906 Hierzu oben 1.

907 *Kloepfer* (Stellungnahme v. 3.5.2006, S. 13, Rechtsausschussprotokoll 15, Anlage 2) geht sogar davon aus, dass die Kosten vor allem wirtschaftlich schwächere Länder von der Nutzung der Abweichungskompetenz abhalten werden.

908 Alle Regelungsvarianten erforderten jedenfalls die Einhaltung einer Entscheidungsfrist.

kratischen Aufwand, der allein im Interesse eines Landes an rascher Geltung des Bundesrechts nicht hingenommen werden könnte. Sie sind daher abzulehnen.

d) Bereits mittelbare Berücksichtigung des Abweichungswillens durch Art. 72 Abs. 3 S. 2 HS 2 GG

Dass die sechsmonatige Verzögerung des Inkrafttretens tatsächlich aber doch nicht völlig losgelöst vom Abweichungswillen der Länder angeordnet ist, zeigt Art. 72 Abs. 3 S. 2 HS 2 GG. Hiernach können Bundesgesetze mit Zustimmung des Bundesrates bereits vor Ablauf von sechs Monaten in Kraft treten. Zwar bezweckt die Frist – und mit ihr das sie suspendierende Zustimmungserfordernis – nicht den Schutz der Landesparlamente, doch nehmen die Landesregierungen durch ihre Weisungsbefugnis maßgeblichen Einfluss auf das Abstimmungsverhalten im Bundesrat. Die Entscheidungen der Landesregierungen wiederum bilden in der Regel das politische Programm der sie tragenden Mehrheiten in den Landesparlamenten ab. Die Zustimmung zur Fristverkürzung im Bundesrat ist damit zumeist gleichzusetzen mit einem entsprechenden Willen des Landesgesetzgebers. Besteht im Bundesrat mehrheitsfähiger Konsens darüber, dass eine Mehrheit der Länder keine abweichenden Gesetze beabsichtigt, kommen diese abweichungsunwilligen Länder früher in den Genuss einer bundesgesetzlichen Regelung als grundsätzlich vorgesehen. Von dieser Möglichkeit kann auch in anderen Fällen als in den von der Gesetzesbegründung bedachten Eilfällen Gebrauch gemacht werden.

Die übrigen Länder sind am Erlass abweichender Gesetze nicht gehindert, wenngleich sie dabei – wollen sie kurzfristige Änderungen der Rechtslage vermeiden – dann unter besonderem Zeitdruck stünden. Selbst wenn in diesen Ländern eine kurzfristige Änderung der Rechtslage unvermeidbar wäre, müsste sich dies für die Bürger gleichwohl nicht notwendigerweise negativ auswirken. Will das Land zu deren Gunsten vom Bundesgesetz abweichen, steht es ihm frei, entsprechende Ansprüche und Leistungen auch mit Wirkung für die Vergangenheit zu gewähren oder Verstöße gegen das (noch) anzuwendende Bundesrecht – da es für den Vollzug auch des Bundesgesetzes zuständig bleibt – mit Blick auf die geplante Neuregelung nicht zu sanktionieren. Für letzteres bestehen zwei Möglichkeiten: Entweder die Verwaltung des Landes erlässt aufgrund der (noch bestehenden) bundesgesetzlichen Grundlage einen belastenden Verwaltungsakt und widerruft diesen nach Änderung der Rechtslage oder sie setzt das Verfahren bis zum Inkrafttreten der abweichenden Landesregelung aus und stellt es anschließend ein. Von Mitteln der Bundesaufsicht gegenüber den Ländern ist in solchen Fällen indes aus Gründen der Bundestreue abzusehen.

Beabsichtigt ein Land dagegen, von Bundesrecht in einer für den Einzelnen nachteiligen Weise abzuweichen, ergäbe sich die Vorteilhaftigkeit der – wenn auch nur übergangsweise – Geltung des Bundesrechts für den Einzelnen von selbst. Die Länder dürfen Begünstigungen aufgrund des noch geltenden Bundesrechts nicht versagen; ihr Widerruf wäre mangels spezieller Ermächtigungsgrundlage nur unter den erschwerten Voraussetzungen des § 49 Abs. 2 S. 1 Nr. 4 des jeweiligen Landes-VwVfG und auch nur mit Wirkung ex nunc möglich.

3. Konkrete Fristlänge: sechs Monate

Die Ansichten zur Länge der Frist sind geteilt: wer sie nicht bereits gänzlich ablehnt, dem geht sie jedenfalls weit über das notwendige Maß hinaus,[909] andere dagegen halten sie für zu kurz[910] bemessen. *Pestalozza*[911] weist zutreffend darauf hin, dass bereits zwischen dem Zustandekommen und der Verkündung eines Gesetzes oft mehrere Wochen liegen können, die Länder infolge ihrer Beteiligung über den Bundesrat bereits Kenntnis davon haben und keineswegs von der Regelung überrascht werden.[912] Auch *Meyer*[913] sieht in der Frist eine zusätzliche Verzögerung des ohnehin schwerfälligen Gesetzgebungsverfahrens.

Das geläufig gegen eine Frist ins Feld geführte Argument, Bund und Länder würden sich ohnehin wie bisher im Vorfeld auf eine gemeinsame Lösung verständigen,[914] spricht genau genommen für sie: Sollen nämlich durch das Abweichungsrecht die Landesparlamente gestärkt werden, wäre der Verzicht auf die Frist geradezu kontraproduktiv. Die Länder, gemeint sind die Landesregierungen, könnten sich dann noch stärker genötigt sehen, sich bereits im Vorfeld mit dem Bund zu verständigen, als dies unter Geltung der Frist der Fall wäre. Durch die Sechs-Monats-Frist an sich werden Koordinierungsanreize zumindest nicht noch verstärkt.

Wer zudem in einer zu langen Frist die Gefahr begründet sieht, der ein Gesetz beschließende Bundestag könne bei dessen Inkrafttreten schon nicht mehr bestehen,[915] könnte umgekehrt gerade in der Frist einen Anstoß für den Gesetzgeber erkennen, Gesetzesvorhaben eben nicht erst gegen Ende der Legislaturperiode auf den Weg zu bringen.

Dagegen erscheint die Frist auch nicht über die Maßen knapp bemessen,[916] dass eine Verdreifachung[917] angezeigt wäre. Betrug die durchschnittliche Dauer eines Bundesgesetzes in der 14. und 15. Legislaturperiode inklusive Bundesrats-

---

909 *Meyer*, Rechtsausschussprotokoll 12, S. 11.

910 *Louis*, ZUR 2006, 340, 342; *Ginzky/Rechenberg*, ZUR 2006, 344, 349; *Ruthig*, Stellungnahme, S. 11, Rechtsausschussprotokoll 15, Anlage 2; *Mayen*, DRiZ 2007, 51, 55.

911 Stellungnahme, S. 8, Rechtsausschussprotokoll 12, Anlage 2.

912 So auch *Meyer*, Die Föderalismusreform 2006, S. 168.

913 Die Föderalismusreform 2006, S. 168.

914 *Oeter*, in: Starck, Föderalismusreform, Rn. 33; ebenso *Meyer*, Die Föderalismusreform 2006, S. 168 (dort Fn. 380).

915 So *Meyer*, Die Föderalismusreform 2006, S. 168.

916 Nichts an der Frist auszusetzen hat *Kloepfer*, Stellungnahme v. 3.5.2006, S. 14, Rechtsausschussprotokoll 15, Anlage 2.

917 So aber *Ginzky/Rechenberg*, ZUR 2006, 344, 349: mindestens 18 Monate.

beteiligung 201 Tage[918] und berücksichtigt man den insoweit berechtigten Einwand der Fristgegner, wonach die Länder schließlich nicht erst mit Verkündung des Bundesgesetzes hiervon Kenntnis erlangen,[919] dürften sechs Monate im Regelfall ausreichen. Schließlich können die Länder auf die normative Konzeption des Bundes zurückgreifen und sich auf ihre abweichenden Vorstellungen konzentrieren. Angesichts der den Ländern nur noch verbliebenen Kompetenzen, dürften die Landtage auch nicht überbeschäftigt und häufig flexibler als der Bundesgesetzgeber sein.[920]

Ruthig plädierte dafür, dass Bundesgesetze auf Gebieten der Abweichungskompetenz erst nach Ablauf einer „angemessenen" Frist in Kraft Treten „sollen".[921] Diese müsste der Bund jeweils in seinen Gesetzen festlegen. Dies hätte zwar den Vorzug, dass die Frist für alle Länder einheitlich gelten würde. Welche aber im Einzelfall angemessen wäre, bleibt offen und müsste im Streitfall letztlich vor dem Bundesverfassungsgericht ausgefochten werden, sofern man von der Justiziabilität dieser Frage angesichts des „appellativen Charakters"[922] denn überhaupt ausgehen könnte. Sollte eine solche Frist – ob flexibel oder nicht – aber überhaupt ihren Zweck erfüllen, dürfte sie nicht dem Wohlwollen des Bundes überlassen bleiben; eine unverbindliche Regelung genügte hierfür jedenfalls nicht.

Doch selbst eine nachprüfbare Verpflichtung des Bundes zur Bestimmung einer „angemessenen" Frist nützte der Rechtssicherheit nicht. Hielte ein Land eine vom Bund gewährte Frist für zu kurz und wollte es daher das Inkrafttreten des Bundesgesetzes verhindern oder das Gesetz außer Kraft setzen, müsste es das Bundesverfassungsgericht wegen der zu erwartenden Dauer des Hauptsacheverfahrens um einstweiligen Rechtsschutz ersuchen. Schwere Nachteile und Dringlichkeit erschienen angesichts des bestehenden Abweichungsrechts und der Möglichkeit Übergangsregelungen zu schaffen, aber kaum darlegbar.[923] Die Länder hätten damit keine Handhabe, das verfrühte Inkrafttreten von Bundesgesetzen zu verhindern.

Nicht nur die Maßstäbe für eine gerichtliche Prüfung der Angemessenheit blieben unklar, fraglich wäre auch, welche Folgen an unangemessene Fristen zu

---

918 *Burkhart/Manow*, MPIfG Working Paper 06/6, Oktober 2006, 3.3, die Angabe betrifft Einspruchgesetze.

919 *Pestalozza*, Stellungnahme v. 9.5.2006, S. 8, Rechtsausschussprotokoll 12, Anlage 2; *Meyer*, Die Föderalismusreform 2006, S. 168.

920 *Möllers*, Stellungnahme v. 4.5.2006, S. 3, Rechtsausschussprotokoll 12, Anlage 2; nach *Meyer* (Rechtsausschussprotokoll 12, S. 42) würden daher sogar drei Monate genügen; *Oeter*, in: Starck, Föderalismusreform, Rn. 33.

921 *Ruthig*, Stellungnahme, 2, 11 f., Rechtsausschussprotokoll 15, Anlage 2.

922 So die Konzeption von *Ruthig*, Stellungnahme, 11, Rechtsausschussprotokoll 15, Anlage 2.

923 Zu den Voraussetzungen einer einstweiligen Anordnung gegen das Inkrafttreten eines Gesetzes vgl. *BVerfGE* 104, 51, 56 ff. – Homo-Ehe.

knüpfen wären. Wollte man einer zu knappen Frist jedenfalls nicht die Nichtigkeit des ganzen Bundesgesetzes folgen lassen – was dem Abweichungsrecht die Grundlage entzöge[924] –, stellte sich die Frage, wie mit dem zu früh in Kraft getretenen Bundesgesetz verfahren werden sollte. Eine rückwirkende Nichtanwendung erwiese sich als problematisch, wenn das Gesetz bereits Grundlage für Vollzugsakte gewesen sein sollte; so wenn Leistungen bewilligt wurden, die aufgrund abweichender Landesgesetze nicht mehr gewährt werden dürften oder wenn auf das Gesetz gestützte Eingriffe nach abweichendem Landesrecht nun nicht mehr zulässig wären. Angesichts der zahlreichen Unstimmigkeiten und des zusätzlichen Konfliktpotenzials ist eine flexible Frist daher keine echte Alternative zur Sechs-Monats-Frist in ihrer geltenden Ausgestaltung.

4. Keine Präklusionsfrist für die Landesgesetzgebung

Zum Missfallen einiger Stimmen in der Literatur ist Art. 72 Abs. 3 S. 2 GG nicht als Ausschlussfrist für die Landesgesetzgebung konzipiert, so dass der Erlass abweichender Gesetze auch noch nach Ablauf der Sechs-Monats-Frist möglich bleibt.[925]

Meyer[926] schlug daher vor, der Bund solle zur freien Bestimmung des Inkrafttretens seiner Gesetze berechtigt bleiben. Die Länder dagegen sollten innerhalb einer Frist von zwei Monaten[927] ab Kenntnis vom Bundesgesetz entscheiden, ob sie davon abweichen wollen und dies dem Bund mitteilen müssen. Die fristgerechte Notifizierung wäre damit Bedingung für die Ausübung des Abweichungsrechts.[928] Nach Ablauf einer bestimmten Frist[929] ab dem Inkrafttreten des Bundesgesetzes müsse das Abweichungsrecht aber ausgeschlossen sein.[930] Dem Bund sollte jedoch überlassen bleiben, einfachgesetzlich zu bestimmen, dass im Falle der Notifizierung durch ein oder mehrere Länder das Gesetz nur für diese oder aber für sämtliche Länder erst verzögert in Kraft tritt.[931] *Meyer* will damit nicht nur erreichen, dass sich die Länder schnell entscheiden, ob sie überhaupt

---

924 Es fehlte am Gebrauch des Bundes als Voraussetzung für das Abweichungsrecht. Der nachträgliche Wegfall des einer Abweichung zugrundeliegenden Bundesrechts berührt den Bestand des Landesrechts dagegen grundsätzlich nicht, unten F., V., 3.

925 *Meyer* (Rechtsausschussprotokoll 12, S. 42) ist der Ansicht, die Frist würde nur als Ausschlussfrist nützlich sein; kritisch insoweit auch die Anmerkung des *Ausschusses Verfassungsrecht des DAV*, AnwBl. 2006, 614, 615; ebenso *Mayen*, DRiZ 2007, 51, 55.

926 *Meyer*, Stellungnahme v. 8.5.2006, S. 20, Rechtsausschussprotokoll 12, Anlage 2.

927 Bei für die Länder überraschenden Gesetzen entsprechend länger, *Meyer*, Stellungnahme v. 8.5.2006, S. 20, Rechtsausschussprotokoll 12, Anlage 2.

928 *Meyer*, Stellungnahme v. 8.5.2006, S. 20, Rechtsausschussprotokoll 12, Anlage 2.

929 *Meyer* schlägt hierfür sechs Monate vor, Stellungnahme v. 8.5.2006, S. 20, Rechtsausschussprotokoll 12, Anlage 2.

930 *Meyer*, Stellungnahme v. 8.5.2006, S. 20, Rechtsausschussprotokoll 12, Anlage 2.

931 *Meyer*, Stellungnahme v. 8.5.2006, S. 20, Rechtsausschussprotokoll 12, Anlage 2.

abweichen wollen, sondern auch, dass sie ihre Abweichungspläne zügig umsetzen.[932]

Bereits das Abstellen auf die Kenntnis vom Inkrafttreten des Bundesgesetzes für den Fristbeginn begegnet aber Bedenken und sollte, falls man *Meyers* Vorschlag überhaupt zuneigt, durch objektive Kriterien (z.B. die Verkündung) ersetzt werden. Abzulehnen ist es jedoch bereits, die Ausübung des Abweichungsrechts überhaupt von einer fristgerechten Notifizierung abhängig machen zu wollen. Die Länder könnten sich zur Notifizierung gedrängt sehen, obwohl sie noch unentschlossen sind, ob sie tatsächlich abweichen wollen.[933] Bedingung und Präklusion werden veränderten Bedürfnissen und politischen Verhältnissen nicht gerecht. Darüber hinaus beansprucht die Entscheidungsfindung der Landesparlamente – nur sie kommen als zur Abweichung Berechtigte als Adressaten einer Notifizierungsobliegenheit überhaupt in Betracht – Kosten und Zeit.

Ebenfalls nicht überzeugend ist der Vorschlag, der Bund solle auf einfachgesetzlichem Wege den Aufschub entweder nur für notifizierende Länder oder aber für sämtliche Länder anordnen können.[934] Letzteres führte dazu, dass der Aufschub auch Länder träfe, die mangels Notifizierung gar nicht mehr abweichen dürften und auf das Inkrafttreten der Bundesregelung warten müssten, ohne noch zu eigenen Regelung berechtigt zu sein. Der Bund würde damit Länder abstrafen, die mit der Bundesregelung eigentlich zufrieden sind. Die Notifizierung nützte diesen Ländern nichts, schadete ihnen aber auch nicht; sie könnten daher versucht sein, sich trotz fehlenden Abweichungswillens alle Möglichkeiten offen zu halten. Aber auch die zuerst genannte Variante begegnet tiefgreifenden Bedenken. Abgesehen davon, dass hierdurch die Möglichkeit eröffnet würde, dass Bundesrecht im Bundesgebiet zu unterschiedlichen Zeitpunkten in Kraft treten könnte,[935] dürfte der Bundesgesetzgeber durch länderdifferente Inkrafttretensbestimmungen für notifizierende und nicht notifizierende Länder keine ungerechtfertigten Ungleichbehandlungen der Bundesbürger ermöglichen. Die fristgerechte Notifizierung durch die Länder bzw. deren Unterlassen ist allein nicht geeignet, die – wenngleich vorübergehende – Ungleichbehandlung durch teilweise geltendes Bundesrecht innerhalb des Bundesgebietes zu rechtfertigen.[936]

Überdies wäre nach *Meyers* Vorschlag das Abweichungsrecht nach Fristablauf ausgeschlossen bis der Bund sein Gesetz ändert. Unklar bleibt dagegen, was

932 Vgl. *Meyer*, Rechtsausschussprotokoll 12, S. 30.

933 Vgl. auch die Kritik an einer Inkrafttretensfrist als Präklusionsfrist bei *Wieland*, Rechtsausschussprotokoll 12, S. 44 und *F. Kirchhof*, Rechtsausschussprotokoll 12, S. 48.

934 *Meyer*, Stellungnahme v. 8.5.2006, S. 20, Rechtsausschussprotokoll 12, Anlage 2.

935 Hierzu oben 2., b).

936 Zum umgekehrten Fall unterschiedlichen Rechts innerhalb eines Landes vgl. *Starck*, in: v. Mangoldt/Klein/Starck, GG, Art. 3, Rn. 249.

gelten soll, wenn der Bund sein Gesetz nur um einige Punkte ergänzt. Soll das Abweichungsrecht dann nur für diese Punkte gelten und hinsichtlich der unveränderten Regelungen ausgeschlossen bleiben? Möglich wäre es zwar, das Abweichungsrecht nach einer bestimmten Zeit wieder aufleben zu lassen, auch wenn der Bund sein Gesetz unverändert gelassen hat. Für den Fall, dass veränderte Umstände eine schnelle Reaktion erforderlich machen, wäre diese Lösung allerdings denkbar ungeeignet.

Wenn ein abweichungswilliges Land die Frist nicht einhalten konnte, nimmt das Grundgesetz, kurzfristig wechselnde Rechtsbefehle durchaus hin.[937] Umgekehrt kann im Falle bewussten Verstreichenlassens der Frist ein Bedürfnis nach abweichender Regelung auch erst zu einem späteren Zeitpunkt entstehen.[938] Zu Recht ist daher darauf hingewiesen worden, dass eine Ausschlussfrist die Länder unter Druck setzen könnte, sicherheitshalber erst einmal von ihrem Abweichungsrecht Gebrauch zu machen, ungeachtet dessen, ob Abweichungsbedarf tatsächlich besteht.[939] Auch darf bezweifelt werden, dass unter Zeitdruck hervor gebrachte Gesetze stets der gebotenen gesetzgeberischen Sorgfalt entsprechen. Ändern sich die politischen Verhältnisse, erschiene vor diesem Hintergrund der Ausschluss des Abweichungsrechts indes besonders problematisch,[940] sofern er sich auch gegen einen späteren Landtag richten sollte. Zwar wären die neu gewählten Landesparlamente zu einer Abweichung nur soweit demokratisch legitimiert, wie ihnen Gestaltungsbefugnisse nach dem Grundgesetz zustehen – und nach diesem bestünde mit Fristablauf kein Abweichungsrecht mehr –, doch wäre das Abweichungsrecht seiner Funktion, den regionalen Besonderheiten gerecht zu werden, mit Ablauf der Legislatur weitgehend beraubt. Wer dagegen das Abweichungsrecht nur für die laufende Legislaturperiode des jeweiligen Landesparlaments ausschließen wollte, müsste spätestens nach den Landtagswahlen mit einer Welle von Abweichungsgesetzen rechnen.

5. Fazit

Wer das Abweichungsrecht ernst nimmt, muss bekennen, dass wechselnde Rechtsbefehle sich nicht verhindern lassen werden. Wer das Abweichungsrecht gleichwohl will, aber das „Ping-Pong-Szenario“ fürchtet, dem bleibt nur, nach Möglichkeiten zu suchen, mit denen die zeitliche Alternanz[941] von Bundes- und Landesrecht begrenzt werden kann.[942] Unterschiedliche Inkrafttretenszeitpunkte

937 *Klein/Schneider*, DVBl. 2006, 1549, 1553; *Franzius*, NVwZ 2008, 492, 493.

938 *F. Kirchhof*, Rechtsausschussprotokoll 12, S. 48.

939 *Wieland*, Rechtsausschussprotokoll 12, S. 44; *F. Kirchhof*, Rechtsausschussprotokoll 12, S. 48: Ausschlussfrist wäre „eines Parlaments unwürdig“.

940 Vgl. *Scharpf*, Rechtsausschussprotokoll 12, S. 44.

941 Der Begriff geht zurück auf *Klein/Schneider*, DVBl. 2006, 1549, 1553: „alternierender Anwendungsvorrang“.

942 Zu erwarten ist, dass es daher zu verstärkter Koordination zwischen Bund und Ländern sowie zwischen den Ländern kommt, unten 4. Kap., F.

von Bundesrecht im Bundesgebiet gilt es hierbei zu vermeiden. Wie oben dargelegt, sind die aufgezeigten alternativen Modelle zur Frist sowie die im Schrifttum vorgeschlagenen Modifikationen diesbezüglich grundlegenden Bedenken ausgesetzt. Sie stellen jedenfalls keine Alternativen zur geltenden Regelung dar. Das in Art. 72 Abs. 3 S. 2 GG für alle Länder einheitlich hinausgeschobene Inkrafttreten der Bundesgesetze ist damit alternativlos. Auch die angeordnete Fristlänge von sechs Monaten stellt trotz der Forderungen nach Verkürzung bzw. Verlängerung, die jeweils durchaus gute Argumente vorweisen können, im Ergebnis einen vernünftigen Kompromiss dar. Nur wer wirklich auf das Verantwortungsbewusstsein der politischen Kräfte vertraut, darf und muss auf die Frist verzichten.

IV. Vereinbarkeit mit Fristen zur Umsetzung unionsrechtlicher Vorgaben

Im Hinblick auf Fristen zur Umsetzung von Unionsrecht ist kritisiert worden, die Sechs-Monats-Frist verkürze diese in unzulässiger Weise um eben jene sechs Monate bzw. könne den Bund zu einer um sechs Monate verlängerten Vertragsverletzung zwingen.[943] Die Karenzzeit des Art. 72 Abs. 3 S. 2 GG sei daher zumindest mit Blick auf die Umsetzung von Unionsrecht kontraproduktiv.[944] Andere gehen demgegenüber davon aus, die Abweichungskompetenz führe insgesamt zu weniger Vertragsverletzungen und Strafzahlungen.[945] Auch seien Umsetzungsfristen zumeist ausreichend lang bemessen.[946] Unabhängig davon dürfte der Bundesrat in diesen Fällen verpflichtet sein, einem vorzeitigen Inkrafttreten des betreffenden Bundesgesetzes zuzustimmen, um damit die Wahrung der Umsetzungsfrist zu gewährleisten.[947]

V. Der Karenztatbestand

1. Bundesgesetze

Der Begriff des Bundesgesetzes im Sinne von Art. 72 Abs. 3 S. 2 GG bedarf der Auslegung, da hierunter nicht nur ein Gesetz als Ganzes,[948] sondern auch darin enthaltene Ausschnitte aus einem Bundesgesetz verstanden werden könnten.[949]

---

943 *Ruthig*, Stellungnahme, S. 11, Rechtsausschussprotokoll 15, Anlage 2.

944 *Scharpf*, Stellungnahme v. 12.05.2006, S. 8, (dort Fn. 3), 19 f., Rechtsausschussprotokoll 12, Anlage 2.

945 *Huber*, Stellungnahme v. 15.05.2006, S. 12, Rechtsausschussprotokoll 12, Anlage 2.

946 *Lehmann-Brauns*, Zustimmungsbedürftigkeit, S. 162; *Kloepfer*, NVwZ 2002, 645, 647.

947 Hierzu oben II., 3., a) sowie unten VII., 5.

948 *Meyer*, Die Föderalismusreform 2006, S. 169 (dort Fn. 383).

949 *Mayen*, DRiZ 2007, 51, 54 zu Art. 72 Abs. 3 S. 3; allgemein zur Auslegungsbedürftigkeit der Gesetzesbegriffe des Grundgesetzes *BVerfGE* 24, 184, 195.

Das jeweilige Verständnis hat Auswirkungen auf die Anwendbarkeit der Sechs-Monats-Frist, wenn in einem Gesetzeswerk verschiedene Materien geregelt werden, von denen mindestens eine dem Abweichungsrecht unterliegt. Tritt in einem solchen Fall das gesamte Gesetz erst verzögert in Kraft[950] oder gilt die Frist nur für die der Abweichung unterliegenden Ausschnitte? Hiervon zu unterscheiden ist die Frage, ob sich das Zustimmungserfordernis des 2. Halbsatzes nur auf die anderweitige Inkrafttretensbestimmung beziehen muss oder auch auf alle übrigen materiellen Regelungen.[951]

Bezöge man die Frist des Art. 72 Abs. 3 S. 2 GG auf das Gesetz als Ganzes, dürfte der Bundesgesetzgeber das Inkrafttreten auch derjenigen Regelungen, auf die sich das Abweichungsrecht nicht erstreckt, nicht für einen Zeitpunkt vor Ablauf der Sechs-Monats-Frist vorsehen, sondern bedürfte hierfür nach Art. 72 Abs. 3 S. 2 HS 2 GG der Zustimmung des Bundesrates.[952] Diesem Problem könnte der Bund freilich ausweichen, indem er die jeweiligen Materien in gesonderten Gesetzen regelt,[953] sofern dies überhaupt in sinnvoller Weise geschehen könnte.

a) Wortlaut

Der Wortlaut des Art. 72 Abs. 3 S. 2 HS 1 GG ist unergiebig. Zwar wird darin Bezug auf den Bund als Urheber der Gesetze genommen, Aufschluss über die Reichweite dieser Gesetze liefert die Vorschrift indes nicht. Klarheit kann auch nicht die Ausnahmevorschrift des 2. Halbsatzes verschaffen. Danach tritt ein Bundesgesetz zu einem früheren Zeitpunkt in Kraft, „soweit" ein solcher mit Zustimmung des Bundesrates bestimmt ist. In diesem Zusammenhang wird nun diskutiert, ob sich die Zustimmung nur auf die anderweitige Regelung des Inkrafttretens zu beziehen braucht oder ob sie das Gesetz als Ganzes erfassen muss.[954] Bestünde das Zustimmungserfordernis für das Gesetz als Ganzes, könnte umgekehrt die Anordnung des verzögerten Inkrafttretens ebenfalls nur für das ganze Gesetz gelten; mit „Bundesgesetz" im Sinne des Art. 72 Abs. 3 S. 2 GG könnte folglich das Gesetz als gesetzgeberische Einheit gemeint sein.

Bereits die so aufgeworfene Fragestellung geht jedoch am Regelungsgehalt des Art. 72 Abs. 3 S. 2 GG vorbei und versucht eine Klärung des Gesetzesbegriffs über das Zustimmungserfordernis herbeizuführen. Eine solche Herange-

950 So *Kotulla*, NVwZ 2007, 489, 491; zumindest missverständlich *Meyer* (Stellungnahme v. 8.5.2006, S. 20, Rechtsausschussprotokoll 12, Anlage 2), der davon ausging, der Aufschub des Art. 72 Abs. 3 S. 2 GG-E gelte auch für solche Normen, für die kein Abweichungsrecht bestehe; deutlicher jetzt *ders.*, Die Föderalismusreform 2006, S. 168 f.

951 Hierzu unten VII., 2.

952 Hiervon ausgehend offenbar *Köck/Wolf*, NVwZ 2008, 353, 354.

953 So auch *Groß*, in: Friauf/Höfling, Berliner Kommentar, GG, zu Art. 84, Rn. 29.

954 *Meyer*, Die Föderalismusreform 2006, S. 168; *Pestalozza*, Stellungnahme v. 9.5.2006, S. 9, Rechtsausschussprotokoll 12, Anlage 2.

hensweise verbietet sich: Die Geltung der Sechs-Monats-Frist ist Rechtsfolge[955] des Gebrauchs der Bundeskompetenz und betrifft ausschließlich das Inkrafttreten der Bundesgesetze. Soll diese Rechtsfolge nicht oder nur verkürzt eintreten, bedarf die anderweitige Inkrafttretensbestimmung der Zustimmung des Bundesrates. Nicht anders kann der Wortlaut des 2. Halbsatzes verstanden werden; es kann nicht von den Voraussetzungen des Ausnahmetatbestandes (Art. 72 Abs. 3 S. 2 HS. 2 GG) auf den Grundtatbestand (Art. 72 Abs. 3 S. 2 HS. 1 GG) geschlossen werden. Das Zustimmungserfordernis vermag die wahre Rechtsnatur der Frist als Regelung des Inkrafttretens nicht zu beeinflussen. „Soweit" stellt in diesem Zusammenhang lediglich klar, dass eine Unterschreitung der Frist bis hin zum völligen Verzicht hierauf möglich ist.

b) Telos

Aus Sinn und Zweck der Frist kann für eine Begriffsbestimmung ebenfalls nichts gewonnen werden. Sie ist dazu bestimmt, den Bürger vor kurzfristig wechselnden Rechtsbefehlen zu schützen.[956] Diesem auf die zeitliche Ebene beschränkten Schutzzweck wird genügt, wenn sich das verzögerte Inkrafttreten nur auf die jeweilige dem Abweichungsrecht unterliegende Norm bezieht. Zwar kann in diesem Fall die Feststellbarkeit des aktuell geltenden Rechts für den Bürger durchaus erschwert sein, hiervor soll er aber nach der Gesetzesbegründung nicht ausdrücklich geschützt werden. Schwierigkeiten bei der Feststellung der Rechtslage sähen sich die Normunterworfenen bei Erstreckung der Frist auf das ganze Gesetz gleichfalls ausgesetzt. Weicht das Land später oder noch vor Fristablauf ab, müsste ebenso geprüft werden, auf welche Regelungen des Bundesgesetzes sich das Abweichungsrecht überhaupt erstreckt, ob und inwieweit das Land hiervon abgewichen ist und ob das Bundesrecht noch bzw. von vornherein[957] überhaupt gilt. Spätestens hier müsste der Betroffene die der Abweichung unterliegenden und die abweichungsfesten Teile auseinander dividieren. Diese Schwierigkeiten können ihm durch die Erstreckung der Frist auf das ganze Bundesgesetz nicht abgenommen werden.

c) Systematik

Als Unterfall[958] der konkurrierenden Gesetzgebung steht Art. 72 Abs. 3 S. 1 GG in systematischem Zusammenhang zu Art. 72 Abs. 1 GG. Für die Auslegung des Begriffs der Bundesgesetze in Art. 72 Abs. 3 S. 2 GG kann dieser jedoch nicht fruchtbar gemacht werden. Zwar verlangt Abs. 3 ebenso wie Abs. 1 für den Gebrauch den Erlass eines formellen und materiellen Gesetzes, doch ist zu der Fra-

955 So zu Recht *Pestalozza*, Stellungnahme v. 9.5.2006, S. 7, Rechtsausschussprotokoll 12, Anlage 2.

956 BT-Drs. 16/813, S. 11.

957 Hierzu später unten F., IV.

958 Hierzu oben A.

ge, ob ein einheitliches Verständnis zugrunde gelegt werden muss, damit nichts gesagt.

Auch aus Art. 82 Abs. 2 GG kann für eine Begriffsbestimmung nichts gewonnen werden. Wenn Art. 82 Abs. 2 S. 1 GG bestimmt, dass jedes Gesetz den Tag seines Inkrafttretens selbst bestimmen soll, so kann mit Gesetz zwar nur das Gesetz als Ganzes gemeint sein. Hieraus kann aber nicht im Umkehrschluss gefolgert werden, die Bestimmungen eines Gesetzes könnten stets nur zusammen in Kraft treten. Das Inkrafttreten kann vielmehr für verschiedene Vorschriften eines Gesetzes unterschiedlich geregelt werden. Anders als die Entstehung von Gesetzen, bei welcher diese als gesetzgeberische Einheit anzusehen sind,[959] betrifft das Inkrafttreten den Beginn der rechtlichen Geltung.[960] Das Bundesverfassungsgericht hat insoweit klargestellt, dass die Bestimmung des Inkrafttretens nach Art. 82 Abs. 2 GG nicht mehr Teil des Gesetzgebungsverfahrens ist, sondern zu den vom Gesetzgeber vorzunehmenden inhaltlichen Regelungen eines Gesetzes gehört.[961] Art. 82 Abs. 2 S. 1 GG gestattet es dem Bundesgesetzgeber demzufolge auch und insbesondere, die Bestimmung des Inkrafttretens für in einem Gesetzeswerk enthaltene Ausschnitte jeweils unterschiedlich zu treffen,[962] wenngleich ihm hierbei gewisse Grenzen[963] gezogen sind.

Handelt es sich demnach bei der Sechs-Monats-Frist nicht nur dem Wortlaut nach, sondern auch systematisch um eine Regelung des Inkrafttretens und nicht des Zustandekommens von Gesetzen,[964] ist eine Betrachtung des Gesetzes als Einheit im Sinne der Einheitsthese jedenfalls nicht zwingend. Daran ändert auch das Zustimmungserfordernis im Falle einer Fristverkürzung nichts; hierdurch wird der Charakter der Frist als Inkrafttretensregelung nicht verändert. Der Begriff des Bundesgesetzes kann nicht ein anderer sein und im Belieben des Bundesgesetzgebers stehen, je nachdem, ob er die Sechs-Monats-Frist einhalten will oder nicht. Schließlich gebietet auch der Ausnahmecharakter der Frist eine einschränkende Auslegung.[965]

d) *Entstehungsgeschichte*

Eine vergleichbare Fristenregelung findet sich in Art. 84 Abs. 1 S. 3 GG, die aber anders als Art. 72 Abs. 3 S. 2 GG im Laufe des Gesetzgebungsverfahrens textliche Änderungen erfahren hat. Art. 84 Abs. 1 S. 2 GG stimmt mit dem ur-

---

959 Z.B. *BVerfGE* 24, 184, 197.

960 Vgl. *BVerfGE* 34, 9, 23; 87, 48, 60; *Lücke/Nierhaus*, in: Sachs, GG, Art. 82, Rn. 37.

961 *BVerfGE* 42, 263, 283; 45, 297, 326; 47, 85, 93; 87, 48, 60.

962 *Lücke/Nierhaus*, in: Sachs, GG, Art. 82, Rn. 37: „Wirksamkeitsbeginn seiner Normen".

963 Zu diesen vgl. *Brenner*, in: v. Mangoldt/Klein/Starck, GG, Art. 82, Rn. 41; vgl. auch oben II. sowie IV.

964 So auch *Nierhaus/Rademacher*, LKV 2006, 385, 390 und *Sannwald*, in: Schmidt-Bleibtreu/Hofmann/Hopfauf, GG, Art. 72, Rn. 80q.

965 Vgl. aber *Meyer*, Die Föderalismusreform 2006, S. 169.

sprünglichen Gesetzesentwurf (BT-Drs. 16/813) überein; Satz 3 dagegen enthielt einen schlichten Verweis auf Art. 72 Abs. 3 S. 2 und 3 GG. Infolge der Änderung von Drucksache 16/813 aufgrund einer Beschlussempfehlung des Rechtsausschusses[966] ist der Verweis auf Art. 72 Abs. 3 S. 2 GG gestrichen und Voraussetzungen für die Geltung der Karenzzeit nunmehr selbst im neu gefassten Art. 84 Abs. 1 S. 3 GG geregelt worden. Mit Blick auf die dort gewählte Terminologie ist es im dortigen Kontext nicht vertretbar, die Verzögerung auf das gesamte Bundesgesetz zu erstrecken.[967] Der neue Art. 84 Abs. 1 S. 4 GG verweist nur noch auf die lex-posterior-Regel des Art. 72 Abs. 3 S. 3 GG.

Die Abkehr von der ursprünglichen Fassung des Art. 84 Abs.1 S. 3 GG geht zurück auf eine Beschlussempfehlung des Rechtsausschusses vom 28. Juni 2006[968], mit der der Ausschuss die Änderung des Gesetzesentwurfs vom 7. März 2006[969] anmahnte. Vor allem die Sachverständigen im Rechtsausschuss *Meyer* und *Münch* sahen im Verweis auf Art. 72 Abs. 3 S. 2 GG die Gefahr einer Verzögerung für einen erheblichen Teil der Bundesgesetzgebung begründet.[970] Ein solches Gefahrenpotenzial könnte dem Verweis jedoch überhaupt nur infolge einer Anwendung der sog. Einheitsthese[971] im Rahmen von Art. 84 Abs. 1 GG zukommen und nicht etwa weil bereits die durch den Verweis auf Art.72 Abs. 3 S. 2 GG angeordnete Frist die Bundesgesetze nach Art. 84 Abs. 1 S. 2 GG als Ganzes erfasst hätte. Denn auch vor der Änderung des ursprünglichen Entwurfs bestand kein Anlass, Bundesgesetze im Sinne von Art. 84 Abs. 1 S. 2 GG als Gesetze im Ganzen zu verstehen. Dies ergibt sich bereits aus der Formulierung der Vorschrift („wenn Bundesgesetze etwas anderes bestimmen"), die nicht auf die äußere Form des Gesetzes, sondern auf den Inhalt der „Bestimmungen" abstellt.

Ungeachtet dessen bestand das Ziel der Textänderung jedenfalls nicht in einer Präzisierung der verwendeten Begrifflichkeiten. Zwar spricht Art. 72 Abs. 3 S. 2 GG nach wie vor von „Bundesgesetzen" und Art. 84 Abs. 1 S. 3 GG nunmehr von „bundesgesetzliche[n] Regelungen", doch liegt in der Streichung des Verweises auf Art. 72 Abs. 3 S. 2 GG keine Bedeutungsänderung in der Weise, dass „Bundesgesetze" des Art. 72 Abs. 3 S. 2 GG in einem einheitlichen Sinne

---

966 BT-Drs. 16/2010.

967 Wie hier *Dittmann*, in: Sachs, GG, Art. 84, Rn. 14; *Meyer*, Die Föderalismusreform 2006, S. 113; anders noch in seiner Stellungnahme v. 8.5.2006, S. 20, Rechtsausschussprotokoll 12, Anlage 2. Dort war er noch der Ansicht, der Aufschub gelte auch für solche Normen, für die ein Abweichungsrecht nicht besteht.

968 BT-Drs. 16/2010.

969 BT-Drs. 16/813.

970 *Meyer*, Stellungnahme v. 8.5.2006, S. 19, Rechtsausschussprotokoll 12, Anlage 2; *Münch*, ebd., S. 6; vgl. auch *Röttgen/Boehl*, in: Holtschneider/Schön, Die Reform des Bundesstaates, S. 32 f.

971 So wohl auch *Meyer*, Stellungnahme v. 8.5.2006, S. 19, Rechtsausschussprotokoll 12, Anlage 2.; zur Einheitsthese auch unten VII., 2., a).

verstanden werden sollten. Das Ziel, die Voraussetzungen für das Eingreifen der Frist in Art. 84 Abs. 1 S. 3 GG selbst zu regeln, bestand statt dessen in einer mengenmäßigen und qualitativen Begrenzung des Bezugsobjekts der Karenzzeit. Im Unterschied zum Erstentwurf gilt sie nicht mehr bereits für die „erste Generation" von Bundesgesetzen nach Art. 84 Abs. 1 S. 2 GG, sondern nur noch für folgende Generationen von Bundesrecht, welches sich auf (von Bundesrecht der ersten Generation abweichendes) Landesrecht bezieht. Denn: Zugunsten der Länder, die nicht ihrerseits vom abweichenden Bundesrecht abgewichen sind, bedarf es keines Aufschubs. Die alte Fassung war insoweit überschießend, als sie den Geltungsaufschub auch dort verhängte, wo ein Abweichungsrecht der Länder nach Art. 84 Abs. 1 S. 2 GG deshalb gar nicht bestand, weil es im Hinblick auf dieses Land an einer „anderen Bestimmung" des Bundes fehlte.[972]

Beschränkt sich damit die Textkorrektur des Art. 84 Abs. 1 S. 3 GG auf eine Begrenzung der von der Karenzzeit betroffenen Bundesgesetze, mit dem Ziel, die – offenbar rege – Bundesgesetzgebung auf dem Gebiet der Behördeneinrichtung und Verwaltungsverfahren nicht zum Stillstand zu bringen, ist dies auch ihr alleiniger Beweggrund. Die Zugrundelegung abweichender Gesetzesbegriffe ist damit nicht verbunden.[973] Dass entsprechender Änderungsbedarf zu keiner Zeit auch für Art. 72 GG angemeldet worden ist, hängt damit zusammen, dass die bei Art. 84 Abs. 1 GG befürchteten Probleme eben vorrangig dort erwartet wurden.[974] Für Art. 72 Abs. 3 GG maß man der Frist überdies kaum Bedeutung bei, da die Materien der Abweichungsgesetzgebung ohnehin schon stark begrenzt waren.[975]

2. Auf diesen Gebieten

a) Abweichungsfeste Klammerinhalte

Die Frist des Art. 72 Abs. 3 S. 2 GG gilt für Bundesgesetze „auf diesen Gebieten". Durch die Bezugnahme auf Satz 1 ist klargestellt, dass Regelungen der abweichungsfesten Inhalte nicht mit Verzögerung in Kraft treten. Sie sind von den genannten Materien gerade ausgenommen, betreffen mithin nicht die Gebie-

---

972 Zur Reichweite des Abweichungsrechts des Art. 84 Abs. 1 S. 2 GG vgl. *Meyer*, Die Föderalismusreform 2006, S. 110.

973 Siehe auch die nahezu identischen Gesetzesbegründungen zu Art. 72 Abs. 3 S. 2 GG und Art. 84 Abs. 1 S. 3 GG, BT-Drs. 16/813, S. 11 bzw. BT-Drs. 16/2069, S. 42: „ob und in welchem Umfang sie von Bundesrecht abweichendes Landesrecht beibehalten oder erlassen (bzw. „ggf. ändern") wollen".

974 Vgl. *Meyer*, Stellungnahme v. 8.5.2006, S. 19, Rechtsausschussprotokoll 12, Anlage 2; *Möllers*, Stellungnahme v. 4.5.2006, ebd., S. 2; *Münch*, Stellungnahme, ebd., S. 6.

975 *Meyer*, Stellungnahme v. 8.5.2006, S. 19, nach dem die Sechs-Monats-Frist „sowieso seine größere Bedeutung durch den Verweis in Art. 84 Abs. 1 Satz 3" erhalte, Rechtsausschussprotokoll 12, Anlage 2.

te nach Satz 1.[976] „Auf diesen Gebieten" ist folglich zu lesen als „die Materien nach Satz 1 Nr. 1 bis Nr. 6", wozu die abweichungsfesten Inhalte eben nicht gehören.[977] Zur Feststellung dieses Ergebnisses bedarf es angesichts des eindeutigen Wortlauts auch keiner teleologischen Reduktion oder restriktiven Auslegung.[978] Solcher bedarf es nach hier vertretener Ansicht auch nicht im Falle sog. ungeschriebener abweichungsfester Inhalte, da diese bereits keine Stütze im Grundgesetz finden.[979]

b) Schwerpunkt des Regelungskonzepts „auf diesen Gebieten"?

Meyer[980] hat die Frage aufgeworfen, ob die Frist auch für solche Gesetze gilt, die sich hauptsächlich auf andere als die in Art. 72 Abs. 3 GG genannten Kompetenzen stützen und nur für einzelne Bestimmungen auf Titel der Abweichungskompetenz. Weil er die Frist als den Bund beschränkende Vorschrift jedenfalls nicht extensiv auslegen will, verlangt er, dass der Schwerpunkt des gesamten Gesetzeswerkes auf Abweichungsmaterien liegen müsse.[981] Dies bestätige schon die Wortwahl des Grundgesetzes, das gerade nicht von „Bundesgesetze[n] mit entsprechenden Regeln", sondern von Bundesgesetzen „auf diesen Gebieten" spreche.[982]

Ohne vorab eine Begriffsklärung der „Bundesgesetze" vorzunehmen, wird demzufolge davon ausgegangen, dass sich die Frist nur auf das Gesetz als Ganzes beziehen könne. Dagegen enthält die Formulierung „auf diesen Gebieten" kein quantitatives Element, sondern dient ersichtlich der Spezifizierung der betroffenen Materien, indem klargestellt wird, dass die Sechs-Monats-Frist nur im Bereich des Abs. 3 S. 1 Nr. 1 – 6 gilt. Art. 72 Abs. 2 GG spricht ebenfalls von bestimmten „Gebieten", ohne dass dieser Formulierung eine vergleichbare Bedeutung beigemessen würde.

Eine andere Lesart des Art. 72 Abs. 3 S. 2 GG umginge den Schutzzweck der Sechs-Monats-Frist, wie an folgendem Beispiel deutlich wird: Durch den Erlass des X-Gesetzes hat der Bund umfassend von seiner Gesetzgebungskompetenz auf dem Gebiet einer Abweichungsmaterie Gebrauch gemacht. Später erlässt er ein Gesetz, durch das in erster Linie Vorschriften anderer Gesetze geändert werden, unter anderem aber auch einige wenige Vorschriften des X-Gesetzes. Die genannte Ansicht müsste – da Abweichungsmaterien betroffen

976 Ebenso *Meyer*, Die Föderalismusreform 2006, S. 169.

977 Wenig überzeugend daher *Kotulla*, NVwZ 2007, 489, 491, der ebenfalls mit dem „eindeutigen Wortlaut" argumentiert.

978 So aber *Battis/Kersten*, DVBl. 2007, 152, 157.

979 Für die Raumordnung oben B., I., 4.; a.A. z.B. *Battis/Kersten*, DVBl. 2007, 152, 157, 159: einer „föderalen Reaktionszeit" im Bereich abweichungsfester Kerne der Raumordnung bedürfe es nicht.

980 Die Föderalismusreform 2006, S. 169.

981 *Meyer*, Die Föderalismusreform 2006, S. 169.

982 *Meyer*, Die Föderalismusreform 2006, S. 169 (dort Fn. 383).

sind – das ganze Änderungsgesetz zunächst als Bundesgesetz im Sinne von Art. 72 Abs. 3 S. 2 GG begreifen, dann aber sagen, es sei kein solches „auf diesen Gebieten“, weil schwerpunktmäßig nicht die Abweichungsmaterien geregelt werden. Die Frist wäre dann im Falle des Änderungsgesetzes überhaupt nicht anwendbar. Will man den Schutzzweck aber nicht umgehen, darf man nur vereinzelte Regelungen von Abweichungsmaterien nicht über das Tatbestandsmerkmal „auf diesen Gebieten“ aussondern.

Begreift man Bundesgesetze im Sinne von Art. 72 Abs. 3 S. 2 GG richtigerweise nicht als Einheit, sondern versteht hierunter nur die der Abweichung zugänglichen Einzelregelungen, stellen sich die genannten Probleme nicht. Die Lösung über den Regelungsschwerpunkt versucht zwar die Schwierigkeit zu vermeiden, der Abweichung zugängliche und abweichungsfeste Regelungen auseinander dividieren zu müssen, spätestens bei der Feststellung, ob das Gesetz im Schwerpunkt Abweichungsmaterien regelt, kommt aber auch sie darum nicht umhin.

VI. Verhinderung erstmaliger Anwendbarkeit von Bundesrecht

Problematisch ist, ob die Länder mit Hilfe der Sechs-Monats-Frist bereits verhindern können, das Bundesrecht innerhalb ihres Landesgebiets überhaupt ganz oder teilweise Anwendung findet, indem sie innerhalb der Karenzzeit abweichende Landesgesetze erlassen. Genau genommen ist dies aber keine Frage der Sechs-Monats-Frist, sondern betrifft die Auslegung des „späteren“ Gesetzes im Sinne von Art. 72 Abs. 3 S. 3 GG; auf die dortigen Ausführungen wird daher verwiesen.[983]

VII. Fristausnahme – Art. 72 Abs. 3 S. 2 HS 2 GG

Ein neues Einfallstor zur Entparlamentarisierung könnte sich in der von Bundesseite[984] durchgesetzten Möglichkeit der Zustimmung des Bundesrates zu einer Fristverkürzung auftun, sofern diese den Bund dazu veranlasst, das Gespräch mit den Ländern und von diesen akzeptierte Lösungen zu suchen.[985] Die Möglichkeit der Zustimmung kann damit die Gefahr einer Schwächung der Position der Landesparlamente bergen, sofern es diesen nicht gelingt, gegenüber ihren Regierungen bestimmte Vorgaben für die Verhandlungen mit dem Bund durchzusetzen, es sei denn, die Landesregierungen verfügen über genügenden Rückhalt in ihren Parlamenten. In jedem Fall aber könnte sich die politische Ent-

983 Unten F., IV.

984 *Krings*, in: Kluth, Föderalismusreformgesetz, Die Beratungen der Föderalismuskommission, Rn. 36.

985 In diese Richtung auch *Kloepfer*, Stellungnahme v. 3.5.2006, S. 13, Rechtsausschussprotokoll 15, Anlage 2.

scheidung von Sachfragen weiter von der parlamentarischen Ebene an den Verhandlungstisch der Exekutiven verlagern. Dass der Bund Verhandlungen alternativ mit den Landesparlamenten führen würde, ist denkbar unwahrscheinlich, da es im Gegensatz zu den Koordinationsmechanismen der Länderexekutiven an vergleichbaren Verhandlungsstrukturen für die Parlamente fehlt. Zu bezweifeln bleibt auch, ob es den Parlamenten überhaupt gelingt sich gegen den Einfluss ihrer Regierungen zu behaupten, so sie es denn überhaupt darauf anlegen.

Wie attraktiv die Einholung der Zustimmung für den Bund aber letztlich sein wird, wird die Erfahrung zeigen müssen. Gegen einen ausufernden Gebrauch von dieser Möglichkeit in allen anderen als den vom Gesetzgeber ins Auge gefassten „Eilfällen“[986] spricht indes der Umstand, dass die Länder nach erfolgter Zustimmung keineswegs gehindert sind, vom Abweichungsrecht Gebrauch zu machen.[987]

1. Andere Bestimmung

Bundesgesetze treten früher als sechs Monate nach Verkündung in Kraft, soweit dies mit Zustimmung des Bundesrates bestimmt ist. Die andere Bestimmung im Sinne des Ausnahmetatbestandes erfordert damit eine Unterschreitung der Sechs-Monats-Frist. Zu Fristverlängerungen ist der Bundestag schon nach dem Wortlaut auch ohne Zustimmung des Bundesrates berechtigt, ohne dass hierfür auf den Schutzzweck der Frist zurückgegriffen werden müsste. Wer die fristverkürzende Inkrafttretensbestimmung treffen muss, sagt Art. 72 Abs. 3 S. 2 HS 2 GG zwar nicht, doch ist nach der Vorschrift der Bundesrat auf die Erteilung oder Verweigerung der Zustimmung beschränkt; einer einvernehmlichen Festlegung des Inkrafttretenstermins bedarf es damit für eine andere Bestimmung nicht. Um jedoch nicht bis zuletzt die Verweigerung der Zustimmung fürchten zu müssen, ist davon auszugehen, dass sich der Bundestag bereits im Vorfeld um eine für beide Seiten akzeptable Lösung bemühen wird.[988] Auch im Vermittlungsausschuss kann eine Einigung erzielt werden.[989]

2. Bezugsgegenstand der Zustimmung

Von der Frage, ob die Sechs-Monats-Frist das Gesetz als Ganzes oder nur die dem Abweichungsrecht unterliegenden Normen erfasst,[990] ist die Frage zu unterscheiden, ob sich das Zustimmungserfordernis des Art. 72 Abs. 3 S. 2 HS 2 GG auf sämtliche Regelungen eines Gesetzes bezieht oder ausschließlich auf die an-

986 BT-Drs. 16/813, S. 11.

987 Für geringe Attraktivität der Zustimmungsmöglichkeit in Art. 84 Abs. 1 S. 3 GG daher: *Lehmann-Brauns*, Zustimmungsbedürftigkeit, S. 162.

988 Zu den strittigen Folgen einer verweigerten Zustimmung zum vorzeitigen Inkrafttreten unten 3. und 4.

989 Zum Verfahren unten 4.

990 Hierzu oben V., 1.

derweitige Inkrafttretensbestimmung.[991] Ein erster Anwendungsfall liegt in der Zustimmung des Bundesrates zum Gesetz zur Neuregelung des Wasserrechts, das damit in Teilen bereits am Tage nach der Verkündung in Kraft treten konnte.[992] Ob der Bundesrat dabei davon ausging, seine Zustimmung erfasse das „vom Deutschen Bundestag am 19. Juni 2009 verabschiedete Gesetz"[993] als Ganzes, ist jedoch unklar.

a) Einheitsthese

Nach der Einheitsthese sind die vom Bundestag beschlossenen Gesetze im Sinne des Art. 78 GG grundsätzlich die durch Bundestagsbeschluss zu einer Einheit zusammengefassten Gesetze.[994] Aus dieser verfahrensrechtlichen Zusammenfassung könnte auch für Art. 72 Abs. 3 S. 2 GG gefolgert werden, dass umgekehrt auch die Zustimmung des Bundesrates für das gesamte Gesetz erteilt werden müsse.[995] Bei verweigerter Zustimmung – und wenn auch keine Einigung im Vermittlungsausschuss zustande käme – bliebe also für die grundgesetzliche Anordnung der Sechs-Monats-Frist kein zustande gekommenes Gesetz mehr übrig.[996] Dieser Konsequenz müssten sich auch diejenigen gegenüber sehen, die aus der verfahrensmäßigen Gesetzeseinheit zwar nicht ohne weiteres auf ein einheitliches Zustimmungserfordernis schließen wollen,[997] aber bei verweigerter Zustimmung den nicht zustimmungspflichtigen Teil dem rechtlichen Schicksal des zustimmungspflichtigen Teils unterwerfen wollen.[998]

Unabhängig davon, ob die Einheitsthese – zumindest bei Begründung der Gesetzeseinheit mit verfahrensbedingter Notwendigkeit[999] – auch in den übrigen Anwendungsfällen des Art. 78 GG noch Berechtigung haben mag, um den Bundestag vor einer Deformierung[1000] seiner Gesetze durch teilweise Zustimmung des Bundesrates zu schützen; für Art. 72 Abs. 3 S. 2 GG greifen diese Schutz-

---

991 *Pestalozza* (Stellungnahme v. 9.5.2006, S. 9, Rechtsausschussprotokoll 12, Anlage 2) geht davon aus, dass die Zustimmung sich auf das Gesetz als Einheit bezieht, sofern keine anderslautende Klarstellung getroffen werde.

992 Vgl. Art. 24 Abs. 1 des Gesetzes zur Neuregelung des Wasserrechts vom 31.7.2009, BGBl. I, S. 2585; Zustimmung des Bundesrates: BR-Drs. 595/09.

993 BR-Drs. 595/09.

994 *BVerfGE* 8, 274, 294 f.; 24, 184, 194 f., 197 f.; 37, 363, 381; 48, 127, 177 f.; 55, 274, 327.

995 Dies wird, soweit ersichtlich, für Art. 72 Abs. 3 S. 2 GG auch nicht ausdrücklich vertreten; *Mayen* (DRiZ 2007, 51, 54) wirft die Frage indes für Art. 72 Abs. 3 S. 3 GG auf.

996 So aber offenbar *Meyer*, Die Föderalismusreform 2006, S. 168.

997 So *Ossenbühl*, FS Jahrreiß, 1974, S. 161, 171, 174, nach dem die Gesetzeseinheit zum Umfang der Zustimmungsbefugnis des Bundesrates noch „keine Silbe" sage.

998 So jedenfalls für Art. 84 Abs. 1 und Art. 85 Abs. 1 GG a.F. *Ossenbühl*, FS Jahrreiß, 1974, S. 161, 178 f.

999 So z.B. *Ossenbühl*, FS Jahrreiß, 1974, S. 161, 166.

1000 *Ossenbühl*, FS Jahrreiß, 1974, S. 161, 166 m.N.

erwägungen nicht. Wer die Einheitsthese unbesehen auf Art. 72 Abs. 3 S. 2 GG übertragen wollte, verkennt, dass die Vorschrift selbst davon ausgeht, dass in ihrem Anwendungsbereich die Einheitsthese gerade nicht gilt.[1001] Die Sechs-Monats-Frist erfasst ausschließlich die der Abweichungskompetenz unterliegenden Regelungen eines Gesetzes.[1002] Das für die Zulassung einer Ausnahme hiervon geschaffene Zustimmungserfordernis betrifft allein die fristverkürzende Inkrafttretensbestimmung.[1003] Es wäre geradezu widersinnig, wenn das Zustimmungserfordernis dazu führen sollte, dass nunmehr das ganze Gesetz nur zustande kommt, wenn der Bundesrat insgesamt zustimmt.[1004] Das bestehende Spannungsverhältnis von Art. 72 Abs. 3 S. 2 GG und Art. 78 GG ist im Wege teleologischer Reduktion des Art. 78 GG aufzulösen.

b) Mitverantwortungstheorie

Das Zustimmungsrecht des Bundestages kann auch nicht unter Heranziehung der sog. Mitverantwortungstheorie auf die übrigen Regelungen des Gesetzes ausgeweitet werden. Die These, nach der die Zustimmung des Bundesrates die Übernahme der Verantwortung für das ganze Gesetz bedeute,[1005] kann – sofern sie nicht ohnehin für unhaltbar erachtet wird[1006] – jedenfalls in den Fällen, in denen eine Abweichungskompetenz der Länder besteht, nicht (mehr) überzeugen. Denn: Von einer Verantwortung durch den Bundesrat kann dort keine Rede sein, wo die Länder – genauer die Landesparlamente – den Bund und damit auch den Bundesrat ohne Rücksicht auf die zuvor erteilte Zustimmung jederzeit überregeln können. Die Zustimmung des Bundesrates bewirkt allenfalls eine Bindung der Länder an das vorgezogene Inkrafttreten; ein Verzicht auf das Abweichungsrecht zulasten der Länder – worin dann eine Verantwortungsübernahme durch den Bundesrat zu sehen sein könnte –, ist anders als in Art. 84 Abs. 1 S. 5 i.V.m. S. 6 GG gerade nicht vorgesehen.[1007]

Im Anwendungsbereich des Art. 72 Abs. 3 S. 2 HS 2 GG[1008] versagt damit das Grundgesetz selbst der Einheits- sowie der Mitverantwortungstheorie die rechtliche Anerkennung.[1009] Wollte man dennoch das Zustimmungserfordernis auf das ganze Gesetz bzw. einzelne, darin geregelte, für sich genommen abweichungsfeste Materien erstrecken, würden den Landesregierungen Einflussmög-

---

1001 Vgl. auch *Meyer*, Die Föderalismusreform 2006, S. 168.

1002 Hierzu oben V., 1.

1003 Im Ergebnis auch *Meyer*, Die Föderalismusreform 2006, S. 167 f.

1004 So gleichwohl aber offenbar *Meyer*, Die Föderalismusreform 2006, S. 168.

1005 *BVerfGE* 24, 184, 194 f., 197 f.; 37, 363, 381; *Kutscher*, DÖV 1952, 710, 713; hierzu bereits oben 1. Kap., C., III., 4., a), bb), (2).

1006 Insbes. *Ossenbühl*, FS Jahrreiß, 1974, S. 161, 177; vgl. bereits oben 1. Kap., C., III., 4., a), bb), (2).

1007 Vgl. auch *Oeter*, in: Starck, Föderalismusreform, Rn. 34.

1008 Und wohl auch im Rahmen von Art. 84 Abs. 1 S. 3 HS 2 GG.

1009 Vgl. auch *Meyer*, Die Föderalismusreform 2006, S. 114.

lichkeiten auf die Bundesgesetzgebung eröffnet, die sie ohne die Sechs-Monats-Frist und deren Ausnahme nicht hätten und die es durch die Reform unter anderem zu begrenzen galt. Die Frist ist im Interesse der Bürger eingefügt worden; die Ausnahme von ihrer Geltung ist allein zur Reaktion auf Eilfälle zugelassen und nicht zugunsten eines umfassenden Mitspracherechts des Bundesrates.[1010] Es geht nicht um die Verhinderung von Systemverschiebungen innerhalb der föderalen Ordnung.[1011] Bestünde keine Frist, verbliebe es bei Art. 82 Abs. 2 GG, ohne dass sich die Frage nach der Reichweite des Zustimmungserfordernisses je gestellt hätte. Der Bundesrat muss demzufolge nur der anderweitigen Fristbestimmung zustimmen;[1012] die übrigen materiellen Regelungen sind vom Zustimmungserfordernis nicht erfasst.[1013] Eines klarstellenden Hinweises, dass die Zustimmung sich nur auf die anderweitige Regelung des Inkrafttretens bezieht, bedurfte es daher nicht.[1014]

3. Folgen verweigerter Zustimmung zu vorzeitigem Inkrafttreten

Der Bundesrat ist auf die Erteilung oder Verweigerung seiner Zustimmung beschränkt; direkter rechtlicher Einfluss auf den Zeitpunkt des Inkrafttretens kommt ihm nicht zu – allenfalls im Ergebnis von im Vorfeld stattgefundenen politischen Aushandelungsprozessen oder durch Einigung im Vermittlungsausschuss. Verweigert er der Fristverkürzung die Zustimmung und kommt auch ein Kompromiss im Vermittlungsausschuss nicht zustande, ist unter Zugrundelegung der Einheits- bzw. der Mitverantwortungstheorie das gesamte Gesetz gescheitert. Ebenso nach der Ansicht, die zwar nur die Fristverkürzung für zustimmungsbedürftig hält, den übrigen Teil aber demselben rechtlichen Schicksal unterwerfen will. In beiden Fällen wäre der Bundestag gezwungen, das Gesetz erneut und dann ohne fristverkürzende Inkrafttretensbestimmung zu beschließen. Hieran änderte auch eine in dem Gesetz enthaltene sechsmonatige oder längere Frist nichts, die hilfsweise für den Fall der verweigerten Zustimmung gelten soll.[1015]

1010 Oben II., 3., a).

1011 Zu diesem Zweck der Zustimmungserfordernisse oben 1. Kap., C., III., 4., a), bb), (1).

1012 *Pieroth*, in: Jarass/Pieroth, GG, Art. 72, Rn. 31; *Meyer*, Die Föderalismusreform 2006, S. 168; *Haratsch*, in: Sodan, GG, Art. 72, Rn. 29.

1013 So im Ergebnis für Art. 84 Abs. 1 S. 3 HS 2 GG auch *Kahl*, NVwZ 2008, 710, 712, allerdings mit dem insoweit verfehlten Hinweis auf die Formulierung „soweit". „Soweit" bezieht sich nicht auf die fristverkürzende Regelung in Abgrenzung zu den übrigen Normen eines Gesetzes, sondern stellt klar, dass jede Festlegung unterhalb der Sechs-Monats-Frist eine „andere Bestimmung" im Sinne des Ausnahmetatbestandes darstellen kann und damit die Zustimmungsbedürftigkeit auslöst.

1014 Für einen solchen Hinweis aber *Pestalozza*, Stellungnahme v. 9.5.2006, S. 9, Rechtsausschussprotokoll 12, Anlage 2.

1015 So aber der Vorschlag von *Meyer*, Die Föderalismusreform 2006, S. 169.

Das kann der verfassungsändernde Gesetzgeber, der die Fristverkürzung gerade mit Blick auf Eilfälle ermöglicht hat,[1016] schlechterdings nicht gewollt haben. Würde diese Möglichkeit aber dazu führen, dass durch sie das Gesetzgebungsverfahren noch zusätzlich verlängert wird, würde der Beschleunigungszweck nicht nur nicht erreicht, sondern ad absurdum geführt. Der Bundestag ist daher jedenfalls nicht gezwungen, das Gesetz erneut und ohne Inkrafttretensbestimmung zu beschließen. Hierfür besteht kein Bedürfnis und es kann daran auch kein Interesse des Bundestages geben, dessen Gesetz im Übrigen inhaltlich unverändert bleibt und jedenfalls alsbald wie möglich in Kraft treten soll. Was genau soll aber gelten, wenn die Zustimmung verweigert wird? Greift – vergleichbar mit Art. 82 Abs. 2 S. 2 GG – die Sechs-Monats-Frist des Art. 72 Abs. 3 S. 2 HS 1 GG ein?[1017]

Gegen diese Lösung spricht sich *Meyer* aus. Seiner Ansicht nach gelte die Sechs-Monats-Frist bei verweigerter Zustimmung nicht automatisch, da Art. 72 Abs. 2 S. 2 GG allenfalls bestimme, wann ein Gesetz frühestmöglich in Kraft treten *kann*, aber eben nicht den genauen Zeitpunkt festlege.[1018] Der insoweit mit Art. 82 Abs. 2 S. 2 GG nicht vergleichbaren Formulierung des Art. 72 Abs. 3 S. 2 GG lasse sich gerade keine Auffangbestimmung für den Fall verweigerter Zustimmung entnehmen; das Gesetz müsse schon selbst eine auf sechs Monate oder länger lautende Inkrafttretensbestimmung enthalten.[1019] Dieses sei aber infolge der Zustimmungsverweigerung als ganzes nicht gemäß Art. 78 GG zustande gekommen.[1020] Um das Verfahren aber jedenfalls nicht zu verzögern, schlägt er deshalb vor, der Bundestag müsse hilfsweise für den Fall der Zustimmungsverweigerung zu der kürzeren Frist die sechsmonatige oder eine längere Frist beschließen.[1021] Gleichzeitig müsse die Bundesregierung ermächtigt werden, allein diese in den Text des Gesetzes aufzunehmen.[1022]

Ein ganz ähnliches Vorgehen schlägt *Lehmann-Brauns* vor. Der Bundestag solle hilfsweise einen Beschluss über die Geltung der Sechs-Monats-Frist fassen oder aber einen Alternativgesetzentwurf beschließen.[1023] Die Beschlüsse könnten schon zusammen mit dem Gesetzesbeschluss oder erst nach verweigerter Zustimmung zur Fristverkürzung erfolgen.[1024] Aber nur, sofern es keinem Zweifel unterliege, dass der Bundestag die verbleibende gesetzliche Regelung auch ohne den mangels Zustimmung verfassungswidrigen Teil aufrechterhalten hätte,

1016 BT-Drs. 16/813, S. 11.
1017 Dafür: *Dittmann*, in: Sachs, GG, Art. 84, Rn. 14.
1018 Die Föderalismusreform 2006, S. 168 f.
1019 *Meyer*, Die Föderalismusreform 2006, S. 168 f.
1020 *Meyer*, Die Föderalismusreform 2006, S. 168 f.
1021 *Meyer*, Die Föderalismusreform 2006, S. 169.
1022 *Meyer*, Die Föderalismusreform 2006, S. 169.
1023 *Lehmann-Brauns*, Zustimmungsbedürftigkeit, S. 214 ff.
1024 *Lehmann-Brauns*, Zustimmungsbedürftigkeit, S. 221.

dürfe die Trennungstheorie zum Zuge kommen.[1025] Dem Bundestag müsse dann das Recht zugebilligt werden, die von ihm hergestellte Gesetzeseinheit auch selbst wieder zu zerstören; er bedürfe insoweit keines Schutzes durch die sog. Einheitstheorie.[1026]

Dass der Bundestag sein Gesetz im Falle verweigerter Zustimmung jedenfalls so rasch wie möglich in Kraft gesetzt wissen will, und dies wäre dann eben frühestens nach sechs Monaten möglich, kann kaum einem ernsten Zweifel unterliegen. Worin genau in den genannten Vorschlägen die nach eigenem Bekunden[1027] stattfindende Abkehr von der Einheitstheorie dann eigentlich noch bestehen soll, bleibt unklar. Die These, die Sechs-Monats-Frist fände bei verweigerter Zustimmung deshalb keine Anwendung, weil Art. 82 Abs. 2 S. 1 GG die Festlegung des Termins im Gesetz selbst (und nicht etwa durch das Grundgesetz) verlange,[1028] so kann dies nicht überzeugen. Art. 72 Abs. 3 S. 2 GG stellte dann insoweit eben eine Verfassungsänderung dar. Allerdings verlangt Art. 82 Abs. 2 S. 1 GG auch gar nicht, dass der Inkrafttretenstermin im Gesetz selbst festgelegt ist. Der Gesetzgeber ist keineswegs gezwungen, selbst einen Termin anzugeben; bestimmt er nichts, gilt Art. 82 Abs. 2 S. 2 GG. Der Zeitpunkt des Inkrafttretens steht dann auch „nur“ im Grundgesetz. Entsprechend wäre es bei Art. 72 Abs. 3 S. 2 GG im Falle verweigerter Zustimmung zur Fristverkürzung. Das Grundgesetz legt in Art. 72 Abs. 3 S. 2 GG den Zeitpunkt des Inkrafttretens auch für den Fall verweigerter Zustimmung selbst fest und bestimmt nicht nur wann Gesetze frühestens in Kraft treten können. „Frühestens“ bringt in diesem Zusammenhang lediglich zum Ausdruck, dass es der Zustimmung zu einem späteren Inkrafttreten nicht bedarf. Der Vorteil der oben genannten Vorschläge läge allein darin, dass die Frist dann in dem jeweiligen Gesetz selbst stünde, was allerdings voraussetzte, dass der Bundestag auch tatsächlich hilfsweise eine Frist bestimmt hätte. Dass aber die Inkrafttretensbestimmung durch das Grundgesetz selbst erfolgen kann, zeigt Art. 82 Abs. 2 S. 2 GG.

4. Verfahren bei Anrufung des Vermittlungsausschusses

Stimmt der Bundesrat zwar nicht der vom Bundestag beschlossenen Fristverkürzung zu, wäre er aber mit einer Frist einverstanden, die ihrerseits unterhalb der Sechs-Monats-Frist liegt, müsste bei einem entsprechenden Vorschlag des Vermittlungsausschusses der Bundestag gemäß Art. 77 Abs. 2 S. 5 GG die neue Frist erst erneut beschließen. Da aber jedenfalls eine Verkürzung der Sechs-Monats-Frist in Rede steht, ließe sich überlegen, ob nicht auf einen neuerlichen Beschluss verzichtet und sogleich der Bundesrat befasst werden kann. Zumin-

---

1025 *Lehmann-Brauns*, Zustimmungsbedürftigkeit, S. 221.

1026 *Lehmann-Brauns*, Zustimmungsbedürftigkeit, S. 222.

1027 Dabei hatte vor allem *Meyer* (Die Föderalismusreform 2006, S. 168) zuvor noch im selben Absatz ausdrücklich den Abschied von der Einheitsthese verkündet.

1028 *Meyer*, Die Föderalismusreform 2006, S. 168.

dest, wenn sich der Änderungsvorschlag allein auf die Inkrafttretensfrist bezieht, böte sich ein beschleunigtes Verfahren an. Das Grundgesetz lässt jedoch ein solches Vorgehen angesichts des eindeutigen Wortlautes des Art. 77 Abs. 2 S. 5 GG nicht zu. Auch Art. 72 Abs. 3 S. 2 GG beschränkt den Bundesrat auf die Erteilung oder Verweigerung der Zustimmung; die fristverkürzende Inkrafttretensbestimmung hat durch den Bundestag zu erfolgen. Um so mehr wird dieser bemüht sein, bereits im Vorfeld eine Einigung mit dem Bundesrat herbeizuführen, die sogleich die Zustimmung des Bundesrats findet und ein Vermittlungsverfahren vermeidet.

5. Zustimmungspflicht

Der Bundesrat ist grundsätzlich nicht verpflichtet, fristverkürzenden Inkrafttretensbestimmungen zuzustimmen. Die Erfüllung von Verfassungsaufträgen, die Beseitigung verfassungswidriger Zustände, der Vollzug von Normenkontrollentscheidungen sowie erforderliche Übergangs- und Stichtagsregelungen können hingegen ein rascheres Inkrafttreten von Bundesgesetzen gebieten.[1029] Soweit im Einzelfall gebotene, kürzere Fristen ohne die Zustimmung des Bundesrates nicht eingehalten werden könnten, ist die Zustimmung zu erteilen.[1030] Entsprechendes gilt im Falle unionsrechtlicher Umsetzungsfristen infolge der Bindung des Bundesrates als eines Organs des Bundes an das Unionsrecht gemäß Art. 4 Abs. 3 EUV[1031]. Nur wenn die Umsetzungsfrist auch ohne eine fristverkürzende Inkrafttretensbestimmung eingehalten werden kann[1032] und der Bundestag gleichwohl ein vorzeitiges Inkrafttreten beschlossen hat, darf der Bundesrat seine Zustimmung verweigern.

6. Haftung wegen Verletzung supranationaler Verpflichtungen, Art. 104a Abs. 6 S. 1 GG

Die ordnungsgemäße Umsetzung von Unionsrecht verlangt die Schaffung von zwingenden und verbindlichen nationalen Regelungen;[1033] Gesetze müssen innerhalb der gesetzten Umsetzungsfristen in Kraft treten.[1034] Auf interne Schwierigkeiten oder Bestimmungen, selbst wenn diese Verfassungsrang haben, kann

1029 *Lücke/Nierhaus*, in: Sachs, GG, Art. 82, Rn. 37; *Brenner*, in: v. Mangoldt/Klein/Starck, GG, Art. 82, Rn. 41, m.w.N.

1030 Hierzu oben II., 3., a).

1031 Ex-Art. 10 EG.

1032 Umsetzungsfristen dürften zumeist ausreichend bemessen sein: *Lehmann-Brauns*, Zustimmungsbedürftigkeit, S. 162; *Kloepfer*, NVwZ 2002, 645, 647.

1033 EuGH, Rs. 96/81, Kommission/Niederlande, Slg. 1982, S. 1791, Rn. 12; Rs. C-207/96, Kommission/Italien, Slg. 1997, S. I-6869, Rn. 26; *Nettesheim*, in: Grabitz/Hilf, EGV, Art. 249, Rn. 141 (20. EL August 2002).

1034 EuGH Rs. 10/76 (Kommission ./. Italien), Slg. 1977, S. 709.

sich der Mitgliedstaat nicht berufen.[1035] Treten Bundesgesetze zur Umsetzung unionsrechtlicher Verpflichtungen infolge verweigerter Zustimmung erst nach Ablauf der Umsetzungsfrist in Kraft, droht die Verhängung von Zwangsgeldern oder Pauschalbeträgen, für die der Bund der Union im Außenverhältnis haftet. Infolge der unionsrechtlichen Prägung insbesondere des Umweltrechts, sind Konflikte vor allem in diesem Bereich möglich.

a) Pflichtverletzung

Eine Haftung der Länder im Innenverhältnis setzt eine eigene lastenbegründende Pflichtverletzung (§ 1 Abs. 1 LastG)[1036] der Länder voraus, da Art. 104a Abs. 6 S. 1 GG nur eine Haftung von Gebietskörperschaften statuiert.[1037]

Das Zustimmungsrecht steht dem Bundesrat als Bundesorgan zu;[1038] ihm obliegt auch die Zustimmungspflicht aus Art. 72 Abs. 3 S. 2 HS 2 GG. Eine unmittelbare Zustimmungspflicht der Länder besteht damit nicht, doch wirken sie durch den Bundesrat an der Bundesgesetzgebung mit. Zustimmungspflicht des Bundesrates und die Pflicht der in diesen entsandten Vertreter der Länder zu entsprechendem Abstimmungsverhalten lassen sich demzufolge nicht voneinander trennen.[1039] Sofern im Einzelfall der Bundesrat zur Zustimmung verpflichtet ist, könnte dies bedeuten, dass zugleich auch die Länder zu positiver Abstimmung gehalten wären. So könnte vertreten werden, die Länder dürften im Interesse des Bundes an unionsrechtskonformem Verhalten „ihre Zustimmung" nur unter denselben Voraussetzungen verweigern wie der Bundesrat selbst, wenn also entweder kein Eilfall gegeben ist oder eine längere Inkrafttretensfrist die Umsetzungsfrist ebenso wahrt. Auch eines Rückgriffs auf das Gebot zu bundesfreundlichem Verhalten bedürfte es zur Begründung dieses Ergebnisses nicht zwingen.[1040]

Doch kann die Zustimmungspflicht des Bundesrates nicht ohne weiteres ausgeblendet werden. Das Unterlassen der Zustimmung bzw. eines hierauf gerichteten Abstimmungsverhaltens im Bundesrat muss damit von vornherein als Anknüpfungspunkt für ein pflichtverletzendes Verhalten der Länder ausscheiden. Auch liegt der eigentliche Vorwurf, der den Ländern gemacht werden kann, auf ganz anderer Ebene: Auch auf dem Gebiet der Abweichungsgesetzgebung sind die Länder ebenso zur Umsetzung von Unionsrecht berufen wie der

---

1035 EuGH Rs. 100/77 (Kommission ./. Italien), Slg. 1978, S. 879; Rs. 102/79 (Kommission ./. Belgien), Slg. 1980, S. 1473.

1036 Lastentragungsgesetz vom 5.9.2006 (BGBl. I S. 2098, 2105).

1037 *Hellermann*, in: Starck, Föderalismusreform, Rn. 335.

1038 *Meyer*, Die Föderalismusreform 2006, S. 167 (dort Fn. 377).

1039 So auch *Meyer*, Die Föderalismusreform 2006, S. 167 (dort Fn. 377), der daher Art. 104a Abs. 6 GG „entsprechend" anwenden will.

1040 Zur parallelen Frage nach einer Zustimmungspflicht des Bundesrates zu fristverkürzenden Inkrafttretensregelungen des Bundes aus Verfassungsorgantreue oben II., 3., a).

Bund.[1041] Eine haftungsbegründende Pflichtverletzung kann daher im Unterlassen eigener Abweichungsgesetze der Länder liegen, sofern sechzehnfache Abweichungen geeignet wären, den unionsrechtlich geforderten Zustand herzustellen.[1042] Sofern ein das Abweichungsrecht eröffnender Gebrauch des Bundes noch nicht vorläge,[1043] so bestünde er doch spätestens mit der Verkündung des Umsetzungsgesetzes des Bundes. Wollen die Länder dessen vorzeitigem Inkrafttreten nicht zustimmen, müssten sie noch innerhalb der dann beginnenden Sechs-Monats-Frist und – sofern die Umsetzungsfrist vor dieser endet – noch innerhalb der Umsetzungsfrist, eigene, angleichende Abweichungsgesetze in Kraft setzen. Gelingt dies den Ländern nicht und verweigern sie gleichwohl einem vorzeitigen Inkrafttreten des Bundesgesetzes im Bundesrat die Zustimmung, so liegt im Unterlassen eben dieser Eigengesetzgebung eine haftungsbegründende Pflichtverletzung der Länder selbst. Auch wenn der Weg sechzehnfacher Abweichungsgesetzgebung kaum praktikabel sein dürfte, um den richtlinienkonformen Rechtszustand herzustellen, so ist doch die Grundentscheidung des Grundgesetzes für das Abweichungsrecht zu respektieren und nicht durch die vorschnelle Annahme einer Zustimmungspflicht der Länder zu vorzeitigem Inkrafttreten angleichender Bundesgesetze zu umgehen. Länder, die im Bundesrat einem vorzeitigen Inkrafttreten zustimmen wollen und daher keine eigenen Gesetzgebungsaktivitäten entfalten, erleiden hierdurch keinen Nachteil, da sie spätestens mit der entscheidenden Bundesratssitzung Gewissheit über die Notwendigkeit eigener Gesetzgebungsaktivitäten erlangen. Gegebenenfalls kann dies dazu führen, dass die Länder untereinander für eine Zustimmung werben.

b) Haftungsbegründende Kausalität: „lastenbegründende" Pflichtverletzung

Ungeklärt ist die Frage nach der haftungsbegründenden Kausalität unterlassener Eigengesetzgebung, konkret, ob sich das betreffende Land damit entlasten kann, dass auch ohne sein pflichtgemäßes Handeln die übrigen Länder pflichtwidrig gehandelt hätten und daher der Rechtszustand ohnehin insgesamt unionsrechtswidrig wäre.[1044] Könnten die Länder hierdurch einer Haftung entgehen, bliebe der Bund auch im Innenverhältnis allein verantwortlich und das pflichtwidrige Verhalten der Länder ohne Konsequenzen.

Hier kommt der Grundsatz der Bundestreue zum Zuge. Für das Verhältnis von Bund und Ländern hat das Bundesverfassungsgericht festgestellt, dass sich der eine Teil seinen Treuepflichten nicht deshalb entziehen kann, weil sich der

1041 Hierzu schon oben C., II., 4., b), bb).

1042 Zur Richtlinienumsetzung durch sechzehnfache Abweichungsgesetzgebung bereits oben C., II., 4., b), bb).

1043 Da der Bund aber insbesondere im Umweltbereich schon umfassende Regelungen getroffen hat, könnte die Umsetzung unionsrechtlicher Vorgaben sogleich durch Gebrauch vom Abweichungsrecht erfolgen.

1044 Vgl. die Parallelproblematik der strafrechtlichen Verantwortung bei Mehrheitsentscheidungen in der sog. Lederspray-Entscheidung, BGHSt 37, 107.

andere seinerseits treuwidrig verhalten habe.[1045] Diese Aussage lässt sich auf den Fall pflichtwidrig unterlassener Eigengesetzgebung übertragen: Auch hier gebietet der Zweck der Bundestreue, Bund und Länder stärker aneinander zu binden und damit die gemeinsamen Interessen zu wahren,[1046] eine Berufung auf die Bundesuntreue der anderen Länder nicht zuzulassen.[1047]

c) Haftungsumfang

Der Haftungsumfang bei gleichartigen Verstößen im Zuständigkeits- und Aufgabenbereich mehrerer Länder bemisst sich gemäß Art. 104a Abs. 6 S. 4 GG, § 3 LastG nach dem Verhältnis der Länder zueinander im Königsteiner Schlüssel, der das Steueraufkommen und die Bevölkerungszahl der Länder berücksichtigt.[1048]

F. Die sog. „lex-posterior-Regel“ des Art. 72 Abs. 3 S. 3 GG

Art. 72 Abs. 3 S. 3 GG regelt das Verhältnis des abweichenden Landesrechts zum zugrundeliegenden Bundesrecht sowie das Verhältnis späteren Bundesrechts[1049] zum zuvor erlassenen abweichenden Landesrecht.[1050] Die Regelung soll Geltungsklarheit in der Abfolge von Bundes- und Landesrecht schaffen.[1051] Da die Vorschrift jedoch lediglich an das Vorliegen von Gesetzen „auf Gebieten“ von Abweichungsmaterien anknüpft, unterfällt ihr auch der theoretisch denkbare Fall, dass die Länder kraft konkurrierender Kompetenz erstmalig eine Regelung treffen und danach der Bund gemäß Art. 72 Abs. 1 GG von seiner Kompetenz Gebrauch macht. Auch in diesem Falle ginge das Bundesrecht dem Landesrecht vor.

Die auf den ersten Blick klare Vorschrift, für die sich der Begriff lex-posterior-Regel bzw. -Klausel durchgesetzt hat,[1052] bereitet bei näherer Betrach-

---

1045 *BVerfGE* 8, 122, 140.

1046 *BVerfGE* 8, 122, 140; vgl. auch *Bayer*, Die Bundestreue, S. 52 f.

1047 Ähnlich *Sommermann*, in: v. Mangoldt/Klein/Starck, GG, Art. 20, Rn. 38: Das Rücksichtnahmegebot wirkt absolut.

1048 *Henneke*, in: Schmidt-Bleibtreu/Hofmann/Hopfauf, GG, Art. 104a, Rn. 63.

1049 Für einen nach erfolgter Länderabweichung erneuten Gebrauch des Bundes von seiner Kompetenz auf Abweichungsgebieten hat sich in der wissenschaftlichen Diskussion der Begriff der „Überregelung“ eingebürgert; *Stock* (ZG 2006, 226, 235) spricht dagegen von einer Betätigung eines „Rückholrechts“ des Bundes.

1050 Für letzteres a.A. offenbar *Meyer* (Die Föderalismusreform 2006, S. 111, 166 f.), der auf späteres Bundesrecht nur Art. 31 GG anwenden will und Art. 72 Abs. 3 S. 3 GG daher für redundant hält.

1051 *Erbguth*, Stellungnahme, S. 3, Rechtsausschussprotokoll 15, Anlage 2.

1052 Doch stellt Art. 72 Abs. 3 S. 3 GG keine Kodifizierung des Satzes lex posterior derogat legi priori dar: *Beck*, Die Abweichungsgesetzgebung der Länder, S. 76 ff., 79.

tung bereits Schwierigkeiten, wenn es darum geht, festzustellen, unter welchen Voraussetzungen ein Gesetz als das „spätere" zu qualifizieren ist.

I. Anwendungsvorrang

Die Vorschrift wird – und dies scheint einer der wenigen unbestrittenen Aspekte des Abweichungsrechts zu sein – als Anwendungsvorrang aufgefasst.[1053] Folge von Art. 72 Abs. 3 S. 3 GG ist damit das „Vorgehen" des späteren Gesetzes im Sinne eines Anwendungsvorrangs statt eines Geltungsvorrangs. Das frühere Recht wird nicht gebrochen oder außer Kraft gesetzt,[1054] sondern nur in seiner Anwendung gehemmt. Handelt es sich bei dem späteren Gesetz um abweichendes Landesrecht, wird es nicht gemäß Art. 31 GG vom zugrundeliegenden Bundesrecht gebrochen, sondern geht diesem in der Anwendung vor. Auch, wenn es sich bei dem späteren Gesetz um Bundesrecht handelt, mit dem früheres Bundesrecht geändert oder ergänzt werden soll, so wird zwischenzeitlich erlassenes abweichendes Landesrecht nicht gebrochen, sondern vom neuen Bundesrecht lediglich in der Anwendung verdrängt.[1055]

Der Bund kann damit die Anwendbarkeit abweichender Landesgesetze auf zweierlei Wegen beseitigen: Unliebsame Abweichungsgesetze können entweder durch entsprechende Änderung des früheren Bundesrechts „überregelt" werden. Oder aber abweichende Gesetze, die sich aus der Sicht des Bundes bewährt haben, kann er in Bundesrecht überführen, indem er entsprechende bundesgesetzliche Regelungen erlässt;[1056] die gleichlautenden Landesregelungen werden nicht gebrochen, sondern nur in der Anwendung suspendiert. Hebt der Bund sein späteres Gesetz wieder auf, findet das verdrängte, vom bisherigen Bundesrecht abweichende Landesrecht Anwendung.[1057] Entsprechendes gilt für das zugrunde liegende Bundesrecht im Falle der Aufhebung abweichenden Landesrechts.[1058]

Allein *Pestalozza* hegt zweifelt daran, dass die Formulierung „geht vor" eine Interpretation als „temporärer Anwendungsvorrang" künftig auch wirklich sicherstellen wird.[1059] Diese Bedenken können entkräftet werden, da sich eine

1053 *Pietzcker*, in: HdbStR, Bd. VI, § 134, Rn. 43.

1054 *Nierhaus/Rademacher*, LKV 2006, 385, 389; *Uhle*, in: Kluth, Föderalismusreformgesetz, Art. 72, Rn. 53; ungenau daher *Degenhart*, in: Sachs, GG, Art. 72, Rn, 40: spricht von wechselseitigem Außerkraftsetzen; Die Annahme *Scheidlers* (GewArch 2006, 453, 456), in Abweichung von Art. 31 GG könne damit Landesrecht Bundesrecht brechen, ist wohl auf ein Versehen zurückzuführen.

1055 Ebenso *Köck/Wolf*, NVwZ 2008, 353, 354; anders wohl *Meyer*, Die Föderalismusreform 2006, S. 111 (dort Fn. 231) und S. 166 f.

1056 Für die Möglichkeit ebenso *Möstl*, ZG 2003, 298, 304.

1057 *Sannwald*, in: Schmidt-Bleibtreu/Hofmann/Hopfauf, GG, Art. 72, Rn. 80r; *Uhle*, in: Kluth, Föderalismusreformgesetz, Art. 72, Rn. 53.

1058 *Stettner*, in: Dreier, GG, Art. 72, Rn. 49.

1059 *Pestalozza*, Stellungnahme v. 9.5.2006, S. 8, Rechtsausschussprotokoll 12, Anlage 2.

Auslegung als Kollisionsregel dahingehend, dass abweichendes Landesrecht Bundesrecht brechen solle, sich aus mehreren Gründen verbietet: Zum einen könnte abweichendes Landesrecht einen Bruch des Bundesrechts überhaupt nur auf dem jeweiligen Landesgebiet bewirken;[1060] hebt es sein abweichendes Recht auf – etwa nach einem Wechsel der politischen Verhältnisse –, träten in diesem Land Lücken im Bundesrecht zutage, die dem bundesweiten Geltungsanspruch des Bundesrechts sowie dem Zweck des Abweichungsrechts zuwider liefen. Das Land wäre überdies zu einer erneuten Abweichung von den betreffenden Bundesvorschriften nicht mehr in der Lage, da mangels bestehenden Bundesrechts eine Abweichung nicht mehr möglich wäre. Zum anderen hätte der verfassungsändernde Gesetzgeber Art. 72 Abs. 3 S. 3 GG auf das abweichende Landesrecht beschränkt, wenn er es für späteres Bundesrecht bei Art. 31 GG hätte belassen wollen. Dass er dies nicht getan hat, ist darauf zurückzuführen, dass er gerade keinen Geltungsvorrang, sondern einen Anwendungsvorrang statuieren wollte.

II. Kollisionsvermeidungsregel und Verhältnis zu Art. 31 GG

Art. 72 Abs. 3 S. 3 GG bestimmt das Verhältnis von Bundes- und Landesrecht auf Gebieten der Abweichungskompetenz. Da der Bund und die Länder abwechselnd legeferieren können, sind zwei Anwendungsfälle zu unterscheiden: Zum einen der Fall, dass ein Land von einer Bundesregelung abweicht und daher der Anwendungsvorrang des abweichenden Landesrechts zu bestimmen ist, zum anderen der, dass nach erfolgter Länderabweichung der Bund sein bestehendes Gesetz ändert oder ergänzt und sich damit die Frage des Anwendungsvorrangs des neuen Bundesrechts gegenüber dem früheren Landesrecht stellt. Im zuletzt genannten Fall kann die Änderung oder Ergänzung des Bundesrechts dem zuvor erlassenen abweichenden Landesrecht inhaltlich widersprechen oder aber mit diesem identisch sein.

Die lex-posterior-Regel stellt anders als Art. 31 GG keine Kollisionsregel dar.[1061] Regelungstechnisch ist sie – anders als Art. 142 GG und entgegen der Gesetzesbegründung[1062]– auch nicht als Ausnahme von Art. 31 GG konzi-

1060 So auch *Schmitz/Müller*, RuR 2007, 456, 458.

1061 So ausdrücklich auch *Papier*, NJW 2007, 2145, 2147 unter Verweis auf *Klein/Schneider*, DVBl. 2006, 1549, 1552; anders aber z.B. *Oeter*, in: Starck, GG, Art. 72, Rn. 33; *Degenhart*, in: Sachs, GG, Art. 72, Rn. 40; *Sannwald*, in: Schmidt-Bleibtreu/Hofmann/Hopfauf, GG, Art. 72, Rn. 80r; *Schnapauff*, in: Hömig, GG, Art. 72, Rn. 4; *Uhle*, in: Kluth, Föderalismusreformgesetz, Art. 72, Rn. 53; ebenso *Beck*; Die Abweichungsgesetzgebung der Länder, S. 72: „Kollisionsbereinigungsnorm".

1062 BT-Drs. 16/813, S. 11.

piert.[1063] Eine solche Ausnahme setzte voraus, dass trotz erfüllter Tatbestandsvoraussetzungen des Art. 31 GG, namentlich trotz bestehender Kollisionslage, das entgegenstehende Landesrecht nicht gebrochen würde. Art. 72 Abs. 3 S. 3 GG hingegen knüpft keine von Art. 31 GG abweichende Rechtsfolge an das Bestehen einer Kollisionslage, sondern setzt eine solche überhaupt nicht voraus. Die lex-posterior-Regel greift vielmehr schon dann, wenn sowohl das Bundes- als auch das Landesrecht Abweichungsmaterien nach Satz 1 betreffen. Da Zweck des Art. 72 Abs. 3 S. 3 GG die Kollisionsvermeidung ist, kann Voraussetzung seiner Anwendung auch schlechterdings nicht das Vorliegen einer Kollision sein; der Anwendungsbereich der Vorschrift ist insofern weiter als der des Art. 31 GG.[1064]

Dies bedeutet hingegen nicht, dass inhaltlich widersprüchliche Regelungen in den Anwendungsfällen des Art. 72 Abs. 3 S. 3 GG nicht tatsächlich doch bestehen können. Denn: Die Frage nach dem Anwendungsvorrang abweichenden Landesrechts gegenüber dem zugrunde liegenden Bundesrecht stellt sich überhaupt erst, wenn sich das Landesrecht auch inhaltlich vom Bundesrecht unterscheidet, d.h. abweicht. Nur dann besteht überhaupt abweichungskompetenzgemäß erlassenes Landesrecht, dessen Anwendungsvorrang beurteilt werden könnte. Im Falle der Änderung oder Ergänzung von Bundesrecht besteht eine Kollision jedenfalls dann, wenn sich das neue Bundesrecht von dem zuvor erlassenen abweichenden Landesrecht inhaltlich unterscheidet. An einer Kollision fehlt es daher nur dann, wenn die Änderung oder Ergänzung des Bundesrechts dem zuvor erlassenen abweichenden Landesrecht inhaltlich nicht entgegensteht. Doch lässt im Rahmen von Art. 31 GG die wohl überwiegende Meinung in Literatur[1065] und Rechtsprechung[1066] inhaltsgleiche oder formulierungsidentische Regelungen für eine Kollisionslage genügen. Würde man diese Ansicht zu Art. 31 GG auf die lex-posterior-Regel übertragen, stellte sich Art. 72 Abs. 3 S. 3 GG immerhin in seinen Wirkungen – obgleich nicht als solche konzipiert – als Ausnahme von Art. 31 GG dar.

Auf den Streit, ob Art. 31 GG auch inhaltsgleiche oder gleichlautende Regelungen zu brechen vermag, kommt es für Art. 72 Abs. 3 S. 3 GG indes nicht an; die Vorschrift findet zwanglos auch auf diese Fälle Anwendung. Während Art. 31 GG die Folgen von Normenkollisionen regelt, zu deren Vermeidung die

---

1063 Für fehlenden Ausnahmecharakter auch Germann, in: *Kluth*, Föderalismusreformgesetz, Art. 84, 85, Rn. 41; er sieht Art. 72 Abs. 3 S. 3 GG als „Gegenstück" zu Art. 31 GG; *Pieroth*, in: Jarass/Pieroth, GG, Art. 72, Rn. 32: lex- specialis zu Art. 31 GG.

1064 Ein anders lautendes Gesetz der Logik, wie es *Beck* erkennen will (*ders.*, Die Abweichungsgesetzgebung der Länder, S. 73), kann hier daher nicht ausgemacht werden.

1065 *März*, in: v. Mangoldt/Klein/Starck, GG, Art. 31, Rn. 40 m.w.N.; *Pietzcker*, in: HdbStR, Bd. VI, § 134, Rn. 60.

1066 *BVerfGE* 36, 342, 363; 96, 345, 364;98, 145, 159, hingegen mit Ausnahme des Landesverfassungsrechts: vgl. *Huber*, in: Sachs, GG, Art. 31, Rn. 22.

Kompetenzordnung sowie die materiellen Bindungen des Grundgesetzes außer Stande sind, bedarf es einer Normenkollision für Art. 72 Abs. 3 S. 3 GG gerade nicht. Die lex-posterior-Regel greift vielmehr immer schon dann, wenn kompetenzgerechte Bundes- und Landesgesetze auf Gebieten der Abweichungsgesetzgebung denselben Lebenssachverhalt betreffen. Nicht notwendig ist, dass dieser auch in unterschiedlicher Weise geregelt wird. Art. 72 Abs. 3 S. 3 GG bestimmt damit das Verhältnis zweier Rechtsregime unabhängig von einem inhaltlichen Widerspruch. Ist das Rangverhältnis von Bundes- und Landesrecht gemäß Art. 72 Abs. 3 S. 3 GG erst einmal geklärt, kommt Art. 31 GG mangels nebeneinander anwendbarer Regelungen nicht mehr zur Anwendung.[1067] Von einer Umkehrung des Grundsatzes des Art. 31 GG kann nach alldem keine Rede sein.[1068]

Die hier gefundene Auslegung der lex-posterior-Regel als Kollisionsvermeidungsregel liegt schließlich auch auf der Linie mit der zu Art. 31 GG vertretenen wohl herrschenden Ansicht, wonach Art. 31 GG im Bereich der konkurrierenden Gesetzgebung bereits keine Anwendung findet, weil dieser durch Art. 72 Abs. 1 GG verdrängt wird.[1069] Entsprechendes gilt, soweit im Bereich der Abweichungsgesetzgebung das Rangverhältnis nunmehr durch Art. 72 Abs. 3 S. 3 GG geregelt wird.

Wird demzufolge abweichendes Landesrecht nicht von Bundesrecht gebrochen, von dem es gemäß Art. 72 Abs. 3 S. 1 GG kompetenzgerecht abweicht, so fragt es sich, ob dies auch dann noch gilt, wenn das abweichende Landesrecht zugleich auch gegen Bundesrecht verstößt, für das – weil es Nichtabweichungsmaterien betrifft – ein Abweichungsrecht nicht eröffnet ist. Sofern solche Fälle „materienübergreifenden Landesrechts“ nicht schon nur rein theoretischer Natur sind, dürfte es sich dabei aber regelmäßig um Fälle handeln, in denen für die „überschießende“ Regelung schon keine Landeskompetenz besteht. Sofern man für Art. 31 GG aber kompetenzgerecht erlassenes Landesrecht verlangt, bestünde für dessen Anwendung damit kein Raum.

III. Regelungsbedürfnis

Der Vorrang des späteren Gesetzes in Art. 72 Abs. 3 S. 3 GG wird zum Teil als überflüssige Angstklausel[1070] kritisiert, da die darin getroffene Anordnung auch

---

1067 So auch *Germann*, in: Kluth, Föderalismusreformgesetz, Art. 84, 85, Rn. 41; *Nierhaus/Rademacher*, LKV 2006, 385, 389; ebenso *Klein/Schneider*, DVBl. 2006, 1549, 1552.

1068 So aber *F. Kirchhof*, Bundesstaatskommission, Kommissionsdrucksache 0011, S. 6, in: CD-ROM „Zur Sache 1/2005“ sowie *Dittmann*, in: Stifterverband für die Deutsche Wissenschaft, Bildung und Wissenschaft, S. 123.

1069 *Dreier*, in: ders., GG, Art. 31, Rn. 25 m.N., Fn. 88.

1070 *Meyer*, Die Föderalismusreform 2006, S. 115, 166.

ohne ausdrückliche Regelung ohnehin bereits nach der Verfassung gelte.[1071] Die verfassungsrechtliche Einräumung des Abweichungsrechts beinhalte zugleich die Verdrängung des Bundesrechts durch abweichendes Landesrecht im Sinne eines Anwendungsvorrangs; auf spätere Änderungen des Bundesrechts – ob mit dem Abweichungsrecht inhaltsgleich oder nicht – sei Art. 31 GG ohne Einschränkung anwendbar.[1072]

Ob es der Anordnung der lex-posterior-Regel hiernach tatsächlich nicht bedurft hätte, bestimmt sich nach einem Vergleich der Rechtslagen mit und ohne die Vorschrift.[1073] Ohne Art. 72 Abs. 3 S. 3 GG hätte von Bundesrecht abweichendes Landesrecht mit diesem bereits aufgrund der erfüllten Voraussetzungen des Abweichungsrechts kollidiert, so dass die Voraussetzungen des Art. 31 GG der Sache nach vorgelegen hätten. Kritiker der lex-posterior-Regel versuchen diesen Befund wie erwähnt durch systematische Argumentation zu vermeiden, indem sie den Anwendungsvorrang des abweichenden Landesrechts mit der grundgesetzlichen Zulassung des Abweichungsrechts und der hieraus fließenden Wertung im Sinne einer Rechtsänderungsbefugnis der Länder begründen.[1074]

Hieran ist richtig, dass abweichendes Landesrecht Bundesrecht jedenfalls nicht zu brechen vermag – auch nicht im Wege einer systematischen Ausnahme von Art. 31 GG. In Betracht kommt daher in der Tat nur ein Anwendungsvorrang abweichender Landesgesetze. Zwar erschiene die Annahme eines Bruchs des Bundesrechts durch abweichendes Landesrecht bei entsprechender grundgesetzlicher Anordnung nicht von vornherein ausgeschlossen, bei näherer Betrachtung hingegen wäre das Landesrecht zu einem solchen Bruch ohnehin nur auf dem jeweiligen Landesgebiet in der Lage. Im Falle der Aufhebung des abweichenden Landesrechts führte dies aber dazu, dass in dem betreffenden Land nur bruchstückhaftes Bundesrecht existierte. Mit dem gesamtstaatlichen Geltungsanspruch von Bundesrecht wäre eine solche Konsequenz schlichtweg unvereinbar.

Steht damit fest, dass abweichendes Landesrecht das zugrundeliegende Bundesrecht jedenfalls nicht brechen kann, so beantwortet dies aber noch nicht die Frage, warum ohne die Anordnung der lex-posterior-Regel die Nichtigkeitsfolge des Art. 31 GG hätte ausbleiben sollen. Zuzustimmen ist den Kritikern darin, dass die Zulassung des Abweichungsrechts keine Erweiterung der Gestaltungsmöglichkeiten für die Länder darstellte, wenn entsprechende Landesgesetze sogleich mit der Nichtigkeitsfolge des Art. 31 GG belegt würden. Dies lässt

1071 *Meyer*, Die Föderalismusreform 2006, S. 115, 166 sowie *ders.*, Rechtsausschussprotokoll 12, S. 41; *Scharpf*, Stellungnahme v. 12.05.2006, S. 3, Rechtsausschussprotokoll 12, Anlage 2.

1072 *Meyer*, Die Föderalismusreform 2006, S. 115, 166.

1073 Der Frage, ob ohne Art. 72 Abs. 3 S. 3 GG die Vorschrift des Art. 31 GG eingegriffen hätte, geht auch *Beck* nach (*ders.*, Die Abweichungskompetenz der Länder, S. 75).

1074 *Meyer*, Die Föderalismusreform 2006, S. 115, 166.

jedoch keineswegs zwingend den Schluss zu, dass eben aus diesem Grunde Art. 31 GG nicht eingriffe.

Andererseits könnte man meinen, dass im Falle des Unterlassens einer Kollisionsvermeidungsnorm – wie der des Art. 72 Abs. 3 S. 3 GG – ein Versäumnis des verfassungsändernden Gesetzgebers vorläge, mit der Folge, dass wegen des Eingreifens von Art. 31 GG die abweichenden Landesgesetze nichtig wären. Davon, dass irgend jemand eine solche Konsequenz wirklich gezogen hätte, ist zwar nicht auszugehen, denn der verfassungsändernde Gesetzgeber hätte die Abweichungskompetenz wohl kaum ohne Kollisionsvermeindungsnorm eingeführt, wenn er in Kenntnis des Art. 31 GG von der hiernach eintretenden Nichtigkeit der abweichenden Landesgesetze ausgegangen wäre. Doch ist seit jeher die Kompetenzordnung des Grundgesetzes darauf angelegt, sich möglicherweise ergebende Kollisionslagen selbst zu vermeiden.[1075] Nur wenige unvorhergesehene, wenngleich mögliche Kollisionsfälle infolge parallel laufender Gesetzgebungszuständigkeiten bedürfen daher der Korrektur über Art. 31 GG. Wäre die Abweichungskompetenz von vornherein Bestandteil der grundgesetzlichen Kompetenzordnung gewesen, hätte der Gesetzgeber die mit ihr einhergehenden Kollisionslagen sicher ausdrücklich einer Lösung zugeführt, da er mit der Abweichungsmöglichkeit ganz bewusst die Basis für unterschiedliche Regelungen identischer Lebenssachverhalte durch mehrere Gesetzgeber geschaffen hätte.

Besonders deutlich wird dies durch Art. 142 GG. Mit dieser Vorschrift vermeidet der Verfassungsgeber die Anwendung von Art. 31 GG im Falle gleichlautender Grundrechtsgewährleistungen in den Landesverfassungen. Geht man dagegen mit der überwiegenden Ansicht davon aus, dass Art. 31 GG auf gleichlautendes Landesverfassungsrecht bereits keine Anwendung findet, so wäre Art. 142 GG immerhin deklaratorisch.[1076] Aber ob deklaratorisch oder konstitutiv, so ist Art. 142 GG doch ein Beleg dafür, dass das Grundgesetz von vornherein ersichtliche, für Art. 31 GG potenziell relevante Kollisionsfälle durch eine positive Regelung zu vermeiden sucht. In diese Kollisionsvermeidungsstrategie reiht sich Art. 72 Abs. 3 S. 3 GG ein. Art. 31 GG dagegen bleibt unvorhergesehenen und solchen Fällen sich widersprechender Regelungen desselben Lebenssachverhalts vorbehalten, die der verfassungsgebende bzw. –ändernde Gesetzgeber noch nicht konkret absehen und daher nicht kollisionsvermeidend regulieren konnte.

Ist damit Art. 72 Abs. 3 S. 3 GG für die Herbeiführung eines Anwendungsvorrangs abweichenden Landesrechts dem Grunde nach zwar nicht notwendig,[1077] so entspricht die Vorschrift doch ganz der bisherigen Linie des Grundge-

1075 Vgl. *März*, in: v. Mangoldt/Klein/Starck, GG, Art. 31, Rn. 81.

1076 *Huber*, in: Sachs, GG, Art. 142, Rn. 1.

1077 Anders offenbar *Beck* (*ders.*, Die Abweichungsgesetzgebung der Länder, S. 78), der dem Grundgesetz eine Rechtsänderungsbefugnis zugunsten des Bundes bzw. der Länsetzes, Kollisionen möglichst zu vermeiden. Die Anordnung der lex-posterior-Regel ist damit alles andere als ein schädlicher Systembruch[1078], sondern konsequent und folgerichtig.[1079] Schließlich sind Verfassungsvorschriften im Sinne größtmöglicher Wirkkraft auszulegen und gerade nicht im Sinne ihrer Redundanz.[1080]

Warum allerdings Art. 72 Abs. 3 S. 3 GG nach Ansicht *Meyers*[1081] auch in den Fällen überflüssig sein soll, in denen der Bund sein Recht ändert oder ergänzt, ist wohl darauf zurück zu führen, dass er Art. 72 Abs. 3 S. 3 GG auf späteres Bundesrecht offenbar überhaupt nicht anwenden will, sondern sogleich Art. 31 GG heranzieht.[1082]

Soweit dies tatsächlich gewollt ist, überzeugt eine solche Herangehensweise indes nicht. Art. 72 Abs. 3 S. 3 GG ordnet den Anwendungsvorrang nicht nur für abweichendes Landesrecht gegenüber dem zugrunde liegenden Bundesrecht an, sondern auch für späteres Bundesrecht gegenüber dem zuvor erlassenen abweichenden Landesrecht.[1083] Zwar ist Grundlage des späteren Bundesrechts nicht Art. 72 Abs. 3 GG – denn der Bund verfügt über eine voraussetzungslose konkurrierende Gesetzgebungskompetenz gemäß Art. 72 Abs. 1 GG –, doch gilt Art. 72 Abs. 3 S. 3 GG nicht nur im Rahmen des 3. Absatzes, sondern ebenso für Bundesgesetze aufgrund von Absatz 1. Angedeutet wird dies auch durch die Formulierung in Art. 72 Abs. 3 S. 3 GG, nach der das „jeweils" spätere Gesetz vorgehe. Wer dieses Argument deshalb nicht gelten lassen wollte, weil hiermit eben auch nur das jeweilige *Landes*gesetz gemeint sein könnte,[1084] dem wäre entgegen zu halten, dass der Anwendungsvorrang eben nicht an Gesetze nach Absatz 3, d.h. an abweichende Landesgesetze geknüpft ist, sondern an das Vorhandensein von Gesetzen „auf den Gebieten des Satzes 1" überhaupt. Dies schließt späteres Bundesrecht mit ein. Der verfassungsändernde Gesetzgeber hätte dies klarstellen können, indem er der lex-posterior-Regel einen eigenen

der insoweit nicht entnehmen will und daher eine Kodifizierung des Anwendungsvorrangs vollumfänglich für notwendig hält.

1078 So aber *Schmidt-Jortzig*, Stellungnahme v. 3.5.2006, S. 7, Rechtsausschussprotokoll 15, Anlage 2 sowie *Meyer*, Rechtsausschussprotokoll 12, S. 41.

1079 So im Ergebnis auch *Papier*, NJW 2007, 2146, 2147; ebenso *Klein/Schneider*, DVBl. 2006, 1549, 1552.

1080 *Huber*, in: Sachs, GG, Art. 142, Rn. 2.

1081 *Meyer*, Die Föderalismusreform 2006, S. 166 f.

1082 Vgl. *Meyer*, Die Föderalismusreform 2006, S. 111 (dort Fn. 231) und S. 166 f.; ebenso *Schulze-Fielitz*, NVwZ 2007, 249, 255.

1083 Ebenso *Uhle*, in: Kluth, Föderalismusreformgesetz, Art. 72, Rn. 53.

1084 Eine solche Ansicht wird, soweit ersichtlich, auch nicht vertreten; *Mayen* (DRiZ 2007, 51, 54) hat indes erwogen, ob nicht im Falle der späteren Änderung des einer Abweichung zugrundeliegenden Bundesrechts, stets das gesamte Landesgesetz als das frühere angesehen werden könne.

Absatz innerhalb von Art. 72 GG gewidmet hätte. Zwingend ist dies jedoch nicht.

Ein solches Verständnis des Anwendungsbereichs der lex-posterior-Regel zugrunde gelegt, regelt Art. 72 Abs. 3 S. 3 GG auch im Falle späteren Bundesrechts nichts, was ohnehin schon nach dem Grundgesetz gilt. Wäre dem so, müsste der Anwendungsvorrang späteren Bundesrechts auch ohne dessen Anordnung in Art. 72 Abs. 3 S. 3 GG gelten, was aber selbst *Meyer* nicht behauptet. Die Systematik der konkurrierenden Gesetzgebung gäbe einen solchen Anwendungsvorrang auch gar nicht her. Im Gegenteil: Macht z.B. der Bund von seiner konkurrierenden Zuständigkeit nach Art. 72 Abs. 1 oder 2 GG in einem Bereich Gebrauch, der zuvor landesgesetzlich geregelt war, verlören die Länder infolge der Sperrwirkung des Bundesgesetzes die Gesetzgebungszuständigkeit. Der nachträgliche Wegfall der Landeskompetenz ließe die Gültigkeit der Landesnormen grundsätzlich unberührt; erst bei Vorliegen der Voraussetzungen des Art. 31 GG träten diese außer Kraft.[1085] Bundesrecht bräche Landesrecht; dem Bundesrecht käme nicht lediglich Anwendungsvorrang zu.

Ebenso bräche neues Bundesrecht auf Gebieten der Abweichungskompetenz zuvor erlassenes abweichendes Landesrecht, weil – wie auch die Verfechter der Überflüssigkeit von Art. 72 Abs. 3 S. 3 GG zu Recht erkennen – „Art. 72 Abs. 3 GG [ergänze: ohne Satz 3] einen anderweitigen Befehl nicht enthält“[1086]. Einen solchen beinhaltet aber gerade Art. 72 Abs. 3 S. 3 GG. In Fällen der Änderung bzw. Ergänzung von Bundesrecht ist die Anordnung der lex-posterior-Regel zur Herstellung eines Anwendungsvorranges daher alles andere als überflüssig. Entgegen anderslautender Ansicht,[1087] stellt Art. 72 Abs. 3 S. 3 GG nicht lediglich klar, dass Abweichungen nur von bereits bestehendem Bundesrecht zulässig sind, sondern weist insoweit einen eigenständigen Regelungsgehalt auf, als nicht nur abweichendes Landesrecht, sondern auch späteres Bundesrecht einem Anwendungsvorrang unterstellt wird. Der verfassungsändernde Gesetzgeber wollte gerade keine unterschiedlichen Rechtsfolgen für abweichendes Landesrecht einerseits und späteres Bundesrecht andererseits setzen. Darüber hinaus erstreckt Art. 72 Abs. 3 S. 3 GG die Geltung des lex-posterior-Grundsatzes, dessen Anwendbarkeit bisher auf das Verhältnis innerhalb des Bundes- bzw. Landesrechts beschränkt war, auf das Verhältnis von Bundesrecht zum Landesrecht und umgekehrt.[1088]

IV. Das „spätere“ Gesetz

Im Zusammenhang mit dem Vorrang des „späteren“ Gesetzes ist die Frage aufgeworfen worden, ob die Länder, nachdem der Bund erstmals Gebrauch von

1085 *BVerwG*, NVwZ 1993, 1197; *Clemens*, in: Clemens/Umbach, GG, Art. 31, Rn. 16.
1086 *Meyer*, Die Föderalismusreform 2006, S. 115, 166 f.
1087 Z.B. *Meyer*, Die Föderalismusreform 2006, S. 115, 166.
1088 BT-Drs. 16/813, S. 11 f.

seiner Gesetzgebungskompetenz gemacht hat, die Anwendbarkeit des Bundesrechts innerhalb ihres Landesgebiets auch von vornherein ganz oder teilweise dadurch verhindern können, dass sie innerhalb der Sechs-Monats-Frist abweichende Landesgesetze erlassen. Nicht verhindert werden kann jedenfalls, dass Bundesrecht auf dem jeweiligen Landesgebiet überhaupt in Kraft tritt. Dies ergibt sich aus dem in Art. 72 Abs. 3 S. 3 GG angeordneten Anwendungsvorrang an Stelle eines Geltungsvorrangs.[1089]

Weil nun gemäß Art. 72 Abs. 3 S. 3 GG das spätere Gesetz dem jüngeren vorgeht und Ausnahmen hiervon nicht vorgesehen seien, wird vertreten, das verzögert in Kraft tretende Bundesrecht gehe mit dem Zeitpunkt seines (eben verzögerten) Inkrafttretens dem – nunmehr jüngeren, weil vorher in Kraft getretenen – abweichenden Landesgesetz vor.[1090] Diese Annahme ließe sich aber überhaupt nur dann halten, sofern Art. 72 Abs. 3 S. 3 GG tatsächlich auf den Zeitpunkt des Inkrafttretens[1091] und nicht auf den der Verkündung abstellt bzw. – ersteres unterstellt – der Landesgesetzgeber das Inkrafttreten des Abweichungsgesetzes nicht seinerseits über den Zeitpunkt des Inkrafttretens des Bundesgesetzes hinausschiebt. Die Ansicht, für die Möglichkeit einer (vollständigen oder teilweisen) Verhinderung der Anwendbarkeit von Bundesrecht hätte es einer Ausnahme von der lex-posterior-Regel des Art. 72 Abs. 3 S. 3 GG bedurft,[1092] fußt auf der begründungsbedürftigen These, die Vorschrift knüpfe die Posteriorität an das Inkrafttreten der Gesetze. Weder das Grundgesetz noch die Gesetzesbegründung konkretisieren ausdrücklich, welche Anforderungen an das „spätere Gesetz" zu stellen sind. Wer Art. 72 Abs. 3 S. 3 GG als Ausnahme zur Kollisionsregel des Art. 31 GG versteht, könnte versucht sein, die für Art. 31 GG geltenden Maßstäbe unbesehen auf Art. 72 Abs. 3 S. 3 GG zu übertragen. Die Nichtigkeit des Landesrechts als Kollisionsfolge des Art. 31 GG setzt das Bestehen einer Kollisionslage zwischen Bundes- und Landesrecht voraus, die es dem Normadressaten unmöglich macht, beiden Normbefehlen gleichzeitig nachzukommen.[1093] Das Bundesverfassungsgericht verlangt insoweit, dass beide Normen denselben Sachverhalt betreffen und im Anwendungsfalle zu verschiedenen Ergebnissen führen können.[1094] Vor Inkrafttreten einer Regelung kann es einen solchen Normbefehl bzw. unterschiedliche Rechtsfolgen (noch) nicht geben. So hat denn auch das Bundesverfassungsgericht festgestellt, dass eine noch

1089 *Nierhaus/Rademacher*, LKV 2006, 385, 389.

1090 *Franzius*, NVwZ 2008, 492,493 unter Berufung auf *Stettner*, in: Dreier, GG, Art. 72, Rn. 50.

1091 *Stettner*, in: Dreier, GG, Art. 72, Rn. 50; *Beck*, Die Abweichungsgesetzgebung der Länder, S. 57; ohne nähere Begründung *Hansalek*, NVwZ 2006, 668, 670.

1092 So *Stettner*, in: Dreier, GG, Art., 72, Rn. 50.

1093 *März*, in: v. Mangoldt/Klein/Starck, GG, Art. 31, Rn. 41; *Huber*, in: Sachs, GG, Art. 31, Rn. 16 m.N.

1094 *BVerfGE* 36, 342, 363.

nicht in Kraft befindliche Regelung ein bereits in Kraft getretenes Gesetz nicht brechen kann.[1095] Indes stellt Art. 72 Abs. 3 S. 3 GG wie gezeigt deshalb keine Ausnahme zu Art. 31 GG dar, weil die Vorschrift anders als Art. 31 GG eine Kollision nicht voraussetzt, sondern an das bloße Vorhandensein von Regelungen auf Abweichungsgebieten anknüpft. Bedarf es damit für Art. 72 Abs. 3 S. 3 GG keiner kollidierenden Normbefehle, bestimmt sich die Posteriorität der Regelungen nicht zwingend nach deren Inkrafttreten.

Diesen Befund bestätigt die Lektüre der Gesetzesbegründung[1096]. Danach sollen die Länder nicht nur die Gelegenheit haben, festzulegen, ob und in welchem Umfang sie von Bundesrecht abweichendes Landesrecht beibehalten wollen, sondern auch und gerade, ob sie abweichendes Landesrecht (ergänze: erstmals) erlassen wollen. Auch wenn die Begründung den erstmaligen Erlass von abweichendem Landesrecht nicht ausdrücklich hervorhebt, so schließt sie diesen zumindest nicht aus. Ein solcher Ausschluss wäre vom Zweck der Frist, kurzfristig wechselnde Rechtsbefehle an den Bürger zu vermeiden, auch nicht gedeckt. Er würde ad absurdum geführt, sofern der Landesgesetzgeber zunächst abwarten müsste, bis die bundesgesetzliche Regelung in Kraft getreten ist.[1097]

Nicht zu überzeugen vermögen daher die von *Beck* geäußerten Bedenken: Käme es für die Posteriorität des Landesgesetzes auf dessen Verkündung an und schöbe das Land das Inkrafttreten seines Gesetzes auf einen Termin weit nach der Sechs-Monats-Frist hinaus, so entstünde zwischen dem Ablauf der sechs Monate und dem Inkrafttreten des Landesgesetzes ein schwerwiegendes, nicht hinnehmbares Regelungsvakuum.[1098] Den negativen Konsequenzen seiner Ansicht – namentlich die Verdrängung des innerhalb der Frist in Kraft getretenen Landesrechts durch das frühestens nach sechs Monaten in Kraft tretende Bundesrecht – will er dadurch begegnen, dass die Länder das Inkrafttreten ihrer Gesetze zumindest auf eine juristische Sekunde nach dem Inkrafttreten des Bundesrechts verlegen sollen. Diese Bedenken erscheinen jedoch konstruiert: Ist für den Anwendungsvorrang auf die Verkündung abzustellen und legen die Länder das Inkrafttreten ihres Abweichungsgesetzes gleichwohl auf einen Zeitpunkt nach Ablauf der Sechs-Monats-Frist, sind sie für das eintretende Regelungsvakuum selbst verantwortlich. Überdies könnten nach den Befürwortern des Inkrafttretenszeitpunktes die Länder das Inkrafttreten ihrer Gesetze auch nicht auf einen vor Ablauf von sechs Monaten liegenden Zeitpunkt verlegen, da sie befürchten müssen, nach sechs Monaten durch die Bundesregelung überregelt zu werden, von der sie eigentlich abweichen wollen. Rasche Lösungen würden so verhindert und das gefürchtete Rechtsvakuum verlagerte sich lediglich auf einen Zeitraum vor Ablauf der Sechs-Monats-Frist. Für die Feststellung, welches von

1095 *BVerfGE* 36, 342, 363 f.

1096 Hierauf bezieht sich zumindest *Oeter*, in: Starck, Föderalismusreform, Rn. 33.

1097 So *Stettner*, in: Dreier, GG, Art. 72, Rn. 50.

1098 *Beck*, Die Abweichungsgesetzgebung der Länder, S. 57.

mehreren Gesetzes das spätere und damit maßgebliche ist, ist demzufolge auf dessen rechtliche Existenz, die mit Verkündung eintritt,[1099] abzustellen.[1100] Die Länder können damit verhindern, dass auf ihrem Gebiet ein Bundesgesetz ganz oder teilweise überhaupt anwendbar wird.[1101] Wie abweichungswillige Länder bei Zweifeln hinsichtlich der Posteriorität verfahren werden, ist ungewiss. Dass sie aus Gründen der Vorsicht stets zunächst das Inkrafttreten des Bundesgesetzes abwarten,[1102] ist dagegen eher nicht zu erwarten.

1. Terminierung des Gesetzgebungsverfahrens

Um von der lex-posterior-Regelung zu profitieren und dem Inkrafttreten des Bundesrechts zuvor zu kommen, muss das Gesetzgebungsverfahren der Länder so terminiert sein, dass es zum einen innerhalb der Sechs-Monats-Frist abgeschlossen werden kann und zum anderen das Landesgesetz erst nach dem Bundesgesetz verkündet wird.[1103]

Unproblematisch ist der Fall, dass sich ein Land erst nach Verkündung des Bundesgesetzes zur Abweichung entschließt. Novelliert oder ändert der Bund sein Recht nach Verkündung des vom ursprünglichen Bundesrecht abweichenden Landesgesetzes, geht das neuerliche Bundesgesetz mit seiner Verkündung der Abweichung vor. Wird das Abweichungsgesetz erst nach einer Änderung oder Novellierung des Bundesrechts verkündet, geht das Abweichungsgesetz dem ursprünglichen Bundesgesetz und dessen nachfolgender Änderung vor. Die Posteriorität der Abweichung auch gegenüber der Änderung des Bundes hängt nicht davon ab, dass der Landesgesetzgeber sich in Kenntnis dieser Änderung auch bereits auf diese bezogen hat; das Bestehen einer objektiven Abweichung auch von dieser genügt, um insoweit den Anwendungsvorrang des Landesgesetzes auszulösen. Wie weit dieser reicht, hängt davon ab, welches Gesetzesverständnis – als Einheit oder auf Einzelregelungen bezogen – man bei Art. 72 Abs. 3 S. 3 GG zugrunde legt.[1104] Sofern der Fall einer Änderung des Bundesrechts vor Abweichungen der Länder aber überhaupt vorkommt, ist davon aus-

1099 Vgl. *Brenner*, in: v. Mangoldt/Klein/Starck, GG, Art. 82, Rn. 40.

1100 Ebenso für Art. 84 Abs. 1 S. 3 GG: *Germann*, in: Kluth, Föderalismusreformgesetz, Art. 84, 85, Rn. 50; ebenfalls auf den Zeitpunkt des Erlasses abstellend: *Nierhaus/Rademacher*, LKV 2006, 385, 390; *Kotulla*, NVwZ 2007, 489, 491.

1101 So auch – aber ohne nähere Begründung – *Nierhaus/Rademacher*, LKV 2006, 385, 390; *Degenhart*, NVwZ 2006, 1209, 1212; *ders.*; in: Sachs, GG, Art. 72; Rn. 40; *Kotulla*, NVwZ 2007, 489, 491; *Uhle*, in: Kluth, Föderalismusreformgesetz, Art. 72, Rn. 52; *Sannwald*, in: Schmidt-Bleibtreu/Hofmann/Hopfauf, GG, Art. 72, Rn. 80q; wohl auch *Kluth*, Föderalismusreformgesetz, Einf., Rn. 59.

1102 So aber *Stettner*, in: Dreier, GG, Art. 72, Rn. 50; ebenso *Ruthig*, Stellungnahme, S. 11, Rechtsausschussprotokoll 15, Anlage 2.

1103 *Germann*, in: Kluth, Föderalismusreformgesetz, Art. 84, 85, Rn. 51.

1104 Hierzu unten V., 2.

zugehen, dass die Länder die Änderung des Bundesrechts in ihre erstmaligen Abweichungen einbeziehen werden.

2. Zeitgleiche Verkündung von Bundes- und Landesgesetz

Für den praktisch kaum denkbaren Fall, dass ein Bundesgesetz und ein hierauf bezogenes Abweichungsgesetz zeitgleich verkündet werden, ist Art. 72 Abs. 3 S. 3 GG unanwendbar. Es bleibt bei der Kollisionsregel des Art. 31 GG; das Abweichungsgesetz ist nichtig, soweit es dem Bundesgesetz widerspricht, und tritt nicht lediglich dahinter zurück.

Eine solche Konstellation darf hingegen als rein theoretisch betrachtet werden und kann nicht gegen die lex-posterior-Regel ins Feld geführt werden. Auch wenn der Landesgesetzgeber nach einem im Übrigen abgeschlossenen Gesetzgebungsverfahren den Zeitpunkt der Verkündung selbst nicht mehr hinauszögern kann,[1105] wird er das Verfahren doch so planen können, dass eine zeitgleiche Verkündung mit dem Bundesgesetz ausgeschlossen und die spätere Verkündung jedenfalls sicher gestellt ist.

V. Das spätere „Gesetz“

1. „Recht“ und „Gesetz“

Art. 72 Abs. 3 S. 3 GG verwendet die Begriffe Bundes- und Landes*recht* sowie *Gesetz*, woraus eine unterschiedliche Bedeutung von Recht und Gesetz gefolgert werden könnte.[1106] Ob davon abweichend beide Begriffe nicht doch synonym verwendet werden, ist von Bedeutung für den theoretischen auch denkbaren Fall, dass ein Land in einem Bereich abweicht, den der Bund bisher bewusst ungeregelt gelassen hat, indem es für den bisher ungeregelten Fall erstmals eine positive Regelung erlässt.[1107] Geht das den bisher ungeregelten Sachverhalt erstmals regulierende Landesgesetz der bewussten Nichtregelung vor oder fehlt es auf Seiten des Bundesrechts an einem Bundes*gesetz*, dessen Verhältnis zum Landesgesetz bestimmt werden könnte?

Ginge man davon aus, dass Art. 72 Abs. 3 S. 3 GG ausschließlich das Verhältnis von Bundes- und Landes*gesetzen* betrifft, könnte die Norm den beschriebenen Fall nicht erfassen, da es an einem Bundes*gesetz*, das denselben Sachverhalt wie das nunmehrige Landesgesetz betrifft, insoweit fehlt. Auf die neben der bewussten Nichtregelung bestehende positivgesetzliche Regelung des Bundes[1108] kann nicht abgestellt werden, da diese eben nicht denselben Sachverhalt

---

1105 *Germann*, in: Kluth, Föderalismusreformgesetz, Art. 84, 85, Rn. 51.

1106 Gesetz ist jedenfalls kein Synonym für Rechtsnorm: *Meyer*, Die Föderalismusreform 2006, S. 110 f.

1107 Oben C., II., 3., c).

1108 Die in derartigen Fällen gleichwohl vorliegen muss; anderenfalls handelte es sich nicht um einen abschließenden Gebrauch des Bundes nach Art. 72 Abs. 1 GG, der das Abweichungsrecht erst eröffnet.

wie das Landesrecht betrifft. Der Vorrang des Landesrechts ergäbe sich damit jedenfalls nicht direkt aus Art. 72 Abs. 3 S. 1 GG.

Jedoch ist eine solche Interpretation des Art. 72 Abs. 3 S. 3 GG nicht zwingend. Auch die Verwendung der Formulierung „jeweils" ist kein sicheres Indiz dafür, dass es sich auf Seiten des Bundesrechts als auch des Landesrechts um Gesetze handeln muss, sondern stellt lediglich klar, dass sowohl Bundesgesetze als auch Landesgesetze für einen Vorrang in Betracht kommen. Nimmt man die Vorschrift beim Wort, so regelt sie vielmehr das Verhältnis von Bundes- und Landesrecht, wobei lediglich das spätere von beiden Gesetzesform aufweisen muss. Zweck des Art. 72 Abs. 3 S. 3 GG ist die Regelung der Folgen des Abweichungsrechts; es gilt, nebeneinander anwendbare Normbefehle zu vermeiden. Ein solches Nebeneinander kann es aber nicht nur in Form von *gesetzlichen* Vorschriften des Bundes und der Länder geben, sondern infolge der Anknüpfung des Abweichungsrechts an den Gebrauch des Bundes auch im Verhältnis von (Landes)Gesetzen und einem nicht unmittelbar durch Gesetz geregelten Rechtszustand des Bundesrechts. Zwar muss der Bund durch Gesetz von seiner Kompetenz Gebrauch gemacht haben und die Länder können hiervon nur durch förmliches Gesetz abweichen. Anders als für das Landesrecht folgt damit für das Bundesrecht die exklusive Vorrangfähigkeit von Gesetzesrecht mit konstitutiver Wirkung erst aus Art. 72 Abs. 3 S. 3 GG.

Für den Fall der Abweichung von bewussten Nichtregelungen des Bundes bedeutet dies, dass die Abweichung in Form des späteren Landesgesetzes genügt, um dessen Vorrang auszulösen. Wer sich dem nicht anschließt, müsste Art. 72 Abs. 3 S. 3 GG zumindest analog anwenden, was angesichts der vergleichbaren Sachlage und der grundsätzlichen Befürwortung der Abweichung auch von bewussten Nichtregelungen geboten wäre. Keinesfalls aber vermag das Landesrecht den bisher ungeregelten bundesrechtlichen Zustand gleichsam zu „brechen". Das lässt folglich nur noch die Annahme eines Anwendungsvorrangs zu. Hebt das Land seine Regelung auf, gilt schon deshalb wieder der ungeregelte Zustand. Regelt der Bund nach der Länderabweichung doch noch selbst, greift ohne weiteres Art. 72 Abs. 3 S. 3 GG und das spätere Bundesrecht geht vor. Hebt der Bund sein Recht später wieder auf, findet erneut das Landesrecht Anwendung. „Recht" hat damit in Art. 72 Abs. 3 S. 3 GG jedenfalls nicht dieselbe Bedeutung wie „Gesetz".[1109] Im Regelfall ist eine tatsächliche Deckungsgleichheit aber gegeben.

Auswirkungen aus dem Gesagten ergeben sich auch für den Fall, dass die eigentliche Sachregelung des Bundes erst in einer untergesetzlichen Vorschrift enthalten ist – so, wenn im Falle bundesgesetzlicher Verordnungsermächtigung die materielle Regelung mangels Wesentlichkeit erst in der jeweiligen Verord-

---

1109 Weitergehend *Meyer* (Die Föderalismusreform 2006, S. 110 f.), nach dem „Gesetz" in Art. 72 Abs. 3 S. 3 GG eine von „Recht" verschiedene Bedeutung haben müsse.

nungsvorschrift getroffen wird.[1110] Auch in dieser Konstellation bleibt es dabei, dass der Anwendungsvorrang nur in Bezug auf die gesetzliche Ermächtigung greifen kann. Dann ist im Falle der Abweichung die Verordnungsermächtigung insoweit als verdrängt zu betrachten, was sich mittelbar auch auf die betreffenden Teile der Verordnung selbst auswirkt. Der Anwendungsvorrang des abweichenden Landesgesetzes gegenüber der Ermächtigung zu der von der Abweichung erfassten Sachregelung der Rechtsverordnung erfasst folglich mittelbar auch die jeweilige Verordnungsvorschrift, die dadurch insoweit ebenfalls unanwendbar wird.

2. Gesetz als Einheit?

Wie schon im Zusammenhang mit der Reichweite der Sechs-Monats-Frist diskutiert, bedarf auch der Begriff des Gesetzes in Art. 72 Abs. 3 S. 3 GG der Auslegung dahingehend, ob hierunter das Gesetz als Einheit oder die darin enthaltenden Einzelvorschriften zu verstehen sind. So hat *Mayen* erwogen, es könne auch das ganze Landesgesetz als das frühere Gesetz betrachtet werden, wenn der Bund nach erfolgter Länderabweichung sein Gesetz ändere.[1111] Besondere Bedeutung kommt der Frage im Falle von Bundes- als auch Landesgesetzen zu, die neben Abweichungsmaterien noch weitere Materien regeln und sich für diese auf andere Kompetenztitel als die des Art. 72 Abs. 3 S. 1 GG stützen. Könnten der Bund oder die Länder solchen Materien, die keine Abweichungsmaterien sind, dadurch zu einem Anwendungsvorrang verhelfen, dass sie diese in einem auch Abweichungsmaterien betreffenden Gesetz normieren?[1112] Schon die so gestellte Frage ruft Befremden hervor, bringt aber das Problem und die damit verbundene Tragweite der zu findenden Lösung auf den Punkt.

Für Landesgesetze verbietet sich eine einheitliche Betrachtung schon mit Blick auf die begrenzten Abweichungsmaterien; der Anwendungsvorrang eines Landesgesetzes als Ganzes darf nicht zur Kompetenzerweiterung über die Hintertür des Anwendungsvorrangs führen.[1113]

Für das Bundesrecht wird vertreten, dieses müsse aus Gründen der Rechtsklarheit und Rechtssicherheit in Gänze vorgehen, und zwar auch dann, wenn der Bund dieses nur in einem einzigen von Länderabweichungen betroffenen Punkt ändere.[1114] Die Änderung sei gleichbedeutend mit einer konkludenten Bestäti-

1110 Oben B., II., 3.

1111 *Mayen*, DRiZ 2007, 51, 54.

1112 Probleme in Bezug auf die Reichweite des Anwendungsvorrangs sieht auch *Beck*, Die Abweichungsgesetzgebung der Länder, S. 67 f.; Ohne nähere Begründung geht *Seiler* (*ders*, in: Epping/Hillgruber, BeckOK, GG, Art. 72, Rn. 24.2.) davon aus, dass schon eine Teilabweichung das ganze Landesgesetz zur abweichenden Regelung macht.

1113 Ebenso *Beck*, Die Abweichungsgesetzgebung der Länder, S. 67 f.

1114 *Gerstenberg*, Gesetzgebungs- und Verwaltungskompetenzen, S. 270; *Fischer-Hüftle*, NuR 2007, 78, 80; *Stettner*, in: Dreier, GG, Art. 72, Rn. 51.

gung der übrigen Regelungen, ohne dass der Bund diese neu erlassen müsste.[1115] Alles andere führe zu einer unzulässigen „antizipierten" oder „dynamischen" Länderabweichung.[1116] Von einem vollständigen Vorgehen des Bundesgesetzes werden zum Teil Ausnahmen für den Fall zugelassen, dass der Bund ausschließlich solche Teile seines Gesetzes ändere, für die noch keine Länderabweichungen vorlägen und der Bund zugleich seinen Geltungswillen bezüglich der von Abweichungen betroffenen Teile des früheren Bundesgesetzes zum Ausdruck bringe.[1117] Dies komme einer aus Gründen der Bundestreue unzulässigen bloßen Wiederholung des früheren Bundesrechts gleich.[1118]

Dies vermag nicht zu überzeugen: Einerseits soll der Bund durch die Bundestreue an einer bloßen Wiederholung seiner früheren Regelungen gehindert sein. Andererseits soll – sofern der Bund nicht zugleich seinen Geltungswillen bezüglich der übrigen Teile seines früheren Bundesgesetzes zum Ausdruck bringe – im Falle der Änderung seines früheren Gesetzes in nur einem einzelnen von Länderabweichungen betroffenen Punkt, das spätere Bundesgesetz in toto vorgehen. De facto würde auch im zuletzt genannten Fall der Bund doch wieder die Möglichkeit erhalten, sämtliche Länderabweichungen auszuschalten, ohne diesen ein neues Bundeskonzept entgegen zu stellen. Die Betrachtung vom jeweiligen Einzelfall abhängig zu machen sowie unterschiedliche Maßstäbe für Bundesrecht einerseits und Landesrecht andererseits anzulegen, vermag jedenfalls nicht zu überzeugen. Ebenfalls nicht überzeugend ist es, die Feststellung des Anwendungsvorrangs um die Prüfung materiell-rechtlicher Fragen anzureichern. Der Zweck der Vorschrift, die Frage des anwendbaren Rechts anhand des formellen Kriteriums der Posteriorität möglichst einfach zu entscheiden oder – um mit der Gesetzesbegründung zu sprechen – schlichtweg „klarzustellen"[1119], würde dadurch nicht unwesentlich erschwert. Ein einheitlicher Gesetzesbegriff wäre der Rechtssicherheit insofern sogar eher abträglich als nützlich.[1120] Es fehlen formelle, insbesondere verfahrensrechtliche Gründe, die ein einheitliches Gesetzesverständnis gebieten könnten. Auch materielle Gründe streiten nicht für einen einheitlichen Ansatz. Im Gegenteil: Die Vorschrift regelt das „Verhältnis" von Bundes- und Landesrecht. Das bedeutet, dass es der Anordnung des Anwendungsvorrangs dort nicht bedarf, wo die Rechte der beiden Ebenen in keinerlei Beziehung zueinander stehen. Erlässt z.B. der Bund zwar eine Regelung auf dem Gebiet einer Abweichungsmaterie, berührt diese neue Bundesregelung bereits bestehende Abweichungen vom früheren Bundesrecht jedoch nicht, weil

1115 *Fischer-Hüftle*, NuR 2007, 78, 80.

1116 *Fischer-Hüftle*, NuR 2007, 78, 80.

1117 *Gerstenberg*, Gesetzgebungs- und Verwaltungskompetenzen, S. 270.

1118 *Gerstenberg*, Gesetzgebungs- und Verwaltungskompetenzen, S. 270.

1119 BT Drs. 16/813, S. 11.

1120 Gegen ein einheitliches Gesetzesverständnis im Ergebnis auch *Beck*, Die Abweichungsgesetzgebung der Länder, S. 68.

sie einen anderen, neuen Sachverhalt betrifft, müssen Bundes- und Landesrecht auch nicht ins Verhältnis zueinander gesetzt werden. Entsprechendes gilt, wenn der Bund nicht sämtliche durch Abweichungen verdrängte Regelungen seines früheren Bundesrechts ändert. Auch dann stehen die Änderungen des Bundes in keinem Verhältnis zu denjenigen Abweichungen, die von der Änderung nicht betroffen werden.[1121]

Eine solche Beziehung, mithin ein Verhältnis von Bundes- und Landesrecht muss logisch vor dem Eingreifen des Anwendungsvorrangs bestehen. Das daran anknüpfende Vorgehen des späteren Gesetzes ist nur eine Folge dieses Verhältnisses. Wer dagegen bereits eine einzige Änderung des von Abweichungen betroffenen Bundesrechts für eine vollständige Verdrängung sämtlicher Abweichungen genügen lässt, fingiert ein solches Verhältnis auch für die übrigen Regelungsteile des gesamten Gesetzeswerks. Gesetze im Sinne der lex-posterior-Regel können damit nur als Einzelregelungen verstanden werden.[1122]

3. Verfassungswidrige Gesetze

a) Problemstellung

Wenn Art. 72 Abs. 3 S. 3 GG den Anwendungsvorrang des späteren Gesetzes anordnet, so wird hiermit noch nicht deutlich, ob auch solche Bundes- bzw. Landesgesetze gemeint sind, die nicht im Einklang mit dem Grundgesetz stehen.[1123] Diese Frage stellt sich nicht nur, wenn man Art. 72 Abs. 3 S. 3 GG als eine eine tatsächliche Kollision voraussetzende Kollisionsbereinigungsnorm versteht,[1124] sondern auch dann, wenn man wie hier zugrunde legt, dass der Vorrang eine Normenkollision tatbestandlich nicht voraussetzt, sondern schon immer dann angeordnet wird, wenn Bundes- und Landesrecht denselben Lebenssachverhalt – nicht notwendig in unterschiedlicher Weise – regeln.

Beck verweist in diesem Zusammenhang auf die Rechtsprechung des Bundesverfassungsgerichts zu Art. 72 Abs. 1 GG, wonach ein die Landesgesetzgebung sperrender Gebrauch des Bundes auch im Falle des Erlasses verfassungswidriger, im Übrigen aber kompetenzgerecht zustande gekommener Bundesgesetze anzunehmen sei, und plädiert insoweit für eine „Übertragung des Meinungsstandes zu Art. 72 Abs. 1 GG“ auf den Bereich der Abweichungsgesetzgebung.[1125] Dieser sei für Art. 72 Abs. 3 S. 3 GG ebenfalls von Bedeutung,

1121 Zum „Verhältnis“ von Bundes- und Landesrecht unten VI.

1122 So auch, allerdings ohne Begründung, das *VG Würzburg*, Urt. v. 13.11.2008, Az.: W 5 K 07.1501, Rn. 71, zitiert nach juris, wonach „die jeweils letzte Regelung Anwendungsvorrang genießt“.

1123 Dagegen zumindest für abweichendes Landesrecht: *Kotulla* (NVwZ 2007, 489, 492), der im Falle von Verstößen gegen höherrangiges Recht Art. 31 GG anwenden sowie *Frenz*, NVwZ 2006, 742, 747.

1124 So auch *Beck*, Die Abweichungsgesetzgebung der Länder, S. 83.

1125 *Beck*, Die Abweichungsgesetzgebung der Länder, S. 80 f., 82.

als sich auch hier die Frage stelle, ob ein verfassungswidriger Rechtssatz einen anderen Rechtssatz suspendieren könne.[1126] Die Frage nach einem Anwendungsvorrang verfassungswidriger Normen aber allein davon abhängig zu machen, ob die Nichtigkeit der betreffenden Gesetze *ipso iure* oder erst infolge bundesverfassungsgerichtlicher Erklärung eintritt,[1127] greift indes zu kurz.

Bevor hier mögliche Auswirkungen der Entscheidung auf den Bereich der Abweichungsgesetzgebung überhaupt abgeschätzt werden können, soll zunächst ihrem wirklichen Aussagegehalt nachgegangen werden.

aa) Die Entscheidung BVerfGE 98, 265

Im Rahmen einer Verfassungsbeschwerde gegen das Bayerische Schwangerenhilfeergänzungsgesetz vom 9. August 1996[1128] hatte das Bundesverfassungsgericht die Verfassungsmäßigkeit des Gesetzes unter anderem im Hinblick auf die Gesetzgebungskompetenz des Landes zu untersuchen. Das Gericht stellte zunächst fest, dass der Freistaat Bayern aufgrund der bundesrechtlichen Vorschriften des Strafgesetzbuches in Verbindung mit den Regelungen des Schwangerschaftskonfliktgesetzes gemäß Art. 72 Abs. 1 GG unzuständig war.[1129]

Sodann begründete das Gericht, warum eine Inzidentprüfung der bundesgesetzlichen Regelungen trotz der geäußerten Zweifel an ihrer Verfassungsmäßigkeit nicht in Betracht kam.[1130] Im Interesse der Rechtssicherheit seien Gesetze solange zu beachten, bis sie durch das Gericht im Rahmen eines dafür vorgesehenen Verfahrens für nichtig erklärt worden sind.[1131] Dies dürfe nicht dadurch umgangen und damit die Rechtssicherheit gefährdet werden, dass die Länder durch bloße Behauptung der Verfassungswidrigkeit des Bundesgesetzes dessen Inzidentprüfung herbeiführen könnten.

Dass die Sperrwirkung zulasten der Länder bereits mit der Existenz eines kompetenzgerecht erlassenen, abschließenden Bundesgesetzes eintritt, ohne Rücksicht auf dessen Verfassungsmäßigkeit im Übrigen, hat das Gericht bereits in früheren Entscheidungen[1132] – auf die der Senat hinweist – entschieden, ohne dass diese Frage im Verfahren gegen das Bayerische Schwangerenhilfeergänzungsgesetz erneut näher problematisiert oder gar in Frage gestellt wird. Behauptungen im Schrifttum, das Gericht begründe die materiell-rechtliche Frage der Sperrwirkung mit primär verfahrensrechtlichen Erwägungen,[1133] gehen daher fehl. Nicht die Sperrwirkung an sich, sondern die Ablehnung der Inzidentprüfung sowie Verwerfung des Bundesgesetzes werden prozessrechtlich be-

1126 *Beck*, Die Abweichungsgesetzgebung der Länder, S. 81.
1127 So aber *Beck*, Die Abweichungsgesetzgebung der Länder, S. 81 f.
1128 BayGVBl. S. 328.
1129 *BVerfGE* 98, 265, 319.
1130 *BVerfGE* 98, 265, 318 - 320.
1131 *BVerfGE* 98, 265, 318.
1132 *BVerfGE* 36, 193, 211 f.; 36, 314, 320 f.; 85, 134, 147.
1133 *Degenhart*, in: Sachs, GG, Art. 72, Rn. 34; *Gärditz*, DÖV 2001, 539 (541).

gründet. Kaum zu halten ist demzufolge auch die These, ein Gebrauch im Sinne von Art. 72 Abs. 1 GG setze ein „unter allen in Betracht kommenden Gesichtspunkten rechtswirksames" Bundesgesetz voraus.[1134] Eindeutige Aussagen hierzu hat das Bundesverfassungsgericht bereits in seinen früheren Entscheidungen[1135] getroffen. Die Kritik, die der Entscheidung zum Bayerischen Schwangerenhilfegesetz entgegen gebracht wird,[1136] beruht vermutlich auf einer Fehlinterpretation von Aussagegehalt und Tragweite der Entscheidung.

bb) Unstrittige und strittige Aspekte der Entscheidung

Einigkeit dürfte noch insoweit herrschen, als sowohl Bundes- als auch Landesgesetze unabhängig von ihrer Verfassungsmäßigkeit zunächst zu befolgen sind.[1137] Aus Gründen der Rechtssicherheit endet die Befolgungspflicht erst mit der Nichtigerklärung der jeweiligen Regelungen durch das Bundesverfassungsgericht (bzw. Landesverfassungsgericht) und zwar unabhängig davon, ob der Erklärung konstitutive oder nur deklaratorische Wirkung zugesprochen wird.[1138] Auch der Aussage des Gerichts, die Nichtigkeit von Gesetzen könne nur in den dafür vorgesehenen Verfahren erklärt werden, ist nichts hinzuzufügen.

Strittig ist dagegen – und allein hiermit befasst sich das Bundesverfassungsgericht in den hier maßgeblichen Passagen der Entscheidung[1139] –, unter welchen Voraussetzungen das Gericht eine Regelung inzident auf seine Vereinbarkeit mit dem Grundgesetz überprüfen darf und ob es – sofern es zu dessen Unvereinbarkeit gelangt – auch die Nichtigkeit des nicht angegriffenen Gesetzes aussprechen darf bzw. muss. Angesprochen ist damit die Frage nach der Prüfungs- und Verwerfungskompetenz sowie der Tenorierungskompetenz des Verfassungsgerichts hinsichtlich nicht angegriffener Gesetze.

Zuzustimmen ist dem Bundesverfassungsgericht jedenfalls noch insoweit, als es eine Verwerfung und Tenorierung der Nichtigkeit des Bundesgesetzes unter Hinweis auf § 95 Abs. 3 S. 2 BVerfGG verneint, der eine Nichtigerklärung eines Gesetzes im Rahmen einer Urteilsverfassungsbeschwerde nur zulässt, wenn die angegriffene Entscheidung auf der Verfassungswidrigkeit des Gesetzes beruht.[1140]

Soweit dagegen das Gericht auch seine Kompetenz zur Inzidentprüfung des sperrenden Bundesgesetzes ablehnt, so kann dem nur im Ergebnis, nicht jedoch hinsichtlich der konkret gelieferten Begründung gefolgt werden. Denn indem

1134 *Kunig*, in: v. Münch/Kunig, GG, Bd. III, Art. 72, Rn. 8; *Oeter*, in: v. Mangoldt/Klein/Starck, GG, Art. 72, Rn. 64; *Jarass*, NVwZ 1996, 1041, 1042.

1135 *BVerfGE* 36, 193, 211 f.; 36, 314, 320 f.; 85, 134, 147; 102, 99, 114 f.

1136 So diejenige von *Gärditz*, DÖV 2001, 539 (541 ff.); *Rüfner*, ZG 1999, 366 (371 ff.) und *Degenhart*, in: Sachs, GG, Art. 20, Rn. 95 (dort Fn. 334).

1137 *BVerfGE* 98, 265, 318; *Gärditz*, DÖV 2001, 539 (543).

1138 *BVerfGE* 98, 265, 319.

1139 *BVerfGE* 98, 265, 318 – 320 [= C. III. 2. e) aa) – cc)].

1140 *BVerfGE* 98, 265, 318.

das Gericht die Möglichkeit eines Normenkontrollantrages gegen eine Prüfungskompetenz ins Feld führt,[1141] begründet es das Fehlen der Prüfungskompetenz der Sache nach mit seiner mangelnden Verwerfungs- und Tenorierungskompetenz im Verfahren der Verfassungsbeschwerde. Während eine Verwerfung und Nichtigerklärung nur solcher Normen möglich ist, hinsichtlich derer auch eine Prüfungskompetenz besteht, setzt umgekehrt eine Prüfungskompetenz das Bestehen einer Verwerfungs- und Tenorierungskompetenz hinsichtlich des Prüfungsgegenstandes nicht voraus. Nur weil die Nichtigerklärung nicht tenoriert werden darf, bedeutet dies nicht, dass auch eine Prüfung zu unterbleiben hätte.

Ebenfalls in Richtung einer Ablehnung der Prüfungskompetenz nur aus Gründen fehlender Kompetenz zur Tenorierung der Nichtigkeit, zielt der Hinweis des Gerichts, im Falle einer Inzidentprüfung des Bundesgesetzes wäre die Rechtssicherheit gefährdet.[1142] Die Rechtssicherheit wäre aber überhaupt nur dann gefährdet, wenn im Ergebnis der Inzidentprüfung das Landesrecht für verfassungsgemäß erklärt würde, das verfassungswidrige Bundesrecht (welches in demselben Verfahren ja nicht für nichtig erklärt werden kann) ebenfalls bestehen und damit mehrere Regelungen nebeneinander zu befolgen blieben.

Zu einer solchen Konsequenz konnte es im entschiedenen Fall indes nicht kommen, da sich eine Inzidentprüfung des sperrenden Bundesgesetzes schon aus anderen als den vom Gericht angeführten Gründen verbot und damit die Rechtssicherheit tatsächlich nicht gefährdet gewesen wäre. Die Verfassungsmäßigkeit des Bundesgesetzes stellte schon keine Vorfrage für die zu treffende Entscheidung über das mit der Verfassungsbeschwerde angegriffene Landesrecht dar, so dass bereits deshalb keine Inzidentprüfungskompetenz bestand. Die Verfassungswidrigkeit eines im Übrigen kompetenzgerecht zustande gekommenen und damit zu befolgenden Bundesgesetzes führt gerade nicht dazu, dass ein Gebrauch im Sinne von Art. 72 Abs. 1 GG insoweit nicht bestünde und die Länder zuständig blieben. Vielmehr liegt auch insoweit – und hierin ist dem Gericht uneingeschränkt zuzustimmen – ein faktischer Gebrauch des Bundes vor.[1143] Der Bestand bzw. das Fehlen der Landeskompetenz hängen nicht von der Verfassungswidrigkeit bzw. Verfassungsmäßigkeit des Bundesgesetzes ab.[1144] Dies überzeugt ohne weiteres. Die Kompetenzfrage ist unabhängig vom konkreten Inhalt eines Gesetzes zu beantworten und dem Bund muss es erlaubt sein, Fehler zu begehen und diese selbst zu korrigieren.

1141 *BVerfGE* 98, 265, 318.

1142 *BVerfGE* 98, 265, 319.

1143 So erkennen zu Recht auch die Kritiker der Entscheidung, dass sich das Bundesverfassungsgericht mit der Feststellung des abschließenden Charakters der Bundesregelung hätte begnügen können. So z.B. *Rüfner*, ZG 1999, 366 (372).

1144 *BVerfGE* 98, 265, 319; *Sannwald*, in: Schmidt-Bleibtreu/Hofmann/Hopfauf, GG, Art. 72, Rn. 32.

Wollte man die Zuordnung der Gesetzgebungskompetenzen als Ausfluss des materiell-rechtlichen Gehalts der jeweiligen Regelungen begreifen, hinge die Frage, ob sich ein Gesetz im Rahmen der Kompetenz hält, zwar auch von dessen Inhalt ab; aus diesem Grund aber jeden Verstoß gegen das materielle Recht zugleich zu einen Kompetenzverstoß zu erheben,[1145] ginge jedoch zu weit. Den Ländern gehen durch die Anerkennung des faktischen Gebrauchs auch keine Kompetenzen verloren, die „Kompetenzüberschreitung" durch den Bund bleibt für die Länder damit ohne kompetenzielle Folgen.[1146] Hätte der Bund von Anfang an in verfassungsmäßiger Weise geregelt, bestünde am Eintritt der Sperrwirkung von vornherein keinerlei Zweifel. Spätestens mit einer Nachbesserung durch den Bund wären die Länder von eigenen Regelungen ausgeschlossen. Das Grundgesetz weist zudem Gesetzgebungskompetenzen schlicht zu, ohne diese unter die Bedingung einer verfassungsgemäßen Ausübung zu stellen. Soweit das Grundgesetz Gesetzgebungskompetenzen zwischen Bund und Ländern aufteilt und dem Bund konkurrierende Zuständigkeiten zuweist, so geschieht dies jedenfalls nicht in der Erwartung, dass gerade die Bundesebene verfassungsgemäße Regelungen hervorbringen werde; der Katalog des Art. 74 GG ist vielmehr der Tradition der Reichsverfassungen geschuldet.[1147] Der Bereich einer zur Regelung zugewiesenen Materie wird durch den Erlass einer verfassungswidrigen Regelung demzufolge grundsätzlich nicht verlassen.

Bleibt es hiernach trotz der Verfassungswidrigkeit des Bundesrechts bei der fehlenden Zuständigkeit der Länder, ist die Verfassungswidrigkeit des Bundesgesetzes auch keine Vorfrage für die Vereinbarkeit des Landesgesetzes mit dem Grundgesetz und daher sowohl im Rahmen einer Verfassungsbeschwerde als auch einer Normenkontrolle gegen das Landesgesetz nicht zu prüfen. Eine Anwendung verfassungswidrigen Rechts durch das Bundesverfassungsgericht liegt hierin nicht.[1148] Eines über die Feststellung der Sperrwirkung hinausgehenden Begründungsaufwands zur Ablehnung einer Inzidentprüfung – und nur hieran könnte berechtigte Kritik anknüpfen – hätte es in der zitierten Entscheidung daher nicht bedurft. Im Ergebnis war trotz der behaupteten, Verfassungswidrigkeit des Bundesgesetzes nur das Landesgesetz für nichtig zu erklären. Entsprechendes müsste selbst im Falle evidenter oder nachweislich gegebener (aber nicht verfassungsgerichtlich festgestellter) Verfassungswidrigkeit des Bundesgesetzes gelten. Die Rechtssicherheit ist nicht gefährdet, da das Landesrecht nicht mehr zu befolgen ist. Das (noch) zu befolgende, verfassungswidrige Bundesgesetz

1145 In diese Richtung *Gärditz*, DÖV 2001, 539 (545).

1146 Dies einräumen muss auch *Gärditz*, DÖV 2001, 539 (545).

1147 *Oeter*, in: v. Mangoldt/Klein/Starck, GG, Art. 74, Rn. 1; laut *Gerstenberg* (Gesetzgebungs- und Verwaltungskompetenzen, S. 172) habe ein weiteres Ziel der Reformbemühungen daher auch darin bestanden, übergeordnete Kriterien für eine Neuverteilung der einzelnen Kompetenztitel zu finden.

1148 A.A. *Rüfner*, ZG 1999, 366 (373).

wäre gesondert anzugreifen oder eine Nachbesserung durch den Gesetzgeber abzuwarten.

Ergänzend führt das Bundesverfassungsgericht aus, dass nur dann, wenn das sperrende Bundesgesetz zeitlich vor dem angegriffenen Landesrecht seinerseits gerichtlich überprüft und für nichtig erklärt worden wäre, dessen Sperrwirkung im Ergebnis einer Inzidentprüfung verneint werden könne.[1149] Hieran wird kritisiert, es hinge demzufolge von prozessualen Zufälligkeiten ab, ob Landesrecht aus kompetenzrechtlichen Gründen für nichtig erklärt wird.[1150] Da aber die Pflicht zur Befolgung von Gesetzen erst mit einer entsprechenden Entscheidung des Verfassungsgerichts endet, ist diese Folge nur konsequent. Dieser Aussage des Gerichts kann auch nicht etwa ein Vorstoß in Richtung der Vernichtbarkeitsthese entnommen werden.[1151] Denn: Zu einer Verneinung der Sperrwirkung des zuvor für nichtig erklärten Bundesgesetzes könnte das Gericht nur gelangen, wenn die Nichtigerklärung das Bundesgesetz *ex tunc* beseitigt. Da bei Annahme einer Nichtigkeit des Bundesrechts *ex nunc* das Landesrecht aber jedenfalls zum Zeitpunkt seines Erlasses gegen Art. 72 Abs. 1 GG verstoßen hätte,[1152] hätte das Gericht zur Begründung der Kompetenzmäßigkeit des Landesrechts von der Maßgeblichkeit des Erlasszeitpunktes[1153] für die Beurteilung der Landeskompetenz abrücken müssen. Da es dies nicht getan hat und ihm auch nicht unterstellt werden kann, ist davon auszugehen, dass es nach wie vor grundsätzlich von der Nichtigkeit *ex tunc* – aber eben nicht *ipso iure* – ausgeht.[1154]

cc) Ergebnisse

Im Ergebnis der Analyse der Entscheidung sind folgende Ausgangspunkte für die geschilderte Problemstellung festzuhalten:

Erstens: Sowohl Bundes- als auch Landesgesetze sind zu befolgen; die Befolgungspflicht endet erst mit Erklärung der Nichtigkeit durch das Verfassungsgericht.

Zweitens: Eine Inzidentprüfung der Verfassungsmäßigkeit des sperrenden Bundesgesetzes im Rahmen der Prüfung der Landeskompetenz kommt nur in Betracht, sofern diese eine Vorfrage hierfür darstellt. Die Verfassungsmäßigkeit eines im Übrigen kompetenzgerecht zustande gekommenen Bundesgesetzes ist keine Vorfrage für die Beurteilung der Sperrwirkung nach Art. 72 Abs. 1 GG.

Drittens: Maßgeblicher Zeitpunkt für das Vorliegen der Gesetzgebungskompetenz ist der Erlasszeitpunkt.

1149 *BVerfGE* 98, 265, 319.

1150 *Rüfner*, ZG 1999, 366 (373); *Gärditz*, DÖV 2001, 539 (543) m.w.N.

1151 Anders aber *Gärditz*, DÖV 2001, 539 (544).

1152 So auch *Gärditz*, DÖV 2001, 539 (543).

1153 *BVerfGE* 34, 9, 21 ff., 23 f.; 44, 227, 240; *Umbach/Clemens*, Art. 72, Rn. 26; *Pieroth*, in: Jarass/Pieroth, GG, Art. 72, Rn. 17.

1154 So schon *BVerfGE* 1, 14, 37; 84, 9, 20 f.

Viertens: Die Nichtigerklärung des Bundesverfassungsgerichts beseitigt das Gesetz grundsätzlich ex tunc.

b) Übertragung der Ergebnisse auf das Abweichungsrecht

Aus dem Befolgungsanspruch von Bundes- und Landesgesetzen bis zur Erklärung ihrer Nichtigkeit folgt zugleich, dass auch verfassungswidrigen, im Übrigen aber kompetenzgerecht zustande gekommenen Gesetzen Anwendungsvorrang gemäß Art. 72 Abs. 3 S. 3 GG zukommen muss.[1155] Anderenfalls stellte Art. 72 Abs. 3 S. 3 GG einen Widerspruch zum verfassungsgerichtlichen Verwerfungsmonopol dar.

Während auch ein nur faktischer Gebrauch des Bundes die Länderzuständigkeit nach Art. 72 Abs. 1 GG sperrt, ermöglicht das Abweichungsrecht den Ländern eigene Regelungen, *obwohl* sie gemäß Abs. 1 gesperrt wären. Ein faktischer Gebrauch des Bundes auf Abweichungsgebieten entfaltet daher keine Auswirkungen auf den Bestand der Länderkompetenz. Der Bund kann durch ein verfassungswidriges, aber zu befolgendes Bundesgesetz nicht nur erstmals von seiner konkurrierenden Zuständigkeit Gebrauch machen, sondern auch bestehendes Bundesrecht ändern oder ergänzen und hierdurch abweichende Landesgesetze überregeln. Die Länder können angesichts der erfüllten Voraussetzungen des Art. 72 Abs. 3 S. 1 GG (Gebrauch durch den Bund) vom verfassungswidrigen Bundesrecht abweichende Regelungen treffen und im Unterschied zu der für Nichtabweichungsmaterien geltenden Rechtslage, unzureichendes Bundesrecht „nachbessern"[1156], indem sie eigene, verfassungsmäßige Regelungen erlassen, die den verfassungswidrigen Regelungen des Bundes vorgehen. Indem aber Art. 72 Abs. 3 S. 1 GG den Ländern gerade kein Recht zum „Gebrauch" einräumt, sondern ihnen lediglich erlaubt, abweichende Regelungen zu treffen, werden die Voraussetzungen für die Inanspruchnahme der Kompetenz für die Länder enger gezogen als für den Bund.

Die Maßgeblichkeit des Erlasszeitpunkts für das Vorliegen der Gesetzgebungskompetenz ist von Bedeutung für die Frage des Anwendungsvorrangs im Falle der Nichtigerklärung verfassungswidriger Bundesgesetze mit Wirkung ex *tunc* (dazu sogleich).

c) Anwendungsvorrang im Falle der Nichtigerklärung verfassungswidriger Bundesgesetze

Haben nach dem Gesagten auch verfassungswidrige Gesetze Anwendungsvorrang, bleibt zu klären, was im Falle ihrer Nichtigerklärung gilt. Fraglich ist dies immer dann, wenn Bundesgesetze auf Abweichungsgebieten für nichtig erklärt

1155 Für einen Anwendungsvorrang verfassungswidrigen Bundes- bzw. Landesrechts zumindest implizit auch *Germann*, in: Kluth, Föderalismusreformgesetz, Art. 84, 85, Rn. 58.

1156 Vgl. *BVerfGE* 36, 193, 211 f.

werden, nachdem Abweichungsgesetze bereits erlassen wurden und zwar unabhängig davon, ob die Abweichungsgesetze ihrerseits auch verfassungswidrig sind, solange diese nur noch nicht selbst für nichtig erklärt wurden.

Würde zum Beispiel ein abweichendes Landesgesetz zeitlich vor dem zugrunde liegenden Bundesrecht einer verfassungsgerichtlichen Prüfung unterzogen, so könnte es nicht wegen mangelnden Gebrauchs des Bundes nach Art. 72 Abs. 3 S. 1 GG als kompetenzwidrig eingestuft werden, da das Bundesrecht noch nicht für nichtig erklärt wurde und damit ein das Abweichungsrecht eröffnender, faktischer Gebrauch noch vorläge. Käme es erst anschließend zur Überprüfung und Nichtigerklärung des Bundesrechts, ist das Schicksal des abweichenden Landesrechts fraglich.

Das Grundgesetz regelt jedenfalls nicht ausdrücklich, ob und gegebenenfalls welche Konsequenzen der Wegfall des zugrunde liegenden Bundesrechts für abweichende Landesgesetze hat. Art. 72 Abs. 3 S. 3 GG könnte jedenfalls vermuten lassen, dass sich das spätere Gesetz auch in diesem Falle durchsetzen soll. Ungeklärt bliebe jedoch, ob abweichende Landesgesetze durch den Wegfall des Bundesrechts nicht ihrerseits verfassungswidrig geworden sind. Es stellen sich sowohl kompetenzrechtliche als auch materiell-rechtliche Fragen.

aa) Auswirkungen auf den Bestand der Landeskompetenz

In kompetenzieller Hinsicht könnte die Nichtigkeit des Bundesgesetzes *ex tunc* zur Folge haben, dass insoweit auch der Gebrauch und damit die Voraussetzung für das Abweichungsrecht *ex tunc* wegfiele, eine Abweichungskompetenz also von Anfang an nicht bestanden hätte, sondern eine ausschließliche Landeskompetenz nach Art. 70 Abs. 1 GG. Die Maßgeblichkeit des Erlasszeitpunktes für die Beurteilung der Gesetzgebungskompetenz ist aber auch auf den Fall der Nichtigerklärung des der Abweichung zugrunde liegenden Bundesgesetzes zu übertragen, so dass die Abweichungskompetenz der Länder allenfalls nachträglich entfallen sein könnte. Die Lage ist insofern vergleichbar mit der Konstellation, in der der Bund erstmals von seiner konkurrierenden Gesetzgebungskompetenz auf Nichtabweichungsgebieten Gebrauch macht; bereits bestehendes Landesrecht fällt hierdurch nicht automatisch weg.[1157]

Fischer-Hüftle vertritt für den Fall, dass der Bund sein Gesetz selbst aufhebt, nachdem bereits Abweichungsgesetze erlassen wurden, die Auffassung, dass die hierauf bezogenen Abweichungsgesetze gegenstandslos würden, da ihr Anknüpfungspunkt entfallen sei.[1158] Nichts anderes müsste nach dieser Ansicht auch im Falle der Nichtigerklärung durch das Bundesverfassungsgericht gelten. Sofern *Fischer-Hüftle* damit andeuten will, die Fortgeltung der betroffenen Landesregelungen widerspreche schon dem Charakter eines *Abweichung*srechts als

1157 Vgl. *BVerwG*, NVwZ 1993, 1197; *Clemens*, in: Clemens/Umbach, GG, Art. 31, Rn. 16 und den nachfolgenden Gliederungspunkt.

1158 *Fischer-Hüftle*, NuR 2007, 78, 81.

einer unselbständigen, quasi akzessorischen[1159] Rechtssetzungsbefugnis, so kann dem nicht gefolgt werden. Nicht nur, dass die dogmatische Grundlage, die ein solches Gegenstandsloswerden haben soll, unklar bleibt, das Abweichungsrecht setzt den Bestand positiven Bundesrechts auch tatsächlich nicht voraus. Vorausgesetzt wird dagegen lediglich ein Gebrauch des Bundes von seiner konkurrierenden Zuständigkeit, der indes auch im Falle einer bewussten Nichtregelung des Bundes vorliegen kann.[1160] Wird damit eine positive Bundesregelung schon bei Erlass der Abweichungsgesetze nicht vorausgesetzt, so könnte vertreten werden, ihr nachträglicher Wegfall müsse erst recht ohne Folgen für das Landesgesetz bleiben. In jedem Falle aber bleibt für die Landeskompetenz der Erlasszeitpunkt maßgeblich. Aus kompetenzieller Sicht ändert sich durch den Wegfall des Bundesrechts für die bestehenden Abweichungsgesetze also nichts.

bb) Auswirkungen auf die materielle Verfassungsmäßigkeit der Landesgesetze

Auch im Hinblick auf die materielle Rechtslage können Parallelen zum bereits angesprochenen Fall gezogen werden, dass der Bund seine konkurrierende Gesetzgebungskompetenz auf Nichtabweichungsgebieten erstmalig gebraucht. Der nachträgliche Kompetenzwegfall berührt die Gültigkeit daraus hervorgegangener oder darauf beruhender Regelungen nicht; bereits bestehende Landesgesetze treten nur unter den Voraussetzungen des Art. 31 GG außer Kraft.[1161] Anders als in diesen Fällen, käme Art. 31 GG im hier gebildeten Fall zwar nicht zum Zuge, da kollidierendes Bundesrecht insoweit gerade nicht mehr existiert; der Vergleich verdeutlicht hingegen, dass nachträgliche kompetenzrelevante Veränderungen außerhalb der Sphäre des Landesgesetzgebers nicht per se zur Verfassungswidrigkeit bestehender Landesgesetze führen.

(1) Rechtsstaatliche Bestimmtheit und Gebot der Normenklarheit

Von Bedeutung für die betreffenden Abweichungsgesetze kann daher nur sein, ob sie nach Wegfall des zugrundeliegenden Bundesrechts einer eigenständigen Anwendung überhaupt noch zugänglich sind. Es ergeben sich verfassungsrechtliche Bedenken im Hinblick auf das rechtsstaatliche Bestimmtheitsgebot[1162] sowie das Gebot der Normenklarheit[1163], ohne dass hier das Verhältnis beider Gebote zueinander näher beleuchtet werden soll.[1164]

In diesen Zusammenhang sind auch die Bedenken *Schmidt-Jortzigs* einzuordnen, ein abweichendes Landesgesetz ohne zugrundeliegendes Bundesgesetz

---

1159 Angedeutet auch bei *Haug*, DÖV 2008, 851, 854: „Relativität ist in der begrifflichen Bedeutung des Wortes „abweichen" angelegt".

1160 So schon oben B., II., 3.

1161 Vgl. *BVerwG*, NVwZ 1993, 1197; *Clemens*, in: Clemens/Umbach, GG, Art. 31, Rn. 16; oben aa).

1162 *BVerfG*, NVwZ-RR 1992, 521 (522).

1163 *BVerfGE* 99, 216, 243; 103, 21, 33; 108, 1, 20; 114, 1, 53.

1164 Hierzu aber *Debus*, Verweisungen in deutschen Rechtsnormen, 2008, S. 135 ff.

sowie eine nachfolgende Abweichung ohne rückabweichendes Bundesgesetz seien nicht schlüssig.[1165] Ob Abweichungsgesetze aber in diesem Sinne unbestimmt werden bzw. dem Gebot der Normenklarheit widersprechen, hängt in entscheidendem Maße davon ab, wie umfangreich die Länder im konkreten Fall abgewichen sind und welcher Regelungstechnik sie sich dabei bedient haben. So könnten Abweichungsgesetze unterschiedliche Rechtsfolgen an den bundesrechtlichen Tatbestand knüpfen oder aber unter Beibehaltung der bundesgesetzlichen Rechtsfolgenanordnung die hierfür geltenden Tatbestandsvoraussetzungen modifizieren. Nur soweit Abweichungsgesetze – im Rahmen der durch den Gebrauch des Bundes gesetzten kompetenziellen Grenzen – völlig eigene Konzeptionen von Tatbestand und Rechtsfolgenanordnungen verwirklichen oder sich auf bloße Nichtgeltungsanordnungen[1166] des Bundesrechts beschränken, stellt sich die Frage ihrer eigenständigen Anwendbarkeit nicht.

(2) Vergleichbare Folgenlösung bei statischer Verweisung

Eine hinsichtlich der Folgen eines Wegfalls der Bundesregelung vergleichbare Lage besteht im Hinblick auf statische Verweisungen auf Normen eines vom Verweisungsgesetzgeber verschiedenen Normgebers. Zwar stellen Abweichungen gerade keine Verweisungen dar, letztlich erfolgt aber auch hier die Bezugnahme aus Gründen der Ersparnis, wobei – wie auch im Falle der Verweisung – die in Bezug genommenen Regelungen vom Willen des Abweichungsgesetzgebers umfasst sind.

Auch wenn im Abweichungsgesetz nicht ausdrücklich auf eine bestimmte Fassung des Bundesrechts Bezug genommen wird, so liegt es doch in der Natur des Anwendungsvorrangs des Art. 72 Abs. 3 S. 3 GG, dass die Bezugnahme nur im Hinblick auf das gegenüber dem Abweichungsgesetz frühere Bundesrecht besteht. Da es an einer Dynamik insoweit fehlt, sind Abweichungen unter Bezugnahme auf Normen des Bundesrechts somit vergleichbar mit heteronomen[1167] statischen Verweisungen.

Erachtet man Verweisungen auf Regelungen fremder Normgeber für grundsätzlich zulässig,[1168] so muss dies auch für bloße Bezugnahmen gelten, die zwar keine identische Geltung von Tatbestand bzw. Rechtsfolgen bezwecken (Rechtsgrund- bzw. Rechtsfolgenverweisung), sondern umgekehrt unterschiedliche Rechtsfolgen bei gleichbleibendem Tatbestand oder gleiche Rechtsfolgen für unterschiedliche Tatbestände anordnen.

1165 *Schmidt-Jortzig*, Stellungnahme v. 3.5.2006, S. 8, Rechtsausschussprotokoll 15, Anlage 2.

1166 Diese stellen nach hier vertretener Ansicht keinen kompetenzgerechten Gebrauch des Abweichungsrechts dar; dem Abweichungsrecht wohnt insoweit ein positives Regelungselement inne, dazu oben C., II., 1., c).

1167 *Debus*, Verweisungen in deutschen Rechtsnormen, 2008, S. 58 f.

1168 *BVerfGE* 47, 285, 311 f.; 60, 135, 155; *Jarass*, in: Jarass/Pieroth, GG, Art. 20, Rn. 65 m.w.N.; *Schulze-Fielitz*, in: Dreier, GG, Art. 20, Rn. 132.

Fällt bei einer statischen Verweisung das Verweisungsobjekt zum Beispiel dadurch weg, dass es außer Kraft tritt oder für nichtig erklärt wird, so hat dies auf die Geltung der Verweisungsnorm grundsätzlich keine Auswirkungen,[1169] da die Verweisung nicht auf die Gültigkeit einer Norm, sondern auf deren normativen Tatbestand abzielt.[1170] Statische Verweisungen werden danach nur ausnahmsweise obsolet und zwar dann, wenn die Auslegung der Verweisungsnorm ergibt, dass der Gesetzgeber seine Verweisung von der Gültigkeit des Verweisungsobjekts abhängig machen wollte.[1171] So stellte auch das *OVG Magdeburg* in einer jüngeren Entscheidung fest, dass an die Stelle der bezeichneten Bestimmungen des aufgehobenen Gesetzes nicht ohne weiteres die dieses ersetzenden Bestimmungen treten.[1172] Das Verweisungsobjekt gilt also grundsätzlich als inkorporiertes Recht fort.[1173] Übertragen auf in Abweichungsgesetzen in Bezug genommene Bestandteile von Bundesregelungen bedeutet dies, dass diese zu Bestandteilen des Landesrechts werden.[1174]

Schneider dagegen sieht bei Wegfall der statisch in Bezug genommenen Norm den Gesetzgeber in der Pflicht, die nunmehr obsolet gewordene Verweisung anzupassen.[1175] Allerdings relativiert er eine solche Pflicht selbst, indem auch er davon ausgeht, dass der Gesetzgeber lediglich nicht auf früheres Recht verweisen „sollte“.[1176] Im Ergebnis aber besteht ein Widerspruch zur obigen Ansicht nicht; die Annahme einer Pflicht zur „Verweisungsverjüngung“[1177] dürfte vielmehr dem bereits angesprochenen Ausnahmefall entsprechen, dass nach dem Willen des Gesetzgebers die statische Verweisung eine uneingeschränkte Gleichstellung mit dem Verweisungsobjekt bezweckte,[1178] was wiederum eher

1169 Für den Fall der Nichtigkeit des Verweisungsobjekts: *BVerfGE* 11, 203, 217 f.

1170 *Schulze-Fielitz*, in: Dreier, GG, Art. 20, Rn. 133.

1171 *OLG Köln*, NJW 1988, 657 (658); *Debus*, Verweisungen in deutschen Rechtsnormen, 2008, S. 60.

1172 *OVG Magdeburg*, Urt. v. 9.11.2006, Az. 1 L 22/06, zitiert nach juris: Im entschiedenen Fall war das zum 4.4.2002 außer Kraft getretene Diskontsatz-Überleitungsgesetz als Bezugsobjekt der statischen Verweisung, für die Berechnung der Zinsfestsetzung allein aus Gründen fehlender Bestimmbarkeit des Basiszinssatzes außer Betracht zu lassen, da dieser nach dem Außerkrafttreten nicht mehr berechnet und auch nicht mehr im Bundesanzeiger bekannt gegeben wird. Die Verweisung geht daher lediglich ins Leere, ohne dass die Verweisungsnorm selbst unbestimmt würde.

1173 *Guckelberger*, Die Verjährung im öffentlichen Recht, 2004, S. 605; vgl. auch *Debus*, Verweisungen in deutschen Rechtsnormen, 2008, S. 157.

1174 Zum Rang einer auf rangfremdes Recht verweisenden Norm siehe *Debus*, Verweisungen in deutschen Rechtsnormen, 2008, S. 149.

1175 *Schneider*, Gesetzgebung, Rn. 386: ansonsten führte es zu einem „kuriosen Anachronismus“.

1176 *Schneider*, Gesetzgebung, Rn. 386.

1177 *Schneider*, Gesetzgebung, Rn. 386.

1178 *OLG Köln*, NJW 1988, 657 (658); *Debus*, Verweisungen in deutschen Rechtsnormen, 2008, S. 60.

auf eine dynamische Zweckrichtung der Verweisung hindeutet. Dagegen weist das Abweichungsrecht eine solche Dynamik gerade nicht auf. Der Wegfall einer zugrunde liegenden Bundesregelung hat damit grundsätzlich keinen Einfluss auf den Bestand abweichender Landesgesetze.

cc) Konfliktvermeidung durch das Bundesverfassungsgericht

In der Praxis ist davon auszugehen, dass der Bund die nichtige Regelung nicht den Ländern zur Ausfüllung überlassen, sondern den Mangel selbst beseitigen will und entsprechende Neuregelungen auch in Angriff nehmen wird. Im Falle einer solchen Nachbesserung ginge diese dem zuvor erlassenen Abweichungsrecht ohnehin vor, so dass spätestens jetzt das Schicksal des Abweichungsrechts geklärt wäre. Fiele dagegen das Landesrecht bereits mit der Nichtigerklärung des Bundesrechts weg, bestünde bis zur Neuregelung durch den Bund insoweit eine bundesweite Regelungslücke.

Um hier Rechtsunsicherheit erst gar nicht aufkommen zu lassen, ist zu erwarten, dass das Bundesverfassungsgericht das verfassungswidrige Bundesgesetz daher nicht für nichtig erklären, sondern sich auf eine Feststellung der Unvereinbarkeit mit dem Grundgesetz, gegebenenfalls unter Setzung einer Übergangsfrist, beschränken wird. Durch eine solche Tenorierung wird darüber hinaus auch vermieden, dass noch vor dem nichtigen Bundesrecht erlassenes Abweichungsrecht wiederauflebt. Solange danach das verfassungswidrige Bundesrecht bestehen bleibt, genießen davon abweichende Landesgesetze Anwendungsvorrang. Kommt es schließlich zur Nachbesserung durch den Bund, geht dessen Regelung dem Landesrecht vor. Die Länder können dann von neuem entscheiden, ob sie es bei der nunmehrigen Bundesregelung belassen oder erneut abweichen wollen.

Ebenso zu verfahren, wenn bis zu der Entscheidung des Gerichts noch kein Land Abweichungsgesetze erlassen hat, ist dagegen nicht zwingend, aber gleichwohl möglich. Würde das Gericht die Bundesregelung in einem solchen Fall für nichtig erklären, hätten die Länder, soweit damit auch der Gebrauch im Sinne von Art. 72 Abs. 1 GG wegfiele, die Möglichkeit, Regelungen nach Art. 70 Abs. 1 GG zu erlassen. Sobald der Bund nachgebessert hat, entfiele die Residualkompetenz der Länder infolge des Eintritts der Sperrwirkung; Landesgesetze würden gemäß Art. 72 Abs. 3 S. 3 GG vom neuen Bundesrecht verdrängt. Stellt das Gericht dagegen die bloße Unvereinbarkeit des Bundesrechts mit dem Grundgesetz fest, blieben die Länder infolge der erfüllten Voraussetzungen des Art. 72 Abs. 3 S. 1 GG zum Erlass abweichender Regelungen berechtigt. Mit einer Nachbesserung durch den Bund ginge diese den Abweichungsgesetzen in der Anwendung vor. Die Länder könnten nunmehr entscheiden, ob sie es bei der neuen Bundesregelung belassen oder erneut bzw. erstmals abweichen wollen. Da sich in beiden Fällen das Bundesrecht durchsetzt, ist nicht zu erwarten, dass die Länder nach der gerichtlichen Entscheidung der bundesrechtlichen Nachbesserung zuvorkommen werden. Dem Gericht bleibt es freilich unbenommen, die Unvereinbarkeit bei zusätzlichem Eingreifen einer anerkannten Fallgruppe der Unvereinbarkeitserklärung auch für den Fall auszusprechen, dass bis zu der gerichtlichen Entscheidung noch keine Abweichungsgesetze erlassen wurden.

d) *Auswirkungen auf die Abweichungspraxis*

Es ist nicht anzunehmen, dass die Länder abweichende Gesetze erlassen, von denen sie annehmen müssten, dass sie in Kürze einer bereits absehbaren Neuregelung des Bundes weichen. Ländern, die mit einer Bundesregelung nicht einverstanden sind und daher eine Abweichung in Erwägung ziehen, wäre zu raten – soweit sie selbst oder andere Länder die Verfassungswidrigkeit des jeweiligen Bundesrechts in Erwägung ziehen –, zunächst die Klärung dieser Frage abzuwarten, bevor sie abweichende Gesetze erlassen. Denn es ist jedenfalls nicht ausgeschlossen, dass im Falle einer Nichtigerklärung der Bund im zweiten Anlauf eine Regelung trifft, mit der auch diese Länder leben können. Würden die Länder dagegen sogleich abweichende Gesetze erlassen, liefen sie Gefahr, sogleich durch eine Nachbesserung des Bundes überregelt zu werden.

Anders als in Nichtabweichungsbereichen, in denen den Ländern der Zugriff auf die Materie auch im Falle verfassungswidrigen Bundesrechts verwehrt ist, erhält die Frage nach der inhaltlichen Verfassungsmäßigkeit von Bundesgesetzen auf Abweichungsgebieten für abweichungswillige Länder zentrale Bedeutung. Zwar ist die Möglichkeit, durch den Bund überregelt zu werden, eine dem Anwendungsvorrang immanente Gefahr, doch dürfte diesen Ländern daran gelegen sein, dass das zugrunde liegende Bundesrecht zumindest mittelfristig Bestand hat.

e) *Anwendungsvorrang im Falle der Nichtigerklärung verfassungswidriger Abweichungsgesetze*

Im Falle der Überregelung verfassungswidriger Abweichungsgesetze durch den Bund und nach anschließender Nichtigerklärung des Abweichungsrechts ergeben sich keine Besonderheiten, sofern das spätere Bundesrecht keine Verweisungen oder sonstige Bezugnahmen auf Landesrecht enthält. Der Bund wird daher – wie es der Gesetzgebungspraxis des Bundes ohnehin entspricht – darauf bedacht sein, seine Gesetze ohne konkrete Bezugnahmen auf Landesgesetze auszugestalten.

4. Gesetz als vollzugsfähige Sachregelung?

Steht für Landesrecht schon wegen der ausdrücklichen Anordnung in Art. 72 Abs. 3 S. 1 GG außer Frage, dass dieses zugleich auch eine Regelung des schon vom Bundesrecht erfassten Sachverhalts enthalten muss,[1179] und damit eine formale Deckungsgleichheit von anwendungsfähiger Regelung und Gesetz stets gegeben ist, so ergibt sich diese für das spätere Bundesrecht nicht schon ohne weiteres. Wenn zum Beispiel der Bund nach erfolgter Länderabweichung sein Recht durch Aufhebungsgesetz schlicht aufhebt, ohne es zu ändern oder durch neue Vorschriften zu ersetzen, stellt sich die Frage, ob das Landesrecht durch das Aufhebungsgesetz verdrängt wird und die Länder daher neue Gesetze erlassen müssen oder nicht.

Die Lage scheint zunächst vergleichbar mit dem Wegfall zugrundeliegenden Bundesrechts durch verfassungsgerichtliche Nichtigerklärung.[1180] Sie ist es indes nicht: Im Unterschied zur genannten Konstellation wird die Aufhebung per Gesetz – soweit das Landesrecht von ihr betroffen wird – von der lex-posterior-Regel erfasst, da nunmehr ein späteres Bundes*gesetz* vorliegt, das dem Landesrecht vorgehen kann.[1181] Zwar enthält das Bundesrecht eine Rechtsfolgenanordnung, die gegenüber dem Landesrecht vorrangig auf den betreffenden Sachverhalt „angewendet" werden könnte, dann nicht mehr. Anwendungsvorrang meint indes nicht die Möglichkeit der Anwendung des Bundesrechts im Sinne eines Gesetzesvollzugs. Der Begriff des „Anwendungs"vorrangs – der sich im Text des Grundgesetzes auch nicht wiederfindet – ist daher zumindest aus Sicht des Bundesrechts missverständlich. Der Vorrang des Art. 72 Abs. 3 S. 3, der anders als derjenige des Unionsrechts eine „unmittelbare Anwendbarkeit" im Sinne einer Vollzugsfähigkeit nicht voraussetzt,[1182] könnte daher präzisierend auch als „Suspendierung" oder mit Blick auf den Gesetzeswortlaut schlicht als „Vorgehen" des späteren Rechts bezeichnet werden.

Ein solches Verständnis des Anwendungsvorrangs zugrunde gelegt, ergibt sich das Vorgehen eines Aufhebungsgesetzes des Bundes gegenüber abweichendem Landesrecht ganz zwanglos auch für den von *Fischer-Hüftle* angesprochenen Fall, dass die Aufhebung des Bundesrechts die Schaffung einer bewussten Nichtregelung bezweckt.[1183] Die Notwendigkeit erneuter Abweichungsgesetze braucht damit in einem solchen Fall auch nicht mit einer sonst eintretenden

---

1179 Nach hier vertretener Ansicht muss es sich zudem um eine positive Regelung handeln; Abweichung durch schlichte Negativgesetzgebung ist damit nicht erlaubt; oben C., II., 1.

1180 Oben V., 3., dort insbes. c).

1181 Anders wäre dagegen zu entscheiden, soweit zeitlich befristete Bundesregelungen auslaufen, nachdem Länder bereits abweichende Gesetze erlassen haben. Da in diesem Falle kein später verkündetes Gesetz vorläge, kann Art. 72 Abs. 3 S. 3 GG diesen Fall nicht erfassen. Zu denken wäre aber an eine Lösung anhand der hier zur Aufhebung verfassungswidrigen Bundesrechts entwickelten Maßstäbe; oben V., 3., c).

1182 Zum Unionsrecht: *Oppermann*, Europarecht, 4. Aufl. 2009, § 10 Rn. 20; *Rengeling*, DVBl. 1995, 945, 948; so bereits oben C., II., 4., b), cc).

1183 *Fischer-Hüftle*, NuR 2007, 78, 81.

unzulässigen „antezipierten Länderabweichung“ begründet zu werden.[1184] Allerdings bedarf es der Heranziehung des Aufhebungszwecks für die Beantwortung der sich anschließenden Frage, auf welcher kompetenziellen Grundlage die Länder nach einer solchen Aufhebung durch den Bund ihrerseits wieder legeferieren könnten. Besteht bei Fortbestand einer die Sperrwirkung des Art. 72 Abs. 1 GG aufrechterhaltenden positiven Bundesregelung der Aufhebungszweck im Übrigen in der Schaffung einer bewussten Nichtregelung, so sind die Länder auf Abweichungen hiervon beschränkt und müssten erneute, und zwar „von der Aufhebung abweichende“ Gesetze erlassen. Ist dagegen die Öffnung der Materie für die Landesgesetzgebung bezweckt, wäre der betreffende Bereich einer Regelung durch originäre Landesgesetzgebung (Art. 70 GG) zugänglich.

5. Unionsrechtswidrige Gesetze

Sofern man das Abweichungsrecht nicht schon per se als mit Unionsrecht unvereinbar ansieht, besteht mit ihm die Möglichkeit, dass die Länder davon in unionsrechtswidriger Weise Gebrauch machen. Entsprechendes gilt für Bundesrecht auf Abweichungsgebieten, das unionsrechtliche Vorgaben missachtet. Es stellt sich damit die Frage, ob auch unionsrechtswidrige Gesetze als spätere Gesetze gemäß Art. 72 Abs. 3 S. 3 GG vorgehen können.

Das Schrifttum diskutiert das Problem vornehmlich mit Blick auf den offenbar für häufiger gehaltenen Fall, dass es die Länder sind, die sich unionswidrig verhalten. Der Anwendungsvorrang zugunsten der Landesvorschrift greife danach nur, soweit sie sich innerhalb des EU-Rechts halte.[1185] Soweit Abweichungsgesetze gegen Vorgaben des Unionsrechts verstoßen, seien sie schon wegen Art. 31 GG nichtig.[1186]

Käme unionsrechtswidrigem Landesrecht hiernach schon kein Vorrang über die lex-posterior-Klausel zu, könnte es – was auch die Vertreter der Schrifttumsmeinung selbst erkennen – von vornherein zu keinem Verstoß der Länder gegen Unionsrecht und damit zu einer Strafgeldverhängung gegen den Bund kommen, da sich das Landesrecht insoweit schon innerstaatlich nicht gegen das unionsrechtskonforme Bundesrecht durchsetzen könnte.[1187] Das ist nur konsequent. Die Begründung mit Art. 31 GG überzeugt dagegen nicht, da die Regelungen über die Abweichungskompetenz in Art. 72 Abs. 3 S. 3 GG das Kollisionsvermeidungsprogramm bereits selbst enthalten und daher Art. 31 GG als Kollisionsnorm nicht mehr angewendet werden kann.[1188]

1184 *Fischer-Hüftle*, NuR 2007, 78, 81.

1185 *Frenz*, NVwZ 2006, 742, 747; *Schulze-Fielitz*, NVwZ 2007, 249, 254; *Köck/Wolf*, NVwZ 2008, 353, 356; *Beck*, Die Abweichungsgesetzgebung der Länder, S. 195.

1186 *Kotulla*, NVwZ 2007, 489, 492.

1187 *Kotulla*, NVwZ 2007, 489, 492; *Beck*, Die Abweichungsgesetzgebung der Länder, S. 195.

1188 Zum Verhältnis der lex-posterior-Klausel zu Art. 31 GG oben I. – III.

Konsequent ist nach der genannten Grundthese auch die Ansicht, die demzufolge auch Art. 104a Abs. 6 S. 1 GG nur noch auf den Fall anwenden will, dass die Länder noch vor dem Bund fehlerhaft umsetzen und der Bund selbst innerhalb der Umsetzungsfrist untätig bleibt.[1189] Dabei dürfte es sich bei der Abweichungsgesetzgebung um ein Paradebeispiel für einen Fall nach § 1 Abs. 2 Lastentragungsgesetz[1190] handeln, bei dem die lastenbegründende Pflichtverletzung im Bereich sowohl des Bundes als auch der betreffenden Länder erfolgt ist. Der beiderseitigen Befugnis zur Gesetzgebung entspricht es, dem Bund wegen seiner eigenen Untätigkeit die Hälfte der dadurch entstandenen Lasten aufzubürden; die andere Hälfte wäre von denjenigen Ländern zu tragen, die unionsrechtswidrige oder überhaupt keine eigenen Gesetze erlassen haben. Dagegen wollen andere Stimmen – bei gleichlautender Grundthese, dass nur unionsrechtskonformes Landesrecht gemäß Art. 72 Abs. 3 S. 3 GG vorgehen könne – den Bund im Außenverhältnis zur Union haften lassen und damit die Länder gemäß Art. 104a Abs. 6 GG zur Kasse bitten.[1191] Wie dies aber mit der These vom fehlenden Vorrang unionswidrigen Landesrechts zu vereinbaren sein soll, bleibt offen.

Bei Lichte betrachtet erweist sich schon die Grundannahme des Schrifttums als angreifbar: Zunächst einmal wird nicht deutlich gemacht, auf welcher dogmatischen Grundlage der Vorrang entgegen der ausdrücklichen Anordnung in Art. 72 Abs. 3 S. 3 GG nicht eintreten soll. Zum anderen bleibt auch unklar, was mit unionsrechtswidrigem Landesrecht außer einem Anwendungsvorrang denn sonst geschehen solle.

Es ist nicht das Landesrecht – dasselbe gilt auch für unionsrechtswidriges Bundesrecht auf Abweichungsgebieten –, das keinen Vorrang gemäß Art. 72 Abs. 3 S. 3 GG genießt, sondern es ist im Gegenteil das Unionsrecht, dem bei Vorliegen der unionsrechtlichen Voraussetzungen Anwendungsvorrang gegenüber dem nationalen Recht zukommen kann.

Art. 72 Abs. 3 S. 3 GG differenziert nicht nach inhaltlich rechtmäßigen und rechtswidrigen Landes- oder Bundesgesetzen. Eine solche Differenzierung liefe auch dem Zweck der Vorschrift zuwider, der darin besteht, das Verhältnis von Bundes- und Landesrecht klar und eindeutig zu regeln. Neben dem Erfordernis, dass es sich um Gesetze auf Abweichungsgebieten handeln muss, hat der Gesetzgeber hierfür das objektive Kriterium der Posteriorität gewählt, bei dem es – da es an die Verkündung der Gesetze anknüpft – keinen Zweifel über die Frage des Vorrangs geben kann. Damit ist der Vorrang innerstaatlich zunächst nach Art. 72 Abs. 3 S. 3 GG zu bestimmen, bevor auf die Frage des unionsrechtlichen Anwendungsvorrangs eingegangen werden kann. Damit kann – und insoweit ist

1189 So *Beck*, Die Abweichungsgesetzgebung der Länder, S. 195.

1190 Gesetz aufgrund von Art. 104a Abs. 6 S. 4 GG: Lastentragungsgesetz vom 5. September 2006, BGBl. I S. 2098, 2105.

1191 *Frenz*, NVwZ 2006, 742, 747.

den Vertretern der Gegenmeinung wieder zuzustimmen – die Gefahr der Herausbildung einer unionsrechtswidrigen Verwaltungspraxis nicht geleugnet werden.[1192]

VI. „Verhältnis" von Bundes- und Landesrecht

Eine bereits beschriebene Folge des „Vorgehens" ist die bloße Suspendierung des früheren Rechts an Stelle einer Derogation desselben. Jedoch ergibt sich wie vielfach behauptet aus Art. 72 Abs. 3 S. 3 GG nicht ohne weiteres auch, dass im Falle der Aufhebung des späteren Gesetzes, das verdrängte frühere Gesetz wieder auflebt.[1193]

Zur Verdeutlichung ein Beispiel: Zwar entfaltet nach dem unter V., 4. Gesagten ein Aufhebungsgesetz des Bundes, mit dem dieser sein früheres Recht aufhebt, Anwendungsvorrang gegenüber den zwischenzeitlich erlassenen Abweichungsgesetzen der Länder. Dagegen soll eine Aufhebung (in Form eines Gesetzes) des späteren Rechts dazu führen, dass das frühere wieder auflebt. So wird – im Ergebnis zu Recht – vertreten, dass im Falle der Aufhebung abweichender Landesgesetze durch den Landesgesetzgeber das verdrängte Bundesrecht im jeweiligen Land wieder anwendbar wird. Dass aber nicht etwa der Aufhebung selbst Vorrang gegenüber der verdrängten, früheren Regelung zukommt, ergibt sich erst daraus, dass die lex-Posterior-Regel das „Verhältnis von Bundes- und Landesrecht" bestimmt.

Im zuerst genannten Fall macht die Aufhebung des den Abweichungsgesetzen zugrundeliegenden Bundesrechts die erneute Bestimmung des Verhältnisses des Landesrechts zum Bundesrecht, nunmehr zum Aufhebungsgesetz des Bundes, notwendig. Demgegenüber ist im zweiten Fall das Verhältnis des abweichenden Rechts zum zugrundeliegenden Bundesrecht durch die Anwendung der lex-Posterior-Regel im Zeitpunkt der Abweichung bereits bestimmt. Einer erneuten Bestimmung dieses Verhältnisses durch wiederholte Anwendung der lex-Posterior-Regel im Zeitpunkt der Aufhebung bedarf es nicht, da die Aufhebung abweichender Landesgesetze kein klärungsbedürftiges „Verhältnis von Bundes- und Landesrecht" begründet. Die Aufhebung erfolgt nicht in Ausübung der Abweichungskompetenz und bezieht sich allein auf das aufzuhebende Landesrecht, das damit ersatzlos wegfällt, ohne dass Art. 72 Abs. 3 S. 3 GG noch einmal zur Anwendung käme.

1192 So *Kotulla* (NVwZ 2007, 489, 492), der aber vom fehlenden Vorgehen verfassungs- oder unionsrechtswidrigen Landesrechts ausgeht.

1193 So aber ohne Begründung *Sannwald*, in: Schmidt-Bleibtreu/Hofmann/Hopfauf, GG, Art. 72, Rn. 80r; *Uhle*, in: Kluth, Föderalismusreformgesetz, Art. 72, Rn. 53; *Selmer*, ZG 2009, 33, 36.

VII. Verfassungsgerichtliche Kontrollmöglichkeiten

Das Bestehen oder Nichtbestehen des Anwendungsvorrangs kann nicht gerichtlich geltend gemacht werden, da ein Verfahren hierfür nicht vorgesehen ist.[1194] Die bestehenden Verfahren können auch nicht analog angewendet werden. Insbesondere kommt eine Normenkontrolle nicht in Betracht, da mit dieser nur die Nichtigkeit bzw. Gültigkeit einer Norm geltend gemacht werden kann und eben nicht ihr „Vorgehen".[1195]

Die fehlende Rügemöglichkeit bestätigt einmal mehr, dass auch rechtswidrigen Gesetzen Anwendungsvorrang zukommt, solange sie noch nicht für nichtig erklärt und damit aus dem Normenbestand ausgesondert wurden. Erst mit ihrer Nichtigerklärung wird auch ihr Anwendungsvorrang beseitigt. Wer daher – z.B. als Gericht oder Verwaltungsbehörde – den Anwendungsvorrang einer späteren Norm verneint, stellt damit zugleich auch deren Geltung in Frage.

G. Einschränkungen des Bundes- und Landesgesetzgebers auf Abweichungsgebieten kraft Bundestreue?

Einen wesentlichen Aufhänger für grundsätzliche Kritik am Abweichungsrecht bildete die weit verbreitete Vorstellung, Bund und Länder könnten sich ein regelrechtes Wechselspiel gegenseitiger Abweichung, Überregelung und Rückabweichung liefern – gegebenenfalls auch unter tatbestandlicher Rückanknüpfung – und sich so ihrer Handlungsfähigkeit berauben.[1196] Nicht nur die Kritiker des Abweichungsrechts hoffen daher, dass ein solches Szenario nie Wirklichkeit wird.[1197] Die Frage ist aber, ob es überhaupt Wirklichkeit werden darf oder aber Einschränkungen für die Ausübung der Bundes- und/oder Landeskompetenz bestehen, und wer sich gegebenenfalls zurückhalten muss.

Einschränkungen sowohl des Abweichungsrechts als auch der Bundeskompetenzen werden aufgrund des Gebots zu bundes- bzw. länderfreundlichem Verhalten für möglich gehalten.[1198] So sei dem Bund der bloße Neuerlass seines früheren Bundesrechts, nachdem Länder davon abgewichen sind, jedenfalls verwehrt.[1199] Sofern man Einschränkungen kraft Bundestreue nicht von vornhe-

---

1194 *Germann*, in: Kluth, Föderalismusreformgesetz, Art. 84, 85, Rn. 53 ff.

1195 *Germann*, in: Kluth, Föderalismusreformgesetz, Art. 84, 85, Rn. 54.

1196 *Seiler*, in: Epping/Hillgruber, BeckOK, GG, Art. 72, Rn. 30.

1197 Z.B. *Schulze-Fielitz*, NVwZ 2007, 249, 255.

1198 *Mayen*, DRiZ 2007, 51, 54.

1199 *Dietlein*, Stellungnahme v. 8.5.2006, S. 2, Rechtsausschussprotokoll 15, Anlage 2; ebenso *Gerstenberg*, Gesetzgebungs- und Verwaltungskompetenzen, S. 269 f.

rein für unzulässig hält,[1200] kommen sie in zeitlicher und sachlicher Hinsicht in Betracht.

I. Einschränkungen in zeitlicher Hinsicht?

Denkbar sind Restriktionen zulasten des Bundes und der Länder im Hinblick auf die zeitliche Abfolge der wechselseitigen Regulierungsaktivitäten. So könnte die Bundestreue Bund und Ländern die Einhaltung von Sperr- oder Wartefristen abverlangen, vor deren Ablauf eine erneute Abweichung oder Überregelung nicht statthaft wäre.

Eine auf den ersten Blick ähnliche Lage besteht im Verhältnis kommunaler Bürgerbegehren zu den Gemeindeorganen; auch hier besteht eine parallele Kompetenz zweier gleichrangiger Gesetzgeber.[1201] Um zu verhindern, dass die zumeist aufwändigen und schwerfälligen Bürgerbegehren durch Schaffung vollendeter Tatsachen in ihrer Umsetzung beeinträchtigt bzw. konterkariert werden, sehen die Gemeindeordnungen der Länder[1202] z. T. eine Sperrwirkung zulässiger kommunaler Bürgerbegehren vor, welche die Handlungsmöglichkeiten der gewählten Gemeinde- und Landkreisorgane beschränkt.[1203] Im Unterschied zum Verhältnis zwischen Gemeindeorganen und gemeindlicher Volksgesetzgebung, deren rechtliche Wirkungen sich jeweils auf ein und dasselbe Hoheitsgebiet beziehen, sind im Falle von Abweichungsmaterien aber sowohl das Hoheitsgebiet des Bundes als auch der Länder betroffen. Insbesondere die Länder handeln zudem nur für ihren landesrechtlichen Bereich, so dass ihnen eine Rücksichtnahme auf das übrige Bundesgebiet nicht ohne weiteres abverlangt werden kann. Rücksichtnahmepflichten müssten, wenn überhaupt, den Bund gegenüber den Ländern treffen. Ihre innere Rechtfertigung findet die Anerkennung der genannten Sperrwirkung jedoch in der strukturellen Unterlegenheit der Volksgesetzgebung gegenüber den gewählten Gemeindeorganen.[1204] Eine solche strukturelle Benachteiligung von Bund oder Ländern gegenüber dem jeweils anderen Teil kann im Falle der Regelung von Abweichungsmaterien jedoch nicht ausgemacht werden. Beide Ebenen sind vielmehr – bei Vorliegen der freilich unterschiedlichen verfassungsrechtlichen Ausübungsvoraussetzungen – gleichberechtigt zur Gesetzgebung berufen.

Ob Bund und Länder vor einem erneuten Tätigwerden gleichwohl z.B. eine Änderung der tatsächlichen Verhältnisse abwarten müssen, beantwortet das Grundgesetz nicht. Gewisse Anhaltspunkte lassen sich jedoch der Vorschrift des Art. 72 Abs. 3 S. 2 GG entnehmen. Indem die Sechs-Monats-Frist das Inkrafttre-

1200 *Degenhart*, DÖV 2010, 422, 427.

1201 *HmbVerfG*, abweichende Meinung der Richterinnen *v. Paczensky* und *Wirth-Vonbrunn*, NordÖR 2007, 301, 311.

1202 Z.B. § 26 Abs. 6 S. 6 GO NRW, § 18a Abs. 9 S. 1 BayGO.

1203 *BayVerfGH*, BayVBl. 1997, 622, 626; *VG Würzburg*, BayVBl. 2008, 121, 122.

1204 *HmbVerfG*, NordÖR 2007, 301, 311 f.

ten von Bundesgesetzen hinausschiebt, entscheidet sie das Spannungsverhältnis zwischen Rechtsstaatlichkeit und Bundesstaatprinzip im Grundsatz zugunsten der Länder.[1205] Auch ist die Frist gerade mit Blick auf die Möglichkeit wechselseitiger Abweichungen und Überregelungen eingeführt worden. So sollen nach der Gesetzesbegründung die Länder ausdrücklich auch die Gelegenheit zur Prüfung erhalten, ob sie von Bundesrecht abweichendes Landesrecht *beibehalten* wollen,[1206] was wiederum nur dann einen Sinn ergibt, wenn der Bund nach erfolgter erster Abweichung diese überregelt hat.

Nach der hier vertretenen Auffassung war die Normierung der Frist rechtsstaatlich nicht zwingend geboten, sondern ist Ausdruck fehlenden Vertrauens des verfassungsändernden Gesetzgebers in das freie Spiel der gesetzgeberischen Kräfte im Bundesstaat. Insoweit legt die Vorschrift bereits fest, was Bund und Ländern jeweils an Rücksicht und Treue gegenüber der anderen Ebene aufgegeben wird.[1207] Dabei hat sich der Gesetzgeber dazu entschieden, dem Bund das größere Maß an Rücksicht zuzumuten.[1208] Auf den insoweit subsidiären Grundsatz der Bundestreue braucht und darf zur Begründung weitergehender Einschränkungen daher nicht mehr zurückgegriffen werden.

II. Inhaltliche Einschränkungen?

Inhaltliche[1209] Einschränkungen durch die Bundestreue werden vor allem als solche zulasten des Bundesgesetzgebers diskutiert. So ist gefragt worden, ob nach erfolgter Abweichung durch die Länder der Bund seinem früheren Recht durch schlichten Neuerlass oder Bezugnahme hierauf zu erneutem Anwendungsvorrang verhelfen kann.[1210] Warum für den Bund einerseits und die Länder andererseits verschiedene Maßstäbe anzulegen sein sollten, erscheint indes nicht einsichtig. Eine unterschiedliche Behandlung ist weder allgemein im System der konkurrierenden noch speziell der Abweichungskompetenz angelegt. Insbesondere besteht keine Vermutung zugunsten einer Länderzuständigkeit; Kompetenzen sind vielmehr strikt auszulegen.[1211] Für Bund und Länder müssten daher zumindest dieselben Grundsätze gelten.

Einschränkungen des zulässigen Regelungsinhalts erscheinen jedoch schon dem Grunde nach bedenklich. Dürften bestimmte Regulierungskonzepte – weil

1205 Hierzu schon oben E., II., 2., c).

1206 BT Drs. 16/813, S. 11.

1207 Oben E., II., 2., c).

1208 Die Frist verstößt nicht gegen Art. 79 Abs. 3 GG, oben E., II., 2., c) und oben E., II., 3., b) a.E.

1209 Unter dem Gebot der Bundestreue steht grundsätzlich nicht nur die Einleitung des Gesetzgebungsverfahrens, sondern auch der Inhalt der Gesetze: hierzu *Bayer*, Die Bundestreue, S. 105 ff.

1210 *Gerstenberg*, Gesetzgebungs- und Verwaltungskompetenzen, S. 269 f.; Anmerkung des *Ausschusses Verfassungsrecht des DAV*, AnwBl. 2006, 614, 616.

1211 *BVerfGE* 12, 205, 228 f; zustimmend auch *Degenhart*, in: Sachs, GG, Art. 70, Rn. 7.

sie bereits Gegenstand einer früheren Bundesregelung oder Länderabweichung waren – vom Gesetzgeber derselben Ebene aus Gründen der Bundestreue nicht mehr erlassen werden, könnten die möglichen Folgen noch fataler sein als ein ständiges Hin und Her von Abweichung, Neuerlass des früheren Rechts und identischer Rückabweichung. Sofern es nicht zu einem Stillstand der Gesetzgebung käme, könnten inhaltliche Restriktionen unerwünschte Umgehungsanreize schaffen. So könnte der Bund z.B. versuchen, durch eine komplizierte Neuformulierung die Inhaltsgleichheit der späteren Regelung mit seiner früheren Norm zu verschleiern. Entsprechend könnten auch die Länder verfahren. Für diese stellte sich zudem noch die weitere Frage, ob sie sich in ihren Abweichungsgesetzen auch solcher Regelungen nicht mehr bedienen dürfen, die für sie selbst zwar neu sind, die aber von anderen Ländern bereits früher getroffen und später von Bund überregelt wurden. Berücksichtigt man weiter, dass sich die politischen Verhältnisse in Bund und Ländern ändern können, scheinen derartige Restriktionen auch in demokratischer Hinsicht bedenklich.

Erwogen werden könnte trotz allem, dem Bund bzw. den Ländern wenigstens Prüfungs- und Berücksichtigungspflichten im Hinblick auf das Recht der jeweils anderen Ebene aufzuerlegen.[1212] In Anbetracht der gleichberechtigten[1213] Stellung von Bund und Ländern wäre aber zweifelhaft, wem der Schutzzweck einer solchen inhaltlichen Auseinandersetzung zugute kommen sollte. Beide Ebenen werden sich aber einem politischen Begründungszwang ausgesetzt sehen.[1214]

Nur ergänzend sei noch angemerkt, dass selbst, wenn man Einschränkungen der genannten Art für angebracht hielte, es für diese kaum wirksame Durchsetzungsmöglichkeiten gäbe. Da auch gegen die Bundestreue verstoßende Gesetze zunächst Anwendungsvorrang genießen,[1215] könnte Rechtsschutz nur nachträglich gewährt werden. Zweifelhaft erscheint schon das Rechtsschutzbedürfnis, da z.B. die Länder im Falle eines Neuerlasses des verdrängten Bundesrechts die Anwendbarkeit des „neuen“ Bundesrechts durch erneute und identische Abweichung innerhalb der Sechs-Monats-Frist verhindern könnten. Sofern sie das Inkrafttreten ihres nunmehr späteren Abweichungsgesetzes auch noch auf den Zeitpunkt zurück verlagern, zu dem schon ihre vorangegangene Abweichung in Kraft getreten ist, änderte sich in den betreffenden Ländern nichts. Auch der Bund könnte im Falle treuwidrigen Länderverhaltens selbst tätig werden, auch wenn ihm dies angesichts der Sechs-Monats-Frist letztlich kaum einen Vorteil bringen dürfte.

1212 Analog der Pflicht zur sachlichen Auseinandersetzung des Gemeindeorgans mit den Inhalten eines Volksbegehrens, *HmbVerfG*, NordÖR 2007, 301, 304, 311 f., oben C., I., 2.

1213 Oben I.

1214 Für die Länder z.B. *Kahl*, NVwZ 2008, 710, 713.

1215 Oben F., V., 3., b) und c).

4. Kapitel – Untersuchung der möglichen Auswirkungen des materiellen Abweichungsrechts

Ob die vielfach geäußerten Bedenken am Abweichungsrecht berechtigt sind oder aber Optimismus angebracht ist, hängt maßgeblich davon ab, an welche Anwendungsvoraussetzungen das Abweichungsrecht geknüpft ist und welche rechtlichen und praktischen Wirkungen es überhaupt haben kann. Die Voraussetzungen und Rechtsfolgen der Abweichungskompetenz waren Gegenstand der vorstehenden Untersuchungen; die zu erwartenden praktischen Auswirkungen werden im Folgenden beleuchtet.

A. Auswirkungen auf die Verwaltungszuständigkeit

Halten sich die bisher geschilderten Probleme im Hinblick auf die Voraussetzungen und unmittelbaren rechtlichen Folgen des Abweichungsrechts in Grenzen oder sind zumindest durch Auslegung behebbar, so tut sich an anderer Stelle ein bislang wenig beachtetes und kaum diskutiertes Folgeproblem des Abweichungsrechts auf.

Abweichungsgesetze werden als solche des Landes nach dem Grundsatz des Art. 30 GG von den Ländern ausgeführt.[1216] Demzufolge bestehen in diesem Bereich auch keine Ingerenz- und Aufsichtsrechte des Bundes nach Art. 84 GG.[1217] Dies kann als unproblematisch gewertet werden, sofern die Länder von Bundesgesetzen in Gänze abweichen.[1218] Weichen diese dagegen nur partiell ab, kann es zu einem Auseinanderfallen der Verfahrensregelungen in Bundes- und Landesrecht kommen. Als mögliche Lösung des Problems ist vorgeschlagen worden, die Länder könnten ein allein auf Landesrecht gestütztes Verfahren erzielen, indem sie bezüglich derjenigen materiellen Regelungen, von denen sie nicht gemäß Art. 72 Abs. 3 S. 1 GG abgewichen sind, von ihrer sog. formellen Abweichungsmöglichkeit nach Art. 84 Abs. 1 S. 2 HS. 2 GG Gebrauch machen.[1219] Dies hätte jedoch zur Folge, dass eine nur teilweise materielle Abweichung zwangsläufig auch eine formelle Abweichung nach sich ziehen müsste.

Die Vollzugsfähigkeit ihrer Landesregelungen zu erhalten, ist Sache der abweichenden Länder.[1220] Sofern diese nicht vollständig von den materiellen Rege-

1216 *Germann*, in: Kluth: Föderalismusreformgesetz, Art. 84, 85, Rn. 26; *Trute*, in: Starck, Föderalismusreform, Rn. 178.

1217 *Trute*, in: Starck, Föderalismusreform, Rn. 178 ff.

1218 *Trute*, in: Starck, Föderalismusreform, Rn. 178.

1219 *Trute*, in: Starck, Föderalismusreform, Rn. 178.

1220 *Trute*, in: Starck, Föderalismusreform, Rn. 178.

lungen des Bundes abgewichen sind, folgt das Gebot loyaler Ausführung der Bundesgesetze schon aus dem Gebot effektiver Aufgabenerfüllung.[1221]

Schewerda hat vorgeschlagen, im Falle materieller Abweichungsgesetze die Länder von der Verwaltung auszuschließen und stattdessen eine Verwaltungszuständigkeit des Bundes über Art. 87 Abs. 3 S. 1 GG zu begründen.[1222] Ein solches Vorgehen bliebe auch möglich, da das materielle Abweichungsrecht nicht zum Verlust der Bundeskompetenz im Sinne der Vorschrift führt.[1223] Das eigentliche Problem wird dadurch aber nicht gelöst, da sich die so geschaffene Verwaltungszuständigkeit des Bundes nur auf Bundesgesetze, nicht aber auf das materiell abweichende Landesrecht beziehen kann. Dies erkennt *Schewerda* zwar auch selbst, doch will er daher in einem Bundesgesetz im Sinne von Art. 87 Abs. 3 S. 1 GG eine „negative Sperr-Regel" erkennen, „die die auf dem Sachgebiet bis dahin erlassenen Landesgesetze nach Art. 72 III 3 GG verdrängt".[1224] Die Verwaltungskompetenz des Bundes nach Art. 87 Abs. 3 S. 1 GG entstehe erst mit Ablauf der Frist des Art. 72 Abs. 3 S. 2 GG.[1225] Eine so geschaffene Verwaltungszuständigkeit solle aber wieder erlöschen, wenn die Länder eigene [ergänze: materiell-rechtliche] gesetzliche Regelungen geschaffen haben; die Länder könnten dem Entstehen der Bundesverwaltung daher durch den Erlass eigener Gesetze auch zuvor kommen.[1226] Damit ist aber die von *Schewerda* dargestellte Möglichkeit des Bundes nach Art. 87 Abs. 3 S. 1 GG vorzugehen de facto nutzlos. Ist kein Land in Ausübung des materiellen Abweichungsrechts abgewichen, bedarf es des vorgeschlagenen Vorgehens nach Art. 87 Abs. 3 S. 1 GG ohnehin nicht; ist ein Land oder sind mehrere Länder abgewichen, so bleibt es auch nach der vorgeschlagenen Lösung dabei, dass die Landesgesetze von den jeweiligen Ländern auszuführen sind. Zudem dürfte der Bund auch kaum geneigt sein, sich durch Schaffung einer Verwaltungszuständigkeit die Kostenlast nach Art. 104a Abs. 2 GG aufzubürden.

Ein anderer, im Ergebnis jedoch ebenfalls fruchtloser Lösungsansatz findet sich bei *Beck*, der ebenso zutreffend davon ausgeht, dass Verfahrens- und Organisationsvorschriften des Bundes auch im Falle einer nur teilweisen Abweichung dem Schicksal der materiellen Bundesnorm folgen.[1227] Er fragt daher, ob über den Abweichungsausschluss nach Art. 84 Abs. 1 S. 5 GG zugleich auch ein Ausschluss des materiellen Abweichungsrechts erreicht werden könnte, um die

---

1221 *Landessozialgericht NW*, Beschl. v. 03.09.2008, L 10 VG 20/03, Rn. 160, zitiert nach juris; ebenso *Trute*, in: Starck, Föderalismusreform, Rn. 178.

1222 *Schewerda*, Verwaltungskompetenzen, S. 73.

1223 *Sachs*, in: ders., GG, Art. 87, Rn. 61.

1224 *Schewerda*, Verwaltungskompetenzen, S. 74.

1225 *Schewerda*, Verwaltungskompetenzen, S. 74.

1226 *Schewerda*, Verwaltungskompetenzen, S. 74.

1227 *Beck*, Die Abweichungsgesetzgebung der Länder, S. 115.

„Schlagkraft des Art. 84 Abs. 1 S. 5 GG nicht zu mindern".[1228] Dem stünden aber, was auch *Beck* selbst erkennt, Wortlaut und Normzweck des Art. 84 Abs. 1 S. 5 GG zweifellos entgegen, der anderenfalls nicht mehr nur das „wie" des Vollzugs einer Norm beträfe, sondern schon das „ob" ihrer Anwendbarkeit.[1229]

B. Erste Aktivitäten von Bund und Ländern auf den neuen Kompetenzfeldern

Immerhin bereits über drei Jahre nach dem Inkrafttreten der Reform sind erst acht Fälle abweichenden Landesrechts zu verzeichnen. Hiervon gehen fünf Abweichungsfälle auf das Konto des sog. formellen Abweichungsrechts: Für fünf davon ist Art. 84 Abs. 1 S. 2 GG als alleinige Grundlage angegeben;[1230] ein Fall ist auf Art. 84 Abs. 1 S. 2 GG i.V.m. Art. 125b Abs. 2 GG gestützt.[1231] Nur zwei Abweichungsfälle gehen auf das materielle Abweichungsrecht zurück: Es sind dies die Abweichung des Landes Baden-Württemberg von § 21 Abs. 2 BJagdG gestützt auf Art. 72 Abs. 3 S. 1 Nr. 1 GG i.V.m. Art. 125b Abs. 1 S. 3 GG[1232] sowie die Abweichung ebenfalls von § 21 Abs. 2 BJagdG durch Nordrhein-Westfalen, gestützt auf Art. 72 Abs. 3 S. 1 Nr. 1 GG.[1233]

Erst im Zuge der Drucklegung dieser Untersuchung ist eine Reihe weiterer Abweichungsgesetze hinzugekommen: Abweichung des Freistaates Bayern von Vorschriften des WHG gestützt auf Art. 72 Abs. 3 S. 1 Nr. 5 GG und Art. 84 Abs. 1 S. 2 GG sowie von Vorschriften des BNatSchG gestützt auf Art. 72 Abs. 3 S. 1 Nr. 2 GG,[1234] Abweichung des Landes Niedersachsen von § 43 Abs. 1 S. 2 Personenstandsgesetz gestützt auf Art. 84 Abs. 1 S. 2 GG,[1235] Abweichung des Landes Schleswig-Holstein von Vorschriften des BNatSchG ge-

1228 *Beck*, Die Abweichungsgesetzgebung der Länder, S. 116.

1229 *Beck*, Die Abweichungsgesetzgebung der Länder, S. 116.

1230 Abweichung des Landes Nordrhein-Westfalen von § 114 Abs. 1 SGB XI, vgl. den Hinweis in BGBl. I, 2008, S. 2984; Abweichung des Landes Niedersachsen von § 69 Abs. 3 SGB VIII, vgl. den Hinweis in BGBl. I, 2009, S. 463; Abweichung des Landes Baden-Württemberg von § 71 Abs. 3 SGB VIII, vgl. den Hinweis in BGBl. I, 2009, S. 744; Abweichung des Landes Brandenburg von § 43 Abs. 1 S. 2 des Personenstandsgesetzes, vgl. den Hinweis in BGBl. I, 2009, S. 3676; Abweichung des Freistaates Bayern von § 46 Abs. 6 S. 1 SGB XI, vgl. den Hinweis in BGBl. I, 2010, S. 8.

1231 Abweichung des Landes-Westfalen von § 14 Abs. 3 S. 1 SGG, vgl. den Hinweis in BGBl. I, 2009, S. 463, der den Hinweis in BGBl. I, 2009, S. 463 ersetzt, da dieser nicht die verfassungsrechtliche Abweichungsgrundlage bezeichnete, sondern allein auf das Änderungsgesetz des Landes verwies.

1232 Hinweis in BGBl. I, 2008, S. 1008.

1233 Hinweis in BGBl. I, 2009, S. 500.

1234 Hinweis in BGBl. I, 2010, S. 275 ff.

1235 Hinweis in BGBl. I, 2010, S. 341.

stützt auf Art. 72 Abs. 3 S. 1 GG,[1236] Abweichung des Landes Niedersachsen von Vorschriften des WHG sowie von Vorschriften des UVPG gestützt auf Art. 72 Abs. 3 S. 1 Nr. 5 GG, von Vorschriften des BNatSchG gestützt auf Art. 72 Abs. 3 S. 1 Nr. 2 GG.[1237]

Auf Seiten des Bundes sind die bereits an anderer Stelle erwähnten Gesetze zur Neuregelung des Rechts des Naturschutzes und der Landschaftspflege[1238] sowie des Wasserhaushalts[1239] und das neue Raumordnungsgesetz[1240] zu nennen. Darüber, wie die derzeitige Bundesregierung in Bezug auf das Jagdrecht verfahren wird, nachdem die frühere Bundesregierung die zunächst angekündigte, umfangreiche Änderung des Jagdrechts aufgegeben hat,[1241] gibt es noch keine Verlautbarungen.

Ähnliches gilt für den Hochschulbereich. Die frühere Bundesregierung hatte seinerzeit noch die Aufhebung des Hochschulrahmengesetzes beschlossen und hierzu bereits einen Gesetzesentwurf eingebracht.[1242] Der Bundestag hatte hierüber am 6. Juli 2007 beschlossen und ihn zur weiteren Beratung an die Ausschüsse überwiesen. Als Termin für das Außerkrafttreten war zunächst der 1. Oktober 2008 angedacht, der dann später auf den 1. April 2009, dem Tag des Inkrafttretens des Beamtenstatusgesetzes, verschoben werden sollte.[1243] Neue Regelungen in den Bereichen Hochschulzulassung und Hochschulabschlüsse waren nicht geplant, da angesichts einer Vielzahl landesrechtlicher Regelungen kein materieller Regelungsbedarf gesehen wurde.[1244]

C. Wettbewerb

Mit dem Abweichungsrecht ist ein wettbewerbsföderalistisches Element in das bundesstaatliche Kompetenzgefüge eingefügt worden.[1245] Es kann einen Leistungswettbewerb um die besten Lösungen beflügeln, der als Standortwettbewerb vor allem um Steuerzahler und Unternehmen ausgetragen wird.[1246] Aber auch der politische Leistungswettbewerb zwischen den Ländern und zwischen Partei-

1236 Hinweis in BGBl. I, 2010, S. 450 ff., wobei eine konkrete Nr. des Art. 72 Abs. 3 S. 1 GG nicht angegeben wurde.

1237 Hinweis in BGBl. I, 2010, S. 970 ff.

1238 Gesetz zur Neuregelung des Rechts des Naturschutzes und der Landschaftspflege v. 29.7.2009, BGBl. I 2009, 2542.

1239 Gesetz zur Neuregelung des Wasserrechts v. 31.7.2009, BGBl. I, 2585.

1240 Gesetz zur Neufassung des Raumordnungsgesetzes und zur Änderung anderer Vorschriften v. 22.12.2008, BGBl. I S. 2986 (GeROG).

1241 Antwort der Bundesregierung v. 04.07.2007, BT Drs. 16/5887, S. 1 f.

1242 BT Drs, 16/6122; Rengeling, in: HdbStR, Bd. VI, § 135, Rn. 319.

1243 Vgl. die Antwort der Bundesregierung, BT Drs. 16/11550, S. 1.

1244 Vgl. die Antwort der Bundesregierung, BT Drs. 16/11550, S. 2.

1245 Ähnlich *Michael*, JZ 2006, 884, 890: experimentelles Element.

1246 *Benz*, VerwArch 2006, 318, 320 ff.; *Kahl*, NVwZ 2008, 710, 713; *Mammen*, DÖV 2007, 376, 379.

en kann neuen Auftrieb erhalten.[1247] So pries bereits Heinsen die „Erprobung neuer Regelungen im Bereich eines Landes als hervorragenden Motor des Fortschritts im gesamten Bundesgebiet".[1248]

I. Deregulierungswettbewerb?

Die positiven Effekte eines „trial and error"[1249] können sich jedoch nur dann voll entfalten, wenn es nicht zu einem entfesselten und damit gemeinwohlwidrigen Standortwettbewerb kommt, sondern das Abweichungsrecht als Chance zur Mehrung von Qualitätsstandards verstanden und genutzt wird. Insbesondere das umweltrechtliche Schrifttum beobachtet die erweiterten Wettbewerbsmöglichkeiten indes mit Besorgnis.[1250] Das Abweichungsrecht ermögliche den Ländern standortpolitische Deregulierungskampagnen um die attraktivsten Standortbedingungen die zwangsläufig in einem race to the bottom im Umweltrecht mündeten;[1251] einem Umweltdumping werde Tür und Tor geöffnet.[1252] Als negatives Beispiel wird insoweit auf den Umgang der Länder mit den Vorgaben der FFH- und Vogelschutzrichtlinie verwiesen sowie auf die Verurteilung wegen unzureichender Umsetzung der Wasserrahmenrichtlinie.[1253] Auch Umweltverbände warnen vor einem Wettlauf der Länder bei der Senkung von Umweltstandards.[1254] Zwar würden auch die Länder dem Schutz der natürlichen Lebensgrundlagen nicht weniger Bedeutung zumessen als der Bund, der Wettlauf „nach unten" sei aber schon in der Struktur des Wettbewerbsföderalismus als solchem angelegt, weshalb die Versuchung der Länder, ihre Verwaltungen zu entlasten, groß sein werde.[1255] Abweichungen im Umweltbereich hätten daher nur zum

---

1247 *Schulze-Fielitz*, NVwZ 2007, 249, 251; *Benz*, VerwArch 2006, 318, 326 f., der allerdings für das materielle Abweichungsrecht – anders als für Art. 84 GG – einen auf Deregulierung gerichteten Standortwettbewerb prognostiziert.

1248 Sondervotum, Schlussbericht der Enquête-Kommission Verfassungsreform, BT-Drs. 7/5924, S. 137.

1249 *Huber*, 3. Sitzung der Kommission am 12.12.2003, Stenografischer Bericht, S. 55, in: CD-ROM „Zur Sache 1/2005"; *ders.*, Stellungnahme v. 15.05.2006, S. 12, Rechtsausschussprotokoll 12, Anlage 2

1250 So die Einschätzung von *Kloepfer*, ZUR 2006, 338; *Schulze-Fielitz*, NVwZ 2007, 249, 251.

1251 *Frank*, Stellungnahme, S. 4, Rechtsausschussprotokoll 12, Anlage 2; *Koch/Krohn*, NuR 2006, 673, 677, 679; *Ginzky/Rechenberg*, ZUR 2006, 344, 346, 350.

1252 *Ziehm*, Stellungnahme v. 2.5.2006, S. 4, Rechtsausschussprotokoll 15, Anlage 2; die Gefahr absinkender Umweltstandards sieht auch *Epiney*, NuR 2006, 403, 411.

1253 *Ziehm*, Stellungnahme v. 2.5.2006, S. 1 u. 8, Rechtsausschussprotokoll 15, Anlage 2; Urteil des EuGH vom 15.12.2005, Rs. C-67/05, Abl. C 36 11.2.2006, S. 17.

1254 So die stellvertretende Vorsitzende des BUND *Ulrike Mehl*, Pressemitteilung v. 5.3.2009, abrufbar im Internet unter http://www.bund.net/nc/bundnet/presse/pressemitteilungen/detail/archiv/2009 (gelesen am 17.01.2010).

1255 *Koch/Krohn*, NuR 2006, 673, 679.

Zwecke einer Hebung von Standards zugelassen werden sollen.[1256] Die Gefahr eines schädlichen Wettbewerbs zwischen den Ländern wird darüber hinaus auch für den Bereich der vom Abweichungsrecht erfassten Raumordnung gesehen. Nachteile seien insbesondere im Bereich der Raumverträglichkeit raumbedeutsamer Projekte zu befürchten, wenn die Länder ihrer gesamträumlichen Verantwortung nicht mehr nachkämen.[1257]

Die Gefahr einer Abwärtsspirale ist dagegen aus mehreren Gründen eher unwahrscheinlich.[1258] Schon den Ländern generell zu unterstellen, sie würden nur nach unten abweichen, wird ihren historischen Verdiensten um das Umweltrecht kaum gerecht.[1259] Immerhin waren die ersten Immissionsschutzgesetze und Bodensanierungsgesetze solche der Länder.[1260] Wettbewerb muss sich auch nicht zwangsläufig in einem „race to the bottom" manifestieren, sondern kann auch die Mehrung von Standards zur Folge haben.[1261] Auch sind die geschaffenen Gestaltungsspielräume in Anbetracht der zahlenmäßig beschränkten Materien und nach weiterem Abzug der abweichungsfesten Bereiche stark begrenzt. Sofern man darin nicht nur „Pseudospielräume" für die Länder erkennen will,[1262] bestehen zuweilen engmaschige unionsrechtliche Vorgaben sowie auch verfassungsrechtliche Garantien, die eine zusätzliche Einschränkung von Länderabweichungen nach sich ziehen. Auch steht zu erwarten, dass die Länder zudem nur dann abweichen werden, wenn ihre gesetzgeberischen Ressourcen dies zulassen sowie ein Abweichen „aus symbolischen, politischen oder wirtschaftlichen Gründen" für vorteilhaft gehalten wird.[1263] Eine besondere Rolle kommt dabei auch dem politischen Rechtfertigungsdruck gegenüber dem Bürger als potenziellem Wähler zu, der die Länder zu weiterer Selbstbeschränkung anhalten kann.[1264] Sehr wahrscheinlich wird auch entweder der Bund die vorherige Abstimmung mit den Ländern suchen, um künftige Abweichungen zu vermeiden,

---

1256 *Ginzky/Rechenberg*, ZUR 2006, 344, 346, 350.

1257 *Spannowsky*, Stellungnahme v. 04.05.2006, S. 2 f., Rechtsausschussprotokoll 12, Anlage 2.

1258 So auch *Kahl*, NVwZ 2008, 710, 713.

1259 *Kloepfer*, ZUR 2006, 338; *Schulze-Fielitz*, NVwZ 2007, 249, 251; *Dietlein*, Stellungnahme v. 8.5.2006, S. 2, Rechtsausschussprotokoll 15, Anlage 2 unter besonderem Hinweis auf die Staatszielbestimmungen der Landesverfassungen zum Schutze der natürlichen Lebensgrundlagen.

1260 *Kloepfer*, Stellungnahme v. 3.5.2006, S. 2 u. 10, Rechtsausschussprotokoll 15, Anlage 2; *ders.*, ZUR 2006, 338.

1261 *Schulze-Fielitz*, NVwZ 2007, 249, 254 (unter Verweis auf *Mehde*, Wettbewerb zwischen Staaten, 2005, S. 75 ff.); als Beispiel für ein solches race to the top nennt er die bundesweite Übernahme der strikten Abgaswerte für Autos in Kalifornien.

1262 So aber *Ruthig*, Stellungnahme, S. 4, Rechtsausschussprotokoll 15, Anlage 2, die Gestaltungsmöglichkeiten beschränkten sich daher primär auf den Bereich der Verwaltungskompetenzen.

1263 *Schulze-Fielitz*, NVwZ 2007, 249, 254; *Mayen*, DRiZ 2007, 51, 52.

1264 *Kahl*, NVwZ 2008, 710, 713; *Benz*, VerwArch 2006, 318, 325.

oder aber die Länder untereinander streben nach einvernehmlichen Abweichungslösungen um den Wettbewerbsdruck zu verringern.[1265] Letzteres dürfte insbesondere im Hochschulrecht der Fall sein, da die Länder gerade in diesem Bereich schon in der Vergangenheit häufig auf das Instrument der Selbstkoordination zurückgegriffen haben.[1266] Unter der Voraussetzung, dass die Länder über eine aufgabenangemessene Finanzausstattung verfügen, sei ein race to the bottom daher auch im Bildungs- und Hochschulsektor nicht zu befürchten.[1267]

II. Wesensänderung des Systems zu einem Zwei-Klassen-Föderalismus?

Ein Mehr an Gestaltungswettbewerb liegt vor allem im Interesse der leistungsstärkeren Länder, die ein Ausscheren von der Bundesregelung nicht scheuen und sich durch landesspezifische Besonderheiten von der Ländergesamtheit abheben wollen.[1268] Ein Zugriffs- bzw. Abweichungsrecht ist daher vor allem von den leistungsstärkeren süddeutschen Ländern gefordert worden.[1269] Da nicht alle Länder über vergleichbare organisatorische, personelle und finanzielle Mittel verfügen, wird es in den leistungsschwächeren Ländern daher in der Regel sein Bewenden bei der Bundesregelung haben.[1270] Für diese Länder stellt die Bundesregelung eine Auffanggesetzgebung[1271] bzw. „Orientierungsgesetzgebung"[1272] dar.

Röttgen, der zwar später zusammen mit dem Abgeordneten *Stünker* den letztlich wegweisenden Vorschlag für ein Abweichungsrecht unterbreitete,[1273] hatte zunächst aber auch grundlegende Einwände dagegen erhoben. So warf er die Frage auf, ob ein Zugriffs- oder Abweichungsrecht nicht die Struktur des Föderalismus hin zu einem Zweiklassenföderalismus verändere, indem es die

---

1265 Für Art. 84 Abs. 1 S. 2 GG: *Benz*, VerwArch 2006, 318, 326 und *Kahl*, NVwZ 2008, 710, 713.

1266 *Decker*, in: Palermo/Hrebek/Zwilling/Alber (Hrsg.), Auf dem Weg zu asymmetrischem Föderalismus? S. 144, 161.

1267 *Wieland*, Stellungnahme v. 08.05.2006, S. 4, Rechtsausschussprotokoll 12, Anlage 2.

1268 *Münch*, Stellungnahme, S. 2, Rechtsausschussprotokoll 12, Anlage 2.

1269 *Stock*, ZG 2006, 226, 232.

1270 *Huber*, Stellungnahme v. 15.05.2006, S. 12, Rechtsausschussprotokoll 12, Anlage 2; *Kloepfer*, Stellungnahme v. 3.5.2006, S. 13, Rechtsausschussprotokoll 15, Anlage 2; *Decker*, in: Palermo/Hrebek/Zwilling/Alber (Hrsg.), Auf dem Weg zu asymmetrischem Föderalismus? S. 144, 159.

1271 *Köck/Wolf*, NVwZ 2008, 353, 355.

1272 *Teufel*, 2. Sitzung der Kommission am 28.11.2003, Stenografischer Bericht, S. 27, in: CD-ROM „Zur Sache 1/2005".

1273 Oben 2. Kap., F., V.

vormals objektive Ordnung durch eine optionale Angebotsstruktur ersetzte.[1274] Das Angebot werde nur von der stärkeren Gruppe von Ländern genutzt, während es in den übrigen Ländern noch mehr bundesrechtliche Regelungen gäbe als bisher.[1275] Dadurch werde der Subsidiaritätsgedanke verändert, da man den Abweichungsmaterien ja implizit bescheinige, dass sie für Landesgesetzgebung geeignet sind.[1276] Manche prognostizierten sogar, dass es zu zwei Typen von Abweichungsgesetzen komme – solche vom SPD-Typ einerseits und vom CDU/CSU-Typ andererseits.[1277]

Dabei wird übersehen, dass sämtliche Materien der konkurrierenden Gesetzgebung, deren Zuordnung zu dieser Kompetenzform zudem vor allem historisch zu erklären ist,[1278] sich ebenfalls prinzipiell für eine Regelung durch die Länder eignen. Und doch soll der Bund durch eigenen (auch nachträglichen) Gebrauch die Länder von ihrer Kompetenz ausschließen können. Was hier für die Abweichungsmaterien moniert wird, macht demzufolge schon seit jeher das Wesen der konkurrierenden Gesetzgebung aus. Die leistungsschwächeren Länder erleiden durch die Abweichungsoption auch keinen Nachteil, da sie sich die „Vorlage" der anderen zu Nutze zu machen können.

D. Inhaltliche Dimension des Abweichungsrechts – partielles Bundesrecht

Die möglichen Defizite im Hinblick auf die Rechtsanwendung sind offensichtlich: Eine verantwortungslose Nutzung des Abweichungsrechts könnte im Extremfall zu einem ständig wechselnden und für den juristischen Laien kaum übersehbaren „Flickenteppich" divergierender Rechtslagen führen. Da die Abweichungskompetenz den Ländern die Möglichkeit eröffnet, ganz oder nur teilweise von Bundesgesetzen abzuweichen, und der Bund nicht gehindert ist, danach seinerseits zu novellieren, kann es zur Entstehung von partiell anwendbarem Bundes- und Landesrecht kommen. Bundesrecht kann in nur einigen Ländern gelten und dort wiederum entweder vollständig oder nur partiell.[1279] Es kann aber auch – sofern alle Länder vollständig abgewichen sind – in keinem

1274 *Röttgen*, 2. Sitzung der Kommission am 28.11.2003, Stenografischer Bericht, S. 33, in: CD-ROM „Zur Sache 1/2005"; die Beförderung eines Zweiklassensystems befürchtet auch *Häde*, JZ 2006, 930, 933.

1275 *Röttgen*, 2. Sitzung der Kommission am 28.11.2003, Stenografischer Bericht, S. 33, in: CD-ROM „Zur Sache 1/2005".

1276 *Röttgen*, 2. Sitzung der Kommission am 28.11.2003, Stenografischer Bericht, S. 33, in: CD-ROM „Zur Sache 1/2005".

1277 *Meyer*, 9. Sitzung der Kommission am 14.10.2004, Stenografischer Bericht, S. 214, in: CD-ROM „Zur Sache 1/2005".

1278 *Oeter*, in: v. Mangoldt/Klein/Starck, GG, Art. 74, Rn. 1.

1279 *Beck* (Die Abweichungsgesetzgebung der Länder, S. 68 f.) spricht vom Kuriosum eines „gestaffelten, partiellen Bundesrechts".

Land gelten und damit zumindest de facto bedeutungslos werden. In jedem Falle müsste der Rechtsanwender bei Berührung der vom Abweichungsrecht betroffenen Materien zunächst prüfen, ob es eine vom Bundesrecht abweichende landesgesetzliche Regelung und gegebenenfalls davon rückabweichendes Bundesrecht gibt,[1280] was zu einem Anstieg der Informationskosten führen kann.[1281] Die Reform könnte damit erhebliche Rechtsunsicherheit bei Bürgern und potenziellen Investoren verursachen.[1282]

Besondere Schwierigkeiten können auftreten, soweit die Abweichungen nicht in den betreffenden Fachgesetzen enthalten sind, sondern in Gesetzen, die ganz andere Materien betreffen. Nach Ansicht des Ausschusses Verfassungsrecht des Deutschen Anwaltvereins (DAV) könne dies sogar zu einem Bedeutungsverlust der Kommentierungen zu Bundesgesetzen führen, die mangels Relevanz nicht mehr weitergeführt würden. Es sei auch nicht zu erwarten, dass Kommentare zu abweichenden Landesgesetzen in nennenswerter Zahl erscheinen würden;[1283] auch eine elektronische Dokumentation könne die Probleme nicht verhindern.[1284] Sofern systematische Widersprüche im Verhältnis von Bundes- und Landesrecht aufträten, müssten diese durch die Gerichte aufgelöst werden, was die Fachgerichte schlichtweg überfordere.[1285] Die fehlende Revisionszuständigkeit des Bundesverwaltungsgerichts für abweichendes Landesrecht belaste die Rechtssicherheit zusätzlich, zumal es aufgrund häufig wechselnden Rechts ohnehin schon weniger gefestigte Rechtsprechung geben werde.[1286] Für den Bereich der Verwaltung könne die Unbeständigkeit des Rechts dazu führen, dass die Bildung einer gefestigten Verwaltungspraxis erschwert, wenn nicht gar verhindert werde.[1287] Auch habe der verfassungsändernde Gesetzgeber insoweit zu wenig Rücksicht auf den Vollzug genommen, als dieser in der Regel eben nicht durch Juristen, sondern weitgehend durch den gehobenen Dienst bzw. den technischen gehobenen Dienst erfolge.[1288] Kritik kommt auch von Seiten der Wirtschaft, die sich insgesamt mehr Bundeskompetenzen und damit übersichtlichere Rahmenbedingungen gewünscht hätte.[1289] So sprach sich das Institut der deutschen Wirtschaft insbesondere im Umweltrecht für Bundesregelungen aus;

1280 Anmerkung des *Ausschusses Verfassungsrecht des DAV*, AnwBl. 2006, 614 f.

1281 *Oeter*, in: Starck, Föderalismusreform, Rn. 31.

1282 So z.B. die Anmerkung des *Ausschusses Verfassungsrecht des DAV*, AnwBl. 2006, 614, 617; *F. Kirchhof*, 3. Sitzung der Kommission am 12.12.2003, Stenografischer Bericht, S. 58, in: CD-ROM „Zur Sache 1/2005“: die Auffindung des anwendbaren Rechts gliche dem „Graben wie in den neun Schichten von Troja“.

1283 Ebenso *Epiney*, NuR 2006, 403, 411.

1284 Anmerkung des *Ausschusses Verfassungsrecht des DAV*, AnwBl. 2006, 614 f.

1285 Anmerkung des *Ausschusses Verfassungsrecht des DAV*, AnwBl. 2006, 614 f.

1286 Anmerkung des *Ausschusses Verfassungsrecht des DAV*, AnwBl. 2006, 614 f.

1287 Anmerkung des *Ausschusses Verfassungsrecht des DAV*, AnwBl. 2006, 614 f.

1288 *Louis*, ZUR 2006, 340, 343.

1289 *Oschatz*, Stellungnahme, S. 6, Rechtsausschussprotokoll 12, Anlage 2.

Landeskompetenzen sollten nur in solchen Bereichen bestehen, in denen sich die Länder deutlich voneinander unterscheiden.[1290] Mit dem Abweichungsrecht im Umweltbereich drohe nun die Kleinstaaterei und auch in der Bildungslandschaft werde erheblicher „Flurschaden“ angerichtet.[1291]

Doch sind die Aussichten keineswegs so finster, wie geschildert, so dass ein Stück weit Entwarnung gegeben werden kann. Was das Umweltrecht betrifft, so ist ein einheitliches Umweltrecht zwar in der Tat ein nicht zu unterschätzender Standortvorteil, da hierdurch die Rechtsanwendung für länderübergreifend agierende Unternehmen vereinfacht wird,[1292] es ist indes nicht zu erwarten, dass die Abweichungskompetenz in „Verwirrung, Unübersichtlichkeit und Gesetzgebungswettlauf“[1293] oder gar Kleinstaaterei mündet. Ein Nebeneinander von Bundes- und Landesrecht war schon der bisherigen Verfassungslage nicht fremd. So blieben schon früher die Länder im Falle begrenzter Sperrwirkung im Übrigen zur Gesetzgebung berechtigt; ebenso waren sie zur Ausfüllung von Rahmengesetzen berufen.[1294] Zu detaillierte („Rahmen“)Regelungen des Bundes hatten zudem zur Folge, dass es im Falle ihrer Nichtigerklärung bei der Geltung der Landesregelung blieb; Art. 72 Abs. 3 S. 3 GG bringt demgegenüber sogar eine Vereinfachung und einen Gewinn an Übersichtlichkeit, indem die Frage des Vorrangs nicht mehr durch eine inhaltliche Prüfung festzustellen ist, sondern durch die schlichte zeitliche Abfolge.[1295] Auch bestand schon die – wenngleich ungenutzte – Möglichkeit einer Freigabe nach Art. 72 Abs. 4 GG a.F. oder Art. 125a GG sowie Konkretisierungs- und Abweichungsmöglichkeiten kraft bundesgesetzlicher Ermächtigung nach Art. 71 GG.[1296] Eine Mischlage aus Bundes- und Landesrecht für ein und denselben Regelungsgegenstand im selben Anwendungsbereich kann auch nicht mehr unter Hinweis auf die Rechtsprechung des Bundesverfassungsgerichts zurückgewiesen werden. Zwar erkannte das Gericht seinerzeit in einer solchen Mischlage einen Fremdkörper im Gesetzgebungssystem, den der verfassungsändernde Gesetzgeber der Reform von 1994 mit der Einführung von Art. 125a GG (insbes. von Art. 125a Abs. 2 S. 2 GG) gerade nicht gewollt habe,[1297] doch handelt es sich nunmehr um eine vom Gesetzgeber ausdrücklich bezweckte Systemänderung. Nicht völlig zu Un-

---

1290 *IW*, Leitfaden, S. 9.

1291 *IW*, Leitfaden, S. 12.

1292 *Mittelbach*, Stellungnahme v. 10.4.2006, S. 4, Rechtsausschussprotokoll 12, Anlage 2.

1293 So aber *Pestalozza*, Stellungnahme v. 9.5.2006, S. 8, Rechtsausschussprotokoll 12, Anlage 2.

1294 *Oeter*, in: Starck, Föderalismusreform, Rn. 32.

1295 *Oeter*, in: Starck, Föderalismusreform, Rn. 32.

1296 *Sannwald*, in: Schmidt-Bleibtreu/Hofmann/Hopfauf, GG, Art. 72, Rn. 80s; *Kloepfer*, Stellungnahme v. 3.5.2006, S. 14, Rechtsausschussprotokoll 15, Anlage 2; *Häde*, JZ 2006, 930, 933.

1297 Vgl. nur *BVerfGE* 111, 10, 29 – Ladenschluss; hierauf verweist auch *Degenhart*, NVwZ 2006, 1209, 1212.

recht pointiert *Wieland*, dass die Gefahr einer Rechtszersplitterung zudem nur deshalb bestehe, weil der Bund entgegen dem grundgesetzlichen Normalzustand schon alles geregelt habe.[1298] Bundesstaatliche Vielfalt findet ihren Ausdruck gerade in unterschiedlichen landesrechtlichen Regelungen und es ist zu erwarten, dass Wirtschaft und Bürger stets auf die Übernahme erfolgreicher und die Rücknahme gescheiterter Reformversuche drängen.[1299]

E. Zeitliche Dimension des Abweichungsrechts – Alternation

In zeitlicher Hinsicht kann es infolge der lex-posterior-Regel zu einer Alternation des anwendbaren Rechts, d.h. zu einem regelmäßigen Wechsel von Bundes- und Landesrecht kommen.[1300] In den vorangegangen Reformdiskussionen und im Schrifttum hat sich dafür der Begriff des „Ping-Pong" eingebürgert.[1301] Die Kritiker des Abweichungsrechts sehen eine solche Gefahr kurzfristig wechselnder Rechtsbefehle für den Bürger sowie eines Wettlaufs der Gesetzgeber um das letzte Wort insbesondere im Falle unterschiedlicher politischer Mehrheitsverhältnisse in Bund und den jeweiligen Ländern.[1302] Normadressaten könnten das anwendbare Gesetz nicht mehr „auf den ersten Blick" erkennen, Neuregelungen demzufolge nicht hinreichend zur Kenntnis nehmen und beachten.[1303] Sofern es tatsächlich zu einem „Ping-Pong-Szenario" käme, wäre dies ein sicheres Indiz für eine fundamentale Krise des kooperativen Bundesstaats.[1304] Doch wie viel Ping-Pong ist realistisch? Wie hoch ist das Risiko, dass das Abweichungsrecht von Seiten der Länder zu populistischen Vorstößen genutzt wird?[1305] Und kann dem Bundesgesetzgeber wirklich unterstellt werden, er möge sich rächen wol-

---

1298 *Wieland*, 9. Sitzung der Kommission am 14.10.2004, Stenografischer Bericht, S. 217, in: CD-ROM „Zur Sache 1/2005"; dass die Gesetzgebungspraxis zu sehr vom Leitbild bundesrechtlicher Vollregelungen beherrscht wird, konstatiert in diesem Zusammenhang *Möstl*, ZG 2003, 298, 307.

1299 *Wieland*, Manuskript „Deutschlands Zukunft als Bundesstaat", S. 4, 10, Rechtsausschussprotokoll 12, Anlage 2.

1300 *Klein/Schneider*, DVBl. 2006, 1549, 1553: „alternierender Anwendungsvorrang".

1301 *Schulze-Fielitz*, NVwZ 2007, 249, 255; *Rengeling*, in: HdbStR, Bd. VI, § 135, Rn. 184.

1302 Anmerkung des *Ausschusses Verfassungsrecht des DAV*, AnwBl. 2006, 614 f.; unterschiedliche Mehrheiten in Bundestag und Bundesrat stellen den Normalfall der Verfassungswirklichkeit dar: *Arndt/Benda/Dohnanyi* (u.a.), Bertelsmann-Kommission, Entflechtung 2005, S. 9.

1303 Anmerkung des *Ausschusses Verfassungsrecht des DAV*, AnwBl. 2006, 614 f.; Indes ist zu bezweifeln, dass dies dem regelmäßig juristisch unbedarften Normadressaten nach der bisherigen Verfassungslage möglich gewesen sein soll.

1304 *Schulze-Fielitz*, NVwZ 2007, 249, 255; *Hoppe*, DVBl. 2007, 144, 149.

1305 Ein solches Risiko sehen *Arndt/Benda/Dohnanyi* (u.a.), Bertelsmann-Kommission, Entflechtung 2005, S. 24.

len?[1306] Zwar haben die Erfahrungen in über sechzig Jahren unter Geltung des Grundgesetzes gezeigt, dass die eröffneten Möglichkeiten auch überwiegend ausgereizt wurden (z.B. Zustimmungsbedürftigkeit von Gesetzen; detaillierte Rahmengesetze; ausufernder Gebrauch von Gesetzgebungskompetenzen durch den Bund); dem musste sich auch der Gesetzgeber der Reform von 2006 bewusst sein. Doch ist eine Unbeständigkeit des anwendbaren Rechts in den Vorschriften über das Abweichungsrecht, namentlich aufgrund des in Art. 72 Abs. 3 S. 3 GG angeordneten „temporären Anwendungsvorrangs",[1307] zwar angelegt, aber keineswegs determiniert. Es ist vielmehr abhängig vom Verantwortungsbewusstsein der politischen Akteure und deren „Abweichungsmentalität".[1308]

Für den Bereich der Raumordnung bescheinigte *Hoppe* den Ländern schon kurz nach der Reform eine ausgeprägte Abweichungsneigung.[1309] Insbesondere Bayern hätte in dieser Hinsicht bereits unter Geltung der Rahmengesetzgebung eine Extremposition vertreten und eine spezifische Planungsphilosophie für sich beansprucht, indem es die textlichen Ziele der Raumordnung grundsätzlich als Soll-Vorschriften und nicht als stringente Ziele formulierte.[1310] Förmliche Zielabweichungen im Einzelfall seien damit zur Ausnahme geworden, da solche schon über die Annahme eines atypischen Falles hätten erreicht werden können.[1311] Dies komme einer „integrierten Abweichungsmöglichkeit" gleich.[1312] Nach Einführung des Abweichungsrechts werde Bayern keine Möglichkeit auslassen, seine Planungsphilosophie weiter zu pflegen und andere Länder zu ähnlichen Alleingängen zu verleiten.[1313]

Bayern selbst wies solche Vorwürfe bereits im Bericht der Enquête-Kommission des Bayerischen Landtags vom Januar 2002 generell zurück.[1314] Die Bedenken eines einzigen Kommissionsmitgliedes, das Abweichungsrecht führe zu einer schwerwiegenden Schwächung des Gesetzgebungsrechts des Bundes und berge die Gefahr einer unübersehbaren Rechtszersplitterung,[1315] teilte die Kommissionsmehrheit nicht. Bei realistischer Betrachtung sei nicht zu erwarten, dass zahlreiche Länder im Bereich zentraler, bisher bundesrechtlich geregelter Materien (genannt wurde unter anderem das Umweltrecht) grundle-

1306 So *Pestalozza*, Stellungnahme v. 9.5.2006, S. 8, Rechtsausschussprotokoll 12, Anlage 2.

1307 *Pestalozza*, Stellungnahme v. 9.5.2006, S. 8, Rechtsausschussprotokoll 12, Anlage 2.

1308 *Hoppe*, DVBl. 2007, 144, 148 f.; *Battis/Kersten*, DVBl. 2007, 152, 159.

1309 *Hoppe*, DVBl. 2007, 144, 149 f.

1310 Art. 3 Abs. 2 S. 2 BayLPlG; dazu *Hoppe*, DVBl. 2007, 144, 149, 150 f.

1311 *Hoppe*, DVBl. 2007, 144, 150 f.

1312 *Hoppe*, DVBl. 2007, 144, 151 unter Verweis auf *Hendler*, UPR 2003, 256, 260, nach dem sich aus § 11 ROG ein Verbot von „Zielen mit integrierter Abweichungsmöglichkeit" aber nicht entnehmen lasse.

1313 *Hoppe*, DVBl. 2007, 144, 151 f.

1314 Bayerischer Landtag Drs. 14/8660.

1315 BL-Drs. 14/8660, S. 18.

gende landesrechtliche Änderungen vornehmen werden. Insbesondere im Hinblick auf die Finanzierbarkeit sei davon auszugehen, dass die Länder einen sachgerechten Umgang mit ihren neuen Gestaltungsmöglichkeiten pflegen.[1316] Zugleich werde durch die Verlagerung von Gesetzgebungskompetenzen auf den Bund auch dieser in seinen Handlungsmöglichkeiten gestärkt. Dass es im Falle einer Überregelung durch den Bund zu einer erneuten Abweichung komme, sei ebenfalls unwahrscheinlich, da die Länder eine solche Kraftanstrengung kaum unternehmen würden; die lex-posterior-Regel führe in der Praxis insoweit zu einer faktischen Beendigung der landesgesetzgeberischen Tätigkeit.[1317] Die Befürchtungen für den Bereich der Raumordnung haben sich bisher indes nicht bestätigt. Da sie am Entstehungsprozess des neuen ROG maßgeblich beteiligt waren,[1318] haben die Länder noch keine eigenen „Planungsphilosophien" umgesetzt.

Gegen einen anhaltenden Gesetzgebungswettlauf wird des Weiteren eingewandt, die betroffenen Materien berührten kaum die Interessen breiter Wählerschichten, weshalb Abweichungen allenfalls in geringem Umfang oder in politisch kontroversen sowie grundsätzlichen Fragen zu erwarten seien.[1319] Verwiesen wird auch auf den politischen Rechtfertigungsdruck, dem eine Abweichung nach erfolgter Kodifikation des Bundes ausgesetzt sei; er werde die Länder eher von Abweichungen abhalten.[1320] Vertreter der Politikwissenschaften halten die Vorstellung von einem endlosen Hin und Her – anders als viele Juristen – denn auch sogar für „befremdlich".[1321] Ein uferloses „Ping-Pong" ist damit allenfalls eine theoretische Gefahr.[1322]

F. Unitarisierungsmotor

Sofern man eine ausgeprägte Neigung von Bund und Ländern sich gegenseitig abwechselnd zu „überregeln" überhaupt annehmen wollte,[1323] wird sich diese

---

1316 BL-Drs. 14/8660, S. 19.

1317 Diese Auffassung Bayerns teilen auch Bremen und Sachsen-Anhalt. Auch Nordrhein-Westfalen lässt erkennen, dass es sich insoweit durch die lex-posterior Klausel eingeschränkt sieht; vgl. Ergebnisvermerk der 7. Sitzung der PG 1 am 28.09.2004, S. 2; in: CD-ROM „Zur Sache 1/2005".

1318 Vgl. *Ritter*, DÖV 2009, 425, 426; hierzu auch in diesem Gliederungspunkt.

1319 *Stettner*, in: Dreier, GG, Art. 72, Rn. 49; *Huber*, Stellungnahme v. 15.05.2006, S. 9, Rechtsausschussprotokoll 12, Anlage 2.

1320 *Kloepfer*, Stellungnahme v. 3.5.2006, S. 11 u. 20, Rechtsausschussprotokoll 15, Anlage 2; *ders.*, ZUR 2006, 338, 339; ebenso *Stünker*, in: Holtschneider/Schön, Die Reform des Bundesstaates, S. 99.

1321 *Decker*, in: Palermo/Hrebek/Zwilling/Alber (Hrsg.), Auf dem Weg zu asymmetrischem Föderalismus? S. 144, 159.

1322 *Kloepfer*, ZUR 2006, 338, 339; ebenso *Häde*, JZ 2006, 930, 932; *ders.*, ZG 2009, 1, 6 und *Papier*, NJW 2007, 2145, 2178.

1323 Verneinend *Kotulla*, NVwZ 2007, 489, 492.

nicht in Abweichungsgesetzen und novellierendem Bundesrecht äußern, sondern in Angleichungen und Formen koordinierter Gesetzgebung.[1324] An deren Ende wird es nur noch wenig Abweichungsbedarf für diejenigen Länder geben, die sich mit ihren Positionen nicht durchsetzen konnten oder sich sogleich auf ihr Abweichungsrecht zurückgezogen haben. Das Interesse von Investoren an einheitlichen Regelungen kann die Abweichungsbereitschaft zusätzlich begrenzen.[1325] Letztlich wirkt sich das Abweichungsrecht damit als Vereinheitlichungsmotor aus.

Wie stark der Harmonisierungsdrang auch unter den Ländern selbst ausgeprägt ist,[1326] zeigen eindrucksvoll die Erfahrungen mit freiwilliger Selbstkoordination sogar auf solchen Gebieten, für die sie ausschließlich zuständig sind.[1327] Obwohl ihnen beispielsweise für den Erlass der Nichtraucherschutzgesetze die ausschließliche Kompetenz zusteht, haben sie ähnliche Vorschriften erlassen; auch den mit der Reform auf die Länder übergegangenen Jugendstrafvollzug haben neun Länder auf der Grundlage eines gemeinsamen Referentenentwurfs weitgehend einheitlich geregelt. Ein „Flickenteppich" ist daher auf Gebieten der konkurrierenden Kompetenz ebenfalls nicht zu erwarten. Ob Kompromisse zwischen Bund und Ländern erst im Falle einer neuerlichen Bundesregelung gesucht werden,[1328] muss bezweifelt werden; wahrscheinlicher ist, dass der gemeinsame Schulterschluss schon von Anfang an gesucht wird.

Ein Beleg dafür ist der Entstehungsprozess des neuen Raumordnungsgesetzes.[1329] Dieses trägt alle „Geburtsmerkmale" des kooperativen Föderalismus, da es in seinen wesentlichen Punkten mit den zuständigen Ressorts der Länder gleichsam ausgehandelt wurde.[1330] Inhaltlich kommt es damit einer Art Rahmengesetzgebung gleich, die wenig Anreize für Abweichungen lässt. Laut *Ritter* schwebte das Abweichungsrecht wie ein Damoklesschwert über dem Gesetzgebungsverfahren; der gesamte Prozess sei vom Bemühen des Bundes beherrscht gewesen, die Länder nicht zu späteren Abweichungen zu provozieren.[1331]

Auch das Jagdrecht sollte nach dem ursprünglichen Willen der früheren Bundesregierung in enger Abstimmung mit den Ländern einer eingehenden Prüfung unterzogen werden, um einen sonst befürchteten Flickenteppich unter-

---

1324 *Schulze-Fielitz*, NVwZ 2007, 249, 254; *Anderheiden*, in: HdbStR, Bd. VI, § 140, Rn. 36, 71 f.

1325 *Huber*, Stellungnahme v. 15.05.2006, S. 13, Rechtsausschussprotokoll 12, Anlage 2.

1326 *Wieland*, 2. Sitzung der Kommission am 28.11.2003, Stenografischer Bericht, S. 48, in: CD-ROM „Zur Sache 1/2005".

1327 *Huber*, Stellungnahme v. 15.05.2006, S. 13, Rechtsausschussprotokoll 12, Anlage 2.

1328 So *Kloepfer*, ZG 2006, 250, 255; anders ders., ZUR 2006, 338, 340.

1329 Neugefasst durch Gesetz zur Neufassung des Raumordnungsgesetzes und zur Änderung anderer Vorschriften (GeROG) v. 22.12.2008, BGBl. I, S. 2986.

1330 *Ritter*, DÖV 2009, 425, 426.

1331 *Ritter*, DÖV 2009, 425, 426.

schiedlicher Jagdregelungen zu vermeiden.[1332] Nachdem die Länder aber seit dem Inkrafttreten der Reform keine von den Grundsätzen des Bundesjagdgesetzes abweichenden Regelungen getroffen hätten, habe keine Notwendigkeit mehr für tiefgreifende Änderungen des Jagdrechts bestanden.[1333]

Schulze-Fielitz hat die Vorschriften über das Abweichungsrecht treffend als „Rahmenbedingungen für den Aushandlungsprozess zwischen Bund und Ländern" bezeichnet, durch den die präventive Abstimmung gleichsam „politisch prozeduralisiert" werde.[1334] Er ist indes auch der Auffassung, diese Form der „politischen Bewältigung von Kompetenzkonflikten" stelle einen neuartigen Systembruch dar, mit dem die frühere wechselseitige rechtliche Abhängigkeit nur durch eine politische Abhängigkeit ohne rechtliche Veto-Positionen ersetzt werde.[1335] Zweifelhaft ist jedoch nicht nur, ob angesichts der kaum tragbaren Begründungen für die sog. Einheitsthese die früheren Abhängigkeiten nicht ebenfalls schon nur politischer Natur waren; auch bleibt die Kompetenzabgrenzung selbst keineswegs etwa der informellen Abstimmung von Bund und Ländern überlassen,[1336] sondern beeinflusst als beiderseitige „Verhandlungsmasse" nur den Gebrauch der beiderseitigen Kompetenz und damit das Aushandelungsergebnis.[1337] Dabei könnten sich zwar weder der Bund noch die Länder mit ihren jeweiligen Regelungen endgültig durchsetzen, was vielfach auch für den entscheidenden „Konstruktionsfehler der Abweichungsgesetzgebung" gehalten wurde.[1338] Die Bereitschaft der Länder zur Nachgiebigkeit wird dabei aber deutlich geringer ausfallen, als diejenige des Bundes, da er infolge der Sechs-Monats-Frist im Zweifel das Nachsehen hätte.[1339] Vor allem der Bund hat damit, wenn ihm am Bestand seiner Regelungen gelegen ist, ein Interesse, die Länder an den Verhandlungstisch zu bewegen.[1340] Dabei mag das ein oder andere Land seine Abweichungsbereitschaft auch aus taktischen Gründen überspitzen. Ob sich die Dauer künftiger Gesetzgebungsverfahren des Bundes verlängern

---

1332 Kritisch dazu *Glaser*, NuR 2007, 439, 445.

1333 Antwort der Bundesregierung v. 04.07.2007, BT Drs. 16/5887, S. 1 f.; zur bisherigen Resonanz der Länder auf das Abweichungsrecht vgl. oben B.

1334 *Schulze-Fielitz*, NVwZ 2007, 249, 253.

1335 *Schulze-Fielitz*, NVwZ 2007, 249, 253 f.; zustimmend *Köck/Wolf*, NVwZ 2008, 353, 354.

1336 So aber *Schulze-Fielitz*, NVwZ 2007, 249, 253.

1337 *Schulze-Fielitz* (NVwZ 2007, 249, 254) spricht hier von „wechselseitiger Antizipation kompetenzieller Ansprüche", die zu „faktischen Veto-Positionen" führten.

1338 *Lehmann-Brauns*, Zustimmungsbedürftigkeit, S. 159; dass Art. 72 Abs. 3 S. 2 GG nicht als Ausschlussfrist konzipiert wurde, kritisiert insbesondere auch *Meyer*, Rechtsausschussprotokoll 12, S. 42.

1339 Ebenso *Oeter*, in: Starck, Föderalismusreform, Rn. 33.

1340 *Kloepfer*, Stellungnahme v. 3.5.2006, S. 13 u. 22, Rechtsausschussprotokoll 15, Anlage 2.

wird,[1341] bleibt ebenfalls abzuwarten. Laut Bericht des Bundesinnenministeriums und des Justizministeriums über die Auswirkungen der Föderalismusreform auf die Vorbereitung von Gesetzentwürfen der Bundesregierung und das Gesetzgebungsverfahren vom 4. September 2006[1342] heißt es in Bezug auf die materiellen Abweichungsrechte lapidar:

> „Konsequenzen: Berücksichtigung bei künftigen Gesetzentwürfen.
>
> Bei laufenden Gesetzgebungsverfahren bedarf es einer fachlichen Prüfung, ob das Gesetz ungeachtet der künftig bestehenden Abweichungsrechte der Länder weiterbetrieben werden soll. Regelmäßig wird die Inkrafttretensregelung im Hinblick auf die neue Inkrafttretensfristvorgabe des Artikels 72 Abs. 3 Satz 2 GG zu ändern sein. Anderenfalls müsste das Vorliegen eines Eilfalles (z.B. im Hinblick auf die fristgebundene Umsetzung europäischen Rechts) in geeigneter Form (z.B. im Bericht des federführenden Ausschusses) geltend gemacht und gegebenenfalls in der Eingangsformel die nach Artikel 72 Abs. 3 Satz 2 GG – neu – erforderliche Zustimmung des Bundesrates vorgesehen werden."

Im Ergebnis ist festzuhalten, dass das Abweichungsrecht Lern- und Rezeptionsprozesse in Gang zu setzen vermag, die zu Rechtsangleichungen führen können, welche ebenso zentralisierend wirken wie einheitliche Regelungen.[1343] Beste Modelle können sich durchsetzen und letztlich sogar zu mehr Einheitlichkeit beitragen.[1344] Der anhaltende Unitarisierungstrend wird mit dem Abweichungsrecht daher eher nicht aufzuhalten oder gar umzukehren sein.[1345] In Bezug auf das wettbewerbliche Element dürfte dies zur Folge haben, dass es sich – um es mit dem Worten *Nettesheims* zu formulieren – bei dem Abweichungsrecht eher um „Spurenelemente der Idee des Wettbewerbsföderalismus" handeln dürfte.[1346]

G. Europatauglichkeit

Eines der Hauptanliegen der „Föderalismusreform I" war die Verbesserung der Europatauglichkeit des Grundgesetzes.[1347] Einen Hemmschuh bildete insoweit insbesondere das schwerfällige, weil zweistufige Verfahren der Rahmengesetzgebung. Die Einschätzungen über mögliche Reformwirkungen auf die Umsetzung europarechtlicher Vorgaben speziell mit Blick auf die Abweichungsge-

---

1341 Dies prognostizieren jedenfalls *Burkhart/Manow*, MPIfG Working Paper 06/6, Oktober 2006, 3.3.

1342 BR Drs. 651/06; S. 9.

1343 *Decker*, in: Palermo/Hrebek/Zwilling/Alber (Hrsg.), Auf dem Weg zu asymmetrischem Föderalismus? S. 144.

1344 *Oschatz*, Stellungnahme, S. 7, Rechtsausschussprotokoll 12, Anlage 2.

1345 Zweifelnd auch *Franzius*, NVwZ 2008, 492, 497; anders aber *Frenz*, NVwZ 2006, 742, 747.

1346 *Nettesheim*, in: FS Badura, S. 363, 369.

1347 Ausführliche Problembeschreibung vgl. den Bericht zur innerstaatlichen Kompetenzverteilung der Arbeitsgruppe 1, AU 0002, S. 159 ff., in: CD-ROM „Zur Sache 1/2005".

setzgebung fallen geteilt aus. So wird einerseits konstatiert, die Reform habe ihr Ziel, die Europatauglichkeit des Grundgesetzes zu stärken, verfehlt.[1348] Sofern nicht schon eine Kollision des Abweichungsrechts mit der – nunmehr aus Art. 4 Abs. 3 EUV[1349] folgenden – Pflicht zur klaren und effektiven Umsetzung des Unionsrechts diagnostiziert wird,[1350] werde den Ländern aber die Möglichkeit eröffnet auch in solchen Bereichen nach oben bzw. unten abzuweichen, die ein einheitliches Schutzniveau verlangten.[1351] Der Trend, auf unionsrechtlicher Ebene zusammenhängende Materien, vor allem im Umweltrecht, einheitlich zu regeln, werde insbesondere durch die vom Abweichungsrecht ausgenommenen abweichungsfesten Bereiche konterkariert.[1352] Der Bund sei nicht mehr in der Lage, eine ordnungsgemäße und fristgerechte Umsetzung sicherzustellen, womit die Bundesregelung ihren angestrebten Charakter einer definitiven und einheitlichen Umsetzung verliere.[1353] Auch werde sich der Prüfungsaufwand der Kommission deutlich erhöhen. Sie müsse nunmehr im Einzelfall prüfen, ob einzelne oder gar sämtliche Länder von Umsetzungsakten des Bundes abgewichen sind, welches Recht im jeweiligen Land gilt und ob dieses den unionsrechtlichen Vorgaben genügt. Sofern Länder schon innerhalb der Sechs-Monats-Frist abgewichen seien, müsse die Kommission in Vertragsverletzungsverfahren damit Landes- und Bundesrecht gleichzeitig prüfen.[1354] Insgesamt sei zu erwarten, dass die Länder noch häufiger gegen Unionsrecht verstoßen werden als bisher.[1355]

Die genannten Einwände vermögen durchgreifende Bedenken an der Eignung des Abweichungsrechts, die Europatauglichkeit des Grundgesetzes zu fördern, indes nicht zu begründen. Die Umsetzung unionsrechtlicher Vorgaben wird erheblich erleichtert, da die frühere Rahmengesetzgebung aufgelöst und ihre Materien überwiegend in die konkurrierende Kompetenz mit Abweichungsrecht überführt wurden.[1356] Der Bund erhält damit die Möglichkeit, Vollregelun-

---

1348 Anmerkung des *Ausschusses Verfassungsrecht des DAV*, AnwBl. 2006, 614, 616.

1349 Ex-Art. 10 EG.

1350 Zu ex-Art. 10 EG oben 3. Kap., C., II., 4., b), aa).

1351 *Epiney*, Stellungnahme, S. 3 f., Rechtsausschussprotokoll 15, Anlage 2.

1352 *Epiney*, Stellungnahme, S. 2, Rechtsausschussprotokoll 15, Anlage 2; vgl. auch Anmerkung des *Ausschusses Verfassungsrecht des DAV*, AnwBl. 2006, 614, 616.

1353 *Huber*, Stellungnahme v. 15.05.2006, S. 8, Rechtsausschussprotokoll 12, Anlage 2; *Scharpf*, Stellungnahme v. 12.05.2006, S. 8 (dort Fn. 3), Rechtsausschussprotokoll 12, Anlage 2.

1354 *Huber*, Stellungnahme v. 15.05.2006, S. 8, Rechtsausschussprotokoll 12, Anlage 2; *Scharpf*, Stellungnahme v. 12.05.2006, S. 8 (dort Fn. 3), Rechtsausschussprotokoll 12, Anlage 2.

1355 *Schrader*, Stellungnahme v. 8.5.2006, S. 12, Rechtsausschussprotokoll 15, Anlage 2; zunehmende Vertragsverletzungen prognostiziert auch *Ziehm*, Stellungnahme v. 2.5.2006, S. 6, Rechtsausschussprotokoll 15, Anlage 2.

1356 *Grandjot*, DÖV 2006, 511, 513; *Huber*, Stellungnahme v. 15.05.2006, S. 11, 23, Rechtsausschussprotokoll 12, Anlage 2; *Kloepfer*, Stellungnahme v. 3.5.2006, S. 7, Rechtsausschussprotokoll 15, Anlage 2; *Häde*, ZG 2009, 1, 6.

gen auf den betreffenden Gebieten zu erlassen, was ihm die bisherige Rahmengesetzgebung nur ausnahmsweise zugestand und nach dem Judikat des Bundesverfassungsgerichts zur Juniorprofessur nur noch unter erschwerten Voraussetzungen zulässig sein sollte.[1357] Die Länder wiederum sind nicht mehr verpflichtet, in Ausfüllung des bundesgesetzlichen Rahmens eigene Regelungen zu erlassen.[1358] Die Gefahr unvollständiger Umsetzung ist damit weitestgehend gebannt. Wenn der Bund die Initiative zur Umsetzung ergreift und sich nicht auf eine Umsetzung durch sechzehnfache Abweichung verlässt,[1359] kann Europarecht damit künftig nicht nur zügiger, sondern auch vollständig umgesetzt werden.[1360] Dass sich angesichts des Abweichungsrechts der Prüfungsaufwand der Kommission gegenüber der Rahmenkompetenz signifikant erhöht, muss bezweifelt werden, da auch unter der Rahmengesetzgebung sowohl das Bundes- als auch die jeweiligen Landesgesetze auf ihre Unionsrechtskonformität untersucht werden mussten. Ein möglicher Anstieg des Prüfungsaufwands stellte den Gewinn an Europatauglichkeit des Grundgesetzes an sich aber auch nicht in Frage und bleibt ein Merkmal föderal organisierter Mitgliedsstaaten. Das Abweichungsrecht ist damit grundsätzlich geeignet, die Umsetzung von Unionsrecht zu erleichtern, und kann zu Recht als „pragmatisch sinnvoller Beitrag zur Europatauglichkeit“[1361] bezeichnet werden.[1362] Dabei mag bereits die Neigung überhaupt abzuweichen angesichts der unionsrechtlichen Vorgaben eher gering sein.[1363] Jedenfalls aber sind die Länder kraft Unionstreue bzw. vermittels der Bundestreue an europäisches Recht gebunden.[1364] Eine mäßigende Wirkung dürfte sich auch aus Art. 104a Abs. 6 GG ergeben,[1365] weshalb eine Zunahme von Vertragsverletzungen jedenfalls nicht zu erwarten ist.[1366]

1357 Hierzu oben 1. Kap., C., III., 4., b).

1358 *Frenz*, Stellungnahme, S. 15 f., Rechtsausschussprotokoll 15, Anlage 2.

1359 Oben 3. Kap., C., II., 4., b), bb).

1360 *Mammen*, DÖV 2007, 376, 378; so auch *Mittelbach*, Stellungnahme v. 10.4.2006, S. 3, Rechtsausschussprotokoll 12, Anlage 2; *Dietlein*, Stellungnahme v. 8.5.2006, S. 1, Rechtsausschussprotokoll 15, Anlage 2.

1361 *Scharpf*, Stellungnahme v. 12.05.2006, S. 8, Rechtsausschussprotokoll 12, Anlage 2.

1362 *Schulze-Fielitz*, NVwZ 2007, 249, 251.

1363 *Dietlein*, Stellungnahme v. 8.5.2006, S. 1, Rechtsausschussprotokoll 15, Anlage 2; *IW*, Leitfaden, S. 25: keine echte Entscheidungsfreiheit für die Länder; ähnlich *Rengeling*, in: HdbStR, Bd. VI, § 135, Rn. 181.

1364 *Häde*, ZG 2009, 1, 6; vgl. auch oben 3. Kap., C., II., 4., b), cc).

1365 *Frenz*, Stellungnahme, S. 17 f., Rechtsausschussprotokoll 15, Anlage 2; *Kloepfer*, Stellungnahme v. 3.5.2006, S. 10, Rechtsausschussprotokoll 15, Anlage 2.

1366 Für ein sinkendes Risiko von Vertragsverletzungen und Strafzahlungen *Huber*, Stellungnahme v. 15.05.2006, S. 11, Rechtsausschussprotokoll 12, Anlage 2; ebenso *Häde*, JZ 2006, 930, 936.

H. Stärkung der Länder?

Ein wesentliches Reformziel bestand in der Stärkung der Länder durch Rückgewinnung von Regelungskompetenzen. Während sich die Handlungsfähigkeit des Bundes nach einhelliger Meinung verbessert hat,[1367] sind die Einschätzungen darüber, ob die „Reföderalisierung“[1368] auch zugunsten der Länder geglückt ist, geteilt. Sie reichen von einer „Überkompensation“[1369] der Länder über eine „enorme Erweiterung des Handlungsspielraumes“[1370] bis hin zu „Restposten“[1371].

Tatsächlich sind die Abweichungsmaterien stark begrenzt.[1372] Schon die Bundesregierung machte in den Beratungen der gemeinsamen Kommission keinen Hehl daraus, dass für Zugriffs- oder Abweichungsrechte allenfalls Marginalien in Betracht kämen.[1373] Dem Recht der Bodenverteilung und wohl auch dem Jagdwesen kann kaum eine spielraumerweiternde Bedeutung beigemessen werden. Zusätzlich werden die Materien noch durch abweichungsfeste Bereiche begrenzt. Die verbleibenden Bereiche sind zum Teil stark unionsrechtlich überformt, so dass letztlich kaum eigener Gestaltungsspielraum besteht und schon die Neigung überhaupt abzuweichen gering sein dürfte. Mag der Zuschnitt der den Ländern zur Abweichung eröffneten Materien damit insgesamt eher schmal und weitergehende Forderungen der Länder am Kompetenzegoismus des Bundes gescheitert sein,[1374] so gewinnen doch zumindest die Exekutiven der Länder an Verhandlungsgewicht hinzu, das sie im Rahmen der neuen Aushandelungsprozesse gegenüber dem Bund einsetzen können.[1375] Vorteile bringt das Abweichungsrecht auch für diejenigen Länder, die im Einzelfall oder in der Regel mit der bundesrechtlichen Normierung einverstanden oder aber mit eigener Gesetzgebung überfordert sind und deshalb ihre eingesparten Ressourcen anderweitig

---

1367 Z. B. *Haug*; DÖV 2008, 851, 856.

1368 *Müntefering*, BT Plenarprotokoll 15/66, S. 5597.

1369 *Koch/Krohn*, NuR 2006, 673, 677.

1370 *Frenz*, NVwZ 2006, 742; *Oeter*, in: Starck, Föderalismusreform, Rn. 28; Ob er auch genutzt werde, stehe auf einem anderen Blatt; *Haug*; DÖV 2008, 851, 856: deutliche Stärkung der Landesgesetzgeber.

1371 *Decker*, in: Palermo/Hrebek/Zwilling/Alber (Hrsg.), Auf dem Weg zu asymmetrischem Föderalismus? S. 144, 159; von einer Hinwendung zu einem asymmetrischen Föderalismus könne daher keine Rede sein.

1372 *Huber*, Stellungnahme v. 15.05.2006, S. 12, Rechtsausschussprotokoll 12, Anlage 2.

1373 *Zypries*, 9. Sitzung der Kommission am 14.10.2004, Stenografischer Bericht, S. 212, in: CD-ROM „Zur Sache 1/2005“; ebenso *Meyer*, ebd., S. 214.

1374 *Scharpf*, Stellungnahme v. 12.05.2006, S. 6, Rechtsausschussprotokoll 12, Anlage 2.

1375 *Oeter*, in: Starck, Föderalismusreform, Rn. 29.

investieren können.[1376] Für sie besteht eine „verlässliche Auffanggesetzgebung" des Bundes.[1377]

I. Rolle der Landtage

Kann nach dem Gesagten eine Eskalation des Gesetzgebungswettlaufs – eine übermäßige Abweichungsneigung der Länder einmal unterstellt – nur durch verstärkte Kooperation erreicht werden, so liefe dies den erklärten Bestrebungen der Reform zuwider, Entscheidungsprozesse in die Parlamente zurückzuholen und transparenter zu gestalten.[1378] Zwar sind einheitliche Lösungen, sofern sie die individuellen Belange der Länder wahren, durchaus wünschenswert, doch besteht die Gefahr, dass hiervon wie so oft nur die Exekutiven profitieren und sich am alten Exekutivföderalismus außerhalb parlamentarischer Diskussion wenig geändert hat und dieser nunmehr nur im neuen Gewand erscheint.[1379] Zwar werden rein zahlenmäßig die Landesparlamente in die Lage versetzt, Landesgesetze für mehr Materien als zuvor zu verabschieden, doch liegt die eigentliche Gestaltungsmacht nicht bei ihnen. Da die Exekutiven bereits über bewährte Verhandlungsstrukturen verfügen, ist davon auszugehen, dass hierauf auch zurückgegriffen wird.[1380] Es liegt damit wie bisher an den Parlamenten, sich gegenüber ihren Regierungen zu behaupten.[1381] Die Stellung der Länderparlamente ist damit weniger durch die bundesstaatliche Kompetenzverteilung an sich bedingt, als vielmehr durch die „Funktionslogik parlamentarischer Regierungssysteme".[1382] Solange diese Strukturen nicht zurückgedrängt werden, lässt sich eine echte Stärkung der Landesparlamente allein durch eine Reform der bundesstaatlichen Kompetenzen kaum erreichen.[1383]

J. Neue Verflechtung und Blockadepotenzial

Die Möglichkeit einer echten Blockadepolitik der Länder geht mit dem Abweichungsrecht nicht einher, da eine solche nur dort greifen kann, wo das Grundgesetz – wie etwa im Falle der Zustimmungspflicht des Bundesrates – echte Veto-

1376 *Oeter*, in: Starck, Föderalismusreform, Rn. 29.

1377 *Köck/Wolf*, NVwZ 2008, 353, 355.

1378 *Hansalek*, NVwZ 2006, 668, 670.

1379 Eine neue Ebene der Politikverflechtung auf Exekutivebene konstatieren *Schulze-Fielitz*, NVwZ 2007, 249, 254; zustimmend *Köck/Wolf*, NVwZ 2008, 353, 354.

1380 So auch *Anderheiden*, in: HdbStR, Bd. VI, § 140, Rn. 33, der freilich doch noch auf eine Beteiligung der Landesparlamente hofft.

1381 Zweifelnd, ob die „lethargischen Landtage" hierzu überhaupt bereit wären: *Münch/Zinterer*, ZParl 3 (2000), 657, 667.

1382 *Reutter*, APuZ 50 (2006), 12, 17.

1383 *Reutter*, APuZ 50 (2006), 12, 17.

Positionen einräumt.[1384] Neue Zustimmungserfordernisse bezüglich des Inhalts von Bundesgesetzen werden im Zuge der Einführung des Abweichungsrechts nicht begründet. Die Gefahr, dass die Möglichkeit des Bundes, die Zustimmung des Bundesrates zu einer Ausnahme von der Sechs-Monats-Frist herbei zu führen (Art. 72 Abs. 3 S. 3 HS. 2 GG), von den Ländern *contra constitutionem* dazu genutzt werden könnte, Einfluss auf den übrigen Inhalt des Gesetzes zu nehmen, besteht nach hier vertretener Ansicht jedenfalls aus Rechtsgründen nicht. Die Zustimmungspflicht und damit korrespondierend auch das Zustimmungsrecht des Bundesrates bezieht sich ausschließlich auf die Regelung über das vorgezogene Inkrafttreten.[1385] Die im Zusammenhang mit dem Abbau von Zustimmungstatbeständen zu verzeichnende Entflechtung geht daher nicht auf das Konto des materiellen Abweichungsrechts, sondern ist der ebenfalls neuen sog. formellen Abweichungslösung in Art. 84 Abs. 1 S. 2 HS. 2 GG zu verdanken.

Zu echten Blockaden kann es allein infolge des materiellen Abweichungsrechts nicht kommen; zwar könnten die Länder aufgrund der Sechs-Monats-Frist Bundesgesetzen stets zuvor kommen, doch läge darin kein bloßes Veto, sondern die Anstrengung eines eigenen Gesetzgebungsverfahrens.[1386] Eine Blockadehaltung kann demzufolge nicht mehr rein destruktiv geübt werden, sondern erfordert zu ihrer Verwirklichung – und dies ist durchaus zu begrüßen – einen „konstruktiven Schritt“[1387]. Diesen insbesondere gegenüber den Wählern zu rechtfertigen bedarf es mehr als bloßer Kritik an der Bundesregelung; es bedarf eigener konstruktiver Lösungen. Länder, die solche nicht vorzuweisen haben oder keinen Bedarf für abweichende Regelungen sehen, können dem Bund ihr Einverständnis signalisieren und damit dessen Position gegenüber abweichungswilligen Ländern stärken.

Die Reform hat die Blockadeanfälligkeit des bundesstaatlichen Systems durch strukturelle Änderungen[1388] damit zwar weitgehend aus dem Bereich des Bundesrats herausgelöst, führt zugleich aber zu einer neuen Verflechtung,[1389] deren Grundlagen zwar nicht im materiellen Abweichungsrecht selbst angelegt, sondern im auf Koordinierung ausgerichteten Verhalten der Akteure begründet sind. Die vormals überwiegend strukturell angelegten Probleme sind damit verstärkt auf die Verhaltensebene verlagert geworden.[1390]

1384 *Schulze-Fielitz*, NVwZ 2007, 249, 254: nur „faktische Veto-Positionen“; Fälle tatsächlicher Blockaden sind jedoch selten, *Burkhart/Manow*, ZPol 2006, 807, 822; vgl. auch *Reutter*, APuZ 50 (2006), 12, 15 m.N.: in 2005 nur 183 von 6458.

1385 Oben 3. Kap., E., VII., 2.

1386 *Germann*, in: Kluth: Föderalismusreformgesetz, Art. 84, 85, Rn. 136.

1387 *Germann*, in: Kluth: Föderalismusreformgesetz, Art. 84, 85, Rn. 136.

1388 Deren Wirkungen aber vorrangig von Art. 84 Abs. 1 GG ausgehen.

1389 *Koch*, Stellungnahme, S. 4, Rechtsausschussprotokoll 15, Anlage 2: „neue Politikverflechtung“; ebenso *Ritter*, DÖV 2009, 425, 426; *Degenhart*, DÖV 2010, 422, 423.

1390 Vgl. auch oben 1. Kap., C., III., 2.

K. Zurechenbarkeit politischer Verantwortlichkeit

Die Herstellung von Entscheidungstransparenz und damit verbesserte Zurechenbarkeit politischer Verantwortlichkeit waren Anliegen aller Beteiligten, da sie insbesondere selbst nicht länger für Entscheidungen des politischen Gegners in die Haftung genommen werden wollten.[1391] Doch werden die Verantwortlichkeiten durch den vor allem auf der Bundesgesetzgebung lastenden Konsensdruck noch weiter verunklart, was zu zunehmender Politikverdrossenheit führen könnte.[1392] Die zu verzeichnende Tendenz zu vorheriger Kooperation kann dazu führen, dass Bundesrecht gleichsam „landesstaatlich verantwortet" wird.[1393] Auf welcher Ebene entscheidende Veränderungen vorgenommen wurden, bleibt letztlich im Dunkeln, da Erfolge naturgemäß von beiden Seiten vereinnahmt, Misserfolge dagegen nicht selten dem politischen Gegner angelastet zu pflegen werden.[1394] Als positiver Aspekt kann dem jedoch abgewonnen werden, dass mehr Koordinierung im Vorfeld weniger Abweichungen erwarten lässt und damit letztlich der Übersichtlichkeit des Rechts dient.[1395]

1391 *Decker*, in: Palermo/Hrebek/Zwilling/Alber (Hrsg.), Auf dem Weg zu asymmetrischem Föderalismus?, S. 144, 153; *Gerstenberg*, Gesetzgebungs- und Verwaltungskompetenzen, S. 168 f.

1392 *Mayen*, DRiZ 2007, 51, 55; *Dietlein*, Stellungnahme v. 8.5.2006, S. 2, Rechtsausschussprotokoll 15, Anlage 2.

1393 *Dietlein*, Stellungnahme v. 8.5.2006, S. 2, Rechtsausschussprotokoll 15, Anlage 2.

1394 *Möstl*, ZG 2003, 298, 304.

1395 *Hansalek*, NVwZ 2006, 668, 670; ähnlich *Koch/Krohn*, NuR 2006, 673, 678: „Letztentscheidungsbefugnisse der Länder".

Schlussbetrachtung

Für das Abweichungsrecht haben sich schon vor der Reform und auch danach viele Namensschöpfungen heraus kristallisiert: Angesichts der zeitlich überlegenen Stellung der Länder komme sie einer „faktischen ausschließlichen Gesetzgebung der Länder"[1396] gleich, bei der Bundesrecht vielfach nur noch auf dem Papier stehen werde. Andere sprechen mit Blick auf die mangelnde Gesetzgebungspflicht der Länder von einer „Mustergesetzgebung"[1397] des Bundes, der die Länder folgen könnten oder eben nicht, oder aber es wird die Möglichkeit der Länder zu neuartigen Vorstößen in Form einer „Experimentalgesetzgebung"[1398] betont. Wieder andere führen den Gedanken eines Abweichungs- bzw. Zugriffsrechts auf ein wörtliches Verständnis von „konkurrierender" Gesetzgebung zurück,[1399] es handele sich um nicht weniger als „echte konkurrierende Gesetzgebungszuständigkeiten" im wahrsten Sinne des Wortes.[1400] Wer Abstimmungen zwischen Bund und Ländern auf kleinste gemeinsame Nenner erwartet oder den Bund auf die Regelung denkbar eng abgesteckter abweichungsfester Bereiche beschränkt sieht, für den müssen sich die neuen Regelungen als Auferstehung der „Rahmengesetzgebung in neuem Gewand"[1401] darstellen. Nur wenige sehen in den Abweichungsmaterien „echte Gesamtmaterien, die die Verfassung dem Bundestag und den Länderparlamenten prinzipiell in gleicher Augenhöhe überantwortet".[1402] Letztlich aber haben sämtliche Namensgebungen einen bestimmten prognostizierten Umgang mit der neuen Kompetenz vor Augen, der sich tatsächlich aber auch ganz anders als erwartet darstellen kann. Auch liegt den unterschiedlichen Einschätzungen ein differentes Föderalismusverständnis zugrunde. Der unvoreingenommene Betrachter kann die Abweichungskompetenz indes nur als das sehen, als was sie sich nach der grundgesetzlichen Konzeption und den bisher festgestellten Auswirkungen darstellt – als eine besondere Form der konkurrierenden Gesetzgebung mit Abweichungsrecht der Länder, nicht mehr, aber auch nicht weniger.

Sind die Erwartungen an die Reform mit Blick auf die möglichen Auswirkungen erreicht? Ist gegenüber dem Zustand vor der Reform eine Verbesserung eingetreten oder werden mehr Probleme geschaffen als gelöst? Auch diese Fra-

---

1396 *Hansalek*, NVwZ 2006, 668, 670; ähnlich *Koch/Krohn*, NuR 2006, 673, 678: „Letztentscheidungsbefugnisse der Länder".

1397 So *Möllers*, Stellungnahme v. 4.5.2006, S. 5, Rechtsausschussprotokoll 12, Anlage 2.

1398 *Fischer-Hüftle*, NuR 2007, 78, 85.

1399 *Dietsche/Hinterseh*, in: Jahrbuch des Föderalismus 2005, 187, 202.

1400 *Ipsen*, NJW 2006, 2801, 2804; *Michael*, JZ 2006, 884, 887.

1401 *Stettner*, in: Dreier, GG, Art. 72, Rn. 48; ähnlich die Anmerkung des Ausschusses Verfassungsrecht des *DAV*, AnwBl. 2006, 614, 616; *Isensee*, in: HdbStR, Bd. VI, § 133, Rn. 32; *Degenhart*, DÖV 2010, 422, 423.

1402 *Klein/Schneider*, DVBl. 2006, 1549, 1552.

gen können schwerlich losgelöst von einem bestimmten Föderalismus-Leitbild beantwortet werden und deshalb wirft gerade auch die um das Abweichungsrecht geführte Debatte die viel grundlegendere Frage auf, wie viel Vielfalt und Unterschiedlichkeit wir uns in Deutschland zumuten wollen.[1403] So viel Vielfalt wie möglich, so viel Einheit wie nötig, heißt es aus dem Munde der Föderalisten,[1404] der Gesamtstaat dagegen warnt vor Vielfalt allein um der Vielfalt Willen; Anknüpfungspunkt sollten die Interessen der Menschen sein.[1405] Beide Standpunkte stehen sich in einem funktionierenden Föderalismus jedoch keineswegs unversöhnlich gegenüber, denn „Föderalismus lebt von der Anerkennung und Bejahung der Vielfalt in Einheit, vom Willen zur Anerkennung der je besonderen Eigenarten ebenso wie von der Bejahung der Einheit"[1406], er „dient der Einheitsbildung in Verschiedenheit; er wirkt auf Integration des Unterschiedlichen im Gemeinsamen hin"[1407]. Eine echte Leitbilddiskussion darüber, ob im deutschen Bundesstaat das einheitsstiftende Element betont oder aber mehr Vielfalt in den Vordergrund gestellt werden soll, hat bisher nicht stattgefunden.[1408] Sie wäre auch müßig, da ihr Ergebnis, ebenso wie die gesellschaftliche und ökonomische Entwicklung, einem ständigen Wandel unterläge.[1409]

Die Normierung der abweichungsrechtlichen Vorschriften lässt jedoch eine zunehmende Neigung des Gesetzgebers erkennen, die Verfassung nicht mehr für den Idealfall, sondern gleichsam für Extremsituationen zu formulieren, um damit allen denkbaren Missbrauchsmöglichkeiten zuvor zu kommen.[1410] Diese Beobachtung gilt nicht nur für die Normierung der lex-posterior-Regel in Art. 72 Abs. 3 S. 3 GG – sofern man diese nicht ohnehin für entbehrlich hält[1411] –, sondern insbesondere auch mit Blick auf die Sechs-Monats-Frist für das Inkrafttreten der Bundesgesetze, in der der Gesetzgeber die als negativ empfundene Verfassungswirklichkeit aufgreift und in das Grundgesetz projiziert.

Konstatiert werden kann auch, dass mit der Abweichungskompetenz die praktischen Auswirkungen der Kompetenzaufteilung ein Stück weit abhängiger vom Verhalten der politischen Akteure werden als zuvor. Diese Abhängigkeit könnte bei entsprechender Verhaltenskontrolle (z.B. durch Wahlen) dazu führen, dass unerwünschte Alleingänge rückgängig gemacht bzw. bewährte Abwei-

1403 *Böhmer*, 1. Sitzung der Kommission am 7.11.2003, Stenografische Berichte, S. 14, in: CD_ROM „Zur Sache 1/2005"; *Bosbach*, BT-Plenarprotokoll 15/66, S. 5600; ein kurzer Stimmungsüberblick des Schrifttums findet sich bei *Selmer*, ZG 2009, 33, 36 f.

1404 *Bosbach*, BT-Plenarprotokoll 15/66, S. 5600.

1405 *Zypries*, BT-Plenarprotokoll 15/66, S. 5606.

1406 *Nettesheim*, in: FS Badura, S. 363, 370.

1407 *Nettesheim*, in: FS Badura, S. 363, 369.

1408 Kritisch daher *Schulze-Fielitz*, Gesprächsfazit beim DLT-Professorengespräch am 2./3.3.2005, vgl. *Vorholz*, DVBl. 2005, 1022, 1026.

1409 *Hebeler*, ZG 2006, 301, 320.

1410 Vgl. zu Art. 72 Abs. 3 S. 3 GG *Meyer*, Rechtsausschussprotokoll 12, S. 41.

1411 So z.B. *Meyer*, Rechtsausschussprotokoll 12, S. 41; hierzu oben 3. Kap., F., III.

chungen womöglich für den Bund übernommen werden. Das Abweichungsrecht könnte so auf einen gemeinwohlverträglichen Anwendungsbereich eingestellt, d.h. seinem Zweck entsprechend zur angemessenen Berücksichtigung landesspezifischer Besonderheiten genutzt werden. Eine solche Disziplinierungswirkung setzte aber voraus, dass Verantwortlichkeiten auch wirklich zurechenbar sind. Gerade dies dürfte angesichts der zu erwartenden politischen Aushandelungsprozesse zwischen Bundes- und Länderexekutiven jedoch schwierig sein. Hier sind die Landtage gefordert, sich aktiv einzubringen; anderenfalls wird sich ihre Rolle durch das Abweichungsrecht kaum verbessern.

Grimm hatte im Kontext eines sparsamen Umgangs mit dem Abweichungsrecht kritisiert, dass, wenn eine Regelung nur deshalb vernünftig sei, weil man sie nicht anwende, dann solle man sie bleiben lassen.[1412] Vielleicht besteht aber gerade in einem geringen Anwendungsumfang und einer geringen Anwendungstiefe der positive Nutzen des Abweichungsrechts. Zwar ist zu erwarten, dass von ihm letztlich doch wieder eine vereinheitlichende Wirkung ausgeht, doch läge die Überlegenheit eines solchen Systems gegenüber dem Zentralstaat darin, dass sich erfolgreiche Lösungen schneller erproben und auch für den Gesamtstaat gewinnbringend einsetzen lassen. Fehlentwicklungen in einigen Ländern könnten für andere Länder und den Bund vermieden werden.[1413] Das „Ertragen von Ungleichheiten"[1414] muss damit keine bundesstaatliche Notwendigkeit sein. Manchmal bedarf es erst des mutigen Vorstoßes eines Landes, um sinnvolle Lösungen anzugehen und einem Praxistest zu unterziehen. Reformängste können damit abgebaut werden.[1415]

Ob mit dem Abweichungsrecht indes auch ein Bewusstseinswandel innerhalb der Bevölkerung eingeleitet werden kann, die Vorteile föderaler Vielfalt für sich zu entdecken,[1416] muss angesichts der immer noch anhaltenden Unitarisierungstendenzen gerade innerhalb der mobilen Bevölkerung sowie in Unternehmenskreisen bezweifelt werden. Die mit dem Abweichungsrecht ermöglichte Vielfalt wird daher allenfalls als unliebsamer Zwischenschritt zu den nach wie vor angestrebten einheitlichen Lösungen hingenommen werden. Im Ergebnis erweist sich das Abweichungsrecht damit keineswegs als Einbahnstraße in die Kleinstaaterei.

1412 *Grimm*, 9. Sitzung der Kommission am 14.10.2004, Stenografischer Bericht, S. 207, in: CD-ROM „Zur Sache 1/2005"; vgl. oben 2. Kap., F., V.; ähnlich *Meyer*, Die Föderalismusreform 2006, S. 165: Die Abweichungskompetenz werde nur Zukunft haben, wenn von ihr in der Regel kein Gebrauch gemacht werde.

1413 Auf eine entsprechende Signalwirkung hinweisend *Mammen*, DÖV 2007, 376, 379.

1414 *Oschatz* (Stellungnahme, S. 3, Rechtsausschussprotokoll 12, Anlage 2) hat die Frage aufgeworfen, ob das Ertragen von Ungleichheit im Bundesstaat gar unausweichlich ist.

1415 *Wieland*, Manuskript „Deutschlands Zukunft als Bundesstaat", S. 10, Rechtsausschussprotokoll 12, Anlage 2.

1416 So das Resümee von *Gerstenberg*, Gesetzgebungs- und Verwaltungskompetenzen, S. 313.

Die Bedenken im Hinblich auf die rechtliche Ausgestaltung der Abweichungsvorschriften sind nur zum Teil berechtigt und lassen sich überwiegend durch Auslegung beheben.[1417] Auch die praktischen Folgen sind insbesondere angesichts der bisher verschwindend geringen Gesetzgebungsaktivitäten der Länder weit weniger drastisch als vielfach befürchtet.

„Wir brauchen Mut auch zu Unkonventionellem. Wir brauchen Kompromissbereitschaft“ – dies waren die Worte des Vorsitzenden der Gemeinsamen Kommission von Bundestag und Bundesrat zur Modernisierung der Bundesstaatlichen Ordnung, *Müntefering*, in ihrer ersten Sitzung am 7. November 2003.[1418] Unkonventionell ist das Abweichungsrecht gewiss und ein politischer Kompromiss[1419] erst Recht. Ob sich der Mut der Großen Koalition auszahlen wird, muss sich erst noch beweisen. Bisher hat er sich zumindest – aber auch nur – als unschädlich erwiesen.

1417 *Haug*; DÖV 2008, 851, 856: Einwände sind nur „verfassungsästhetischer Natur“.

1418 *Müntefering*, 1. Sitzung der Kommission am 7.11.2003, Stenografischer Bericht, S. 4, in: CD-ROM „Zur Sache 1/2005“.

1419 So auch *Meyer*, Die Föderalismusreform, S. 164 f.

Literaturverzeichnis

Abromeit, Heidrun, Der verkappte Einheitsstaat, Opladen 1992.

Arndt, Hans-Wolfgang/Benda, Ernst/Dohnanyi, Klaus von/Süssmuth, Rita/Weidenfeld, Werner, Bertelsmann-Kommission „Verfassungspolitik & Regierungsfähigkeit, Entflechtung 2005, Zehn Vorschläge zur Optimierung der Regierungsfähigkeit im deutschen Föderalismus, Gütersloh 2000, zitiert: Arndt/Benda/Dohnanyi (u.a.), Bertelsmann-Kommission, Entflechtung 2005.

Ausschuss Verfassungsrecht des DAV, Föderalismusreform – nichts wird einfacher, AnwBl. 2006, S. 614 – 617.

Baier, Christian, Bundesstaat und Europäische Integration, Die „Europatauglichkeit" des deutschen Föderalismus, Berlin 2006.

Bartels, Hans-Peter, In der Fachbeamtenbeteiligungsmaschinerie, Berliner Republik 2005, S. 9 – 11.

Battis, Ulrich/Kersten, Jens, Die Raumordnung nach der Föderalismusreform, DVBl. 2007, S. 152 – 159.

Bayer, Hermann-Wilfried, Die Bundestreue, Tübingen 1961.

Beck, Lukas, Die Abweichungsgesetzgebung der Länder, Tübingen 2009.

Benda, Ernst/Klein, Eckart, Verfassungsprozessrecht, 2. Aufl., Heidelberg 2001.

Benz, Arthur, Verwaltungspolitik im föderativen Wettbewerb der Länder? – Mögliche Konsequenzen einer Änderung von Art. 84 Abs. 1 GG –, VerwArch 2006, S. 318 – 331.

Benz, Arthur, Verwaltungspolitik im föderativen Wettbewerb der Länder? Mögliche Konsequenzen einer Änderung von Art. 84 Abs. 1 GG, VerwArch 2006, S. 318 – 331.

Borchard, Michael/Margedant, Udo (Hrsg.), Der deutsche Föderalismus im Reformprozess, Sankt-Augustin 2006, zitiert: Bearbeiter, in: Borchardt/Margedant, Der deutsche Föderalismus im Reformprozess.

Borchard, Michael/Margedant, Udo (Hrsg.), Föderalismusreform – Vor der Reform ist nach der Reform? Eine erste Bilanz der Arbeit der Bundesstaatskommission, Sankt-Augustin 2004, zitiert: Bearbeiter, in: Borchard/Margedant, Föderalismusreform – erste Bilanz.

Borchardt, Frank, Die Zulässigkeit parteipolitischen Verhaltens im Bundesrat, Hamburg 2002.

Brenner, Michael, Zukunftsperspektiven des Föderalismus aus Sicht des Verfassungsrechts, in: Borchard, Michael/Margedant, Udo (Hrsg.), Der deutsche Föderalismus im Reformprozess, Sankt-Augustin 2006, S. 199 – 214.

Brenner, Michael/Huber, Peter M./Möstl, Markus (Hrsg.), Der Staat des Grundgesetzes – Kontinuität und Wandel, Festschrift für Peter Badura zum siebzigsten Geburtstag, Tübingen 2004, zitiert: Bearbeiter, in: FS Badura.

Breuer, Rüdiger, Die neuen wasserrechtlichen Instrumente des Hochwasserschutzgesetzes vom 3.5.2005, NuR 2006, S. 614 – 623.

Brink, Stefan, Unreformierter Föderalismus, Zeitschrift für Rechtspolitik (ZRP) 2005, S. 60 – 63.

Brink, Stefan (Hrsg.), Gemeinwohl und Verantwortung, Festschrift für Hans Herbert von Arnim, Berlin 2004; zitiert: Bearbeiter, in: FS v. Arnim.

Brocker, Lars, Zur landesrechtlichen Bejagung geschützter Arten – Elster und Rabenkrähe im Dickicht von Naturschutz und Jagdrecht, NuR 2000, S. 307 – 310.

Brückner, Michael/Przyklenk, Andrea, Europa transparent, Informationen, Daten, Fakten, Hintergründe, 1. Auflage, Heidelberg 1991.

Burkhart, Simone/Manow, Philip, Kompromiss und Konflikt im parteipolitisierten Föderalismus der Bundesrepublik Deutschland, Zeitschrift für Politikwissenschaft (ZPol) 2006, S. 807 – 824.

Burkhart, Simone/Manow, Philip, Was bringt die Föderalismusreform? Wahrscheinliche Effekte der geänderten Zustimmungspflicht, MPIfG Working Paper 06/6, Oktober 2006.

Czybulka, Detlef, Reformnotwendigkeiten des Jagdrechts aus Sicht einer Hamonisierung mit dem europäischen und internationalen Recht der Biodiversität und dem Artenschutzrecht, NuR 2006, S. 7 – 15.

Dästner, Christian, Zur Entwicklung der Zustimmungsbedürftigkeit von Bundesgesetzen seit 1949, ZParl 2001, S. 290 – 309.

Debus, Alfred, Verweisungen in deutschen Rechtsnormen, Berlin 2008.

Decker, Frank, Mehr Asymmetrie im deutschen Föderalismus? Die neue Abweichungsgesetzgebung, in: Palermo, Francesco/Hrebek, Rudolf/ Zwilling, Carolin/Alber, Elisabeth (Hrsg.), Auf dem Weg zu asymmetrischem Föderalismus?, 1. Aufl., Baden-Baden 2007, S. 144 – 163.

Degenhart, Christoph, Die Neuordnung der Gesetzgebungskompetenzen durch die Föderalismusreform, NVwZ 2006, S. 1209 – 1216.

Degenhart, Christoph, Verfassungsrechtliche Rahmenbedingungen der Abweichungsgesetzgebung, DÖV 2010, S. 422 – 430.

Deutscher Bundestag und Bundesrat, Öffentlichkeitsarbeit (Hrsg.), Zur Sache 1/2005, Dokumentation der Kommission von Bundestag und Bundesrat zur Modernisierung der bundesstaatlichen Ordnung, Berlin, zitiert: Bearbeiter, in: CD-ROM „Zur Sache 1/2005“.

Dichgans, Hans, Vom Grundgesetz zur Verfassung: Überlegungen zu einer Gesamtrevision, Düsseldorf 1970.

Diekmann, Marc, Das Verhältnis des Bundesrates zu Bundestag und Bundesregierung im Spannungsfeld von Demokratie- und Bundesstaatsprinzip, Versuch einer Konfliktlösung unter Berücksichtigung der historischen Entwicklung des Föderativorgans, Frankfurt a. M. 2007.

Dietsche, Hans-Jörg/Hinterseh, Sven, Ein sogenanntes Zugriffsrecht für die Länder – „konkurrierende" Gesetzgebung beim Wort genommen? Zur Entwicklung einer verfassungsrechtlichen Diskussion, in: Jahrbuch des Föderalismus 2005, S. 187 – 205.

Dietsche, Hans-Jörg/Hinterseh, Sven, Entflechtung der Gesetzgebungskompetenzen – eine Perspektive für „bessere" Verantwortungszuordnung der verschiedenen Ebenen?, Borchard, Michael/Margedant, Udo (Hrsg.), Der deutsche Föderalismus im Reformprozess, Sankt-Augustin 2006, S. 11 – 35.

Dolzer, Rudolf/Waldhoff, Christian/Graßhof, Karin (Hrsg.), Bonner Kommentar zum Grundgesetz, Band I, Heidelberg 2009, zitiert: Bearbeiter, in: BK, GG.

Dreier, Horst (Hrsg.), Grundgesetz Kommentar, Band I, 2. Aufl., Tübingen 2004, Band II, 2. Aufl., Tübingen 2006, zitiert: Bearbeiter, in: Dreier, GG.

Dreier, Horst (Hrsg.), Grundgesetz Kommentar, Band II, 2. Aufl., Tübingen 2006, Supplementum 2007, zitiert: Bearbeiter, in: Dreier, GG.

Epiney, Astrid, Föderalismusreform und Europäisches Umweltrecht, NuR 2006, S. 403 – 412.

Epping, Volker/Hillgruber, Christian (Hrsg.), Beck'scher Online-Kommentar, Grundgesetz, Stand: 01.10.2008, zitiert: Bearbeiter, in: Epping/Hillgruber, Beck OK, GG.

Erbguth, Wilfried, Städtebaurecht und Raumordnungsrecht im Wandel: Ökologisierung durch Europäisierung, Rechtsschutz, Föderalismusreform, NVwZ 2007, S.985 – 991.

Feldkamp, Michael/Ströbel, Birgit, Datenhandbuch zur Geschichte des Deutschen Bundestages 1994 bis 2003, Berlin 2005, zitiert: Datenhandbuch 1994 bis 2003.

Fischer, Thomas, Deutscher Föderalismus vor der Herausforderung einer europäischen Verfassung, in: Aus Politik und Zeitgeschichte (APuZ), Beilage zur Wochenzeitung „Das Parlament", 29-30 (2003), S. 3 – 5.

Fischer, Thomas/Hirscher, Gerhard/Margedant, Udo/Schick, Gerhard/Werner, Horst, Föderalismusreform in Deutschland, Ein Leitfaden zur aktuellen Diskussion und zur Arbeit der Bundesstaatskommission, Forum Föderalismus 2004, Gütersloh 2004, zitiert: Fischer/Hirscher/Margedant/ Schick/ Werner, Föderalismusreform in Deutschland.

Fischer-Hüftle, Peter, Zur Gesetzgebungskompetenz auf dem Gebiet „Naturschutz und Landschaftspflege" nach der Föderalismusreform, NuR 2007, S. 78 – 85.

Forsthoff, Ernst, Die Verwaltung als Leistungsträger, Stuttgart 1938.

Franzius, Claudio, Die Abweichungsgesetzgebung, NVwZ 2008, S. 492 – 499.

Freiberg, Stephan, Der kategorische Imperativ im deutschen Recht, Aachen 2005.

Frenz, Walter, Föderalismusreform im Umweltschutz, NVwZ 2006, S. 742 – 747.

Friauf, Karl Heinrich/Höfling, Wolfram, Berliner Kommentar zum Grundgesetz, Band 4, Art. 83 – 145, Berlin 2010, zitiert: Bearbeiter, in: BK, GG.

Friauf, Karl Heinrich/Höfling, Wolfram, Berliner Kommentar zum Grundgesetz, Band 3, Berlin 2009, zitiert: Bearbeiter, in: Friauf/Höfling, Berliner Kommentar, GG.

Froese, Thomes, Die Entfesselung des Staates, Eine Föderalismusreform für mehr Handlungsfreiheit?, Marburg 2007.

Gärditz, Klaus Ferdinand, Landesrecht aufhebende Geltungskraft verfassungswidriger Bundesgesetze?, DÖV 2001, S. 539 – 547.

Gemeinsame öffentliche Anhörung zur Föderalismusreform, Gemeinsame öffentliche Anhörung des Rechtsausschusses des Deutschen Bundestages und des Ausschusses für Innere Angelegenheiten des Bundesrates zur Föderalismusreform, Themenkomplex Allgemeiner Teil – Neuordnung der Zustimmungsrechte und Gesetzgebungskompetenzen, Stenografischer Bericht, 12. Sitzung am 15./16.05.2006, zitiert: Redner, Rechtsausschussprotokoll 12.

Gemeinsame öffentliche Anhörung zur Föderalismusreform, Sachverständigenstellungnahmen zur gemeinsamen öffentlichen Anhörung, Themenkomplex Allgemeiner Teil – Neuordnung der Zustimmungsrechte und Gesetzgebungskompetenzen, Stellungnahmen der Sachverständigen, abgedruckt in der Anla-ge 2 des Rechtsausschussprotokolls 12 (im Internet unter www.bundesrat.de/ausschuesse/a06/foederalismusreform/index.html), zitiert: Bearbeiter, Stellungnahme, Rechtsausschussprotokoll 12, Anlage 2.

Gemeinsame öffentliche Anhörung zur Föderalismusreform, Gemeinsame öffentliche Anhörung des Rechtsausschusses des Deutschen Bundestages und des Ausschusses für Innere Angelegenheiten des Bundesrates zur Föderalismusreform, Themenkomplex Umwelt Stenografischer Bericht, 15. Sitzung am 18.05.2006, zitiert: Redner, Rechtsausschussprotokoll 15.

Gemeinsame öffentliche Anhörung zur Föderalismusreform, Sachverständigenstellungnahmen zur gemeinsamen öffentlichen Anhörung, Themenkomplex Umwelt, Stellungnahmen der Sachverständigen, abgedruckt in der Anlage 2 des Rechtsausschussprotokolls 15 (im Internet unter www.bundesrat.de/ausschuesse/a06/foederalismusreform/index.html), zitiert: Bearbeiter, Stellungnahme, Rechtsausschussprotokoll 15, Anlage 2.

Georgii, Harald/Borhanian, Sarab, Zustimmungsgesetze nach der Föderalismusreform: wie hätte sich der Anteil der Zustimmungsgesetze verändert, wenn die vorgeschlagene Reform bereits 1998 in Kraft gewesen wäre? Wissenschaftliche Dienste des Deutschen Bundestages, Berlin 2006, zitiert: Georgii/Borhanian, Zustimmungsgesetze nach der Föderalismusreform.

Gerhards, Wolfgang, „Abweichungsrechte (Artikel 72 Abs. 3 GG – neu –) und Erforderlichkeitsklausel (Artikel 72 Abs. 2 GG)“, in: Holtschneider, Rainer/Schön, Walter, Die Reform des Bundesstaates, Baden-Baden 2007, S. 104 – 114.

Gerstenberg, Katrin, Zu den Gesetzgebungs- und Verwaltungskompetenzen nach der Föderalismusreform, Berlin 2009, zitiert: Gerstenberg, Gesetzgebungs- und Verwaltungskompetenzen.

Ginzky, Harald/Rechenberg, Jörg, Der Gewässerschutz in der Föderalismusreform, ZUR 2006, S. 344 – 350.

Glaser, Andreas, Das Jagdrecht im Spannungsfeld bundesstaatlicher Gesetzgebung, Auswirkungen der Föderalismusreform auf die Jagdgesetzgebung in Deutschland, NuR 2007, S. 439 – 446.

Grabitz, Eberhard, Die Rechtssetzungsbefugnis von Bund und Ländern bei der Durchführung von Gemeinschaftsrecht, AöR 111 (1986), S. 1 – 33.

Grabitz, Eberhard/Hilf, Mein-hard (Hrsg.), Das Recht der Europäischen Union, München 2009, zitiert: Bearbeiter, in: Grabitz/Hilf, EGV.

Grandjot, René, Zur Konzeption eines Kompetenztitels „Recht der Umwelt“, DÖV 2006, S. 511 – 516.

Guckelberger, Anette, Die Verjährung im öffentlichen Recht, Tübingen 2004.

Häde, Ulrich, Entflechtung und Verflechtung, Eine Zwischenbilanz der ersten Stufe der Föderalismusreform, ZG 2009, S. 1 – 17.

Häde, Ulrich, Zur Föderalismusreform in Deutschland, JZ 2006, S. 930 – 940.

Hansalek, Erik, Die neuen Kompetenzen des Bundes im Hochschulrecht, NVwZ 2006, S. 668 – 670.

Haslach, Christian, Zuständigkeitskonflikte bei der Umsetzung von EG-Richtlinien, DÖV 2004, S. 12 – 19.

Haug, Volker, Die Abweichungsgesetzgebung – ein Kuckucksei der Föderalismusreform?, DÖV 2008, S. 851 857.

Hebeler, Timo, Die Einheitlichkeit der Lebensverhältnisse im Grundgesetz, ZG 2006, S. 301 – 320.

Hendler, Reinhard, Raumordnungsziele als landesplanerische Letztentscheidungen, UPR 2003, S. 256 – 262.

Hendler, Reinhard, Unitarisierungstendenzen im Bereich der Gesetzgebung, ZG 1987, S. 210 – 227.

Hendler, Reinhard/Brockhoff, Sven, Die Eingriffsregelung des neuen Bundesnaturschutzgesetzes, NVwZ 2010, S. 733 – 738.

Henneke, Hans-Günter, Chancen einer Föderalismusreform nach dem Scheitern der Kommission zur Modernisierung der bundesstaatlichen Ordnung, in: ders. (Hrsg.), Föderalismusreform in Deutschland, Bestandsaufnahme der Kommissionsarbeit und Umsetzungsperspektiven, Professorengespräch 2005 des Deutschen Landkreistages am 2./3. März 2005 in Frankfurt am Main, Stuttgart 2005, Föderalismusreform, S. 13 – 41.

Henneke, Hans-Günter, Bestandsaufnahme der Kommissionsarbeit und Umsetzungsperspektiven – Zusammenfassung der Diskussion – in: ders. (Hrsg.), Föderalismusreform in Deutschland, Bestandsaufnahme der Kommissionsarbeit und Umsetzungsperspektiven, Professorengespräch 2005 des Deutschen Landkreistages am 2./3. März 2005 in Frankfurt am Main, Stuttgart 2005, S. 151 – 212.

Henneke, Hans-Günter (Hrsg.), Föderalismusreform in Deutschland, Bestandsaufnahme der Kommissionsarbeit und Umsetzungsperspektiven, Professorengespräch 2005 des Deutschen Landkreistages am 2./3. März 2005 in Frankfurt am Main, Stuttgart 2005, zitiert: Bearbeiter, in: Henneke, Föderalismusreform.

Herrfahrdt, Heinrich, Reich und Preußen, Vorschläge zur Verfassungsreform, Greifswald 1928.

Hesse, Konrad, Der unitarische Bundesstaat, Karlsruhe 1962.

Hesse, Konrad, Bundesstaatsreform und Grenzen der Verfassungsänderung, AöR 98 (1973), S. 1 – 52.

Hill, Hermann, Politikverdrossenheit – auch durch schlechte Gesetzgebung? in: Letzgus, Klaus u.a. (Hrsg.), Für Recht und Staat, Festschrift für Herbert Helmrich zum 60. Geburtstag, München 1994, S. 513 – 523.

Hoffmann-Riem, Wolfgang/Schmidt-Aßmann, Eberhard/Voßkuhle, Andreas (Hrsg.), Grundlagen des Verwaltungsrechts, Band. I, Methoden, Maßstäbe, Aufgaben, Organisation, München 2006.

Hofmann, Hans, Föderalismusreform im Verfassungsstaat, Das System bundesstaatlicher Kompetenz- und Finanzverteilung zwischen zwei Reformen, DÖV 2008, S. 833 – 844.

Holste, Heiko, Der deutsche Bundesstaat im Wandel (1867 – 1933), Berlin 2002.

Holtschneider, Rainer/Schön, Walter, Die Reform des Bundesstaates, Baden-Baden 2007, zitiert: Bearbeiter, in: Holtschneider/Schön, Die Reform des Bundesstaates.

Hömig, Dieter (Hrsg.), Grundgesetz, 8. Aufl., Baden-Baden 2007, zitiert: Bearbeiter, in: Hömig, GG.

Hoppe, Werner, Kompetenz-Debakel für die „Raumordnung“ durch die Föderalismusreform infolge der uneingeschränkten Abweichungszuständigkeit der Länder?, DVBl. 2007, S. 144 – 152.

Hoppe, Werner, Zur Flexibilisierung der Ziele der Raumordnung (§ 3 Nr. 2 ROG) in einem neuen Raumordnungsgesetz, BauR 2007, S. 26 – 37.

Hrbek, Rudolf/Eppler, Annegret, Deutschland vor der Föderalismusreform, Eine Dokumentation, Occasional Papers Nr. 28, zitiert: Hrbek/Eppler, Occasional Papers Nr. 28, Stuttgart 2003.

Huber, Peter M., Umweltkompetenzen im Spannungsverhältnis von europarechtlichen Anforderungen und landesgesetzlichen Gestaltungsbedürfnissen, in: Henneke (Hrsg.), Föderalismusreform in Deutschland, Bestandsaufnahme der Kommissionsarbeit und Umsetzungsperspektiven, Professorengespräch 2005 des Deutschen Landkreistages am 2./3. März 2005 in Frankfurt am Main, Stuttgart 2005, S. 87 – 109.

Institut der deutschen Wirtschaft Köln (Hrsg.), Föderalismusreform, Leitfaden für die nächsten Schritte, Köln 2007, zitiert, IW, Leitfaden.

Ipsen, Jörn, Staatsrecht I, Staatsorganisationsrecht, 20. Aufl., Köln 2008.

Ipsen, Jörn, Die Kompetenzverteilung zwischen Bund und Ländern nach der Föderalismusreform, NJW 2006, S. 2801 – 2806.

Isensee, Josef/Kirchhof, Paul, Handbuch des Staatsrechts der Bundesrepublik Deutschland, Band III, Das Handeln des Staates, 2. Auflage, Heidelberg 1996, zitiert: Bearbeiter, in: Isensee/Kirchhof, HdbStR, III.

Isensee, Josef/Kirchhof, Paul (Hrsg.), Handbuch des Staatsrechts der Bundesrepublik Deutschland, Band VI, Bundesstaat, 3. Aufl., Heidelberg 2008, zitiert: Bearbeiter, in: HdbStR, Bd. VI.

Jarass, Hans D., Regelungsspielräume des Landesgesetzgebers im Bereich der konkurrierenden Gesetzgebung und in anderen Bereichen, NVwZ 1996, S. 1041 – 1047.

Jarass, Hans/Pieroth, Bodo, Grundgesetz für die Bundesrepublik Deutschland, 9. Aufl., München 2007, zitiert: Bearbeiter, in: Jarass/Pieroth, GG.

Kahl, Wolfgang, Die Zustimmungsbedürftigkeit von Bundesgesetzen nach Art. 84 I GG unter besonderer Berücksichtigung des Umweltverfahrensrechts, NVwZ 2008, S. 710 – 718.

Kirchhof, Ferdinand, Ein neuer Ansatz zur Reform des Grundgesetzes, Zu den Bemühungen der Föderalismuskommission um die Erneuerung des Bundesstaates, ZG 2004, S. 209 – 225.

Klein, Oliver/Schneider, Karsten, Art. 72 GG n.F. im Kompetenzgefüge der Föderalismusreform, DBVl. 2006, S. 1549 – 1556.

Kloepfer, Michael, Die europäische Herausforderung – Spannungslagen zwischen deutschem und europäischem Umweltrecht, NVwZ 2002, S. 645 – 657.

Kloepfer, Michael, Föderalismusreform und Umweltgesetzgebungskompetenzen, ZG 2006, S. 250 – 269.

Kloepfer, Michael, Föderalismusreform und Umweltgesetzbuch, – Erweitertes Thesenpapier zum 2. ZUR/VUR-Fachgespräch „Die Neuordnung der Umweltgesetzgebungskompetenzen“, 19. Mai 2006 (Berlin) – , ZUR 2006, S. 338 – 340.

Kloepfer, Michael, Umwelt-, Naturschutz- und Jagdrecht – Eine kompetenzrechtliche Betrachtung im Lichte der Föderalismusdebatte, NuR 2006, 1 – 7.

Kluth, Winfried (Hrsg.), Föderalismusreformgesetz, Baden-Baden 2007, zitiert: Bearbeiter, in: Kluth, Föderalismusreformgesetz.

Kment, Martin, Zur angestrebten Änderung der Gesetzgebungskompetenz im Bereich der Raumordnung, NuR 2006, S. 217 – 221.

Knopp, Lothar, Föderalismusreform – zurück zur Kleinstaaterei? – An den Beispielen des Hochschul-, Bildungs- und Beamtenrechts, NVwZ 2006, S. 1216 – 1220.

Koch, Hans-Joachim, Die Verbandsklage im Umweltrecht, NVwZ 2007, S. 369 – 379.

Koch, Hans-Joachim/Krohn, Susan, Umwelt in schlechter Verfassung? Der Umweltschutz nach der Föderalismusreform, NuR 2006, S. 673 – 680.

Köck, Wolfgang, Nach dem Scheitern des UGB: Wie geht es weiter? ZUR 2009, S. 57.

Köck, Wolfgang/Wolf, Rainer, Grenzen der Abweichungsgesetzgebung im Naturschutz. Sind Eingriffsregelung und Landschaftsplanung allgemeine Grundsätze des Naturschutzes?, NVwZ 2008, S. 353 – 360.

Kössinger, Winfried, Die Durchführung des Europäischen Gemeinschaftsrechts im Bundesstaat, Bund/Länder-Verhältnis und Europäisches Gemeinschaftsrecht, Berlin 1989.

Kotulla, Michael, Umweltschutzgesetzgebungskompetenzen und „Föderalismusreform“, NVwZ 2007, 489 – 495.

Kunig, Philip, Völkerrecht und staatliches Recht, in: Vitzthum, Wolfgang (Hrsg.), Völkerrecht, 4. Aufl., Berlin 2007, S. 81 – 156.

Kutscher, Hans, Verfassungsrechtliche Fragen aus der Praxis des Bundesrats, DÖV 1952, S. 710 – 717.

Lehmann-Brauns, Richard, Die Zustimmungsbedürftigkeit von Bundesgesetzen nach der Föderalismusreform, Berlin 2008, zitiert: Lehmann-Brauns, Zustimmungsbedürftigkeit.

Lehmbruch, Gerhard, Parteienwettbewerb im Bundesstaat, Stuttgart, 1976.

Lehmbruch, Gerhard , Der unitarische Bundesstaat in Deutschland: Pfadabhängigkeit und Wandel, MPIfG Discussion Paper 02/2, Februar 2002.

Lenz, Carl Otto, Modelle zur Weiterentwicklung des föderativen Systems, Zeitschrift für Politik (ZfP) 1970, S. 138 – 147.

Letzgus, Klaus u.a. (Hrsg.), Für Recht und Staat, Festschrift für Herbert Helmrich zum 60. Geburtstag, München 1994, zitiert: Bearbeiter, in: FS Helmrich.

Leunig, Sven, Länder versus Parteiinteressen im Bundesrat, Realer Dualismus oder fiktive Differenzierung? APuZ 50-51 (2004), S. 33- 38.

Lichtenstern, Elisabeth, Die Gesetzgebung im Spannungsverhältnis zwischen Bund und Ländern, Frankfurt/M. 1979.

Louis, Walter, Die Gesetzgebungszuständigkeit für Naturschutz und Landschaftspflege nach dem Gesetzesentwurf zur Föderalismusreform, ZUR 2006, S. 340 – 344.

Mammen, Lars, Der neue Typus der konkurrierenden Gesetzgebung mit Abweichungsrecht, DÖV 2007, S. 376 – 380.
Mangoldt, Hermann v. /Klein, Friedrich/Starck, Christian, Kommentar zum Grundgesetz, Band 1, 5. Aufl., München 2005, zitiert: Bearbeiter, in: v. Mangoldt/Klein/Starck, GG.
Mangoldt, Hermann v. /Klein, Friedrich/Starck, Christian, Kommentar zum Grundgesetz, Band 2, 5. Aufl., München 2005, zitiert: Bearbeiter, in: v. Mangoldt/Klein/Starck, GG.
Margedant, Udo, Die Föderalismusdiskussion in Deutschland, in: Aus Politik und Zeitgeschichte (APuZ), Beilage zur Wochenzeitung „Das Parlament", 29-30 (2003), S. 6 – 13.
Maunz, Theodor/Dürig, Günter, Grundgesetz Kommentar, Band III, München 1993, zitiert: Bearbeiter, in: Maunz/Dürig, GG.
Maunz, Theodor/Schmidt-Bleibtreu, Bruno/Klein, Franz/Bethge, Herbert, Bundesverfassungsgerichtsgesetz Kommentar, Band 2, München 2008, zitiert: Bearbeiter, in: Maunz/Schmidt-Bleibtreu/Klein/Bethge, BVerfGG.
Maurer, Hartmut, Staatsrecht I, Grundlagen, Verfassungsorgane, Staatsfunktionen, 4. Aufl., München 2005.
Mayen, Thomas, Neuordnung der Gesetzgebungskompetenzen von Bund und Ländern, DRiZ 2007, S. 51 – 56.
Merten, Detlef (Hrsg.), Die Zukunft des Föderalismus in Deutschland und Europa, Berlin 2007, zitiert: Bearbeiter, in: Merten, Die Zukunft des Föderalismus.
Meyer, Hans, Die Föderalismusreform 2006, Konzeption, Kommentar, Kritik, Berlin 2008.
Michael, Lothar, Der experimentelle Bundesstaat, JZ 2006, S. 884 – 890.
Möllers, Christoph/Voßkuhle, Andreas/Walter, Christian (Hrsg.), Internationales Verwaltungsrecht, Tübingen 2007, zitiert: Bearbeiter, in: Möllers/Voßkuhle /Walter (Hrsg.), Internationales Verwaltungsrecht.
Möstl, Markus, Neuordnung der Gesetzgebungskompetenzen von Bund und Ländern, ZG 2003, S. 298 – 315.
Müggenborg, Hans-Jürgen/Hentschel, Anja, Neues Wasser- und Naturschutzrecht, NJW 2010, S. 961 – 967.
Münch, Ingo von/Kunig, Philip, Grundgesetz-Kommentar, Band III, 4./5. Aufl. 2003, München 2003, zitiert: Bearbeiter, in: v. Münch/Kunig, GG, Bd. III.
Münch, Ursula/Zinterer, Tanja, Reform der Aufgabenverteilung zwischen Bund und Ländern: Eine Synopse verschiedener Reformansätze zur Stärkung der Länder 1985 – 2000, ZParl 3 (2000), S. 567 – 680.
Nettesheim, Martin, in: Brenner, Michael/Huber, Peter M./Möstl, Markus (Hrsg.), Der Staat des Grundgesetzes – Kontinuität und Wandel, Festschrift für Peter Badura zum siebzigsten Geburtstag, Tübingen 2004, S. 363 – 392.

Nierhaus, Michael/Rademacher, Sonja, Die große Staatsreform als Ausweg aus der Föderalismusfalle?, LKV 2006, S. 385 – 395.

Oberreuter, Heinrich, Die Länder und Landesparlamente im föderalen Gefüge, in: Borchard, Michael/Margedant, Udo (Hrsg.), Der deutsche Föderalismus im Reformprozess, Sankt-Augustin 2006, S. 117 – 136.

Ossenbühl, Fritz, Die Zustimmung beim Erlaß von Bundesgesetzen, AöR 99 (1974), S. 369 – 436.

Ossenbühl, Fritz, Zustimmung und Verantwortung des Bundesrates beim Erlaß von Bundesgesetzen, in: Festschrift für Hermann Jahrreiß zum 80. Geburtstag, Köln 1974, S. 161 – 180, zitiert: Ossenbühl, in: FS Jahrreiß, 1974.

Palermo, Francesco/Hrebek, Rudolf/Zwilling, Carolin/Alber, Elisabeth (Hrsg.), Auf dem Weg zu asymmetrischem Föderalismus?, 1. Aufl., Baden-Baden 2007.

Papier, Hans-Jürgen, Aktuelle Fragen der bundesstaatlichen Ordnung, NJW 2007, S. 2145 – 2148.

Papier, Hans-Jürgen, Reformstau durch Föderalismus, in: Merten, Die Zukunft des Föderalismus in Deutschland und Europa, Berlin 2007, S. 123 – 136.

Rauber, Karl, Artikel 84 und das Ringen um die Verwaltungshoheit der Länder, in: Holtschneider, Rainer/Schön, Walter, Die Reform des Bundesstaates, Baden-Baden 2007, S. 91 – 103.

Rehbinder, Eckard/Wahl, Rainer, Kompetenzprobleme bei der Umsetzung von europäischen Richtlinien, NVwZ 2002, S. 21 – 28.

Rengeling, Hans-Werner, Europäische Normsetzung und ihre Umsetzung in nationales Recht, DVBl. 1995, S. 945 – 954.

Rengeling, Hans-Werner, Föderalismusreform und Gesetzgebungskompetenzen, DVBl. 2006, S. 1537 – 1549.

Renzsch, Wolfgang, Finanzausgleich und die Modernisierung des Bundesstaates: Perspektiven nach dem Urteil des Bundesverfassungsgerichts, FES-Analyse: Verwaltungspolitik, Electronic ed.: Bonn : FES Library, 2001 (gelesen: 17.01.2010).

Reutter, Werner, Regieren nach der Föderalismusreform, in: Aus Politik und Zeitgeschichte (APuZ), Beilage zur Wochenzeitung „Das Parlament“, 50 (2006), S. 12 – 17.

Ritter, Ernst Hasso, Das uneingeschränkte Abweichungsrecht nach Art. 72 Abs. 3 GG, RuR 2006, S. 418 – 420.

Ritter, Ernst-Hasso, Das Gesetz zur Neufassung des Raumordnungsgesetzes (ROG 2009): Weiterentwicklung oder beginnendes Siechtum?; DÖV 2009, S. 425 – 434.

Rossi, Matthias, Europäisiertes internationales Umweltverwaltungsrecht, in: Möllers, Christoph/Voßkuhle, Andreas/Walter, Christian (Hrsg.), Internationales Verwaltungsrecht, Tübingen 2007, S. 165 – 180.

Röttgen, Norbert/Boehl, Henner Jörg, Abweichung statt Zustimmung – Die Re-Adjustierung des Verhältnisses von Bundestag und Bundesrat durch Änderung des Artikels 84 GG, in: Holtschneider, Rainer/Schön, Walter, Die Reform des Bundesstaates, Baden-Baden 2007, S. 17 – 35.
Rüfner, Wolfgang, Ungeschriebene Bundeskompetenzen im Widerstreit, ZG 1999, S. 366 – 376.
Rühlicke, Lars, Bericht aus Berlin (September 2006), Jura 2006, S. 716 719.
Sachs, Michael, Grundgesetz Kommentar, 4. Auflage, München 2007, zitiert: Bearbeiter, in: Sachs, GG.
Sanden, Joachim, Die Weiterentwicklung der föderalen Strukturen der Bundesrepublik Deutschland, Berlin 2005.
Sauerland, Thomas, Die Verwaltungsvorschrift im System der Rechtsquellen, Berlin 2005.
Scharpf, Fritz W., Die Politik-Verflechtungsfalle: Europäische Integration und deutscher Föderalismus im Vergleich, PVS 26 (1985), S. 323 – 357.
Scharpf, Fritz W./Reissert, Bernd/Schnabel, Fritz, Politikverflechtung: Theorie und Empirie des kooperativen Föderalismus in der Bundesrepublik, Kronberg/Ts. 1976, zitiert: Bearbeiter, in: Scharpf/Reissert/Schnabel, Politikverflechtung.
Schäuble, Wolfgang, Modernisierung der bundesstaatlichen Ordnung – die Rolle des Bundes im deutschen Föderalismus, in: Jahrbuch des Föderalismus 2007, S. 15 – 24.
Scheidler, Alfred, Änderung der Gesetzgebungskompetenz im Versammlungsrecht – Erste Aktivitäten der Länder Zeitschrift für Rechtspolitik (ZRP) 2008, S. 151 – 153.
Scheidler, Alfred, Die Föderalismusreform als neue Chance für ein Umweltgesetzbuch?, GewArch 2006, S. 453 – 458.
Schenke, Wolf-Rüdiger, Die Verfassungsorgantreue, Berlin 1977.
Schewerda, Martin, Die Verteilung der Verwaltungskompetenzen zwischen Bund und Ländern nach dem Grundgesetz, Aachen 2008; zitiert: Schewerda, Verwaltungskompetenzen.
Schmidt, Rolf, Verfassungsrechtliche Grenzen der Blockadepolitik des Bundesrates zum Nachteil der öffentlichen Haushalte, DÖV 2005, S. 973 – 982.
Schmidt-Bleibtreu, Bruno/Hofmann, Hans/Hopfauf, Axel, Grundgesetz Kommentar, 11. Aufl., Köln 2008, zitiert: Bearbeiter, in: Schmidt-Bleibtreu/Hofmann/Hopfauf, GG.
Schmidt-Jortzig, Edzard, Die fehlgeschlagene Verfassungsreform, ZG 2005, S. 16 – 28.
Schmidt-Jortzig, Edzard, Entflechtung bundesstaatlicher Verantwortung im Bereich der Gesetzgebung, in: Merten, Die Zukunft des Föderalismus in Deutschland und Europa, Berlin 2007, S. 147 – 158.

Schmitz, Holger/Müller, Christian, Das Raumordnungsrecht nach der Föderalismusreform, RuR 2007, S. 456 – 466.
Schneider, Hans, Gesetzgebung, 3. Aufl. Heidelberg 2002.
Scholz, Rupert, Ausschließliche und konkurrierende Gesetzgebungskompetenz von Bund und Ländern in der Rechtsprechung des Bundesverfassungsgerichts, in: Bundesverfassungsgericht und Grundgesetz; Band 1: Verfassungsgerichtsbarkeit, Tübingen 1976, S. 252 – 276.
Scholz, Rupert, Zur Reform des bundesstaatlichen Systems, in: Brenner, Michael/Huber, Peter M./Möstl, Markus (Hrsg.), Der Staat des Grundgesetzes – Kontinuität und Wandel, Festschrift für Peter Badura zum siebzigsten Geburtstag, Tübingen 2004, S. 491 – 511.
Schulze-Fielitz, Helmuth, Umweltschutz im Föderalismus – Europa, Bund und Länder, NVwZ 2007, S. 249 – 259.
Schweitzer, Michael, Staatsrecht III, 8. Auflage, Heidelberg 2004.
Selmer, Peter, Folgen der neuen Abweichungsgesetzgebung der Länder – Abschied vom Leitbild „gleichwertiger Lebensverhältnisse"?, ZG 2009, S. 33 – 44.
Sodan, Helge (Hrsg.), Grundgesetz, Kommentar, München 2009, zitiert: Bearbeiter, in: Sodan, GG.
Spannowsky, Willy, Die Zuständigkeitsverteilung zwischen Bund und Ländern im Bereich der Raumordnung nach der Föderalismusreform, ZfBR 2007, S. 221 – 223.
Starck, Christian, Föderalismusreform, München 2007, zitiert: Bearbeiter, in: Starck, Föderalismusreform.
Stelkens, Paul/Bonk, Heinz Joachim (Hrsg.), Verwaltungsverfahrensgesetz: Kommentar, 7. Aufl., München 2008, zitiert: Bearbeiter, in: Stelkens/Bonk/Sachs, VwVfG.
Stern, Klaus, Die bundesstaatliche Ordnung auf dem Prüfstand, in: Merten, Die Zukunft des Föderalismus in Deutschland und Europa, Berlin 2007, S. 13 – 35.
Stifterverband für die Deutsche Wissenschaft e.V. (Hrsg.), Bildung und Wissenschaft in der bundesstaatlichen Kompetenzordnung, Bestandsaufnahme und Analyse der Entwicklung von Verfassungsrecht und Staatspraxis unter dem Grundgesetz, Rechtsgutachten von Armin Dittmann, erstattet im Auftrag des Stifterverbandes für die Deutsche Wissenschaft, 2004, zitiert: Dittmann, in: Stifterverband für die Deutsche Wissenschaft, Bildung und Wissenschaft.
Stock, Martin, Konkurrierende Gesetzgebung, postmodern: Aufweichung durch Abweichung?, ZG 2006, S. 226 – 249.
Stüer, Bernhard /Spreen, Holger, Defizite in der Umsetzung des Europarechts, VerwArch 96 (2005), S. 174 – 190.

Stünker, Joachim, Zur Entwicklung der Neufassung von Artikel 72 Absatz 2 GG (Erforderlichkeitsklausel) und Artikel 72 Absatz 3 (Abweichungsrechte), in: Holtschneider, Rainer/Schön, Walter, Die Reform des Bundesstaates, Baden-Baden 2007, S. 91 – 103.

Stüwe, Klaus, Konflikt und Konsens im Bundesrat, Eine Bilanz (1949 – 2004), in: Aus Politik und Zeitgeschichte (APuZ), Beilage zur Wochenzeitung „Das Parlament", 50-51 (2004), S. 25 – 32.

Szczekalla, Peter, Vom Beruf unserer Zeit für eine europäisierte Gesetzgebung, – Das Umweltgesetzbuch und seine Einbettung in das Umweltrecht der Europäischen Union –, DVBl. 2008, S. 300 – 309.

Thaysen, Uwe, Sicherung der Länder-Eigenstaatlichkeit und Stärkung der Landesparlamente, Vorschläge einer von den Fraktionsvorsitzendenkonferenz von CDU/CSU, SPD und FDP berufenen interfraktionellen Arbeitsgruppe, ZParl 16 (1985), S. 179 – 187.

Thaysen, Uwe, Der deutsche Föderalismus zwischen zwei Konventen, in: Aus Politik und Zeitgeschichte (APuZ), Beilage zur Wochenzeitung „Das Parlament", 29-30 (2003), S. 14 – 23.

Trüe, Christiane, Auswirkungen der Bundesstaatlichkeit Deutschlands auf die Umsetzung von EG-Richtlinien und ihren Vollzug, EuR 1996, S. 179 – 198.

Umbach, Dieter/Clemens, Thomas, Grundgesetz Mitarbeiterkommentar, Band I, Band II, Heidelberg 2002, zitiert: Bearbeiter, in: Clemens/Umbach, GG.

Vitzthum, Wolfgang Graf von (Hrsg.), Völkerrecht, 4. Aufl., Berlin 2007, zitiert: Bearbeiter, in: Graf Vitzthum, Völkerrecht.

Vogel, Hans-Jochen, Politikverdrossenheit, Enttäuschung und falsche Erwartung: ein Beitrag zu einem aktuellen Thema, in: FS v. Arnim, S. 505 – 514.

Vorholz, Irene, Föderalismusreform in Deutschland – DLT-Professorengespräch 2005, DVBl. 2005, S. 1022 – 1026.

Waldhoff, Christian, Verfassungsrechtliche Anforderungen an die Ausübung von Gesetzgebungskompetenzen (Art. 72 Abs. 2; 75 Abs. 2; 125a Abs. 2 GG) – materielles Kompetenzzuweisungsrecht als Element einer Föderalismusreform, in: Hennecke, Föderalismusreform, S. 55 – 80.

Ziller, Gebhard, Bundestag und Bundesrat im Zahlenspiegel, Ein Statistischer Überblick von 1949 bis 2005, in: Das Parlament (4) v. 23.01.2006, im Internet:
http://www.bundestag.de/dasparlament/2006/04/Dokumentation/001.html

VERFASSUNGS- UND VERWALTUNGSRECHT UNTER DEM GRUNDGESETZ

Band 1 Jürgen W. Hidien: Die positive Konkretisierung der öffentlichen Zweckbindung kommunaler Wirtschaftsunternehmen. Zugleich ein Beitrag zu Inhalt und Grenzen der unternehmenswirtschaftlichen Betätigung der Kommunen. 1985.

Band 2 Eckhard Schmidtke: Verfassungsrechtliche Anforderungen an die kassen(zahn-) ärztliche Vergütung unter Berücksichtigung der Kostendämpfungsgesetzgebung des Bundes. 1986.

Band 3 Hans-Michael Wolffgang: Interkommunales Zusammenwirken durch Einbeziehung kreisangehöriger Gemeinden in den Vollzug von Kreisaufgaben. 1987.

Band 4 Friedrich D. Bacmeister: Die Reform des deutschen Kommunalverfassungsrechts durch die britische Besatzungsmacht. Wiedereinführung einer demokratischen Stadtverfassung in Lüneburg 1945 und die Neufassung der Deutschen Gemeindeordnung 1946. 1988.

Band 5 Birgit Spießhofer: Der Störer im allgemeinen und im Sonderpolizeirecht. 1989.

Band 6 Wolfgang Richter: Gentechnologie als Regelungsgegenstand des technischen Sicherheitsrechts. Rechtliche Steuerung unter Bedingungen der Ungewißheit. 1989.

Band 7 Peter Engel: Das schleswig-holsteinische Amt bei Erledigung der Selbstverwaltungsangelegenheiten der amtsangehörigen Gemeinden. 1990.

Band 8 Josef Christ: Raumordnungsziele und Zulässigkeit privater Vorhaben. Bindungswirkung nach der Raumordnungsklausel des § 35 Abs. 3 Satz 3 BauGB. 1990.

Band 9 Helmut Albert: Das Grundrecht auf Leben als Schranke für aufenthaltsbeendende Maßnahmen. 1990.

Band 10 Stephan Dewald: Die privatrechtliche Stiftung als Instrument zur Wahrnehmung öffentlicher Zwecke. 1990.

Band 11 Dimitris Triantafyllou: Haftungsrechtliche Probleme der Staatsaufsicht in der Wirtschaft. Für die Geldwirtschaft dargestellt unter Einbeziehung rechtsvergleichender Befunde. 1991.

Band 12 Wolfgang Buschmann: Kooperationspflichten im Versammlungsrecht. Unter besonderer Berücksichtigung sogenannter Großdemonstrationen. 1990.

Band 13 Armin Teschner: Die Amtshaftung der Gemeinden nach rechtswidrigen Beschlüssen ihrer Kollegialorgane. 1990.

Band 14 Biner Kurt Wenkholm Bähr: Verfassungsmäßigkeit des Einsatzes der Bundeswehr im Rahmen der Vereinten Nationen. 1994.

Band 15 Just Georg Ilgner: Die Rechtsordnung des deutschen Seelotswesens. Eine überkommen ständische Organisation eines staatlich gebundenen Berufs. 1993.

Band 16 Nicola Krekeler: Die Genehmigung gentechnischer Anlagen und Arbeiten nach dem GenTG unter Berücksichtigung europarechtlicher Vorgaben. 1994.

Band 17 Jan van Dyk: Kommunale Elektrizitätsversorgung in den fünf neuen Bundesländern. 1994.

Band 18 David Hawkes: Der Faktor Mensch im Gentechnikrecht. Eine Untersuchung zu den Grenzen probabilistisch geprägter Rechtsbegriffe im Umweltrecht. 1995.

Band 19 Iwan Chotjewitz: Die Organisationsgewalt nach den Verfassungen der deutschen Bundesländer. 1995.

Band 20 Christoph Sieger: Die maßgebende Sach- und Rechtslage für die Beurteilung der Rechtswidrigkeit des Verwaltungsaktes im verwaltungsgerichtlichen Anfechtungsprozeß. 1995.

Band 21 Lars-Hendrik Schröder: Das verwaltungsrechtlich organisatorische Verhältnis der strafverfolgenden Polizei zur Staatsanwaltschaft. 1996.

Band 22 Hans-Peter Donoth: Die Bundesländer in der Europäischen Union. Die bundesstaatliche Ordnung in der Bundesrepublik Deutschland bei der Verwirklichung der Europäischen Union - eine Analyse unter besonderer Berücksichtigung des neugefaßten Art. 23 GG. 1996.

Band 23 Philipp v. Hugo: Die Vorgaben des Eckwertes Nr. 1 der Gemeinsamen Erklärung der beiden deutschen Regierungen vom 15.06.1990 für die Enteignungen in den Jahren 1945-1949. Die Gestaltung der gesamtdeutschen Eigentumsordnung durch ein informelles Regierungsabkommen. 1997.

Band 24 Tilman Giesen: Die Vorbereitung der Grundgesetzänderungen nach der deutschen Wiedervereinigung. Zur Rechtmäßigkeit von Organisation und Verfahren der Gemeinsamen Verfassungskommission. 1997.

Band 25 Conrad Friedrich Rumpf: Richterliches Sozialengagement und Befangenheit. Zugleich eine Stellungnahme für die Befangenheitsablehnung von Amts wegen. 1997.

Band 26 Kathrin Misera-Lang: Dogmatische Grundlagen der Einschränkbarkeit vorbehaltloser Freiheitsgrundrechte. 1999.

Band 27 Bettina Böhm: Öffentlich-private Partnerschaften in der kommunalen Stadtentwicklung. Öffentlich-rechtliche Vorgaben und gesellschaftsrechtliche Gestaltungen. 1999.

Band 28 Bernd Köster: Die Privatisierung des Bauleitplanverfahrens und der Einsatz von Mediation in den Beteiligungsverfahren. 2002.

Band 29 Angelika Leppin: Rechtsprobleme bei der Umstrukturierung deutscher Bahnhöfe vor dem Hintergrund der gemeindlichen Planungshoheit, des Fachplanungsrechts sowie des öffentlichen Sachenrechts. 2003.

Band 30 Anke Brenne: Soziale Grundrechte in den Landesverfassungen. 2003.

Band 31 Birgit Tischer: Das System der informationellen Befugnisse der Polizei. 2004.

Band 32 Judith Reuter: Verfassungsrechtliche Grundlagen des bürgerschaftlichen Engagements. 2005.

Band 33 Gero von Daniels: Das Recht auf Auskunft und Gehör in politischen Parteien. Ein Beitrag zur innerparteilichen Demokratie. 2007.

Band 34 Sönke E. Schulz: Änderungsfeste Grundrechte. Die grundrechtsrelevante Ausstrahlungswirkung des Art. 79 Abs. 3 GG i.V.m. der Menschenwürdegarantie, dem Menschenrechtsbekenntnis und den Staatsstrukturprinzipien des Art. 20 GG. 2008.

Band 35 Anika Dorthe Luch: Das Medienpersönlichkeitsrecht – Schranke der „vierten Gewalt“. Das Allgemeine Persönlichkeitsrecht im Spannungsverhältnis zur Medienfreiheit unter dem Grundgesetz und der Europäischen Menschenrechtskonvention. 2008.

Band 36 Thilo Rohlfs: Die Gleichwertigkeit der Lebensverhältnisse – ein Verfassungsprinzip des Grundgesetzes? 2008.

Band 37 Carl Christian Voscherau: Parteiverbote in der Bundesrepublik Deutschland und im Königreich Spanien. Ein rechtsvergleichender Beitrag zu Entstehung und Weiterentwicklung der verfassungsrechtlichen und gesetzlichen Grundlagen des Verbots von Parteien. 2009.

Band 38 Dimitrios Gialouris: Die rechtlichen Grundlagen der Steuern auf das Einkommen von Handelsgesellschaften in Deutschland und Griechenland. 2010.

Band 39 Caroline Schulze Harling: Das materielle Abweichungsrecht der Länder. Art. 72 Abs. 3 GG. 2011.